瞭望者

J

暨南文库·新闻传播学
JINAN Series in Journalism & Communication

编 委 会

本书由中央高校基本科研业务费（23NJYH10）资助

暨南文库·新闻传播学 ②

JINAN Series in Journalism & Communication

新编

娱乐传播

研究手册

晏 青 ◎主编

瞭望者

J

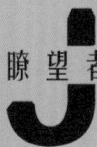

暨南大学出版社

JINAN UNIVERSITY PRESS

中国·广州

图书在版编目（CIP）数据

新编娱乐传播研究手册/晏青主编. —广州：暨南大学出版社，2024.10
（暨南文库. 新闻传播学）
ISBN 978 - 7 - 5668 - 3930 - 5

Ⅰ. ①新… Ⅱ. ①晏… Ⅲ. ①休闲娱乐—传播—研究 Ⅳ. ①C913.3

中国国家版本馆 CIP 数据核字（2024）第 100814 号

新编娱乐传播研究手册
XINBIAN YULE CHUANBO YANJIU SHOUCE
主 编：晏 青

出 版 人：阳 翼
责任编辑：曾鑫华 冯月盈 方有华
责任校对：孙劭贤 王燕丽
责任印制：周一丹 郑玉婷

出版发行：暨南大学出版社（511434）
电 话：总编室（8620）31105261
营销部（8620）37331682 37331689
传 真：（8620）31105289（办公室） 37331684（营销部）
网 址：http：//www.jnupress.com
排 版：广州尚文数码科技有限公司
印 刷：广州市金骏彩色印务有限公司
开 本：787mm×1092mm 1/16
印 张：27.25
字 数：473 千
版 次：2024 年 10 月第 1 版
印 次：2024 年 10 月第 1 次
定 价：99.80 元

总　序

…　…

如果从口语传播追溯起，新闻传播的历史至少与人类的历史一样久远。古人"尝恨天下无书以广新闻"，这大约是中国新闻传播活动走向制度化的一次比较早的觉醒。

消息、传闻、故事、新闻、报道，乃至愈来愈切近的信息、传播、大数据，它们或者与人们的生活特别相关、比较相关、不那么相关、一点也不相干，或者被视为一道道桥上的风景、一缕缕窗边的闲情抑或一粒粒天际的尘埃，转眼消失在风里。微观地看，除了极少数的场景外，新闻多一点还是少一点，未必会造成实质性的差别；本质地看，人类作为社会性的动物，莫不以社会交往，包括新闻传播的存在和丰富化为前提。

这也恰好是新闻传播生存样态的一种写照——人人心中有，大多笔下无。它的作用机制和内在规律究竟为何，它的边界究竟如何界定，每每人见人殊。要而言之，新闻传播学界其实永远不乏至为坚定、至为执着的务求寻根问底的一群人。

因此人们经常欣喜于新闻传播学啼声的清脆、交流的隽永，以及辩驳诘难的偶尔峥嵘。重要的也许不是发现本身，而是有越来越多的研究者参与其中，或披荆斩棘，或整理修葺。走的人多了，便有了豁然开朗。倘若去粗取精，总会雁过留声；倘若去伪存真，总会人过留名。

走的人多了，我们就要成为真正的学术共同体，不囿于门户之见，又不息于学术的竞争。走的人多了，我们也要不避于小心地求证、深邃地思考，学而不思则罔。走的人多了，我们还要努力站在前人、今人的肩膀上，站得更高一些，看得更远一些。

这里的"我们"，所指的首先是暨南大学的新闻传播学人。自 1946 年起，创系先贤、中国第一位新闻学博士、毕业于德国慕尼黑大学的冯列山先生，以及上海《新闻报》总经理詹文浒先生等以启山林，至今弦歌不辍。求学问道的同好相互砥砺，相互激发，始有本文库的问世。

"我们"，也是沧海之一粟。小我终究要融入大我，我们的心血结晶不仅要接受全国同一学科学术共同体的检验，还要接受来自新闻、视听、广告、舆情、公共传播、跨文化传播等领域的更多读者的批评。重要的不完全是结果，更多的是过程。在这一过程中我们特别关注以下剖面：

第一，特定经验与全球视野的结合。文库的选题有时是从一斑窥起，主要目标仍然是研究中国全豹，当然，我们也偶或关注印度豹、非洲豹和美洲豹。在全球化时代，我们的研究总体会自觉不自觉地增添一些国际元素。

第二，理论思辨与贴近现实的结合。犹太谚语云"人类一思考，上帝就发笑"，或许指的是人力有时而穷，另外一种解释是万一我们脱离现实太远，也有可能会堕入五里雾中。理论联系实际，不仅是哲学的或革命的词句，也是科学的进路。

第三，新闻传播与科学技术的结合。作为一个极具公共性的学术领域，新闻传播的工具属于拿来主义的为多。而今，更是越来越频繁地跨界，直指 5G、云计算、人工智能等自然科学的地盘。虽然并非试图攻城拔寨，但是新兴媒体始终是交叉学科的前沿地带之一。

归根结底，伟大的时代是投鞭击鼓的出卷人，我们是新闻传播学某一个年级某一个班级的以勤补拙的答卷人，广大的同行们、读者们是挑剔犀利的阅卷人。我们期望更多的人加入我们，我们期望为知识的积累和进步贡献绵薄的力量，我们期望不辜负于这一前所未有的气势磅礴的新时代！

编委会

2024 年 5 月

前 言

· · · · · ·

　　《说文解字》释义："娱，乐也。"追求娱乐，人的天性使然，形式也五花八门。古罗马的斗兽、中国文人的流觞曲水、古希腊的戏剧、美国好莱坞的电影，都可以说是人类创造的追求快乐的娱乐方式。娱乐被认为存在于从原始舞台观看到智能手机触控的各种形式之中。尽管如此，古代大多数时期的正史与"娱乐主义"并不像当下这般融合、彼此嵌套。前现代的大多数历史记载里娱乐似乎难登大雅之堂，中国官方文化也少谈世俗欢乐，关于娱乐的表述多与奢靡、享乐、亡国等词联系在一起。比如，"穷身极娱"（张衡《西京赋》）、"朝野多欢娱"（张协《咏史》）、"羌声色兮娱人"（屈原《楚辞》）、"业精于勤，荒于嬉"（韩愈《进学解》）。公元前6世纪左右盛行禁欲主义，其理念便是戒除世俗欢愉，压抑天性。直至文艺复兴运动将人性从宗教的束缚中解放出来，崇尚人的价值，将世俗欲望推至历史舞台，获得文化合法性，其话语潜力才被释放出来。裹挟在人性解放话语中的娱乐诉求成为工业时代以来社会经济发展的重要驱动力。娱乐在大众文化这块土壤上疯狂生长、扩张，渗透到每一种文化肌理。娱乐至死、娱乐社会、娱乐化等都是对这种现象的描述，借用政治学领域形容"治理"一词的热门程度的表述[1]，娱乐成为一个流行语、一种风行一时的玩意儿、一套框架性工具、一个跨越不同学科的概念、一个伞状概念、一个描述性概念、一个用于狡辩的遁词、一种拜物教、一个研究领域、一种研究方式、一种理论、一种视角。

　　娱乐经历了从现代文化"配料"到"主菜"的演变，与社会的关联越来越深，与其他领域有着千丝万缕的联系，诸如流行文化、大众媒介、消费社会、政治传播，甚至意识形态、社会制度、心理健康等都是其话语辐射领域。这一

---

　　[1]　ANSELL C, LEVIFAUR D, TRONDAL J. An organizational-institutional approach to governance. Governance in turbulent times, 2016：27.

演变背后涉及社会文化结构的变迁、隐含的权力逻辑以及复杂的社会价值观，透露着人类文明与隐秘人性的某些蛛丝马迹。检视娱乐研究话题史，早期是"电视""新闻娱乐化""政治"等，之后转向了"游戏""同质化""娱乐贸易""娱乐社会"等这些在全球化时代、融媒体时代，以及娱乐深度融合时代该有的话题。

国外学界对该问题的研究较深入。从 20 世纪 80 年代开始，娱乐便成为学术研究的一个关注点。出现了一批学者，比如 Dolf Zillmann、Peter Vorderer、Mary Oliver 等。也有一系列代表性的论著，比如 *Psychology of Entertainment*、*Entertainment and Society* 等。1998 年以来，在人文社会科学领域有近万篇相关研究文献，主要集中在传播学、教育学、管理学等领域。[①] 总的来讲，娱乐的内涵与外延、娱乐形态、心理机制、劝服功能等方面有了较丰富的研究。

费斯克的"积极的受众"与霍尔的编码/解码理论告诉我们，不同阶层、群体或个体会主动地选择不同的阐释框架。"娱乐"在中国似乎也成为老少皆宜的谈资，并往往各执一词。

据不完全统计，国内很多传媒研究学者的研究已不同程度地关注、谈论或涉及娱乐议题，将其置为研究对象、研究背景或问题要素。尼尔·波兹曼的《娱乐至死》由广西师范大学出版社于 2004 年首次出版，直到现在，该书在国内各类学术论文、著作中被引用超过一万次。[②] 该书也引起青年学子的共鸣。笔者做过几次小调查，让参加研究生保研面试的学生谈谈本专业领域内的一本书，20 余名学生中有 13 名谈的都是《娱乐至死》。当然，娱乐对他们日常生活的影响更为明显，似乎已深嵌于日常生活。

泛娱乐或娱乐化是各种著述中的常用词汇，并成为当下惯惯使用的表述，也成为传媒研究中的重要议题。2005 年，董天策就倡言将电视娱乐文化作为电视文化的一个细分领域来研究。[③] 事实上，学界对电视娱乐文化的研究持续至今。无独有偶，夏雨禾将媒介娱乐事件视为文化消费的一种新形态。[④] 中国大众文化的生成离不开海外的观念输入，比如中国近代的报纸广告为国人构建了

---

① 在数据库 Web of Science 中以"entertainment"进行主题搜索的结果。

② 知网"中国引文数据库"检索的结果，包括在期刊论文、研究生毕业论文、图书等文献中的引用。

③ 董天策. 以电视娱乐文化作为研究范畴与视域. 新闻与传播研究，2005，12（2）：2-10，94.

④ 夏雨禾. 传媒娱乐事件：文化消费的一种新形态. 文艺研究，2007（5）：102-108，167-168.

西方娱乐图景。① 在该问题的研究中，最常见的表述是将娱乐作为一种"补语"，"新闻娱乐化"便是一例。殷乐研究了这种表述背后显现出来的新闻与娱乐两者概念群的出现与演变。② 娱乐既然能够长时期盛行，绝非只有娱乐身心之用，娱乐修辞的理论与运作机制为解释该问题提供了视角。③ 当然，娱乐的弊端也为学者诟病。陈昌凤就指出，泛娱乐主义解构事实与虚拟、理性与情绪的边界，侵蚀主流价值观，有威胁民主政治参与的风险。④ 娱乐研究的成果远不止此，可见娱乐越来越成为学界关注的议题。但总的来讲，尽管全民谈娱乐、学界普遍替娱乐"背书"，但是对娱乐的研究普遍将娱乐范畴泛化或窄化，或将其作为一种背景的描述性研究，缺乏对现实的深刻观照与本体论上持续性的讨论。

　　基于人人谈娱乐、享娱乐，但对"何为娱乐、娱乐何为"研究不足的现象，以及娱乐本体层面的研究成果匮乏的现状，本书试图做一些补漏工作。全书内容分为"理解娱乐：美学、意义与理论""娱乐心理：时间、机制与伦理""作为效果的娱乐：认知、行为与观念"三个部分。

　　第一部分主要诠释娱乐的概念、美学价值、意义潜能和理论结构。苏格拉底以降，对娱乐的理解复杂多样，其间不乏悖论。尽管如此，研究者在各种概念与表述的缝隙中发现娱乐的美学价值，以及对日常生活的现实意义（《娱乐：一个美学问题》）。何谓娱乐的争论颇多，这应该也是目前很多人听到娱乐而有"拔剑四顾心茫然"之感的原因吧。关于如何定义娱乐，一般有外在形态的客观层面、内在情感的主观层面、反义词的话语策略等路径，娱乐的定义也各有不同。所以有学者从以下要素去理解娱乐的定义：要考虑客观效果，而不是单纯测量主观；观众与文本存在沟通关系；是在一定的刺激下产生的；让人感到快乐；是受众的被动选择（《何谓娱乐：定义札记》）。这些要素能够区分、排除一些非娱乐性活动，但还有待讨论的空间。一般来说，娱乐很容易被认为与宏大主题、人的提升无关，而"娱乐双模型"的发现改变了这一看法，即娱乐

---

① 蒋建国. 晚清时期"外国戏"广告传播与西方娱乐观念的建构. 新闻与传播研究, 2013, 20 (5): 103 - 115.

② 殷乐. 新闻和娱乐之间：概念群的出现及变迁. 新闻与传播研究, 2017 (6): 105 - 116.

③ 晏青. 大众传媒时代的娱乐修辞及理论逻辑：兼论娱乐研究的方法论转向. 文艺研究, 2014 (6): 98 - 104.

④ 陈昌凤. 斜杠身份与后真相泛娱乐主义思潮的政治隐患. 人民论坛, 2018 (6): 30 - 32.

让人愉悦之外，还能让人思考生命目标和意义（《让人愉快且有意义的娱乐：辨析娱乐消费中的两种动机》），该发现让貌似没有文化潜能、意义生产空间的娱乐变得更具社会价值和意义生产力，实际上也就解决了娱乐研究的合法性问题。由此，用户的娱乐体验产生了变化，不再只追求愉悦享乐，还有了诸如自我决定、心理成长和生活意义等体验模式（《从情绪到意义：娱乐研究中的用户变化模式》）。这样一来，建构娱乐理论的使命随之而至，理论建构要衡量的要素很多，其中娱乐中的痛苦体验、用户的多样性与体验的差异性、社会情境等都是要考虑的（《娱乐理论》）。也有学者注重共情体验、拟社会关系交互等视角对理论建构的作用，并认为未来娱乐研究的增长点在跨文化、影响娱乐选择的原因探析、体验和效果的要素整合研究（《媒介娱乐：研究、理论与远景》）。

第二部分研究讨论娱乐的心理动因，包括娱乐心理结构，在不同时间机制呈现的规律，以及衍生出来的伦理形式。娱乐反应对个体认知的重要作用能够解释人如何体验娱乐、娱乐如何塑造态度等问题。关于娱乐心理体验的诸多要素，有学者认为"享受感"是核心，也是兴奋、宣泄与认知产生的结果（《享受感：媒介娱乐体验的核心》）。"情感"是基本要素，"兴趣"是驱动机制，想象性内容的情感反应能够让娱乐体验更加多样化（《娱乐即情感：娱乐体验的功能结构》）。有趣的是，娱乐通过净化可以提升道德水准（《净化：娱乐的伦理形式》）。关于这些效果能够在多大程度上实现，受到很多因素的限制，比如用户的差异会影响主观体验，那么娱乐心理效果该如何测量？有学者认为，不同人生阶段的娱乐体验存在差异，年轻人青睐惊险、恐惧类娱乐，而老年人倾向沉思类的娱乐体验，对负面娱乐有更强的整合能力（《时光荏苒，娱乐体验在不同人生阶段的变迁》），对非享乐娱乐的体验也是如此（《非享乐娱乐体验的年龄差异》）。娱乐节目能够满足一定的情感需要，并且沉思情感体验、对角色的情感投入、情感的社会分享、情感的间接释放与社会和认知需求满足有关（《娱乐体验中的情感满足：为何影视剧观众受益于情感体验》）。相对于传统的媒体用户—角色关系，视频游戏中的玩家通过游戏角色的价值体验实现自我认知，缓解自我身份与认同管理压力（《作为"真实"身份认同的视频游戏体验：玩家自我感知快乐变化理论》）。

第三部分探讨的是娱乐的效果，即娱乐在影响人的认知、行为与观念方面的规律。近百年来，娱乐传播越来越盛行，其中原因是娱乐承担的功能趋于多元。娱乐的传播效果研究或许能帮助我们理解为什么社会各个阶层、群体对娱乐都爱不释手，且有"炙手可热"之势。本部分研究可以提供部分答案。比如，接触那些表现"心灵美"的娱乐内容会影响观众的情感反应，引发利他行为（《有意义的娱乐对利他行为的影响：探究潜在中介变量》），并有助于情绪恢复，提升幸福感（《媒介娱乐与幸福：连接媒介引发的情绪恢复和享乐主义、实现主义的娱乐体验》）；阴谋论中总是充满娱乐意味，裹挟娱乐的信息为何总长有"飞毛脚"，可达性更高（《阴谋论的娱乐价值》）。不仅如此，娱乐还与创造力有一定关系。有学者探索不同娱乐偏好与创造性的关系，发现高唤醒和积极情绪的娱乐偏好会导致更高的创造性（《我们是否创造我们所观看的：创造性与娱乐偏好》）。在教育领域，"寓教于乐"是一个很经典的表述。教育类娱乐节目中的互动叙事和人物角色在身份认知、拟社会化互动中作用明显（《走向娱乐劝服理论：解说娱乐教育信息的劝说效果》）。当然，娱乐还有利于观念产生、意识形态的融入及传播。"9·11"事件影响美国电视的风格、话语框架和策略，并持续性地破坏原有的历史叙事和民族主义逻辑。在林恩·斯皮格尔看来，美国媒体更想倾听来自"憎恨我们的第三世界"的声音，而不是向世界散布"我们有多好"的信息（《娱乐战争："9·11"事件后的电视文化》）。

　　这三个部分是根据所选文献的研究内容划分的，试图照亮娱乐内涵、心理、效果这三个"暗房"。严格来讲，本书更像是一本指南（handbook），里面收集了一部分量化文章，整个量化分析过程在书中完整呈现出来。之所以这样做，是因为之前一些读本的阅读体验不佳，比如量化分析过程被省略，保留研究讨论与结论，不但让阅读期待落空，结论也让人云里雾里，无法窥见知识生产全过程。另一个原因，目前国内新闻传播研究领域的量化研究方法运用仍然较弱，呈现量化研究的分析过程有助于国内部分学者优化研究方法。

　　来自15所机构的诸位学者为本书付出智慧，因为他们的鼎力帮助，本书才得以面世，在此感谢。他们是：

周毅：四川大学文学与新闻学院副教授；

谯洁：成都玉成书院教师；

姚志文：华南师范大学国际商学院副教授，纽约市立大学访问学者；

付森会：广东工业大学管理学院讲师，弗吉尼亚联邦大学访问学者；

赖黎捷：重庆师范大学传媒学院副院长、教授；

陈光凤：湖南大学外国语与国际教育学院副教授，阿尔伯塔大学博士；

江凌：上海理工大学版艺学院讲师，密苏里大学新闻学院访问学者；

高海龙：中国社会科学院大学外国语学院执行院长、教授；

杨清发：四川农业大学风景园林学院副教授；

刘颖：山西传媒学院教师；

范谨：惠州学院文学与传媒学院副教授；

赵伟：武汉纺织大学外语学院副教授，密苏里大学新闻学院访问学者；

詹建英：东华理工大学文法学院讲师；

李玉龙：东华理工大学外国语学院讲师；

黄小琴：江西科技师范大学文学院副教授；

刘会：暨南大学新闻与传播学院硕士生；

何丽敏：暨南大学新闻与传播学院博士生；

陈彦羽：暨南大学国际学院教师，谢菲尔德大学硕士生；

晏青：暨南大学新闻与传播学院教授，弗吉尼亚联邦大学访问学者。

另外，目前相关研究工作正在展开：支庭荣教授和我主编的"娱乐研究译丛"，目前已相继在中国传媒大学出版社出版。晏青、张建敏、陈广耀、郑越、陈彦瑾等暨南大学与其他高校教师，正在合作翻译 *Entertainment and Society*、*Psychology of Entertainment*、*The Psychology of Entertainment Media*、*Social Media Entertainment* 等。

最后要说明的是，本书在文献选择上难免遗漏一些经典文献，语言翻译上难免存有误读与不足，只能在以后的研究中不断完善，也欢迎读者批评指出，共促精进。本书可视为娱乐传播研究的一种探索，希望不久的未来会有更多的成果涌现。

编　者
2024 年春

编写说明

    我进入娱乐理论研究是机缘巧合。2016 年，我在美国弗吉尼亚联邦大学访学一年，初步接触娱乐理论。国内虽说一直在关注娱乐，但基本上将其放在被批判的位置。实际上，海外的娱乐本体研究已断断续续开展了半个多世纪。兴奋之下，我很快就组织学友翻译了《娱乐传播研究读本》，并于 2018 年由上海交通大学出版社出版。遗憾的是，由于各位译者和我在娱乐理论方面储备不足、学识有限，又仓促上阵，造成该译本出现了一些术语译法、语法、编校、排版等问题，其中不乏误导之嫌。出版后，每每翻阅在手，如鲠在喉。今幸得学院支持，出版本书，了却此心愿。

    本书在《娱乐传播研究读本》基础上，除了统一术语、整体修订语法外，还增加了《阴谋论的娱乐价值》，删减了《为何恐怖永不消亡：恐怖性娱乐持久而吊诡的影响》，统一了全书体例，更新了作者信息和部分译者信息。

晏　青

2024 年春

目　录
Contents

第一部分

理解娱乐：美学、意义与理论

…… ……

何谓娱乐：定义札记

斯蒂芬·贝茨　安东尼·费里*

晏　青　译

一、前言

从肖维岩洞壁画到 iPad，娱乐已成为所有文化的一部分。在 Rothman 看来，娱乐是"国家价值的仓库"（2003：11）。可能没有哪个民族像美国那样贴合 Gabler 所形容的"娱乐共和国"。很多美国人享受高质量的娱乐（Zillmann & Vorderer，2000：8），越来越多的娱乐在争夺他们的注意力（Wolf，1999：46）。齐尔曼（Dolf Zillmann）曾预言："比以往任何时候都明确的是，娱乐文化将要来临。"（《媒介娱乐的来临》，2000：18）Brock 和 Livingston（2004：259）测量了娱乐的重要性。他们访谈了 115 个美国大学生，问题是"多少钱可以换取他们余生不再看电视？"超过一半的学生是 100 万美元，有几个甚至说少了 10 亿都不干。

虽说娱乐已成为社会的内核，但是学术界对该主题的研究仍是脱节、零散的，有时还表现出居高临下的态度。原因很多：首先早期的传播理论学家选择研究大众媒体的劝服而非娱乐功能，后来很多学者保持这样一种侧重点（Katz & Foulkes，1962：376；Singhal & Rogers，2002：120），并且很多学者认为娱乐研究起来过于琐碎（Shusterman，2003：291）。他们认为娱乐总体上会占用个人的大量日常时间，但对人类行为变迁不那么重要（Singhal & Rogers，2002：12）。此外，不同学科已经宣称占领了这个议题的不同领域。传播学、电影学、文学、艺术学、流行文化学、休闲学、历史学、心理学、社会学、经济

---

　　* 斯蒂芬·贝茨（Stephen Bates），美国内华达大学新闻与传媒研究学院副教授；安东尼·费里（Anthony J. Ferri），美国内华达大学新闻与传媒研究学院教授。

学、政策学、法学、神经系统科学和其他学科的研究者各有偏好，他们的研究又往往是跨学科的。但是其中最重要的问题被忽略了，即没有哪个学科会去描绘娱乐的广阔图景。Lieb 发现理论家们基本没有有效解释"何谓娱乐，它内在的功能是什么，以及它的边界在哪里"（第 226 页）。Vorderer 认为学术界对娱乐的反应大多是"令人惊讶的、难以理解的"（《娱乐理论》，2006：131）。

可以肯定的是，有些娱乐学者认为，娱乐不必有任何独立的、充分的定义。在他们看来，有一个主观方法（后面详述）足矣，即娱乐就是个体能够发现令人愉悦的东西。但是我们相信，提出更为客观的定义有助于统一和推进娱乐领域的研究。毕竟，准确的术语是学术的基础。在此，遵照 Browne 在 1972 年出版的《流行文化：定义札记》里的表述。他认为："虽说要实现一个严肃且严谨的流行文化定义会困难重重，但是定义会带给我们便利，尤其对需要它的人来说是更有价值的。就如何定义流行文化做一些探索性的理解，使得有关定义的研究更可行。"（第 10 页）

必须承认有些人可能认为我们所做的是无用功。这篇文章会描述定义娱乐过程中的不同方法，并提出一套标准。我们希望这有助于引发讨论，从而能用多种方法去研究娱乐的产生和发展，从而有所收获。

我们从以下两个发现开始，尽管它们可能有点老调重弹，但值得重复。首先，娱乐往往并不只是令人愉悦，换句话说，娱乐的功能往往和非娱乐功能交织在一起。根据 Staiger 的观点，第二次世界大战期间，儿童和青少年耗费很多时间在电影上，其中部分原因是母亲长时间在工作，电影院就成了实际上的日常陪护中心（第 22 页）。Katz 和 Foulkes 也有类似的发现，家庭成员一起看电视发挥着纽带联结的作用（第 382 页）。其次，令人遗憾的是，"定义大众娱乐比其他事情更让人快乐不起来"（Bosshart & Macconi，1998：3）。

二、相关领域的定义

（一）流行文化和精英文化

Meyersohn 认为精英文化和娱乐具有同一性（第 331 页）。那何谓流行文化？Mukerji 和 Schudson 对此有一个比较宽泛的定义：

> 流行文化涉及在人群中广为分享的价值和实践，以及他们组织起来的

目标。它包括根植于本土传统、政治和商业的大众信仰、实践和对象。它包括广受欢迎的精英文化形式和提升至博物馆传统的流行形式。（第3—4页）

Santino 认为流行文化是"日常生活的体验要素"，其中的体验就涉及符号意义生产，日常生活则涉及精英艺术以外的种种（Motz，1994：10）。Browne 提出一个更为宽泛的定义："流行文化就是我们看的电视、看的电影、吃的快餐和常食品、穿的衣服、唱和听到的音乐、花费所在、对生活的态度，它可能是已经或还没有被大众媒介传播的一切。它就是我们所生存的整个社会。"（《流行文化》，1972：260）

Browne 把文化归为四个范畴，并从它们的传播模式下了定义：

> 对大众媒介来说，那些过于精致的要素一般称为精英文化。那些通过不那么"大众"的媒介传播的，比如小众的杂志和报纸，不被广为传播的书籍、博物馆和欠精致的画廊，所谓"晒衣绳"（clothes line）式的艺术展览，以及狭义的"流行"，通过大众媒介传播的要素，它们都是大众文化。那些通过或曾经通过口头或书面——比大众媒介水平更"差"的方法——一次性传播的文化成为"民间文化"。（《流行文化》，1972：6）

Browne 认为宽泛的流行文化，包括大众文化、民间文化和狭义的流行文化，即精英文化之外的一切。

何谓精英文化？有一种观点认为，精英文化就是文化批评者们承认的文化。Wollheim 阐释了艺术制度理论，在他的论述里，"画家作画，是以艺术世界的表征方式，创造一个艺术的作品"（第14页）。Fiedler（第23页）在一定程度上和 Gans（第9—10页）都认为阶级会部分地影响品位；因为上层阶级比工人阶级更可能拥抱精英文化。另一种观点强调自我提升，甚至以乐趣为代价。《国家》杂志的编辑 Edwin Lawrence Godkin 将文化（类似高雅文化）定义为观众的劳动品："文化……包括精神和道德，是学科发展的产物。它不是一件能捡起来的，或者通过做让人高兴的事就能得到的东西……实际上，不能将艺术称之为一件你不想做却能很轻易完成的事情。"（第202页）

但是一般来说，精英文化并非一成不变的范畴（Mukerji & Schudson，1991：35）。毕竟，粗俗的娱乐也可以变成高雅。伊丽莎白时代的戏剧曾经被认为是流行娱乐，而现在已成为高雅艺术（Kammen，1999：9；Levine，1988：11—81；Shusterman，2003：292）。同样，在导演中心论里，电影也会成为精英观众和批评者的兴趣所在，尽管它仍是大众娱乐（Haberski，2007：39-40）。

（二）休闲

休闲也和娱乐有所重叠。Freysinger 和 Kelly 讨论了定义休闲的不同方法（第 17 页）。第一种方法是通过一系列活动来定义，尽管可能只有白日梦总被视为休闲，而其他形式都是工作。第二种方法将休闲视为一种思维的状态：自由地去选择实现某行为的感觉。第三种方法将休闲视为一种行为的特征，看这个行为的特征是否"好玩"。第四种方法将休闲视为一种社会建构，通过种族、性别、阶级和其他变量检验群体以及被他们支配的休闲形式。第五种方法将休闲视为政治和在影响休闲行为时权力与特权之间的关系。最后一种方法将休闲视为生活的一种维度，将休闲视为个人其他活动的一种情境。作者总结这些所有取向为：某种程度的自由和好玩。Mobily 也认为这类研究通常将休闲视为自由（第 14 页；第 19-20 页）。但是，McLean、Hurd 和 Rogers 认为休闲应该包括承诺和义务，就像在参加文艺活动或弹奏乐器。

三、传统的娱乐定义

根据《牛津英语词典》，娱乐（entertain）最早使用的解释是"保持交互，保持缠绕"。这个词来自拉丁语，inter 的意思是"在什么之内"（among），tenere 的意思是"保持住"（hold）。有人将 hold 直译为"集中注意力"（Shusterman，2003：292）。

增加 among 的两层意义：全神贯注地聚焦于某物，或者有几个人聚焦于某物，要成为他们之中的一员。换句话，这种多重性是成为观众的娱乐物（entertainments）或成员。后者更揭示娱乐的一般属性。Turner 在写作中提供了稍有不同的表述，称娱乐的"字面意义是'保持在其间'，也是'阈限'（liminalizing）"（第 73 页）。他认为，处在其他事情之中时，娱乐可能是观众进入娱乐作品的通道。

政府对娱乐也有定义。根据 Tseng 所述，劳动统计局将娱乐收入分为四个部分：入场券费用，电视、广播和音响设备，宠物、玩具和游乐场设备，以及其他娱乐物资、设备和服务（第 73 页）。正如《纽约时报》指出的，这个方法包括宠物食物和兽医费用却不包括书籍。在宾夕法尼亚州，米德尔敦镇将娱乐定为税收目标，包括"戏剧与歌剧表演、音乐会、闹剧、马戏团、嘉年华和串演、展览、竞赛、陈列和游戏"（qtd. in Martin，1983：799）。书籍、电影在此处又一次被排除在外。

四、学者对娱乐的定义

（一）客观的方法

从客观上定义娱乐的研究者不多。Zillmann 和 Bryant 坦言只是"粗略"地将娱乐定义为"任何为高兴而设计的行为，从更小的范围来讲，通过展露他们的幸与不幸来让人愉快，也通过显示他人或自己的特殊技能达到此效果"。这个定义包括"所有类型的游戏或比赛，是否竞技的，是否只观看、参与或演奏"，包括"自我欣赏、为他人、他人为自己或与他人一起的音乐表演"（第 438页）。对 Barnouw 和 Kirkland 来说，娱乐是要盈利的商品：它是一件"能够兜售并能让大多数、不同的群体有快乐的体验"的产品（p. 50）和"一种特别的营销产品"（第 51 页）。相比之下，Mendelsohn 和 Spetnagel 则更为强调娱乐的时空，而非金钱——"娱乐……（是）在特定的空间和日程，由娱乐者而非观众发起的"（第 20 页）。

（二）主观的方法

对特定的个人来说，娱乐不可避免是一个主观的、涉及品位的问题（Lieb：230；Vorderer，Steen & Chan，2006：4）。Berelson 有种解释：在某种情境下，有些传播可以让某些人快乐起来（第 184 页）。有人认为共情能够说明娱乐的存在。Bosshart 和 Macconi 认为娱乐需要"虚拟的人和行为证明自身"（第 5 页）。同样，Oliver 研究悲剧和其他严肃的娱乐形式，他认为这种形式引发的愉悦与"温柔的情感状态"相关，"与同情、热情、善良、理解等情感相关"（第 55页）。Zillmann 提出"情感倾向理论"，该理论可以从道德层面评价角色的行为和态度。在 Vorderer 看来，情感倾向理论构成"娱乐功能的最有力的理论"（《皆为娱乐》，2001：252）。

更为细致的是，Vorderer、Klimmt 和 Ritterfeld 提出了心理、情感和认知维度的共情模式（第 389 页）。他们的模式从前情境开始，包括搁置怀疑的意愿和能力。搁置怀疑是以让某人进入某些其他世界的意愿为特征，不管是电影、游戏，还是其他娱乐形式。在这些学者看来，娱乐的核心包括五种潜在的情感：兴奋、恐惧、慰藉、悲伤或忧郁、愉悦感与成就感（就像赢得电子游戏）（第 393 页）。作者举例说明了该理论的运作方法。如一位女性想寻求人生方向而去阅读 John Grisham 新近出版的书，"她就要搁置对现实世界中有人不喜欢书中英雄的怀疑"。她害怕坏人伤害她的英雄，"不管何时何地战斗发生，她感觉自己就在'那里'"（第 404 页）。这些就是悬念和解脱的阶段，有点像坐在认知的过山车上。

还有一些功能性的定义，比如在 Shusterman 看来，娱乐能促进消遣与恢复活力：

> 支撑、恢复，甚至加强专注，不过你也需要分散注意力；不然，专注也会让人疲惫，人会因为千篇一律而变得迟钝。可能有人会说，这些教训在视觉解剖课堂上就铭记于心，我们能通过看里外的景观，保持专注和恢复体力。（第 293 页）

Katz 认为"温和地唤醒"（mild arousal）是娱乐的一种元素，人们通过娱乐寻找"兴奋和安全"的平衡（第 72 - 73 页）。Zillmann 和 Bryant 通过研究表明，人们会根据心情去寻找特定的娱乐类型，就像一种调节器（第 457 页）。研究表明，过度兴奋的人倾向于选择平静的娱乐，而深处压抑的人往往会选择喜剧。因此人们选择娱乐，作为"寻求心情朝更好的方向转变（比如，结束糟糕的心情，转换到好心情，或者促成或延伸好心情）"的一部分（第 443 页）。大多数娱乐消费是"适应性的、娱乐性的、恢复性的，在这个意义上来说也是治疗性的"（第 457 - 458 页）。

Meyersohn（第 336 - 337 页），McLean、Hurd 和 Rogers（第 31 页）使用契克森米哈提出的"沉浸体验"的概念，认为沉浸体验意味着"完全卷入行为者的活动"（第 36 页）。随着"在有限的刺激领域保持高度注意力"（第 40 页），"行为和意识相融合"（第 38 页），沉浸会发生在游戏、创造行为（包括科学创造）和宗教体验当中。

Wurst 也考虑到用户："当我们从那些使用媒介并希望从其中获得快乐的用户当中寻找何谓快乐的含义时，很多时候能够发现享受的因素。"（第 389 页）Mendelsohn 也将大众娱乐定义为"从大众媒介传播当中获得的愉悦体验"（第 15 页）。Vorderer 将娱乐定义为游戏，"一种应对现实的形式"（《皆为娱乐》，第 256 页）。他认为，就像儿童的游戏，媒介的使用"更多是由内在驱使，而非外在原因"；它实现对"现实感知的变化"；它有重复的特征，就像"媒介使用者发展娱乐偏好，然后或多或少地回到它的常规方式"；结果可能是失望的，会造成部分观众成员处在一个"低智商水平"（第 254 – 255 页）。Klimmt 和 Vorderer 发现娱乐可以提供信息，也可以娱乐（第 349 页）。

比较典型的是，Stephenson 强调游戏的因素。他认为研究娱乐的关键是寻找"能够愉悦传播的情境"（第 205 页）。他区分了游戏和工作，认为游戏是"无私的、自给自足的、插曲式的……不会带来物质的增量"，而工作"不是无私的……不是一天当中的插曲……生产商品、服务，或者观念等"（第 192 – 193 页）。Stephenson 将"痛苦沟通"（communication pain）与"愉悦沟通"（communication pleasure）区分开来，保持了 Mendelsohn 和 Wurst 将愉悦作为娱乐要素的论调：

> 痛苦沟通是指工作和务必做的事，是努力与生产所需，教育、技能发展等繁重的工作都属于痛苦传播……愉悦沟通是快乐、满足、宁静、高兴的，就像娱乐、艺术、戏曲的特性。（Stephenson，1967：194）

Stephenson 对工作和游戏的两分法，对应契克森米哈所说的在创造性工作中的沉浸概念（p. 36）。

娱乐的支点是大脑。思维的主观状态日益成为客观标准测量。Sacks 在他关于"音乐迷"（musicophilia，字面意思是对音乐的热爱）的书中探索了音乐的力量。他指出，相比语言文字，音乐活动占据大脑更多区域，这使人类成为音乐物种。通过磁成像技术，进一步的经验证据表明，生理和言语评级背后的大脑结构在效价和唤醒的情感维度上存在功能分离（Anders et al.，2004：200）。有研究表明，音乐家和非音乐家对纯音调和钢琴单调的反应没有显著的差异，这表明音乐家在大脑的使用依赖性重组方面与非音乐家没有差异（Lütkenhoner et al.，2006：935）。根据拥趸的观点，研究者能够越来越多地描绘大脑中享乐或愉悦体验的图谱。

但是有些作者提出了警告。Shermer 提出大脑画面的局限性（第 67 页）。更为广泛地说，Lehrer 声称如果神经科学家想要理解无意识的"神话"，他们需要新的方法。在他看来，现代神经科学代表了还原论的胜利，"意识……它只是一个特殊的物质的诡计，它可以归咎于物理学的铁律"。他进一步观察到，如果贝多芬的交响乐减少振动空气的波长，我们"对音乐所知甚少。当声音减少到只有最基本的细节时，有形的美、内心的情感和整个理性从一开始就会全部丧失。换句话说，还原论会遗漏很多真实的细节"。

（三）反义词

像工作和游戏，很多词汇可能都是通过反义词来定义的。休闲、游戏就是相对的两种行为（比如 McLean、Hurd 和 Rogers，2005：37）。流行文化是精英文化的反义词（例如 Gans，1999：7）。那么什么是娱乐的反义词呢？从契克森米哈的沉浸概念出发，无聊（boredom）很可能就是娱乐的反义词（Bosshart & Macconi，1998：4）。Mikulas 和 Vodanovich 将不满和低唤醒度结合起来定义无聊（第 1 页）。O'Hanlon 综合这些观点，增加了单调的概念。

如果无聊是一种病态，那么我们认为娱乐是一种可行的治愈方案（但不是唯一的）。但需要重申的是，我们相信娱乐必须从客观上来定义，而非主观。不论什么形式的娱乐，对很多观众来讲都是无聊的。它或许无法使所有观众感到快乐，但只要让一些人感到快乐（并且满足其他标准），它仍然是娱乐。

（四）文化情境

大多数定义主要是从获得快乐的视角来讨论娱乐的。从社会学意义来谈文化，我们也能在更广阔的情境中思考娱乐。Parr 和 Lashua 从休闲研究的角度进行的描述同样适合娱乐：

> 休闲是人与历史固有的局限性（比如资本主义）、文化意识形态、政治以及深深嵌在社会情境的各种因素（比如种族、阶级、年龄、性别、能力或残缺）反复协商的一种现象。在从上至下（霸权）和从下至上（抵抗）的社会结构和身份传统中，身份和"恰当"选择可能会产生协商……通过压抑与解放、控制与授权，休闲成为生命的一部分。（第 3 页）

对此，Motz 发现有些学者将流行文化视为一套"文本或人工制品（artifacts）"（比如 Hebdige，1988：12）；其他学者将其视为"一系列的进程、实践和展演"；后来的学者将流行文化视为"个体与群体之间的传播"（Motz，1994：9）。根据 Motz 的说法，在过程倾向的取向中，"涉及的文本从来不是静态的，在文本意义的生产当中，文本的受众也是文本的生产者"（第 6 页）。就娱乐而言，比如，我们可能会将电影《阿凡达》视为一个有意义的文本。同时，观众对战争、原住民和环境的态度会影响对文本的解读。态度和经验是需要时间与空间来积累的。从另一个角度看，有人认为文化权力的差异依赖于背后的高雅文化和低俗文化的划分，"通过高成本的参与，更高级教育是为了欣赏这种形式，强制观众的某类行为，并且将那些统治阶级以外的人排除在文化机构的政策制定者职位之外"，以此来限制高雅艺术的使用权限（Motz, 1994：7）。

娱乐的生产者、配给者与消费者和政府及其他文化机构在一个关系网上运作。生产编码，例如从 20 世纪 30 年代中期到 50 年代中期，电影里的罪犯都必须不得善终。在战争期间，政府宣传机构就要求生产电影和其他娱乐媒介时要确保其信息功能。在 20 世纪 60 年代和 70 年代，美国最高法院发布淫秽法案，重新界定色情的性质与可用性。有些学者（比如 Putnam）认为鼓励美国人留在家里的现代娱乐形式会侵蚀公共话语。在这股潮流下，社会和娱乐将继续相互影响。

五、定义的要素

（一）客观

正如上面所述，我们拒绝用主观衡量娱乐的想法。尽管让一个人快乐是主观的，如果这个概念被证明对大多数学者有用的话，我们相信其通常都是用客观的术语来定义的。我们之所以用"通常"一词，是因为正如我们下面将要讨论的，Stephenson 对愉悦沟通的主观感受是定义中的一个要素，但是关注的是部分观众，而不是特定的个体。

（二）沟通

从宽泛的定义看，我们认为娱乐涉及观众（包括某一类的观众）和文本之间的沟通关系。我们强调沟通，有助于避免出现 Browne 对流行文化所下的"我们生活的整个社会"（《流行文化》，1972：260）那样无边界的定义。如果几乎一切皆娱乐，那么关于娱乐的研究便毫无意义。有沟通特征就要排除类似食物那样的信息，这又一次与 Browne 关于流行文化的定义不同（《流行文化》，1972：260）。

需要注意的是，我们不会限制沟通上的任何内容。娱乐的内容是无限的。

它可能会是凝视尸体，或"真人标本"（身体），这些可以比喻成观看雕像。虚构也构成娱乐，如 1835 年 Benjamin Day 在《纽约太阳报》的月亮恶作剧（Bjork，2002：128），或者 1938 年 Orson Welles 的《世界恶作剧之战》（Barnouw，1968：87）。Stephenson 指出，观看和聆听宗教仪式也是如此（第195 页）。同样，我们认为高雅与粗俗的划分在现在看来就无意义，也不实用。精英艺术形式也被认为是娱乐，是因为它们为一些观众提供愉悦沟通。另外，与 Wollheim 的艺术制度理论不一样，娱乐无须出版许可（第 358 页）。例如，不需要像权威人士批准某部电影一样取得娱乐资格。我们也拒绝娱乐与教育之间的差异。Kimmt 和 Vorderer（第 349 页）认为，就像分析小说文本那样，一场文化讲习集会的演讲也让一些人感到快乐。与此相对，Vorderer 认为娱乐不只限于低智力水平（《皆为娱乐》，2001：255）。除此，娱乐不一定是叙事的——其他形式或音乐也可称为娱乐——所以，它不要求对角色抱以同情或其他反应，这与 Bosshart 和 Macconi（第 6 页）以及 Zillmann 的观点相反（"情感倾向理论"）。

我们也反对刻板的娱乐定义。与 Mendelsohn 和 Spetnagel 相反，我们不认为娱乐"在指定的地方和时间产生，源于艺人而不是观众"（第 20 页）；阅读或倾听音乐是自己的安排。我们也发现 Barnouw 和 Kirkland 将持续的盈利作为定义娱乐的要素，这条标准不可取（第 51 页），因为它可能会排除一些非营利博物馆和剧院公司、公众广播服务公司（PBS）、国家公共广播电台（NPR）和英国广播公司（BBC）。文化语境中的娱乐可能是资本主义体系的部分反映，但追求利益不是必需的要素。

（三）外部刺激

继续谈沟通，我们认为一些娱乐形式存在外部刺激。从定义得知，人不能让他自己感到快乐。这个就排除 Freysinger 和 Kelly 判断何为休闲的标准：白日梦（第 18 页）、唱歌也是如此。这些与 Zillmann 和 Bryant 的娱乐取向相反（第438 页）。人在独处时，可以通过书籍、DVD 或一些其他事情使其快乐。刺激必须是沟通性的，并且它不只是在大众媒介中才起作用。这与 Mendelsohn 的观点相反（第 15 页），逛博物馆展览也可称为娱乐。

（四）快乐

娱乐的主要目标就是提供快乐。Stephenson（第 45 页）、Mendelsohn（第 15

页）和 Wurst（第 389 页）都坚持这条标准。无聊和痛苦都不是娱乐。就像 Godkin 所说的，如果文化沉浸不能带来快乐（作者用的是精英文化的例子），那么它就不是娱乐定义的要素（第 202 页）。

诚然，一般是从主观角度将快乐归纳到客观定义之中。但是，我们关注的不是某个人的反应，更多是作为总体观众的部分。当然，并不是说观众中的每一位成员都需要从特定的娱乐中获得快乐。检验的方法并不要求全部观众一致认可，但娱乐需要一定的认可度（Hinds，1994：43）。尽管我们相信 Vorderer 的标准是娱乐会导致失望（《皆为娱乐》，2001：251），不过这条标准可有可无，这世上有什么事情不会有失望呢？进一步讲，娱乐赋予的快乐并不需要达到"沉浸体验"的水平。沉浸程度越高，沉浸体验越纯粹，娱乐的结果可能会从总体上损耗自我意识，因此娱乐并不要求必须沉浸。除此之外，跟 Zillmann 和 Bryant（第 441 页）以及 Katz（第 72 – 73 页）不一样，我们不论述观众成员的动机。我们不需要去断定人们有意识或无意识地寻找治疗或调节心理的娱乐，这超越了 Stephenson 的愉悦沟通。

（五）受众

正如前面指出的，我们认为娱乐一定是有受众的。从某种程度来讲，娱乐是公共的。需要注意的是，这并不是要将娱乐从孤独中排除出去；一档电视节目并不会因第二个人离开房间就失去其娱乐性。但是娱乐必须超越其生产者。关于这点，Tolstoy 认为是"艺术的感染性的作用"。在他的论述里，"如果人……经历了与作品的创造者和其他参与者相融的体验状态，那么就处于这种艺术品所唤醒的这种状态"（第 139 页）。娱乐在创造者和受众成员，以及至少在不同受众群体之间，都是公共的。

（六）被动的受众

被动是一种常规的理解，常常不言而喻地被人看作是大众传播过程中的要素，习惯性地"把媒介用户描述为事件的见证者、旁观者、倾听者，以及往往是屏幕所呈现的内容、页面或说话人的观察者"（Vorderer《交互式娱乐及其超越》，2000：23）。当 Brock 和 Livingston 让学生来定义娱乐时，超过三分之二的学生用被动一词，就像"为你安排的节目：看电视、听音乐、看电影"（第 269 页）。两位作者用"通过外在的表演或场面，相对被动地获得快乐"（第 270

页）总结了学生对娱乐的定义。但是另一些学者则持不同观点。比如，Zillmann
和 Bryant 认为，人的自我技能的展示会是一种娱乐形式（第438页）。

娱乐的被动标准排除了主动的消遣活动，其中有一些也被第一条的沟通标
准排除：体育运动（通过观看高水平的体育运动）、演奏乐器（以及听音乐
会）、跳舞（以及观看舞者）、文艺活动、赌博、登摩天轮，以及（具有讽刺的
是）在后院烧烤"讨好"邻居。这些被排除的活动，可以称之为休闲但不是娱
乐。这些活动过于特别和怪异。不容置疑的是，不同的个体，甚至同一个体在
不同时期，都会以不同的方式接受特定的娱乐。但是消遣活动所提供的体验会
有变化。在篮球赛场上的任何两位观众的体验也是不一样的，但不会像游戏中
任何两个玩家的体验差异那么大。

就像 Tolstoy 那样，我们相信感到快乐的人应该分享共同的体验，尽管体验
可能不完全相同但也会有很大程度的相似，所以将被动活动作为标准。我们认
为娱乐（不像休闲或游戏）更多的是旁观者的体验，而非参与者。当然，被动
并不排除情感卷入，就像篮球赛现场上的观众，他们更主动的行为要素，如站
起欢呼，但是观看球赛时做其他事情，比如吃热狗或穿戴团队的帽子，就在我
们的娱乐定义之外了。正如以上提到的，娱乐常常与非娱乐交织在一起。

毋庸置疑的是，被动是这些标准里最受争议的，可能还有点过时了。在玩
《第二人生》（*Second Life*）这样的电子游戏和其他虚拟现实的游戏时，这些游
戏是会让人全身心投入的。这时候旁观者和参与者的界限就十分模糊了。互动
技术很快就将观看者引导成行动者。正如 Vorderer 所发现的，互动媒介的发展
"完全颠覆了我们创建的娱乐理论"（《娱乐理论》，2003：43）。

但是在我们的定义里很难将这些互动媒介接纳进来，许多还没涉及的活动，
我们也没有将其纳入娱乐范畴。谈及主动观众的情况，如果在《第二人生》的
公共论坛上的对话是娱乐，那么城市生活的公共论坛上的对话为什么不是？为
什么包括在线或电子游戏版的国际象棋或拼字游戏是娱乐，而原本的棋盘游戏
不是？以及如果国际象棋是娱乐，为何拼字游戏不是？如果拼字游戏是娱乐，
为何跳舞不是？如果网络虚拟格斗有资格是娱乐，为何玩真实的飞机就不是？
电子游戏与老虎机游戏如何区分，一旦跨过这条界线，电子纸牌游戏如何与现
实相区分？将概念定位在主动观众会导致过度包容，缺陷会比立足于被动观众
的标准更大。因此，有这些质疑，我们认为更要将被动观众作为娱乐的要素。

总之，我们相信娱乐必须主要用客观词汇来界定。在我们看来，娱乐包括

有沟通特征的外部刺激，为一些人提供快乐（当然不是任何人），能够惠及被
动观众。

六、总结

我们已经提出识别娱乐的标准，并将娱乐从休闲、大众文化和其他概念中
区分出来。对这些标准的挑战也要注意。Dyer 写道："娱乐很难下定义，因为
人人都知道它是什么，它是一个常识性的观念。"（第 1 页）我们认为娱乐主要
需用客观词汇来定义，要有沟通和外部刺激，触及一般意义上的被动的观众，
并让一部分观众感到快乐。我们的标准可能很明显，很有探索性；但我们已注
意到其中一些不足。我们提供它们是希望引起更多对话，以促进娱乐领域的研
究——这是第一个而绝非最后一个信号。

Mukerji 和 Schudson 发现，流行文化研究只用了 25 年的时间，"从一块处女
地变成一条充满智慧的河流，从不同学科之补充发展到现在极其辽阔的景观"
（第 1 页）。还处于幼稚时期的娱乐研究也会如此。因此，讨论娱乐潜在边界的
基础性工作是值得的。

参考文献

[1] ANDERS S, LOTZE M, ERB M, et al. Brain activity underlying emotional valence and arousal: a response-related fMRI study. Human brain mapping, 2004, 23 (4): 200-209.

[2] BARNOUW E. The golden web: a history of broadcasting in the United States, 1933-1953. New York: Oxford University Press, 1968.

[3] BARNOUW E, KIRKLAND C E. Entertainment//BAUMAN R. Folklore, cultural performances, and popular entertainments: a communications centered handbook. New York: Oxford University Press, 1992: 50-52.

[4] BERELSON B. Communications and Public Opinion//SCHRAMM W. Communications in Modern Society. Urbana: University of Illinois Press, 1948: 167-185.

[5] BJORK U J. The moon hoax: The New York Sun stuns readers with discovery of lunar life. //SLOAN W D. The media in America: a history. Northport: Vision Press, 2002: 128-129.

[6] Bodies: the exhibition. Visual display. Premier exhibitions, Atlanta, 2006.

[7] BOSSHART L, MACCONI I. Media entertainment. Communication research trends,

1998, 18 (3): 3 - 8.

［8］BROCK T C, LIVINGSTON S D. The need for entertainment scale//SHRUM L J. The psychology of entertainment media: blurring the lines between entertainment and persuasion. Mahwah, NJ: Erlbaum, 2004: 255 - 274.

［9］BROWNE R B. Popular culture: notes toward a definition//AMBROSETTI R J, BROWNE R B. Popular culture and curricula. Bowling Green: Bowling Green University Popular Press, 1972: 3 - 11.

［10］BROWNE R B. Popular culture: medicine for illiteracy and associated educational ills//MOTZ M F, NACHBAR J G, MARSDEN M T, et al. Eye on the future: popular culture scholarship into the twenty-first century in honor of Ray B. Browne. Bowling Green: Bowling Green State University Popular Press, 1994: 259 - 273.

［11］BROWNE R B. Popular Entertainments. //MATLAW M. American popular entertainment: papers and proceedings of the conference on the history of American popular entertainment. Westport: Greenwood Press, 1977: 293 - 297.

［12］CSIKSZENTMIHALYI M. Beyond boredom and anxiety. San Francisco: Jossey-Bass, 2000.

［13］DYER R. Only Entertainment. New York: Routledge, 1992.

［14］Entertain//Oxford English dictionary online (Web. 10). Oxford University Press, 2009.

［15］FIEDLER L. The middle against both ends. Encounter, 1955: 16 - 23.

［16］FREYSINGER V J, KELLY J R. 21st century leisure: current issues. 2nd ed. Andover, MA: Venture, 2004.

［17］GABLER N. Life the movie: how entertainment conquered reality. New York: Knopf, 1998.

［18］GANS H J. Popular culture and high culture. New York: Perseus, 1999.

［19］GODKIN E L. Reflections and comments, 1865 - 1895. New York: Scribner, 1895.

［20］HABERSKI J R. Freedom to offend: how New York remade movie culture. Lexington: University Press of Kentucky, 2007.

［21］HEBDIGE D. Hiding in the light. New York: Routledge, 1988.

［22］HINDS H E, JR. Popularity: how to make a key concept count in building a theory of popular culture ［C］//MOTZ M F, NACHBAR J G MARSDEN M T, et al. Eye on the future: popular culture scholarship in the twenty-first century in honor of Ray B. Browne. Bowling Green: Bowling Green State University Popular Press, 1994: 43 - 53.

［23］ KAMMEN M. American culture, American tastes: social change and the 20th century. New York: Knopf, 1999.

［24］ KATZ E. Social research on broadcasting: proposals for further development. London: British Broadcasting Corporation, 1977.

［25］ KATZ E, FOULKES D. On the use of the mass media as "escape': clarification of a concept. The public opinion quarterly, 1962, 26 (3): 377 - 388.

［26］ KLIMMT C, VORDERER P. Media entertainment//BERGER C R, ROLOFF M E, EWOLDSEN D R. The handbook of communication science. 2nd ed. Los Angeles: Sage, 2009.

［27］ KUEHL C. What's entertainment? That depends.... New York Times, 2000 - 09 - 24.

［28］ LEHRER J. Misreading the mind. Los Angeles Times, 2008 - 01 - 20.

［29］ LEVINE L W. Highbrow/Lowbrow: The emergence of cultural hierarchy in America. Cambridge, MA: Harvard University Press, 1988.

［30］ LIEB C. Entertainment: an examination of functional theories of mass communication. Poetics, 2001, 29 (45): 225 - 245.

［31］ LÜTKENHÖNER B, SEITHER-PREISLER A, SEITHER S. Piano tones evoke stronger magnetic fields than pure tones or noise, both in musicians and nonmusicians. Neuro image, 2006, 30 (3): 927 - 937.

［32］ MARTIN J J. What's entertainment? An inquiry into the educational and amusing aspects of educational play parks. Hastings communications and entertainment law journal. 1983, 5 (4): 795 - 819.

［33］ MCLEAN D D, HURD A R, ROGERS N B. Kraus' recreation and leisure in modern society (7th ed.): Sudbury, MA: Jones and Bartlett, 2005.

［34］ MENDELSOHN H. Mass Entertainment. New Haven: College and University Press, 1966.

［35］ MENDELSOHN H, SPETNAGEL H T. Entertainment as a sociological enter prise [C] //TANNENBAUM P H. The entertainment functions of television. Mahwah, NJ: Erlbaum, 1980: 330 - 338.

［36］ MEYERSOHN R. The sociology of popular culture: looking backwards and forwards Communications research, 1978, 5 (3): 330 - 338.

［37］ MIKULAS W L, VODANOVICH S J. The essence of boredom. Psychological record, 1993, 43 (1): 3 - 12.

［38］ MOBILY K E. Meanings of recreation and leisure among adolescents. Leisure studies, 1989, 8 (1): 11 - 23.

［39］ MOTZ M. Introduction [C] //MOTZ M F, NACHBAR J G, MARSDEN M T, et al. Eye on the future: popular culture scholarship into the twenty-first century in honor of Ray B. Browne. Bowling Green: Bowling Green State University Popular Press, 1994: 5 – 19.

［40］MUKERJI C, SCHUDSON M. Introduction//MOKERJI C, SCHVDSON M. Rethinking popular culture: contemporary perspectives in cultural studies. Berkeley: University of California Press, 1991: 1 – 61.

［41］MURDOCK G. Class stratification and cultural consumption: some motifs in the Work of Pierre Bourdieu（1977）//COALTER F. Freedom and Constraint: The Paradoxes of Leisure Ten Years of the Leisure Studies Association. New York: Routledge, 1989: 90 – 101.

［42］O'HANLON J F. Boredom: practical consequences and a theory. Acta psychological, 1981, 49（1）: 53 – 82.

［43］OLIVER M B. Tender affective states as predictors of entertainment preference. Journal of communication, 2008, 58（1）: 40 – 61.

［44］PARR M G, LASHUA B D. What is leisure? The perceptions of recreation practitioners and others. Leisure sciences, 2004, 26（1）: 1 – 17.

［45］PUTNAM R. Bowling alone: the collapse and revival of American community. New York: Simon, 2000.

［46］ROTHMAN H. Neon metropolis: how Las Vegas started the twenty-first century. New York: Routledge, 2003.

［47］SACKS O. Musicophilia: tales of music and the brain. New York: Knopf, 2007.

［48］SELDES G. Public entertainment and the subversion of ethical standards. The annals of the American academy of political and social science, 1966, 363（1）: 87 – 94.

［49］SHAW S. The meaning of leisure in everyday life. Leisure sciences, 1985, 7（1）: 1 – 24.

［50］SHERMER M. Why you should be skeptical of brain scans. Scientific American mind, 2008, 19（5）: 67 – 71.

［51］SHUSTERMAN R. Entertainment: a question for aesthetics. British journal of aesthetics, 2003, 43（3）: 289 – 307.

［52］SINGHAL A, ROGERS E M. A theoretical agenda for entertainment-education. Communication theory, 2002, 12（2）: 117 – 135.

［53］STAIGER J. Writing the history of film reception//STOKFS M, MALTBY R. Hollywood spectator ship: changing perceptions of cinema audiences. London: British Film Institute, 2001: 19 – 32.

［54］STEPHENSON W. The play theory of mass communication. Chicago: University of Chicago Press, 1967.

［55］ TOLSTOY L. What is Art? MAUDE A. (Trans.) Indianapolis: Flackett, 1996.

［56］ TSENG N. Expenditures on entertainment. Consumer expenditure survey anthology. US Bureau of Labor Statistics, 2003: 73 – 78.

［57］ TURNER V. Process, system, and symbol: a new anthropological synthesis. Daedalus, 1977, 106 (3): 61 – 80.

［58］ VORDERER P. Entertainment Theory. //BRYANT J, ROSKOS-EWOLDSEN D, CANTOR J. Communication and emotion: essays in honor of Dolf Zillmann. Mahwah, NJ: Erlbaum, 2003: 131 – 153.

［59］ VORDERER P. Interactive entertainment and beyond//ZILLMANN D, VORDERER P. Media entertainment: the psychology of its appeal. Mahwah, NJ: Lawrence Erlbaum Associates, 2000: 21 – 36.

［60］ VORDERER P. Its all entertainment—sure. But What exactly is entertainment? Communication research, media psychology, and the explanation of entertainment experiences. Poetics, 2001, 29 (4 – 5): 247 – 261.

［61］ VORDERER P, KLIMMT C, RITTERFELD U. Enjoyment: at the heart of media entertainment. communication theory, 2004, 14 (4): 388 – 408.

［62］ VORDERER P, STEEN F F, CHAN E. Motivation//BRYANT J, VORDERER P. The psychology of entertainment. Mahwah, NJ: Erlbaum, 2006: 3 – 17.

［63］ WOLF M J. The entertainment economy. New York: Times Books, 1999.

［64］ WOLLHEIM R. Painting as art. Princeton: Princeton University Press, 1987.

［65］ WURST K. Fabricating pleasure: fashion, entertainment and cultural consumption in Germany 1780 – 1830. Detroit: Wayne State University Press, 2005.

［66］ ZILLMANN D. The coming of media entertainment//ZILLMANN D, VORDERER P. Media entertainment: the psychology of its appeal. Mahwah, N J: Erlbaum, 2000: 1 – 20.

［67］ ZILLMANN D. Theory of affective dynamics: emotions and moods//BRYANT J, ROSKOS-EWOLDSEN D, CANTOR J. Communication and emotion: essays in honor of Dolf Zillmann. Mahwah, NJ: Erlbaum, 2003: 533 – 567.

［68］ ZILLMANN D, BRYANT J. Entertainment as media effect//BRYANT J, ZILLMANN D. Media effects: advances in theory and research. Hillsdale, NJ: Erlbaum, 1994: 437 – 462.

［69］ ZILLMANN D, VORDERER P. Preface//Media entertainment: the psychology of its appeal. Mahwah, NJ: Erlbaum, 2000: 7 – 11.

（原文刊载于 *Studies in Popular Culture*, Vol. 33, 2010）

娱乐：一个美学问题

理查德·舒斯特曼[*]

黄小琴　译

　　区别于常见的高雅艺术与流行艺术的二分法，还有一种更为基本的分类——艺术和娱乐。然而复杂的语言系统在阐释这些概念时，不是将娱乐与艺术进行对比，而是将娱乐等同于艺术，或归为艺术一类。有时，艺术本身就是一种娱乐形式。因为相对于艺术，娱乐的概念更为深入和复杂，而相较于流行艺术，娱乐的概念则更为广泛和古老。所以从整体来看，对娱乐的分析不仅对流行艺术，而且对美学问题的分析能起到一定的指导作用。

　　本文以实用主义者的视野为引导，对娱乐的概念及其与美学中的当代艺术和理论的关系进行系统分析。在对娱乐的多重价值进行美学辩护时，本文重新考察了两个概念——快乐和生活的价值，虽然这两个概念因为琐碎和狭隘而被用来谴责娱乐，却是娱乐和艺术的核心价值。

一、引言

　　近来重要的审美辩论话题之一即艺术的地位和一般流行艺术的文化价值。因为流行艺术是在当今多元化社会中大多数人所喜欢的一种艺术形式，其地位对民主文化至关重要。虽然一些有影响力的左派思想家如巴赫金与葛兰西捍卫这种艺术，但仍然有很多进步的知识分子如阿多诺、汉娜·阿伦特和皮埃尔·布迪厄，加入了文化保守主义的阵营，他们抵制娱乐艺术，并认为流行艺术、流行文化和大众审美的概念在本质上是矛盾的或者分类错误。我们从实用主义的视角来挑战他们的批判，以社会向善论的立场为基础，明确表达了对流行艺术的肯定。社会向善论不仅认识到流行艺术的缺陷和弊端，也认识到其价值和

---

　　[*]　理查德·舒斯特曼（Richard Shusterman），天普大学哲学系教授。

潜力。社会向善论认为，流行艺术虽然有许多不足需要改进，但是流行艺术是可以被提高的，因为它能且经常能实现真正的审美价值和服务于有价值的社会追求目标。

通过分析那些批评的文章，笔者终于明白对艺术的抵制大多源于对其基本或一般概念的态度。"流行艺术"的具体术语是相对现代化的，有点含糊不清；其英语用法似乎可以追溯到 19 世纪，只是这个术语称为"民俗艺术"更适用贴切，而不只限于现代大众传媒艺术的娱乐产业，这是今天流行艺术的主要含义（The Oxford English Dictionary，1989：125），也是反对者关注所在。虽然很多理论和普通的用法更喜欢流行艺术一词，但许多理论家坚持更贬义的术语，如"大众文化""大众艺术"或"大众娱乐"。①

甚至一个可能的争论点是，即使不是所有的艺术作品都能展示其审美价值，但从"艺术"这一术语本身就说明它们具有一定的审美价值，简单地用"流行艺术"来描述我们捍卫的各种流行音乐、小说、戏剧、电影和电视叙事，就已经是在回避审美问题。因此，一些评论家欣然承认笔者以前讨论过的流行音乐和电影的审美价值，但认为，这不能证明是流行艺术的价值，只能说明有关作品超越了大众文化娱乐领域。其他的批评者坚决拒绝授予流行音乐和电影相应的艺术地位或审美价值，却回避他们古板的势利行为，他们其实喜欢这样的作品——但只是作为娱乐，而非艺术。这使笔者意识到基于常见的高雅艺术与流行艺术的二分法，有一种更为基本的对比分类——艺术和娱乐。然而复杂的语言系统在阐释这些概念时，并不是将娱乐与艺术进行对比，而是将娱乐等同于艺术，或归为艺术一类。报纸经常将一个版面贡献给艺术和娱乐，艺术有时被描绘为一种娱乐的形式。因为相对于艺术，娱乐的概念更为深入和复杂，更广泛和古老，所以对娱乐的分析不仅能阐释流行艺术，而且还能阐释美学的整体问题。因此，本文从实用主义的角度对其进行分析。

实用主义是一个前瞻性的哲学话题，它是通过重要性而不是来源来判断思想观念。首先，实用主义认为哲学问题和观念来源于一定的历史背景，因此，

---

① 笔者更喜欢用"流行"一词，因为"大众"一词是一个不加区分且通常不像是对人的总称，而大众艺术的观众即使有一定重合，实际上也有所不同。一件艺术作品要成为流行艺术，并不需要拥有大众或主流观众中最普遍的品位。只要它拥有笔者所说的"众多"的观众即可。通过这种方式，像朋克摇滚或说唱音乐这样的流派，即使它们与主流社会的品位和价值观相悖，也可以成为流行艺术。

• • • • • •

这些哲学问题和观点只能通过历史视野才能更好地理解。这样，对娱乐的分析是从词源学对一些术语分析开始的，这些术语代表了相应的思想观念；其次，从哲学上进行一个简明的体系化批判系统建构，然后分析有关娱乐的悖论。这个分析能为美学和当代艺术提供一些经验教训，认识到这些经验教训将对娱乐产生更大的哲学意味。但为了确保这些，必须澄清两个重要的概念，这两个概念是娱乐最核心的价值，但已被作为浅显狭隘地批评娱乐的武器。

应该用两个关于文化力的一般论述来开始分析，这种文化力影响我们对娱乐概念的理解。首先，这种文化力在文化争辩中通常是分层的和论辩式的。像流行艺术一样，不论是对比哲学本身还是后期更高级的艺术形式，娱乐已经在很大程度上被定义为与哲学思考这样更高级的文化形成了鲜明对比的一种文化形式。其结果是，娱乐和流行艺术理论通常处于两种理论之中：第一种认为娱乐完全从属于高级艺术，是从中衍生出来的，而且是借用高级艺术的，使人腐化；第二种理论认为娱乐是一个独立的概念，它完全不同于高级艺术，有着自主规律、价值、原则和审美标准。

自从柏拉图谴责艺术提供使人堕落的娱乐，哲学通常趋向于第一种理论。娱乐模仿了虚假的真理和智慧，缺乏真正的知识，反而激发人的低级趣味，促使道德堕落。艺术的娱乐价值完全低于人们的理想、真理的标准、思想品德和源于哲学的政治价值。极少有人通过提供对立的乐趣与价值，特别是那些身体本能的性欲和一般的欲望，将流行艺术或娱乐，与高雅文化进行大胆对比。这一理论最好的例证是米哈伊尔·巴赫金提出的狂欢理论。

当采取极端的形式时，这些方法似乎都不完全适合用来对待娱乐和流行艺术的本质。如果柏拉图错误地将所有的价值观都归于哲学真理，而没有意识到一定程度的美学价值形式和乐趣具有相对自主性，那么极端自主论者通往流行艺术和娱乐的方法就不能公正评价高雅艺术和低级娱乐之间那种复杂的、紧密的联系，以及高雅文化支配低级娱乐的那种挥之不去的痕迹。正如世界改良论者采用一种介于谴责和颂扬之间的折中方法对待高雅文化，我们也需要一种能够控制好纯粹服从和绝对反抗的娱乐理论。

笔者分析的第二点是，塑造流行艺术和娱乐概念的文化力量正在发生历史变化，因此概念的延伸以及概念与严肃艺术之间的界限也是随着历史的变化而变化的。某种文化（例如希腊或伊丽莎白戏剧）的流行娱乐后来会成为经典的高雅艺术。勃朗特和查尔斯·狄更斯的小说最初是作为一种消遣式流行小说为人们所接受的，而不是像我们今天意义上的伟大文学名著。电影的地位也经历过类似的演变。事实上，即使在完全相同的文化阶段，特定的一个作品是起着流行娱乐还是高雅艺术的作用，取决于它是如何被呈现或解读，以及如何被公众欣赏的。在 19 世纪的美国，莎士比亚的戏剧既是一种高雅的戏剧，又是一种轻歌舞剧（Levine，1988）。因此，娱乐的确切含义是与语境紧密相连的，是取决于与它对比的是什么。到了现代，对比的对象成了严肃艺术。但是在早期，娱乐或消遣是与哲学和严肃的生命形成鲜明对比的，然而精湛艺术的地位总体上是被人们认为低于娱乐的（即使某人在那时就能分辨出更高层次的娱乐或更低层次的娱乐）。在某种意义上，这种较古老的对比至今都存在着，比如我们会区分工作和娱乐，或者区分阅读是为了接受教育还是为了娱乐。

二、术语的复杂性

在西方悠久的哲学史中，人们通过各种各样的术语表达娱乐的概念，这些术语略有不同但是意义有交叉。为使论述"过硬"，笔者仅限定在欧洲现代哲学的三种主要语言里，即英语、法语和德语。除了"娱乐"这个术语外，其他用来表达这种概念的英语词汇还有"消遣"（amusement）、"休闲"（pastime）、"走神"（distraction）、"余兴"（divertissement）和"休养"（recreation）（但是有时也会用到"play"和"game"这类相关的词）。法国人主要运用"消遣""余兴"和"走神"，但是他们也用"欢乐"（réjouissance）和"消磨"（passe temps）这类术语。在德语里，"消遣"（unterhaltung）是最常用来指代娱乐的术语，但是也会用到"解闷"（zerstreuen）、"消磨时间"（zeitvertreib）以及"取乐"（belustigung）这类术语。英语术语"娱乐"（entertainment）一词基本上是源于拉丁语"相互之间"（inter）和"握住"（tenere）的合成词，意思是"团结一致""保持"或是"坚持"。在 16 世纪，英文中"娱乐"一词最早的用法其实是用来指保持或者维持，特别是通过物资供应来维持人员（尤其是客人和战士），并让一个人的行为保持适当的方式。"娱乐"的另一早期用法是"占据时间"和"费时间"之意，这是在莎士比亚的作品《爱的徒劳》里发现的。"娱乐"的主要美学意义来源于"愉快地占据某人注意力的行为""提供乐趣或娱乐"以及"为了吸引别人的兴趣或使人愉快的公开表演或展览"这些话语。显而易见，德语里的术语"娱乐"与英语相应，都是由"支持"或"维持"的隐含义向"愉快地占据某人的时间"这个意思发展（"取乐"一词也是这样的）。这种语源隐含着直接的哲学经验：如无必要，自我维持的一个好方法就是使人愉快地从事某事或者使人致力于自己的兴趣爱好。术语"休养"一词也表达了同样的意思，即人们在愉快的活动中通过恢复或重振精神来自我维护。那种愉悦是有助于生存的，繁荣兴盛是进化生物学家强调的要点。

　　当我们思考英语和法语术语"消遣""余兴"和"走神"时，哲学经验就变得更加复杂了。在这里，我们不强调自我（或客体）的维护，取而代之的是将焦点分散到其他一些吸引我们注意力……但是远不及前面重要的问题上。英语术语"消遣"起源于动词"走神"。"走神"的早期意思是沉思、怀疑、惊讶或者疑惑。但是"走神"的英语术语也是起源于法语"沉思者"，意思是浪费时间或者无所事事地关注一些小事而虚度光阴。① 因此，消遣提醒我们不要纠缠自己或他人的那些所谓重要事务，取而代之的是引导我们去思考一些其他的事情。术语"走神""消遣""余兴"都是暗示我们转移惯常的关注焦点（这种暗示是通过它们的词根意"分开"或者"转变方向"得知的），取而代之的是关注其他事情。德语"消遣"（瓦尔特·本雅明用这个词去描述电影娱乐和其他流行的娱乐）一词同样意味着，在娱乐中受关注的对象被分散了或者散开了，这与高雅艺术要求关注自己和本雅明暗指的"镇静"（这个术语表达的是镇静下来或是自我冷静）是相反的。

　　我们也可以从"注意力分散"这个语源中学到一种重要的哲学教训，但它更加矛盾和更加辩证：在保持自我的同时，也需要忘记自我，去寻求别的发展。想要保持、恢复精神甚至更加专心，就需要转移注意力；否则，就会产生集中疲劳，以及因千篇一律而变得枯燥乏味。也许有人会觉得，这些教训被深深地刻在了我们的视野剖析中：它们通过向外探求而不是向内自省，我们成功地获得了物质需求和振奋的精神。在一个很有解释力的辩证法里，娱乐的这种矛盾的结构以一种富有成效的辩证法，将注意力和走神、定心凝神和消遣、严肃的维护和幽默的娱乐之间的对立结合起来，同时也发现了概念系统在不同时期的有力表达。

----

　　① 有些人将这个词与意大利语的"musare"联系在一起，这个词的意思是徘徊、闲逛、无所事事。

三、概念系统的反思

娱乐的概念历史过于复杂，以至于不能用一段短小简洁的叙述来呈现它，因此，只能把注意力集中在最重要的章节来突出一些重点。我们可以从柏拉图在《菲德罗篇》中反对写作哲学思想开始。在《菲德罗篇》中，苏格拉底将哲学和娱乐做了一个鲜明的对比。在与口语对话中真正严肃哲学的辩证艺术做对比时，即使属于哲学范畴的书面语言，也只是对于"为了娱乐"才有价值，这激发了思维的产生，使得拥有这种思维的人能像任何人那样快乐。因此，哲学不仅仅在教育方面优于娱乐，还在愉悦方面优于娱乐。希腊术语用"儿戏"一词来指代娱乐。令人吃惊的是，这个词的意思与希腊语中的教育、教化是很接近的，因为它们都有与孩子有关的相同词根。柏拉图在他的《法律篇》第二卷里阐明的观点是：若是细化成孩子的"胡闹"或者"玩耍"，娱乐和真正的教育形成对比，而这种教育应该是严肃而可控的。① 对柏拉图而言，具有强大娱乐功能的模仿艺术不仅是对真理的一种幼稚的转移，还是对事实的一种似是而非的扭曲，或者说是一种灵魂的腐败。因此，柏拉图的《理想国》强烈地谴责了模仿艺术，甚至在《理想国》第十卷里要求停止这些模仿艺术。

尽管亚里士多德在《诗学》里介绍了一些评估悲剧美学价值的独立标准——形式主义的统一和情感的宣泄，但他对他那个时代的艺术娱乐的辩护，仍然依赖于哲学对真理的高位值（high value），因而艺术的模仿愉悦被定义为更高哲学认知快乐的较低版本。此外，亚里士多德选择用赞美诗的方式来表达艺术娱乐是为了使它变得更加有哲理，而且诗歌比历史的含义更深刻，因为诗歌描述的不仅仅是过去偶然发生的细节，还描述可能发生的某件事，比如，可能的和必要的都有可能发生。因此，尽管诗歌使用了细致的专用名称，但它的陈述是本质论的，而不是一般概念，然而历史性陈述是单一的（Aristotle，1909：27）。

---

① 在拉丁语中，用"oblactatio"表示娱乐，其主要含义是让人着迷的消遣或分散注意力，还带有"幼稚"的内涵，因为它来自动词"lacto"，该动词既表示吸引又表示从乳房吸取奶汁。母亲的乳房为孩子提供了在滋养和愉悦的舒适感上的娱乐，使其从不愉快的感觉或焦虑中分散注意力。母亲的乳房可能是一个人在这个重要意义上的首个娱乐。哲学对娱乐的傲慢贬损，在某种程度是人们对母亲和女性的"幼稚"依赖的无意识拒绝的一部分。

在现代思想的初期，米歇尔·德·蒙田（1957）在讨论他的阅读时，依然观察到了娱乐和严肃哲学智慧之间过时的区分。然而，他的怀疑挑战了严肃理念和幽默娱乐之间的传统等级，自豪地证实了他现在阅读主要是为了消遣。他在散文《论文集》（第二部，第297页）里这样写道："我邀游书籍是为了通过切实的娱乐让自己快乐；或者说，我唯一寻找的是学问，是一种有关对待我自己的学问，它指导我如何死得更有意义和活得更好。"多年后蒙田在散文《论三种关系》中证实了这种偏爱。在文章里，他解释道，虽然在年轻时，最初他读书是为了卖弄，不过之后是为了获得智慧而阅读，但是现在他读书只是为了消遣。预料到有人会对他这种娱乐的爱好进行批评，蒙田反击道：

> 如果有人告诉我，将阅读仅仅当成一个玩具和一种娱乐会降低缪斯女神的身份，那他就是不知道我这种娱乐、玩耍和消遣的价值。我几乎会说任何其他目标都是荒谬的。（第三卷，第629页）

我们不能误认为蒙田是一个思想浅薄、无聊的人。他花了大量时间来自学，创作了很多的散文，这就很好地说明了这一点。他也强调，这种使自己的思想快活的沉思活动是一种娱乐，对于一个意志坚强的大脑，这种娱乐可以与所有其他活动进行竞争，对智力有高要求的活动和娱乐活动两者来讲都可以。然而，感觉到长时间积极的自我冥想是危险、令人精疲力尽且让人不安的，为了静下心来休息，蒙田意识到他需要用其他娱乐来换一种心情。读书是蒙田最喜爱的消遣方式，因为它们提供的娱乐不仅能让人从严谨的治学中抽身出来休息，而且能让思维从任何麻烦的、可能萦绕在脑海里的想法中转移出来（第三卷，第621、622、628页）。接下来的散文《论消遣》（第三卷，第630－638页）更普遍地强调将娱乐用来克服我们最麻烦而又最棘手问题的实用价值和"疗效"。

虽然很简洁、很零散，但是蒙田对娱乐的解释包含了三个重要的观点：第一，娱乐可以使用高要求的、深思的形式，这些形式涉及的不仅仅是快乐，还有思维的高超运动，因此对娱乐、快乐以及严肃智力活动的追求不应该被区别对待；第二，一般而言，既然快乐的价值不是微不足道的，那么我们就不能贬低快乐和娱乐之间的深层联系，而更应该提升它；第三，娱乐的思维转移不一定是通过转移注意力来削减思维的消极特征，相反，在辩证法的潮流中，通过为思维提供慰藉及可供选择的思维运动来改变活动的焦点和风格，是可以加强思维的力量的。

在 18 世纪，娱乐的概念不仅开始与生命和思想的严肃实践进行对比，还与更严肃的艺术形式进行对比。因此，英国 18 世纪重要的新古典主义代表人物塞缪尔·约翰逊将娱乐的某个特定运用归为更低级的戏剧，并且将娱乐越来越多的使用记录下来，来表示不同人物表演的集合，正如音乐和朗诵、特技等的混杂。

在狄德罗的《百科全书》里，论述"娱乐"的文章暗示了一个相似的观点。狄德罗在记录了那个时期艺术中的"娱乐"更专业的意义后，把所有的小诗应用到音乐里，而后让人在戏剧院或是音乐会表演；有时在喜剧末尾放两幕或一幕舞蹈，与歌曲交织起来；更为特别的是，那些舞蹈和歌曲插曲似的引进多幕戏剧，文章更为普遍地将"娱乐"定义为包括特别的消遣、休闲以及欢庆（法语里的"迎乐曲"）这些"通用术语"。尽管它们有些不同的细微差别，有人声称这四个术语是同义的，都是以消遣（即"花天酒地"）或者愉悦为基础的。文章的结尾有这样的警示："凡是不把有用或必要的事情当作他们目标的娱乐，都是懒散的结果和贪图享乐。"这暗示着单纯娱乐和真正艺术之间的鲜明对比。狄德罗写道："无上的功德在于将娱乐和实用性结合起来。"当然，这并不意味着艺术本身不是一种娱乐的形式，也不意味着娱乐必须局限于无意义享乐的闲事。

在伊曼努尔·康德的美学著作《判断力批判》中，娱乐概念的使用同时包含低级和高级的内涵。虽然将娱乐运用到肉体的享乐和有目的的享乐，就能区分愉悦的事物和优美的事物（第一卷，第 7 段）；但是之后，娱乐被用来指心智的无目的（也就是没有具体的目的）而又自在的娱乐，这给我们的经验打上了美学的烙印。弗里德里希·席勒从游戏领域和外在范畴表达了对美学的欣赏性认同，这承认了人类积极的娱乐需求，正如借助玩耍概念表达的一样——只有当人是完全意义的人的时候，他才游戏；只有当人游戏时，他才完全是人。席勒同样坚持游戏的高贵价值，它既是人类自由的一种表达，也是一种非强制性的、有效的道德熏陶形式。显而易见，席勒的概念里"游戏"（Spiel）和不同寻常的娱乐感是相联系的，有点类似席勒将其限定为自由的轨迹和工具。正如康德在《判断力批判》里维持娱乐概念的合目的性与无目的性之间脆弱的平衡（即在更低领域的愉悦和更高范畴的审美之间就形成了娱乐术语后的矛盾），因此席勒游戏思想暗示了娱乐（在它更高贵的形式里）本身提供并象征了理想形式和物质生活之间的均衡。

但是黑格尔重要的美学观"绝对精神与绝对理念的辩证法"果断地打破了娱乐的这种平衡观。因为在黑格尔那里，娱乐似乎明确地被证实了与艺术之名是不相称的。在他最初的著作《美学》关于艺术价值的评论中，黑格尔觉得自己必须明确区分"真正的艺术"与"卑劣的艺术消遣"，这种卑劣的艺术消遣只不过是服务于愉悦和娱乐的一种短暂游戏，这涉及生命愉快的外部目的，因此娱乐是奴役于愉悦的低级范畴和外部目的；相反，艺术只有摆脱这种奴役才能成为真正的艺术。在这里，我们已经看到了艺术与娱乐之间的鲜明对比，这种对比仍然主导着当代对流行艺术的讨论。

然而，尽管黑格尔明确表示艺术是"自由艺术"，他却没有真正地让这些艺术变得自由。因为他妄自尊大地给艺术分配"最高任务"：艺术仅仅作为一种揭示良心和采用神圣语言的方式，是人类最深切的利益以及思维里最全面的真理。因此，黑格尔同时证明和混淆了娱乐和真正艺术两者，透过现象，根据娱乐的目标来界定"奴役"。真正艺术的自由及其受役与上帝、真理以及理想是相矛盾的。不幸的是，黑格尔的观点仍然主导着当代美学。在艺术领域，当代美学的唯心主义转变为视真理优于美和愉悦；同时，在美学观点上，唯心主义也认为艺术境界优于自然风景。

尼采呈现了一个更加复杂、更加有益的娱乐观，以及娱乐与艺术、思想之间的关系。他能非常轻蔑地调配术语来表示娱乐和肤浅愉悦之间的琐碎关系，以及调配时间的流逝来减少无聊。事实上，他使用"娱乐"这一术语不仅是为了谴责艺术表达领域这些琐事，而且也为谴责知识领域和哲学领域本身的琐事。在《作为教育家的叔本华》里，尼采抱怨学术研究性图书和琐碎的真理是如何担当反对无聊的娱乐方式或是"苍蝇拍"式的角色的，或是起"游戏"与"消遣"的作用。同样地，在他的散文《在拜罗伊特的理查德·瓦格纳》（*Richard Wagner in Bayreuth*）里，尼采将以精神为目标的真正艺术和文化与他所谓的"堕落"（腐败的）及他那个时代的艺术中的"艺术娱乐"（德语里的艺术—娱乐）进行比较。但是这种"为了娱乐不惜一切代价而隐匿不深的娱乐沉迷"与普通人眼中的流行艺术是不同的，却和"有教养的人""学者"他们那正式的高雅艺术很相似。事实上，这种娱乐和瓦格纳（Wagner）将普通人视为诗意的人是形成鲜明对比的。

此外，在《瞧！这个人》（"为什么我如此聪明"）里，尼采通过"休闲"的概念表达了娱乐的积极力量，加之气候的选择和营养，尼采认为"休闲"对于自我治愈是很重要的，因为这可以让他忘忧和逃脱他自我要求的"严肃"。实际上，尼采声称"任何一种阅读都属于我的娱乐"。一位像蒙田这样认真自我参悟的实践者——尼采，他似乎证实了我们之前从词源和蒙田那里搜集到的具有生产力的悖论——通过免受自我关注来自我保持和自我加强，认真的自我保护也需要颇有乐趣的消遣。笔者认为这个悖论隐含着一个更大的辩证法教训：通过忘记自己和将兴趣投入更宽阔的世界来扩充自己与提高自己。真正的成长意味着为了拥抱更强大的东西而放下自己已经得到的东西。这个教训也许可以拓展到当代艺术上，它强烈而狭隘地专注自身（关注自身内部的历史、理论、杰作和预定的本质，而不是关注它自身所处的更宽的自然界和人类生活）导致了力量和吸引力的丢失。

正如蒙田和尼采强烈要求的那样，娱乐的价值可以通过转移注意力的游戏和恢复性放松来辩证地加强我们的精神力量，在有关娱乐的认知贡献上，笔者想冒险地进行更远的假设：它的娱乐功能不仅提供能恢复专注的安慰和消遣，还能通过降低感官的干扰来加强知觉的敏感性，这种干扰是由因过于努力或过多压力而导致肌肉收缩的多余压力而造成的。这个假设至少部分是由体现在著名的韦伯费希纳定律中的心理物理学的经典性发现支持的。这个定律明确地表达了一个我们从共同经历中也可以得知的真理：如果之前存在的刺激是由细微的刺激器官引起的，那么一个更小的刺激物也能更清楚、更容易地被注意到，但是如果刺激物想要引起注意，就必须比之前存在的刺激物大很多。比如，一支香烟在耀眼的太阳光下的亮光，我们也许在离它很近的地方也几乎看不见，但是在漆黑的夜晚却能从远处看到；又好比风吹叶子的声音，我们半夜在树林的寂静中能听到，但是在白天的喧嚣声中听不到；同样地，一只紧紧地握着拳头的手或者使劲张开手指的手不会像一只柔软的、没有肌腱劳损的手那样，对有细微差别的触感和质感非常敏感。娱乐的放松功能也许最后不仅让人恢复精力、得到慰藉，还会提供更敏锐的新见解。

不幸的是，在尼采之后，德国的主流哲学通过诋毁艺术的娱乐功能来重申自己。马丁·海德格尔坚持认为，当提供艺术作品只是为了艺术享受时，这是不能真正呈现和保存艺术作品的，因为艺术的界定性本质不是娱乐，而是真理的形成和呈现。即使汉斯-格奥尔格·伽达默尔，他的美学观以游戏概念为特色，在忽视艺术娱乐功能的同时，强调艺术的本体论和诠释性启示，并且他告诫人们"美学直觉性"和"经验性"的诱人危险。德国美学理论中重真理轻愉悦，甚至轻美感的黑格尔潮流仍然更显著地主导着阿多诺。阿多诺和麦克斯·霍克海默一起介绍了"文化产业"的不同概念来诋毁流行艺术的娱乐，认为用这种流行艺术所宣称的消极、愚蠢的愉悦来填补空虚时间，只会带来更多的空虚。对于阿多诺而言，似乎艺术的愉悦与认知是完全相反的：人们对艺术品了解得越多，就越不喜欢艺术品，反之亦然。在探讨艺术价值时，阿多诺明白愉悦必须为了真理而做出牺牲。

> 在一个虚假的世界里，所有的游戏都是虚拟的。艺术享受也是这样的……简而言之，艺术的本质是应该将享受的想法弃之一边……艺术品真正向我们要求的是知识，说得更好听些，是一种公正判断的认知能力。

但是，为什么必须假定真理与娱乐、知识与愉悦之间存在着重大的对立呢？注意到一个兼具诗人、评论家和理论家三重身份的英裔美国人是如何明智地维持这些术语之间的丰富联系后，就能证明艺术的娱乐是不否认其认知输入的。受雷德·古尔蒙的启发，T. S. 艾略特极好地将诗歌定义为"一种高级的娱乐"；与此同时，他立即警告道，它并不是指"上层人物的娱乐"。艾略特争辩道，各种艺术组成了一种高级的娱乐，因为它们的愉悦要的不是感觉，而是理解。

> 理解一首诗和为了正当的理由去享受它，结果是一样的。有人也许会说这意味着，正如它像能够给予快乐一样去从诗歌里获得同样的快乐；在误解中欣赏一首诗的本质，就好比只是去欣赏我们自己头脑里的一种投射……可以肯定的是，除非我们理解了，否则不能真正地欣赏一首诗；另一方面，同样真实的是，除非我们欣赏一首诗，否则不能真正地理解它。那意味着，在恰当的程度上以正确的方式来欣赏一首诗，从而推及其他的诗歌。

通过解构审美享受与认知之间的对立关系，艾略特也力图去挑战高雅艺术（也许在黑格尔辩证法的潮流中致力于庄严的真理）和庸俗的流行艺术（也许只迎合愉悦）之间的对立。相反，艾略特将高雅艺术和娱乐看成一个统一体，坚持认为一位好诗人"在某种程度上也想成为一位受欢迎的娱乐者……也想传达诗歌的愉悦"。在浪漫主义诗人概念的深刻启发中，如果把诗人当成预言天才和深奥真理的感知者，艾略特说他很乐意帮助诗人在社会中找到一个和音乐厅中喜剧演员一样有价值的角色，而且他故意将自己在诗歌方面的努力展示于剧院，以接触更多的观众。音乐厅狂热粉丝艾略特意识到向观众提供高雅艺术和流行艺术，仿佛观众就脱离了大众一般，这是很天真的，就好比错误地认为高雅艺术作品不能受到大众喜爱，或者说起源于本国流行文化的作品不能实现它较高的美学价值一样。

然而，大多数评论家尖刻地比较艺术和娱乐，把娱乐看成是无所事事的寻乐和较低级的庸俗。很多文化和概念的经济因素使得这种认识变得如此具有吸引力。因为快乐的概念中心包括肉体的快乐，所以理想主义的哲学和脱俗的基督教合起来在价值领域将这样低级、肉体的污点疏远开来。新教的工作伦理和节俭意识早就在北美和北欧根深蒂固了，这也给娱乐带来了一个坏名声。此外，智力的禁欲主义构成了理论家们特有的习惯，促使他们抵制对娱乐丰富价值的充分认识。伴随着自然界现代性的世俗化和传统宗教信仰的缺失，艺术渐渐地作为我们神圣化习惯的中心而起作用。即使艺术的神圣光环已经受到了艺术作品的机械复制品的挑战（正如瓦尔特·本雅明认为的那样），但保持艺术作为一种先验的、精神的价值的欲望仍旧存在。在世俗生活中，当博物馆代替教堂成为人们在周末寻求心灵启迪的地方时，文学经典已经变成了我们的圣言文本。

但是如果艺术要被神圣化，它就必须清晰地从娱乐中区分出来。因为娱乐是与服务于新人类自身生活的朴实快乐紧密联系的，而不是完全将自己奉献给精神永恒的先验范畴，这种精神永恒是由艺术的浪漫神学来庆祝的。与之相悖的是，快乐与生活是实用主义美学在艺术里的两种重要价值观，是两种罪孽，因为娱乐是受谴责的。因此，本文结尾用了一些论据来对它们进行辩护，尽管常识认为这完全没有必要。

四、快乐与生活

从快乐开始分析，是因为笔者的美学观时常具有享乐主义倾向而受批评，尽管笔者从未宣称快乐是艺术和生活里唯一的或是最高的价值。然而，笔者确实认为后康德美学因没有意识到快乐逻辑的复杂性以及形式和用途的多样性，而错误地倾向于降低快乐的重要性，甚至有关快乐的大量词汇里暗示的这种多样性远远超过单独的一个词。除了感官享受和宗教快乐的神圣之间的传统对比外，还有高兴（delight）、愉快（pleasantness）、满足（gratification）、兴奋（gladness）、兴高采烈（elation）、快感（titillation）、乐趣（fun）、豪兴（exhilaration）、乐事（enjoyment）、极乐（bliss）、狂喜（rapture）、欣喜若狂

（ecstasy）等的对比。愉快和乐趣传达的是一种轻松的感觉；极乐、狂喜和欣喜若狂，显而易见的是表达快乐会有多么深远、多么有力和多么有意义！这样的快乐和真理一样，可以帮助我们获得一种神圣感，也能构建或加强我们最核心的价值观。

现代经验主义是从消极的感觉方面来理解快乐（更普遍的是理解经验）的，这种消极的感觉仅仅存在于经验主题的个人精神世界里。如果这样设想的话，那么快乐可能看起来就很琐碎了。但是正如亚里士多德认可的那样，快乐不是这样一种孤立而消极的感觉，而是相当于一种能完成或是提高的活动，这是通过让活动更有趣或更有益的方式来实现的，从而再加强我们对它的兴趣来提升它。因此，快乐与它经历的活动密切相关。去享受网球运动，如果不是指去体验被汗打湿的球拍柄或是运动的双腿那种强烈而愉快的感觉（这些感觉会使我们不能把注意力集中在网球运动上），那么就满怀热情、集中注意力去玩网球。同样的道理，去享受艺术是去获得某种我们也许不会从其他事物上获得的感觉，比如一杯香浓的咖啡又或是一次蒸汽浴。欣赏一件艺术品就相当于以观察和理解某件特别艺术品的质量和意义为乐，其中的快乐易于以一种帮助我们观察和理解的方式来让我们越来越关注艺术品的欣赏。亚里士多德的概念，是艾略特对诗意享受和理解之间的重大关系的看法的根据。

快乐可以通过优化我们的行动来促使生命完善。斯宾诺莎远非一个激进的纵情享乐之人，实际上他将快乐定义为"人从不完善向更加完善的过渡"，"我们感受到的快乐越多，我们就会越完善"。冷静的亚里士多德也强调：

> 无论我们是为了快乐而选择生活，还是为了生活而选择快乐，快乐和生活两者之间息息相关、密不可分，因为没有行动，快乐就无从而来，而每个行动的完成都是伴随着快乐的。

当代进化论证实了生活和快乐之间的这种联系。生活中一些最重要的快乐是与物种生存所需的营养活动和生殖活动紧密联系的（至少在新的遗传技术出现之前是这样的）。快乐的欲望逻辑可以比合理的协商更快、更有效率地指引我们得到我们所需要的东西。除了让生活更甜蜜之外，快乐还通过承诺生活是值得活下去的，来让持续的生活充满更多的可能性。审美娱乐确实带来了这些使生活充实的快乐。

虽然强大的康德哲学传统坚持一种非常具体的审美享受，狭义上被定义为由我们的认知能力和谐地产生的纯粹形式的智力愉悦，实用主义传统对审美享受的分析则更加普遍。首先最简单的是，有各种不同的感官享受——优质的色彩、形状、声音、运动等。在一件艺术品那吸引人的感官质量的刺激下，认知提高带来的愉悦是使它作为一种配得上艺术之名的特殊审美体验，而成为从平常感觉中脱颖而出的组成部分。这种体验是如此吸引我们的注意力，以至于形成了一种能让我们从单调的日常生活中逃离的有趣消遣。

实际上，审美享受带来的快乐是如此强烈，以至于让形而上学或是宗教的卓越达到了一种更高的现实境界。印度哲学宣称拉莎（艺术中表达的独特情感，最典型的是戏剧）的审美享受有着超自然的、脱俗的福祉力量和质量。神圣快乐的意思在日语术语娱乐（goraku）的本意里是很清晰的，是指接受来自仙女的款待。审美享受包括对强烈而有序之情的体验，还包括实现我们的生活意义和充分交流的满足感。这种快乐不仅激励着富有创造性的艺术家或艺人，还激励着评论家们和公众，他们参与解释自己体验的快乐并通过丰富的分析来深化快乐。

意义和表达的快乐指向了审美享受经常被掩盖的另一方面——它的社会层面。人们经常认为艺术的享受或者娱乐仅仅是主观的，因此本质上是个人的，狭隘地说是个人主义的。但是娱乐有一个使得它超越纯粹个人满意的明显特征：快乐是会传染的，当我们看到一个小孩正在欣赏一首曲子，我们也会以他的快乐为乐，即使我们并不认识他，也不觉得那首歌极其优美。当我们体验快乐时，我们尤其想和他人分享，而且我们可以用审美体验的方式来分享我们的审美享受。尽管我们每个观看了一场艺术表演或者一场电影，抑或是一场摇滚音乐会的人都能通过自己的意识来感受审美的乐趣，但这并不能否定我们的快乐的共同特征，也不能否定我们的快乐可以通过分享得到提高的事实。美学体验可以通过一起分享一些有意义的、有价值的事物而变得更加深刻，这也包括分享快乐的体验。艺术通过它迷人的交流乐趣来团结社会的力量，成了回荡在席勒与杜威之间的主题，大众媒介娱乐的力量同样被流行艺术评论家认可，尽管它也受人诽谤。

笔者一直认为我们不应该让艺术和娱乐的审美享受变得琐碎，因为它们贡献了这么多重要的方式来维持生命，让生命变得有意义、变得丰富。但是艺术和娱乐对生命的贡献恰恰是一些哲学家将娱乐贬低为琐碎、低级以及没有文化价值的原因。将康德认为美学是无私的、无目的的观点与黑格尔主张美学中的理想主义自由观、精神超越的观点结合起来，这个论点通过声称只有服务于生活的娱乐才有实用功能来将艺术和娱乐进行了鲜明的对比，然而真正的艺术品会避免娱乐的功能和手段的琐碎的作用，甚至会超越凡人生活的领域。汉娜·阿伦特提供了这种取向的有力例证。

阿伦特承认娱乐在社会的生活进程中有真实的效果，因为它用体验消费的有趣商品轻松地填补了生物学意义上受限的劳动周期的"空余时间"。但阿伦特仍然嘲笑"大众娱乐是徒劳的""艺术创造永久之物"的观点，她嘲笑那些所谓特殊持久的文化世界之外的东西、完全不考虑那些"美"和价值并非"生命体"所需，而坚持居于永不腐朽的自由之地的人。文化是与物相连的，是一种世界现象；而娱乐是与人相连的，是一种生活现象。但是我们都迫切需要某种的娱乐和消遣，因为我们都受生活大周期的支配，我们不能为了美学追求或者文化追求而混淆了这点。就像劳动和睡眠一样，娱乐是生命进程中不可改变的一部分，也是消费的一种新陈代谢。因此娱乐提供的仅仅是体验型的、要用的或是用完了的实用型生活消费品。"他们消磨时光，是生物性的，劳动之后，睡眠就会到来。"与此相反，艺术品只有以一种纯粹的无功利沉思方式来欣赏，才能得以利用。两者间的耐久性与功能性或者在生命进程中的使用是刚好对立的（因为对阿伦特而言，这样的使用隐含着被用尽之意）。艺术品是社会生命进程中唯一没有任何功能的事物。严格地说，艺术品不是为人而造的，而是为比凡人寿命更长的世界而造的。简而言之，鉴于娱乐是服务于维持和改善人类生活的一种方式，艺术作品的目的是纯粹的，是有着"本质的、独立的价值"的事物，"独立存在于所有功利性与功能性参考的事物，它们的质量总是保持相同"。对于阿伦特而言，艺术的美丽恰恰是不朽的表现，然而"娱乐产业"是一种隐患，它威胁着去掠夺和腐化永恒的、不朽的美丽艺术品，将艺术品转化为人类消费的一次性商品。

阿伦特的立场有一种高尚尊贵、无私纯洁的感觉，这也许会使人感受到她最初的魅力。当然，艺术不仅仅是一种让消费的生物进程得以平衡运行的方式。但是我们为什么要把生活和功能等同于一个如此狭隘的生理学概念呢？人类生活不只是生物学概念，它内部包含了意义、发展和实践。若没有人的生活和平凡人鲜活的经验，世界文化会是什么样子呢？事物的收集是单调的，而不是不朽的。艺术的功能和途径无须低俗卑微。哲学或艺术的研究会因为它服务于智慧或美丽的终结而成为一种奴性的追求吗？阿伦特理论的根本就是一种认为哲学继承了雅典等级制度的贵族态度，这种态度将所有生产下层阶级雇工的方式和行为联系在一起，将这种"实用"工作与生而自由的、最高贵的群体那纯洁的思考进行对比。对阿伦特而言，所有伪造物（包括艺术的生产）的危险之处在于它的本质是功利的，因此总是牵扯到手段出现以及促进实用心理的产生。实用主义是一种具有更加民主设想的哲学，它认为如果你重视结果的话，那么你也必须重视可能实现这些结果的途径。此外，实用主义通过重构我们已知的概念这一手段来显示它们是如何真正地与它们服务的结果相结合的，比如绘画的手段包括水墨、油画，绘画的过程包括部分绘画尾声收尾工作。

阿伦特倡导一个存在于人类生活需求和目的之外的文化、艺术和美学的世界，这有可能会吸引那些厌倦了现代美学而专注于人们对事物的看法的理论家。但是实用主义对艺术、美学和娱乐生活观的主张不需要被理解为仅限于人类范围的理念。颜色、形状、运动以及歌曲之美属于更广的自然界中的生命的一部分，人类也属于这个更广的自然界，并且是通过这个自然界而得以形成的。组成人类美学体验的能量和材料属于更广阔的自然界；确切地说，美学体验从来都不只是存在于人类的头脑中，而是存在于构造主体与艺术客体或者自然美之间相互作用的更广阔环境里。但对于实用主义而言，人类主体自身不过是由更广阔的自然界和历史界里的材料和能量组成的一种流动的、暂时的构造。讽刺的是，提倡艺术（反对娱乐）成为一种超越人类生活服务的方式，阿伦特是从被她清晰地认定为"人道主义"的角度来论证的——对持久的、人造的自然界的颂扬和对它的灵魂培植。矛盾之处在于，她一方面声称艺术和美仅仅是令人愉悦的外表，与生活的功能无关，另一方面即又坚持认为它们可能是对生活最大的贡献，因为它们可以让人获得永生。

> 那些转瞬即逝的言行可以因美的恩典（即艺术品）而长存于世……没有美，那些潜在永恒里的光荣无法通过人类世界显现出来，那么人类的所有生活都会变成徒劳，伟大也无法持续。（第218页）

相反，在阿伦特的解释下，美为了持续和实现其永恒，似乎需要人类文化创作的公众实物艺术作为媒介。如果艺术向生活提供永恒，那么娱乐就会受到谴责，因为它的意义和愉悦被指控为更加短暂。

实用主义没有轻视艺术和娱乐带来的愉悦，因为它们是短暂的，这与阿伦特宣称的美学永恒形成鲜明的对比。实用主义把我们的整个宇宙视为一个没有绝对永恒、只有相对稳定性的不稳定范畴，它对艺术和娱乐的赞赏更多是因为它们脆弱的、短暂的本质。通过拒绝把现实等同于永恒，实用主义承认了短期的孤独或者短暂的快乐更加真实、更加动人，也更加值得珍惜，因为它们是短暂的。实际上，美学、艺术和娱乐的大部分乐趣不仅没有因为变成永恒而廉价，反而因为不永恒而更加珍贵了。也许你认为哲学不是一种娱乐艺术，但是笔者认为它是，因为它让笔者的大部分工作时间变得快乐了。但是哲学的乐趣（像所有乐趣一样）是短暂的，因此哲学变得更加伟大了。笔者希望这种哲学快乐能通过本文讲清楚，但愿人们不要企图延长它那脆弱的、让人质疑的乐趣而破坏了它。

注释

［1］ SHUSTERMAN R. Pragmatist aesthetic：living beauty，rethinking art. Oxford：Blackwell，1992.

［2］ SHVSTERMAN R. Performing live aesthetic alternative for the ends of art. Ithaca，NY：Cornell University Press，2000.

［3］ The Oxford English dictionary. 2nd. 1989，10：125.

［4］ LEVINE L M. Highbrow/lowbrow：the emergence of Cultural hierarchy in America. Cambridge，MA：Harvard University Press，1988.

［5］ ARISTOTLE. Poetics. BYWATER I. （Trans.）Oxford：Clarendon Press，1909：27.

［6］ DE MONTAIGNE M. Essais（edition conforme au texte de lexemplaire de Bordeaux aver les additions de ledition poshume）. RAT M. Paris：Garnie，1962，1：447 - 462；1962，2：237 - 261；The parenthetical page reference are to Donald Frames excellent translation，which I generally adopt//Donald Frame. The Complete works of Montaigne. Stanford，CA：Standford University Press，1957.

［7］ Montaigne cites earlier expression of this idea by classical thinkers，particularly Cicero and Lucretius.

［8］ The Oxford English Dictionary. Oxford：Clarendon Press，1933，3：214.

［9］ KEMP J. Selected writing. New York：International Publishers，1943：119.

［10］ KANT I. Kritik der Urteilskraft. Hamburg：Felix Meiner，1974：50，84；Allgemeine Anmerkung zum ersten Abschnitte der Analytik'（The Critique of Judgement）MERDDITH J C. （Trans.）Oxford：Oxford University Press，1952：53，88. Meredith somewhat awkwardly renders the German phrase 'free and indeterminately final entertainment of the mental powers'.

[11] SCHILLER F. Letter 15//On the aesthetic education of man, bilingual edition. Oxford: Clarendon Press, 1982: 107.

[12] HEGEL G W F. Asthetik: Vol. 1. Berlin: Aufbau Verlag, 1984: 18 – 19.

[13] NIETZSCHE F 'Schopenhauser als Erzieher ' and 'Richard Wagner in Bayreuth', in Unzeitgemasse Betrachtungen, in Sammtliche Werke (Stuttgart: Alfred Kroner, 1976: 266 – 267, 322 – 324, 335). These works are published in English translation by HOLLINGDALE R J. Untimely meditations. Cambridge: Cambridge University Press, 1988: 172 – 173, 210 – 211, 218, 229.

[14] NIETZSCHE F. Ecce Homo ('Warum ich so klug bin') //Sammtliche Werke. Stuttgart: Alfred Kroner, 1978: 320 – 321.

[15] For an early but very lucid critical analysis of the Weber-Fechner theory, see JAMES W. The principles of psychology (1890). Cambridge: Harvard University Press, 1983, 503 – 518.

[16] HEIDEGGER M. The origin of the work of art//Poetry, language, thought. New York: Harper, 1975: 68, 71; GADAMER H, Truth and method. New York: Crossroads, 1982: 58 – 90.

[17] ADORNO T W, HORKHEIMER M. Dialectic of Englishentment. New York: Continuum, 1986: 121.

[18] ADORNO T W. Aesthetic theory: London: Routledge, 1984: 18 – 21.

[19] ELIOT T S. The Scared Wood. London: Methuen, 1968: 8 – 9.

[20] ELIOT T S. Poetry and poets. London: Faber, 1957: 115.

[21] GRAMSEI A. Selections from cultural writing. Cambridge, MA: Harvard University Press, 1991: 195.

[22] ROCHLITZ R. Esthétiques Hédonistes. Critique, 1992, 540: 353 – 373.

[23] NEHAMAS A. Richard Shusterman on pleasure and aesthetic Experience. Journal of aesthetic and art criticism, 1998, 56 (1): 49 – 51.

[24] WELSCH W. Rettiing durch Halbierung: Zu Richard Shustermans Rehabiliterung asthetisher Erfarung. Deutsche zeitschrift für philosophie, 1999, 47 (1): 111 – 126.

[25] HIGGINS K M. Living and feeling at home: Shusterman's "performing live". Journal of aesthetic education, 2002: 36: 84 – 92.

[26] DE SPINOZA B. The ethics in works of Spinoza. New York: Dover, 1995: 174.

[27] ARISTOTLE. Nicomachean ethics (1175a) //The Basic works of arictole. New

York: Random House, 1968: 1100.

[28] CHAUDHURY P J. The Theory of Rasa. Journal of aesthetic and art criticism, 1965, 24: 145 – 146.

[29] John Dewey claims that "art is the most effective mode of communication that exists", see DEWEY J. Art as experience. Carbondale: Southern IIIinois University Press, 1987: 291.

[30] ARENDT H. The Crisis of Culture//Between past and future. New York: Viking, 1961: 197 – 226.

(原文刊载于 *British Journal of Aesthetics*, Vol. 43, 2003)

娱乐理论

彼得·沃德勒[*]

姚志文　译

一、存在娱乐理论吗？

毫无疑问，娱乐在我们的日常生活中扮演着重要角色。相比其他任何事物，媒介能为用户提供更多的机会来消遣、逗趣、取乐、启蒙。简而言之，这些就是娱乐。谈到这些变化，无论是经济条件还是闲暇时间，我们都比以前拥有得更多了。正如 Wolf（1999：4）所说："娱乐不是汽车，不是钢铁，不是金融服务，而是迅速促进新经济的驱动器。"作为人们闲暇时间的行为，研究者认为娱乐不只是人们所寻求的东西（Zillmann & Vorderer, 2000），一些人甚至预测"娱乐将定义为未来的文明"（Zillmann, 2000a：18）。

虽然与娱乐相关的现象一直在增长，但令人惊讶的是，与娱乐相关的学术研究却一直相当薄弱，令人不解。诚然，已经有不少有趣的案例研究了与娱乐相关的媒介产品（比如 Ang, 1996）。但作为一个既定的研究领域的娱乐研究还未存在。无论是在美国还是在欧洲，与娱乐相关的系统的经验、使用与效果的研究都相当缺乏。当然也有例外：1980 年坦勒姆斯主编了一本从今天的角度看可视为关于娱乐的系统性经验研究的开山之作，该书曾引发学术界关注。这本书的作者之一 Dolf Zillmann 彼时已经开始研究娱乐，并以个人或者合作的方式开始了建构娱乐理论的早期努力（比如 Zillmann, 1978, 1980, 1983, 1985, 1988a, 1988b, 1991, 1994, 1996, 1998, 2000b; Zillmann & Bryant, 1975, 1985, 1986, 1991, 1994）。在 30 余年时间里，Zillmann 及其同事们开拓、发展并最终建构了可应用于不同受众和媒介产品的、范围广泛的假设、模型以及理

---

[*]　彼得·沃德勒（Peter Vorderer），曼海姆大学人文学院媒体与传播学教授。

论。这些研究让人们在早期对娱乐的理解变得更加专业化，并最终从两个主要学术目标来定义娱乐：一是描述并解释什么是娱乐，它是如何运作的，它为受众提供了什么；二是回答受众为什么被娱乐吸引的问题。

我们今天关于娱乐的理解就是建立在这些早期研究经验的基础上，并主要归功于这些最初的实验研究。

齐尔曼及其合作者们是否创建了一种独立的娱乐理论？笔者认为没有。实际上，他们提供的是一个有理论基础意义和应用经验、经过支持与论证的研究项目。那些今天被应用于描述和解释不同形式的娱乐理论是齐尔曼及其同事拓展的（比如，Bryant & Raney，2000；Oliver，2000；Sparks & Sparks，2000；Vorderer & Knobloch，2000）。情绪管理、选择性接触理论，以及情感倾向理论，在很大程度上是建立在齐尔曼的共情理论基础上的，共情理论也是建立在齐尔曼的情感三因素理论基础上的。我们会在本文第二部分对这些理论进行详细解读，这里只做简要的概述。我想说的是，并没有一种单独的娱乐理论，有的是一系列经常以非常实用的方式组合起来的不同的理论。

从概念上说，娱乐可被描述成"令人愉快的，有时候也指通过他人或自己的专业表演来对他人幸运与不幸有所启示"（Zillmann & Bryant，1994：438）。情绪管理和选择性接触理论对受众为什么以及如何寻求娱乐提供了解释。根据这些理论，人们接受媒介并不像传统的刺激—反应范式理论所说的那样是单纯的条件反射或对媒介内容的自动反应，也不是像使用与满足理论所说的对特定情境中我们的需要、兴趣、欲望的广泛体察的结果。基于对媒介用户享乐导向的假设，情绪管理和选择性接触理论认为人们通过选择能更好地使用他们感兴趣的媒介产品，来保持和培养他们的积极情绪并改变消极情绪。通过使用各有优点的丰富多样的媒体，用户能从他们以前使用不同媒介内容的经验以及相关的合理行为甚至无意识的心理过程中获益（Zillmann，1988b：147）。

情感倾向理论很好地描述了受众在接触媒介时经历了些什么。这个理论建立在齐尔曼对"共情"的理解基础上，描述了媒介用户是如何对叙事中的主角及其对手进行感知、评价以及道德判断的。受众在赞同或不赞同主角行为之后，就会产生积极或消极的情感，并导致与这个故事有关的希望或恐惧的心理后果。观众希望他们喜欢甚至深爱的主角能有好的结局，害怕主角有坏的结局；同时他们害怕主角的对手有好的结局，希望对手有坏的结局。因此，情感性格会导致可预期的受众效果，并产生基于实际后果的特定情感反应。

像悬念这样的原型娱乐体验可被视为情感倾向的直接后果。主角因为他/她的行为被受众喜爱，导致受众在享受剧情过程中总在担心他们的不好结局，最终让观众对主角产生了共情（Vorderer，1996；Vorderer & Knobloch，2000）。从这个角度看，情感倾向理论并不仅仅展现人们在娱乐过程中的经历，更确定了具体的叙事、情感性格与娱乐体验间的关系。

共情理论用来描述人们在与媒介接触过程中发生的心理过程并试图解释媒介用户为什么在媒介接触中有意接受甚至寻找不安或压力体验。以上面提到的悬念为例，观众与主角共情，甚至共情主角所处的大量有挑战性、危险、沮丧甚至绝望的情境，观众所感受到的共情压力将是非常紧张的，有时共情压力甚至比他们预期的还要强烈。通过共情，观众不仅能体验放松的感觉，而且能从故事结局（即苦难处境的摆脱）中获得积极乃至快乐的享受。因此，当要解释媒介用户为什么有意识和经常性重复接触令人不安的内容时，共情理论有必要沿用齐尔曼理论中关于享乐的定义。

希望以上这些能说明"娱乐理论"为什么只能被视为上述三种理论的结合。我们能从中得到的不是一种单独的理论，而是一个研究项目，是既有理论的多种应用；幽默与悬念、体育与恐怖、色情与音乐、新闻与信息不过是显示娱乐理论潜在的应用领域有多广阔的最突出的几个例子而已。

就这一系列理论（很多是相互交叉的）的广泛而高度相关的应用而言，还有什么要说的吗？娱乐研究项目有什么缺陷或必要条件吗？是否有一些应用领域被忽略了？这些都没有。齐尔曼和他的合作者们开拓的研究领域是很全面的，并通过经验性以及多个实验性研究来支持他们的理论，以至于几乎很难找到可以批评的缺点。但同时，在没有对他的研究进行充分梳理的情况下去赞扬一位学者的丰富理论及其影响力也是不明智的。笔者作为娱乐研究领域的一名研究者，深感齐尔曼是一个无法绕过的学者。笔者总结出这个研究领域里让我们感到挑战的三个问题。在讨论这三个问题时，希望能激起更多的思考、讨论以及更多的经验研究。

（1）消极情绪和压力感受在娱乐体验中扮演的角色。

（2）个人用户、社会与文化情境、媒介产品的多样性。

（3）新的互动媒介及娱乐如何在其中更好地概念化。

在这里，笔者总结了这些问题，并提出了与未来娱乐研究方向相关的一些建议。

二、媒介接触中的痛苦体验

我们还是在谈论娱乐吗？没有人会质疑类似观看电影过程中的悬念这样的感受是娱乐，至少当我们把娱乐视为一种（艺术）接受现象（Bosshart & Macconi，1998），但不是所有媒介产品的客观特征都是如此。绝大多数媒介用户选择悬念剧情片不只是因为他们期待获得娱乐享受，他们在接触媒介后会进一步想象这些剧情片，从而获得更多的悬念感受。如果我们更深入地研究悬念对受众意味着什么或悬念给观众带来了什么样的体验，会发现这首先是一种共情感受（对悬念研究的梳理，见 Vorderer，Wulff & Friedrichsen，1996）：在情感倾向理论基础上，共情可描述为一种在媒介接触中旁观者的希望与恐惧的混合感受。受众希望看到他们深爱的主角有一个好的结局但无法确信这一点。故事通过各种方式让主角总是看起来即将失败，这激发受众去关心他们的命运并为此深感担忧；同时，故事的反面人物总是看起来将要得逞，这增加了观众对可怕的结局的恐惧（Zillmann，1996）。这让受众几乎无法承受他们所看到的。因此，观众在媒介接触中经历的情感体验虽然是痛苦和充满压力的，但也是快乐的。

如果我们按照齐尔曼的理解，将娱乐视为激发受众的东西，那么对悬念（娱乐体验的一部分）的描述就看起来有点像赌骰子时的感受。就像按媒介使用来定义娱乐时所遇到的矛盾一样，娱乐最原始的维度是体验悬念并感到快乐。Zillmann（1996）认为，这种矛盾表现为当剧情悬念和痛苦最终结束（常常以每个人渴望的那种方式）时，观众则会大大地感受到情绪的舒缓。由于共情作用，这种舒缓的感受是如此强烈并最终带来一种快乐享受。观众因为从经历的剧情得到了情感补偿，所以认为当初的痛苦就像是后来获得快乐的代价。因此，共情看起来是消除了这种矛盾并解释了为什么受众渴望在媒介接触中经历痛苦体验。

然而，这一"（矛盾）解决"的主要问题伴随着各种体验过程：为什么媒介用户愿意为了短暂的快乐忍受长时间的烦恼，甚至只是为了获得刺激和（情感）舒缓？当解释阅读充满悬念的剧情片时，这个问题变得更加明显：为什么人们愿意在阅读中烦恼几天、几个星期乃至几个月，而情感舒缓只持续几小时，也许只是半小时？

Mares 和 Cantor（1992）在研究老年人时发现，他们会向受访的老年人同时给出两个版本的故事让其挑选，一个版本讲述一位老人的痛苦生活，另一个版本讲述一位老人的幸福生活。研究者认为这种选择行为是情绪管理（当挑选更幸福的版本时）与向下社会比较（当选择更痛苦的版本时）的需要，他们的发现验证了社会比较理论。不过，他们承认即便那些选择痛苦版本来让自己与相似的人群进行比较的受访者最终也会进行情绪管理（Mares & Cantor，1992）。这看起来像是对齐尔曼的以下观点的确认：媒介用户会通过选择具体的媒介产品寻找痛苦和压力体验，因为在与媒介接触的过程中，他们不仅能感受情感舒缓，而且能获得快乐和管理自己的情绪。

在最近对音乐选择的研究中，我们发现受访的大多数人会选择特定类型的音乐来提升自己的积极情绪或改变自己的消极情绪（Schramm & Vorderer，2001；Vorderer & Schramm，2001）。实际上，当人们在日常生活中面临烦恼时，他们常会使用音乐来管理情绪。当做家务、驾车长途旅行、对某些事情感到愤怒和情绪恶劣时，他们会选择音乐来进行心理补偿。我们也发现人们用音乐来强化他们的积极情绪，尤其是消遣或放松时。这些都符合情绪管理理论。不过，有趣的是，我们的很多项目参与者也报告说他们会选择音乐来支持他们的不悦情绪，当他们感到悲伤或忧郁、被抛弃或失恋时，他们选择悲伤的音乐来强化消极的情绪。更准确地说，我们在德国访问的 150 名受访者中超过 40% 的人说他们有时会处于这种悲伤的情绪中并选择音乐来强化这种情绪状态。尤其是青少年和青年人，女性的比例比男性更多，他们更愿意强化悲伤情绪。他们在寻求心灵净化吗？或者说他们是希望通过流泪让自己更好受些？他们看起来希望通过某些事情来刺激自己，而不是仅仅改善情绪，这是怎么回事呢？这里有比 Mares 和 Cantor 所做的老年人研究案例更复杂的情绪管理机制吗？或者它是一种超越情绪管理的额外享受？或者他们的基本动机并不是自虐或享乐，而是从烦恼中感受生命的鲜活、复杂或与他人感同身受？

正如德国谚语所说，"分享烦恼，烦恼就减半"，理解和同情别人常有助于处理压力情境。也许失恋的青少年听到爱情歌曲时的确会感到烦恼，但同时他们获得的不仅是情感支持，还有与相似处境的其他人在一起分享烦恼的感觉。也许媒介用户可以计算出当他们选择特定媒介产品时相关体验的用处（尽管实际上这个不大好把握）。也许当向媒介用户提供与他们自己相关的信息时他们愿意接受消极体验。并且，当预期效用足够大时，他们会放弃寻找积极的情绪。

笔者建议区分"社会情绪"和"自我情绪"，社会情绪产生与他人相关的情感体验，比如共情心理；自我情绪则意指仅与自己有关的情绪，比如某个故事只与他或她自己相关。媒介用户可能首先体验社会情绪（如同情）或自我情绪（如痛苦），这有赖于具体的情境、媒介产品或个人性格。但他们也可能同时体验这两个情感维度，因为当他们为主角感到难过时可能同时因影片勾起自己的痛苦记忆。我们也经常发现媒介用户就像情感倾向理论所说，他们通过将自己与其他人（主角、坏蛋）联系起来的方式来管理自己的情绪，但他们是否会因为勾起自己的某些记忆而减少了快乐体验？

我们不大了解消极情绪和情感的吸引力，但具体的悲伤事件却显然经常引起媒介用户的关注。为什么全球数十亿人会在电视上观看威尔士王妃戴安娜的葬礼？为什么那么多人喜欢看悲情电影？（Oliver，1993）为什么每周展现人们的失败、死亡、痛苦和绝望的《急诊室的故事》（由 NBC 出品）是美国最受欢迎和成功的电视节目？仅仅是因为它让用户心安吗？或只是证实人们通过向下比较让自己好受些或管理情绪？我认为它不仅仅是情绪管理。人们为什么接受媒介体验中的烦恼？我觉得需要区分个人和社会情境，以及文化和不同的媒介产品所扮演的不同角色，再进行具体分析。

三、多样性的用户、社会情境和媒介产品

Zillmann 关于娱乐的观点和理论已被反复应用与检验，它们已被证明是对一些错误理论的抵抗，因此对他的研究的任何发展和阐释与其说是建构替代理论，不如说是对他的理论的丰富和完善。这里列举一些问题以说明丰富和完善他的理论的可能性，即对不同的媒介用户、社会情境及媒介产品的研究。Zillmann 的研究方向包括：

（1）普遍而非特定的人（作为媒介用户）。

（2）用于娱乐体验的、西方社会的休闲时间情境。

（3）不同的媒介类型。

这些问题主要涉及经验研究中的多样性：

（1）体验娱乐的不同媒介用户。

（2）娱乐中的不同社会情境和文化背景。

（3）用于娱乐的不同媒介产品。

对于用户研究，媒介心理学一般假定用户个体差异不仅影响媒介产品的选择，而且影响媒介体验和效果。显然，男性和女性不会选择同样的电影（Oliver，1993，2000），或相同的电视脱口秀（Bente & Feist，2000；Trepte & Sudhoff，出版中），或同样的色情产品（Greenberg & Hofschire，2000）。在德国，一个跨学科的研究小组广泛地研究了社会阅读中的性别特征，并一再发现不同性别在阅读动机、兴趣和行为方面的差异（Groeben，1999）。

比性别差别更重要的是个性差异（Weaver，2000）。绝大多数媒介行为看起来与个性相关（Bommert，Dirksmeier & Kleybocker，2000；Bommert，Weich & Dirksmeier，2000）。甚至娱乐体验的先决条件也有赖于媒介用户的个性，比如Henning 和 Vorderer（2001）的研究。最近的研究显示，除了性别因素外，媒介用户的认知需要对他们花在电视娱乐上的时间有着重要的影响。同样，对他人的同情心是观众观看戏剧时体验悲伤情绪的关键因素，它对悬念体验的影响怎么估计都不为过。在一个关于互动电视的研究项目背景介绍中，Vorderer、Knobloch 和 Schramm（2001）开发了一种测量准备度/准备情况的工具，他们发现同情心理的准备度是影响娱乐体验的所有因素中最重要的因素。换句话说，那些有能力并准备对处于危险中的主角产生同情的人比那些不太关心主角命运的人所受的情感困扰更深，并最终因为同情太甚而感到痛苦。

关于娱乐研究领域的社会情境研究，许多理论或观察实际是讨论媒介使用的最初语境。娱乐参与者通常被视为通过某种方式来打发他们的闲暇时间。在实验设计中，受众经常被置于媒介使用选择或具体节目选择中（比如Zillmann & Bryant，1994）。这种实验设计理念认为，它们用这种研究方法告诉我们的媒介用户的兴趣、目的、行为比调查问卷更少偏见、更加精确和鲜活。出于同样的理由，实验设置的情境比其他社会情境更加标准而不会偏离实际。然而，当用户在不同的媒介和在不同的节目中进行选择时，他们的行为会有什么不同呢？或者用户使用媒介观看和现场观看来了解一件事情时，他们的行为又有什么不同呢？看电视节目和读一本书、独自思考人生、完成一项工作又有什么不同呢（Henning & Vorderer，2001）？在这些不同的情境下，有同样的情感机制在起作用吗？情感管理会在不同的行为中发挥同样的作用吗？我们对这些仍然一无所知。

娱乐研究中的社会情境也假设用户或多或少是与他人隔绝的，因而不像在真实的社会活动中那样感受、偏好、决策、选择。但用户是属于不同的社会实体的，可被分为不同的社会阶层、阶级，存在不同的生活方式。他们的媒介偏好、媒介选择以及对媒介的评价都不仅仅是对媒介产品本身的反应，而总是依赖于其所属的社会群体和社会语境。从社会心理学中我们了解了许多关于社会认知、刻板印象、社会比较（Mares & Cantor，1992）以及社会归属、社会信心、社会互动的知识，所有这些都在媒介用户与媒介特征，以及不同用户间发挥作用。但显然近期的研究理论并没有就这一点有多少发现（比如 Rubin & Step，2000）。

另外，人们对他们使用媒介的报告和评价也至少与"印象管理"和"自我实现"（Ritterfeld & Vorderer，1993；Trepte，2001）及个人偏好有关。在西欧的文化语境中，娱乐仍然具有贬义色彩（Bausinger，1994），社会的需要仍是回答娱乐问题的一个基本要素，娱乐媒介使用有时仍有自我服务功能。在同龄人中，听某种类型的音乐（Hansen & Hansen，2000），或看某个电视节目（Trepte et al.，2001），或看某部恐怖电影（Sparks & Sparks，2000）是很酷的，同龄人可能相互交流他们如何评价某部肥皂剧，或从自己喜欢的喜剧中获得了自信，或证明某部剧是如何"有趣"且"让人自在"。总之，当接触媒介时，不同的人以不同的方式体验娱乐感受，这种体验与他们的个性、在不同的社会群体中的人际关系以及娱乐时的不同社会语境相关。

当然，娱乐正经历全球化，最成功的那些娱乐节目今天正在全世界被接受和欣赏。但即便美国、亚洲、欧洲的娱乐节目有再多的相同点，不同文化语境中的用户在观看或收听这些节目时仍然有明显的差异。在这方面令人印象最深刻的研究成果是 Liebes 和 Katz（1986）所做的关于不同族群收看《朱门恩怨》时不同表现的研究。不管怎样，它起码说明那些在全世界规模庞大的不同人群中取得了国际性成功的娱乐节目都是因为不同的原因被收看的。这也可以用来解释为什么一个节目在一个国家可能非常具有娱乐性和非常成功，但在另一个相似的国家却可能无法成功。比如，前面提到的 NBC 制作的电视节目《急诊室的故事》是美国最成功的节目之一，但在德国却无法吸引很多观众。德国电视观众通常非常喜欢美国电视节目，但这个电视节目为什么不能取得成功？播放《急诊室的故事》的德国私人频道 Pro7 曾反复努力试图找到吸引受众的电视时段，但仍然没成功，为什么结果会如此？因为缺乏跨文化娱乐研究。笔者只能猜测：《急诊室的故事》的故事过于聚焦人类行为。一群富有同情心的年轻医生试图帮助他人，而他们的努力总是徒然。作为电视节目，这是一个不太容易吸引受众的题材。然而让《急诊室的故事》显得独一无二的是剧中人物性格的深度和发展。但即便如此，《急诊室的故事》在德国仍然有可能像在美国一样成功。真正让它无法在德国成功的，也许是因为它聚焦于不同种族间由态度和偏见造成的冲突。像德国这样只有一个民族（尽管现在有土耳其人作为主要移民）的国家，是无法理解多元种族文化的内涵并被这些话题吸引的。不过，真正的原因仍有待更多跨文化研究去发现。总之，我们对普遍状况下人们的娱乐情况了解得比较多，但对于不同社会群体中的不同人在不同的文化语境中如何娱乐却所知甚少。

你知道人们如何使用不同的媒介产品吗？在齐尔曼的领导下出版（Zillmann & Vorderer，2000）的媒介娱乐著作展现了近年不同的娱乐节目，包括幽默与喜剧（Zillmann，2000b），剧情片（Vorderer & Knobloch，2000），暴力、混乱和恐怖（Sparks & Sparks，2000），性（Greenberg & Hofschire，2000），情感访谈（Bente & Feist，2000），儿童节目（Valkenburg & Cantor，2000），体育（Bryant & Raney，2000），音乐和音乐视频（Hansen & Hansen，2000），甚至电子游戏（Grodal，2000）的研究成果。不同的娱乐理论描述了人们为什么以及如何使用媒介，如何评价媒介以及媒介对用户产生了怎样的影响。然而，我们并没有充分了解这些媒介产品是如何工作以及它们有什么区别。观众表现出的情感倾向在对电视剧主角和脱口秀嘉宾时是一样的吗？观看悬念故事时对深爱的主角的忧惧和观看恐怖电影时的忧惧是一样的吗？成年人对角色的同情心和儿童对英雄的认同是一样的吗（Hoffner，1996）？喜剧中的幽默和体育节目中的幽默是一样的吗？通过音乐作品和娱乐秀来获得的情绪管理是一样的吗？如果我们观察由不同的用户、不同的社会情境和文化语境、不同的媒介产品导致的不同的娱乐体验，我们将从中获得线索，从而推进沿着齐尔曼的研究轨道所进行的研究，并使我们对娱乐有更好的理解。

四、互动媒介与娱乐

有一种技术，其发展相比其他任何东西，对娱乐研究领域的影响更大，它就是互动媒体技术。它不仅改变了媒介用户使用媒介的方式，而且影响了他们有关媒介的视野和预期。大多数娱乐理论都预设了一个被动的媒介用户，他们被动地接触媒介节目，并对节目做出认知和情感反应。随着互动媒介的发展，这种接受情境已发生改变。今天，人们尤其是年轻人希望参与并沉浸于生动的、戏剧化的媒介节目中。但这不意味着受众不会有其他的放松或休闲的需求，又或只想在电视机前"互动"（Schoenbach，1997）。随着接受情境的改变，青少年们已不满足只做一个单纯的观看者，他们希望在接触媒介时卷入和影响叙事。如今对年轻观众来说，他们在电脑游戏上比在电视上花费了更多的时间和金钱。

对娱乐理论发起挑战的并不是新媒体本身，用于传统媒体的理论无法解释新媒体娱乐。比如，根据情感倾向理论，娱乐是建立在电视受众对主角和反派角色行为的观看和道德判断上的，是基于受众收看时产生的希望和忧惧，以及基于对主角的同情（比如痛苦体验和事情解决后产生的快乐）而产生的。这完全不同于媒介用户在玩电脑游戏时的情境（Grodal，2000；Klimmt，2001）。当然，故事的趣味仍然是至关重要的，主角和反派间的冲突仍然对娱乐很重要。但除此之外，更重要的是游戏玩家不仅需要认知和共情，更需要立即决定下一步怎么做。如果他们想获得什么东西，他们就必须行动（有时必须非常迅速）。基于他们所做的，游戏玩家将从游戏成绩中获得及时的反馈。相比上一次游戏，这一次他们是否比竞争对手、敌人乃至他们自己做得更好？如果这些答案是否定的，那恐怕很难说他们会从中获得娱乐感。反之，如果他们成功了、进步了或者比上次做得更好，他们显然能获得更好的娱乐体验。因此，"传统娱乐"和"互动娱乐"在情境上看起来是非常不同的（Vorderer，2000）。

相比简单的互动性，还有一种更加复杂的互动模式。比如：在沉浸式电影体验中，基于群体社会环境的高清数字影院和互动游戏组合在一起，有大屏幕、高清环绕音响、群组交互控制台（klimmt，2001b）。那里有三组交互功能的不同区域：

（1）个人交互功能区，可以从控制台的数据库中调用任何物体、角色、形象、视频和动画等；

（2）合作功能区，控制台接口允许受众控制多路径叙事的任何方面；

（3）竞赛功能区，控制台成为一个群组游戏站……在竞赛模式中控制台能让受众在故事情节中影响角色（Spiegel，2001）。

在这种互动影院中，用户同时以不同的方式进行娱乐。的确，参与仍是最重要的娱乐方式，虽说这种影院的沉浸水平比电视更高。但更重要的是让受众沉浸的不同策略："我们相信，我们越能让受众在电影叙事和互动参与中代入角色，沉浸式电影体验就越成功。"（Spiegel，2001）也就是说，角色既作为见证者又作为参与者，这吸引了用户并增加了他/她的娱乐体验（Vorderer，2000）。

但是，用户欲走多远、有多大权利和能产生多大影响都是有限的。在一个427人参与的实验中，1/3 的人以传统方式看30 分钟电影，1/3 的人可以选择电影结局，1/3 的人有三个选项来决定电影情节发展，我们发现三组受众对电影的评价、对主角的同情、对悬念的感受都差异甚微（Vorderer，Knobloch & Schramm，2001）。只有当分组样本中一部分人有更强的认知能力（通过反应时间和教育水平来区分），而另一部分人认知能力更弱时，我们才发现第一组参与者在进行媒介互动时对电影评价更高，反之亦然。但做这样的结论是为之过早的：媒介用户（尤其是那些伴随着互联网和游戏长大的年轻人）越来越需要互动性娱乐。他们希望代入和沉浸；但同时，他们并不真的想去决定故事情节发展。为什么？也许是因为情节是受众需要、期待或决定他们产生共情压力的主要条件，就像情感—倾向理论中所说的。

五、会有一种未来的娱乐理论吗？

基于 Zillmann 的多种关于娱乐的理论的成功以及近期互动媒介领域的技术发展，现在人们产生了一个问题：我们是否具备足够条件来描述和解释互动娱乐？笔者建议将游戏行为心理理论作为有用的分析框架来实现此目的（Vorderer，2000）。在心理学理论中（Oerter，1999），游戏被视为一种包括以下三个主要特征的娱乐方式：

（1）它有内在动机并非常有吸引力；

（2）当玩家玩游戏时建构了另一种现实，它蕴含着对感知现实的改变；

（3）它是频繁重复的。

此外，游戏也富有悬念，而且失败时会导致玩家情绪沮丧。Oerter（2000）认为，游戏常挑战玩家的认知能力并形成玩家间的竞争。尤其是儿童游戏被视为是他们对人生的一种处理方式，是一种帮助儿童处理他们面临的问题、渴望、社会压力的行为。早期的游戏研究显示，儿童希望通过游戏控制来克服他们影响环境能力的不足。这些行为据说可以帮助儿童形成自我认同和个性（Oerter，1999，2000）。

相比 Oerter 关注儿童游戏产生的宗教、艺术、劳动现象以及它们的共同作用机制和游戏功能，笔者试图将他的理论拓展到成年人的媒介娱乐领域。我们已注意到使用媒介主要不是为了外在功用，而是为了内在需要，在使用娱乐媒介过程中更是这样。至于对感知现实的改变，媒介心理学描述了媒介用户如何通过媒介建构的现实改变自身对现实的感知，他们依赖媒介暂时忽视真实生活的社会现实（Rothmund, Schreier & Groeben, 2001）。这种现象被贴上了不同的术语标签，诸如认同（Oatley, 1995）、卷入（Vorderer, 1993）、沉浸（Biocca & Levy, 1995）、专注（Wild, Kuiken & Schopflocher, 1995）或在场（Lombard & Ditton, 1997）。但不管有多少种术语，它们都试图描述和解释媒介用户正经历的现实感受。

像内在动机和感知现实的改变一样，重复也是娱乐的典型特征。大多数媒介用户会或多或少地重复接触媒介以获得娱乐感受。所以经常玩游戏也潜在地让玩家情绪沮丧并降低他们的智力水平（Salomon，1979，1984）。

尽管有这些相似点，Oerter（2000）认为游戏是一种应对机制，如果对大孩子或成年人而言有可以替代游戏的活动，游戏就会变成多余。他们可以通过纯粹的幻想作品、白日梦或社会现实活动来满足他们的需要。这意味着对成年人来说，游戏并不能对他们应对社会现实压力起到心理补偿作用；相反，对娱乐媒介的使用动机和媒介沉浸研究显示，成年媒介用户总在寻找替代性娱乐，因为他们只是需要暂时逃避现实和躲进梦境世界（Henning & Vorderer, 2001）。躲到替代世界的旅程常常是快乐的（但也不总是这样），或多或少充满悬念，很少令人沮丧（但有时会发生），但任何情况下它总是能产生心理补偿。它能产生像游戏对儿童一样的心理功能。

将娱乐概念化为一种游戏活动的好处有赖于将其放置于互动媒介使用框架，就像非互动媒介的使用理论一样可以自足地描述和解释现实。就像在电脑游戏语境中，用户持续影响故事情节（Grodal, 2000）。游戏行为理论试图将这种体验描述成一种内在动机行为，它通过改变感知现实，充满吸引力和被反复使用，并且游戏能对玩家的每一步行动和行为给出口头或视觉上的反馈。

的确，娱乐不只有电脑游戏竞赛，但娱乐也不只是对深爱或憎恨的主角或反派角色的情感反应（Klimmt, 2001）。描述互动娱乐最好的方式是视其为用户在同一时间的不同体验的融合。如果没有 Zillmann 的研究，我们就无法获得娱乐对受众意味着什么或如何起作用的研究启示。但无论他的娱乐研究取得了何等卓越的成就，把他的研究向前推进仍是我们的责任。

参考文献

[1] ANG I. Watching Dallas: soap opera and the melodramatic imagination. London: Routledge, 1996.

[2] BAUSINGER H. Ist der Ruf erst ruiniert...: zur karriere der unterhaltung [Once you, ve lost your reputation ... On the career of entertainment] //BOSSHART L, HoffmannRiem W. Medienlust und Medienutz: Unterhaltung als offentliche Kommunion. Munich: Olschalger, 1994: 15 – 27.

[3] BENTE G, FEIST A. Affect-talk and its kin//ZILLMANN D & VORDERER P. Media entertainment: the psychology of its appeal. Mahwah, NJ: Lawrence Erlbaum Associates, 2000: 113 – 134.

[4] BIOCCA F, LEVY M. Communication application of virtual reality. BIOCCA F, LEVY M R. Communication in the age of virtual reality. Hillsdale, NJ: Lawrence Erlbaum Associates, 1995: 127 – 157

[5] BOMMERT H, DIRKSMEIER C, KLEYBOCKER R. Differentille medienrezeption [Differential media reception]. Münster: LIT Verlag, 2000.

[6] BOMMERT H, WEICH K W, DIRKSMEIER C. Rezipienternpersönlichkeit und medienwirkung: der persönlichkeits-orientierte ansatz der medienwirkungsforschung [The recipients personality and media effects: The personality oriented approach of media effects research]. 2nd ed. Münster: LIT, 2000.

[7] BOSSHART L, MACCONI I. Defining "entertainment". Communication research trends, 1998, 18 (3): 3 – 6.

[8] BRYANT J, RANEY A A. Sports on the screen//ZILLMANN D, VORDERER P. Media entertainment: the psychology of its appeal. Mahwah, NJ: Lawrence Erlbaum Associates, 2000: 153 – 154.

[9] GREENBERG B S, HOFSCHIRE L. Sex on entertainment television//ZILLMANN D, VORDERER P. Media entertainment: the psychology of its appeal. Mahwah, NJ: Lawrence Erlbaum Associates, 2000: 93 – 111.

[10] GRODAL T. Video games and the pleasures of control//ZILLMANN D, VORDERER P. Media entertainment: the psychology of its appeal. Mahwah, NJ: Lawrence Erlbaum Associates, 2000: 197 – 213.

[11] GROEBEN N. Lesesozialisation in der mediengesellschaft: ein schwerpunktprogramm (IASL-sonderheft) [Reading socialization in the media society: a focus program (IASL-Special Edition)]. Tübingen: Niemeyer, 1999.

［12］ GROSSBERG L. What's going on? Cultural studies und popularkultur. Wien: Turia und Kant, 2000.

［13］ HANSEN C H, HANSEN R D. Music and music videos//ZILLMANN D, VORDERER P. Media entertainment: the psychology of its appeal. Mahwah, NJ: Lawrence Erlbaum Associate, 2000: 175 – 196.

［14］ HENNING B, VORDERER P. Psychological escapism: predicting the amount of television viewing by need for cognition. Journal of communication, 2001, 51: 100 – 120.

［15］ HOFFNER C. Children's wishful identification nad parasocial interaction with favorite television characters. Journal of broadcasting and electronic media, 1996: 40: 389 – 402.

［16］ KLIMMT C. Computer-spiel: interaktive unterhaltungsangebote als synthese aus medium und spielzeug ［Computer games: interactive entertainment offers as synthesis of medium and toys］. Zeitschrift für medienpsychologie, 2001a: 13 (1): 22 – 32.

［17］ KLIMMT C. Interview mit Stacey Spiegel, chief executive officer, Immersion Studios, Inc. , Toronto. Zeitschrift für medienpsychologie, 2001b, 12: 103 – 105.

［18］ LIEBES T, KATZ E. Patterns of involvement in television fiction: a comparative analysis. European journal of communication, 1986, 1 (2): 151 – 171.

［19］ LOMBARD M, DITTON T. At the heart of it all: the concept of presence. Journal of computer mediated communication, 1997, 3 (2).

［20］ MARES M L, CANTOR J. Elderly viewers responses to televised portrayals of old age: empathy and mood management versus social comparison. Communication research, 1992, 19: 459 – 478.

［21］ OATLEY K. A taxonomy of the emotions of literary response and a theory of identification in fictional narrative. Poetics, 1995, 23: 53 – 74.

［22］ OERTER R. Psychologie des spiels: ein handlungstheoretischer Ansatz ［The psychology of play: a theoretical approach to implementation］. Weinheim: Beltz, 1999.

［23］ OERTER R. Spiel als lebensbewältigung ［Coping with life through play］// HOPPEGRAFF S, OERTER R. Spielen und fernsehen: über die zusammenhänge von spiel und medien in der welt des kindes. Weinheim: Juventa Verlag, 2000: 47 – 58.

［24］ OLIVER M B. Exploring the paradox of the enjoyment of sad films. Human communication research, 1993, 3: 315 – 342.

［25］ OLIVER M B. The respondent gender gap//ZILLMANN D, VORDERER P. Media entertainment: the psychology of its appeal. Mahwah, NJ: Lawrence Erlbaum Associates, 2000: 215 – 234.

［26］RITTERFELD U, VORDERER P. Literatur als identitatsstiftendes monent? Zum Einfluβ sozialer Kontexte auf den Leser ［Does literature bring about identity? On the impact of social contexts on the reader］. Siegener periodicum zur internationalen empirischen literaturwissenschaft, 1993, 2: 217 – 229.

［27］ROTHMUND J, SCHREIER M, GROEBEN N. Fernsehen und erlebte wirklichkeit I: ein kritischer überblick über die perceived reality-forschung ［Television and perceived reality I: a critical review of research on perceived reality］. Zeitschrift für medienpsychologie, 2001, 13（1）: 33 – 44.

［28］RUBIN A M, STEP M M. Impact of motivation, attraction, and parasocial interaction on talk radio listening. Journal of broadcasting and electronic media, 2000, 44: 635 – 654.

［29］SALOMON G. Interaction of media, cognition, and learning. San Francisco, CA: Jossey-Bass, 1979.

［30］SALOMON G. Television is "easy" and print is "tough": the differential investment of mental effort in learning as a function of perceptions and attributions. Journal of educational psychology, 1984, 76: 647 – 658.

［31］SCHOENBACH K. Das hyperaktive publikum: essay uber eine illusion ［The hyperactive audience: Essay on an illusion］. Publizistik, 1997, 42: 279 – 286.

［32］SCHRAMM H, VORDERER P. Das unterstutzen und kompensieren position und negativer stimmungen und emotionen durch Musik: ein differenzierter blick auf die moodmanagement theorie anhand empirischer ergebnisse ［Supporting and compensating of positive and negative moods and emotions by music: a differentiated look on the moodmanagement theory with empirical results］ //The second conference of the expert group Media Psychology in the Germany Society of Psychology (Deutsche Gesellschaft für Psychologie, DGPs), Landau, 2001.

［33］SPARKS G G, SPARKS C W. Violence, mayhem, and horror//ZILLMANN D, VORDERER P. Media entertainment: the psychology of its appeal. Mahwah, NJ: Lawrence Erlbaum Associates, 2000: pp. 73 – 91.

［34］TANNENBAUM P H. The entertainment functions of television. Hillsdale, NJ: Lawrence Erlbaum Associates, 1980.

［35］TREPTE S. Die fernsehnutzung zur konstruktion des selbst ［TV use as a construction of oneself］ //The second conference of the expert group Media Psychology in the German Society of Psychology (Deustche Gesellschaft für Psychologie, DGPs), Landau, 2001.

［36］TREPTE S, ZAPFE S, SUDHOFF W. Talkshows nicht nur zur unterhaltung:

empirische ergebnisse und erklarungsansatze für die nutzungsmotive orientierung und problembewaltigung ［Talk shows not onlyentertainment: empirical results and an approach at understanding the usage motives, orientation and problem solving involved］. Zeitschrift fur medienpsychologie, 2001, 12 （2）: 73 – 84.

［37］ VALKENBURG P M, CANTOR J. Childrens likes and dislikes of entertainment programs//ZILLMANN D, VORDERER P. Media entertainment: the psychology of its appeal. Mahwah, NJ: Lawrence Erlbaum Associates, 2000: 135 – 152.

［38］ VORDERER P. Audience involvement and program loyalty. Poetics, 1993, 22: 89 – 98.

［39］ VORDERER P. Toward a psychological theory of suspense//VORDERER P, WULFF H J, FRIEDRICHSEN M. Suspense: conceptualizations, theoretical analyses, and empirical explorations. Mahwah, NJ: Lawrence Erlbaum Associates, 1996: 233 – 254.

［40］ VORDERER P. Unterhaltung durch fernsehen: Welche rolle spielen parasoziale Beziehungen zwischen zuschauern und fernsehakteuren? ［Entertainment through television: how important are parasocial relationships between viewers and personae］ //ROTERS G, KLINGLER W, ZOLLNER O. Fernsehforschung in Deutschland: Themen, Akleure, Methoden. BadenBaden: Nomos, 1998: 689 – 708.

［41］ VORDERER P. Interactive entertainment and beyond//ZILLMANN D, VORDERER P. Media entertainment: the psychology of its appeal. Mahwah, NJ: Lawrence Erlbaum Associates, 2000: 21 – 36.

［42］ VORDERER P. It's all entertainment-sure. But what exactly is entertainment? Communication research, media psychology, and the explanation of entertainment experiences. Poetics, 2001, 29: 247 – 261.

［43］ VORDERER P, KNOBLOCH S. Conflict and suspense in drama//ZILLMANN D, VORDERER P. Media entertainment: the psychology of its appeal Mahwah, NJ: Lawrence Erlbaum Associates, 2000: pp. 59 – 72.

［44］ VORDERER P, KNOBLOCH S, SCHRAMM H. Does entertainment suffer from interactivity? The impact of watching an interactive TV movie on viewers' experience of entertainment. Media psychology, 2001, 3 （4）: 343 – 363.

［45］ VORDERER P, SCHRAMM H. Wer nutzt wann warum welche Musik? Empirische Ergebnisse einer reprdsentativen Telefonumfrage ［Who uses when why which music? Empirical results of a representative telephone survey］ //the International Annual Conference of the German Society of Music Psychology （Deutsche Gesellschaft fur Musikpsychologie, DGM）, Hildesheim: 2001.

［46］ VORDERER P, WULFF H J, FRIEDRICHSEN M. Suspense: Conceptualizations, theoretical analyses, and empirical explorations. Mahwah, NJ: Lawrence Erlbaum Associates, 1996.

［47］ WEAVER J B Ⅲ. Personality and entertainment preferences. ZILLMANN D & VORDERER P. Media entertainment: the psychology of its appeal. Mahwah, NJ: Lawrence Erlbaum Associates, 2000: 235 – 248.

［48］ WILD T C, KUIKEN D, SCHOPFLOCHER D. The role of absorption in experiential involvement. Journal of personality and social psychology, 1995, 69: 569 – 579.

［49］ WOLF M J. The entertainment economy: the mega-media forces that are reshaping our lives. London: Penguin Books, 1999.

［50］ ZILLMANN D. Attribution and misattribution of excitatory reactions//HARVEY J H, LCKES W J, KIDD R F. New directions in attribution research. Hillsdale, NJ: Lawrence Erlbaum Associates, 1978, 2: 335 – 368.

［51］ ZILLMANN D. Anatomy of suspense//TANNENBAUM P H. The entertainment functions of television. Hillsdale, NJ: Lawrence Erlbaum Associates, 1980: 133 – 163.

［52］ ZILLMANN D. Disparagement humor//MCGHEE P E, GOLDSTEIN J H. Handbook of humor research: Vol. 1. Basic issues. New York: Springer Verlag, 1983: 85 – 107.

［53］ ZILLMANN D. The experimental exploration of gratifications from media entertainment//ROSENGREN K E, WENNER L A, PALMGREEN P. Media gratifications research: current perspectives. Beverly Hills, CA: Sage, 1985: 225 – 239.

［54］ ZILLMANN D. Mood management through communication choices. American behavioral scientist, 1988a, 31: 327 – 340.

［55］ ZILLMANN D. Mood Management: using entertainment to full advantage// DONOHEW L, SYPHER H E, HIGGINS E T. Communication, social cognition, and affect. Hillsdale, NJ: Lawrence Erlbaum Associates, 1998b: 147 – 171.

［56］ ZILLMANN D. Empathy: affect from bearing witness to the emotions of others// BRYANT J, ZILLMANN D. Responding to the screen: reception and reaction processes. Hillsdale, NJ: Lawrence Erlbaum Associates, 1991: 135 – 167.

［57］ ZILLMANN D. Mechanisms of emotional involvement with drama. Poetics, 1994, 23: 33 – 51.

［58］ ZILLMANN D. The psychology of suspense in dramatic exposition//VORDERER P. WULFF H J, FRIEDRICHSEN M. Suspense: conceptualizations, theoretical analyses, and empirical explorations. Mahwah, NJ: Lawrence Erlbaum Associates, 1996: 199 – 231.

［59］ ZILLMANN D. The psychology of the appeal of portrayals of violence//GOLDSTEIN

J H. Why we watch: the attractions of violent entertainment. New York: Oxford University Press, 1998: 179 - 211.

[60] ZILLMANN D. The coming of media entertainment//ZILLMANN D, VORDERER P. Media entertainment: the psychology of its appeal. Mahwah, NJ: Lawrence Erlbaum Associates, 2000a: 1 - 20.

[61] ZILLMANN D. Humor and comedy//ZILLMANN D, VORDERER P. Media entertainment: the psychology of its appeal. Mahwah, NJ: Lawrence Erlbaum Associates, 2000b: 37 - 57.

[62] ZILLMANN D, BRYANT J. Viewers moral sanction of retribution in the appreciation of dramatic presentations. Journal of experimental social psychology, 1975, 11: 572 - 582.

[63] ZILLMANN D, BRYANT J. Affect, mood, and emotion as determinants of selective exposure//ZILLMANN D, BRYANT J. selective exposure to communication. Hillsdale, NJ: Lawrence Erlbaum Associates, 1985: 157 - 190.

[64] ZILLANN D, BRYANT J. Exploring the entertainment experience//BRYANT J, ZILLMANN D. Perspectives on media effects. Hillsdale, NJ: Lawrence Erlbaum Associates, 1986: 303 - 324.

[65] ZILLMANN D, BRYANT J. Responding to comedy: the sense and nonsense in humor//BRYANT J, ZILLMANN D. Responding to the screen: reception and reaction processes. Hillsdale, NJ: Lawrence Erlbaum Associates, 1991: 261 - 279.

[66] ZILLMANN D, BRYANT J. Entertainment as media effect. //BRYANT J, ZILLMANN D. Media effects: advances in theory and research. Hillsdale, NJ: Lawrence Erlbaum Associates, 1994: 437 - 461.

[67] ZILLMANN D, BRYANT J. Affective responses to the emotions of a protagonist. Journal of experimental social psychology, 1997, 13: 155 - 165.

[68] ZILLMANN D, VORDERER P. Media entertainment. The psychology of its appeal. Mahwah, NJ: Lawrence Erlbaum Associates, 2000.

（原文刊载于 *Communication and Emotion*, Routledge, 2003）

媒介娱乐：研究、理论与远景

克里斯托弗·克林特　彼得·沃德勒*

付森会　译

媒介娱乐已成为传播学中的一个公认的领域。尽管娱乐媒介和观众、社会、经济，甚至政治的关联性普遍存在，但是近年来已发表的与该现象有关的研究的数量却非常之少。有趣的是，Katz 和 Foulkes 早在 1962 年就批判了娱乐研究的匮乏。而今天，媒介娱乐在现代社会中的重要性不再备受争议（Wolf，1999）。该主题的研究在 20 世纪 70 年代初期大量增加，并且自 90 年代后期以来激增（Zillmann & Vorderer，2000）。娱乐研究的繁盛首先主要由该研究领域的两个主要特征所决定，即娱乐媒体及其消费体验多样化，以及发展迅速（如Bryant & Vorderer，2006），这两点拓展了娱乐研究问题的范围及其社会相关性。其次，理论建构及实证研究，重复、应用的需求也驱动着基础研究的开展，用以描述解释相关现象。最后，动态领域需要媒介娱乐新平台、模式及内容的应用研究。

一、历史根源及早期发展

如在 19 世纪后期的低成本小说或 20 世纪早期富含图片的新闻报纸（Engel，1997），这些被视为大众娱乐媒介化的第一次浪潮，但是并没有引起多少学者的关注。无线电广播及电影的发明揭示了在大众社会中属于精英娱乐的重要性（如 Carey，1993）。我们可以考虑发生在已成为系统娱乐研究开端的科学活动这一最小领域里，特别是 Herzogs（1944）对美国女性收听广播肥皂剧动机的调研。这些广播很可能是 20 世纪 30— 40 年代最受欢迎的娱乐产品。工业化方式的生产以及诸如产品摆放等方式实践着这些先进的商业模式，能够抵达

---

* 克里斯托弗·克林特（Christoph Klimmt），德国美因茨大学传播系教授。

大量的观众。动机驱动的选择性接触研究，是媒介娱乐的重要类型之一，开创了该领域的研究先河，也是首次将媒介享乐问题引入科学考量，而不是忽略有利于效果议题的娱乐因素。

Katz 和 Foulkes（1962）阐释了娱乐消费的动机框架。他们用"逃避主义"的概念解释了娱乐媒介作为欲望的偏好，并与日常生活的负面体验形成对比，它是通过对媒介世界的认同感，以及对富含压力的现实生活环境的暂时逃离实现的（Pearlin，1959）。此文对早期娱乐研究的基础性贡献在于从心理—理论视角，对人们重复选择媒介娱乐的动机展开了研究。另外，对诸如认同感体验过程的探讨，强化了娱乐体验，为当代娱乐研究的一个最重要分支铺平了道路（Vorderer，Klimmt & Ritterfeld，2004）。

在至少下一个十年里，在传播科学领域中，这些以及一些早期娱乐研究仍然是孤立且独一无二的，部分原因可能是大众娱乐不被认为与科学研究相关，或者不需要智力分析（如 Munch-Petersen，1973）。特别是在欧洲，精英对"传统""经典""严肃"文学和艺术的偏好，均体现了他们对娱乐媒介的忽视（Bark，1973）。娱乐研究最终出现在 20 世纪 70 年代来源于两个契机：除学术系统之外，由 20 世纪 60 年代政治运动带来的社会变革，促进了科学研究，其重大突破在于克服了精英主义对于"质量"文学和媒介的态度（《意识形态批判研究》，参见 Groeben & Vorderer，1988）。在学界，娱乐消费被发现与情绪心理有关。由喜剧、色情文学、媒介化的体育版面及其他媒介娱乐形式所激活的情感体验，吸引了心理学家，特别是珀西·坦勒鲍姆（Percy Tannenbaum）及其门生道尔夫·齐尔曼（Dolf Zillmann）的注意。齐尔曼及其他的早期合作者（最重要的为 Joanne Cantor 和 Jennings Bryant）基于情绪心理的一般知识以及将心理学应用实验方法应用于媒介娱乐的研究，形成并推动了早期系统理论驱动的媒介娱乐的研究，仍引领当代研究方法（Bryant，Roskos-Ewoldsen & Cantor，2003）。

二、媒介娱乐的普适理论

（一）术语困惑

虽然媒介娱乐的重要性已经在传播学科中获得认可，但是媒介娱乐的定义仍然模糊不清。大量不同形式的信息主题、形式、内容都被划分为"娱乐"，均是从传播者的角度（如小说作者、播放喜剧的电视台）以及从受众的角度划分。Bosshart 和 Macconi（1998）列出了娱乐媒介信息的六个特征：

（1）心理放松：休闲、消除疲劳、轻松、转移注意力；

（2）消遣：多样性、多元化；

（3）刺激：动态、有趣、令人激动、惊心动魄；

（4）乐趣：欢快、引人发笑、搞笑；

（5）氛围：美好、祥和、快乐、舒服；

（6）欢快：幸福、愉快。

以上这些特征无疑为媒介娱乐的定义提供基础，尽管无法从意义或概念上完全区分彼此，但它们反映了娱乐研究者多元化的倾向。正如一场令人兴奋、充满悬念的体育赛事广播，一场欢闹、充满智慧的喜剧，一部场面恢宏的动作电影，一个充满难题和冒险的电子游戏，一部悲伤、浪漫的小说，以及其他更多的媒介主题和作品一样，这些都是媒介娱乐。这几个例子已经说明媒介受众所感知的可被视为娱乐的不同体验质量（Vorderer et al.，2004）。

但是作为结果，简单的一维概念或过程既不能定义也不能科学地解释媒介娱乐（Bryant & Vorderer，2006）。相反，媒介娱乐需要结合多维度的结构为其定义或形成理论（见图1）。从更抽象的层面来讲，普适的理论能够覆盖媒介娱乐表征的共同特点，以便将其与社会科学的其他广大领域连接起来（如心理幸福感，参见 Kahneman，Diener & Schwarz，1999；如进化心理学，参见 Steen & Owens，2001）。而从更具体的层面来讲，与实物相关的理论描述并解释了可被定义为娱乐的个人体验质量的决定性因素和维度。例如，悬念理论（Vorderer，Wulff & Friedrichsen，1996）强调的是娱乐媒介信息及其对受众影响的一个主要类别，而没有提及媒介娱乐的其他表征，如忧郁或骄傲。这种基于对象的理论与对娱乐体验本身的描述及激活该体验的心理过程不同。他们彼此成就又经得起检验（如 Mares & Cantor，1992）。目前，娱乐研究者大部分关注理论构建的一两个层面，也就是具备整体观念的框架模型（普适理论）或者阐释、验证具体理论（如与悬疑的娱乐表征相关的理论，参见 Zillmann，1994）。

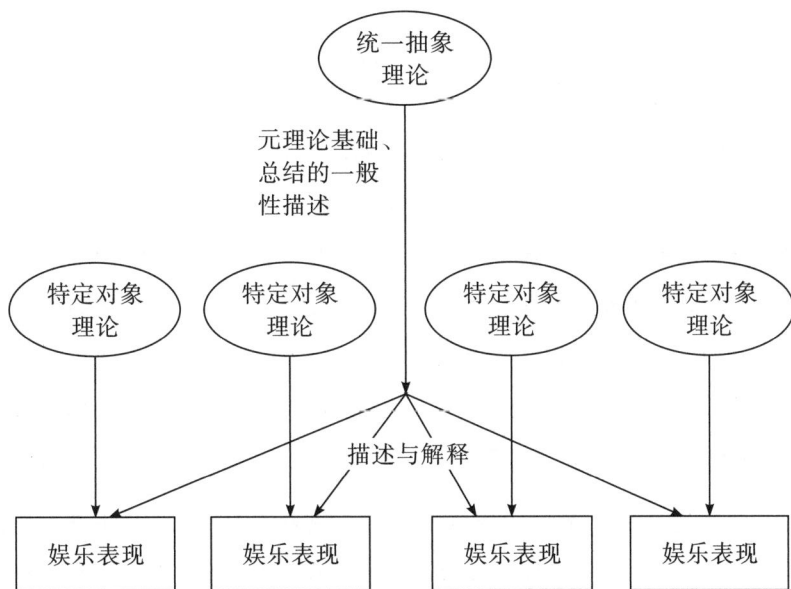

图1 传播学领域下娱乐理论的多维架构

媒介娱乐的一个重要框架来源于 Zillmann 的实验研究（2003）。关于人们对娱乐媒介信息的反应，他关注其情感过程，并将他的人类情绪理论运用于娱乐的不同模式（Bryant & Miron, 2003）。根据齐尔曼的理论框架，情感调节驱动人们的动机系统，包括大众媒介信息的外部刺激是维持理想的情绪状态或进入区别于目前情绪状态的新状态的有效工具。基于生理、社会心理的考量（如Zillmann, 1996a），该框架将媒介娱乐的使用视为被自发享乐偏好所驱使的无中介的行为类型（Zillmann, 1988）。

框架内的关键环节在于情绪调节（"情绪管理"，Zillmann, 1988）的欲望，大众媒体引发的共情情绪（如犯罪类影视剧中的英雄人物或体育赛事广播中的球员，Zillmann, 1996a），及诸如在悬疑电影中经过紧张对峙后带来"完美结局"的情境（Zillmann, 1996b），从而缓解情绪，最终带来狂喜。该框架所包含的认知过程仅仅是作为情绪状态的组成部分。如害怕情绪，与电影主角共情所驱动的希望，以及随之发生的悬疑被理论化，是源自对角色的道德判断（Raney, 2005）。然而，一般而言，Zillmann（2000）关于娱乐理论的框架首要强调的是媒介娱乐的情绪维度，解释了人们对生理享乐及进入或维持愉悦情绪状态中的无中介行为倾向的强烈和可持续的需求。

（二）媒介娱乐作为游戏沟通：一个行动理论框架

有些一般性理论将媒介娱乐的使用和体验视为人类沟通的游戏模式（Vorderer，2001，2003；Vorderer et al.，2004）。强调娱乐使用和游戏行为之间的共通性，为这个框架扩展了娱乐问题的研究视野。因为之前的研究多关注情绪情感调节，强调与愉悦的媒介体验相关的动机（影响媒介选择的需求、目的、意志）、认知（对媒体信息的期望、信息处理过程、在信息接收期间被自上而下激活的知识）、情感（评估、唤起过程）和行为变量的复杂网络。而且它强化了媒介娱乐对于人们日常生活及其幸福感的整体相关性（Vorderer et al.，2004）。以下两类动机被认为是激发了对娱乐媒介的接触（Klimmt，2008）：

（1）遵循 Katz 和 Foulkes（1962），一类动机是与充满压力或不愉快的现实生活经历相反的，即愉悦的、有新意的、不同寻常的，或其他积极的体验（逃避主义，见 Henning & Vorderer，2001）。这种动机的逃离类型包括情绪调节（Salovey，Hsee & Mayer，1993；Zillmann，1988）以及潜在的或与之联系的认知状态。例如，在真实世界由于工作岗位的无力感而带来的沮丧体验会激发一个年轻员工在工作之余玩网络游戏的动机，这会为其带来掌管虚拟国家、该国家的臣民顺从其权力的愉悦体验状态。

（2）鉴于发展心理学（如 Oerter，1999；Sutton-Smith，1997），使用媒介娱乐的第二类动机与发展任务（Havighurst，1981）有关，如身份的形成或性别角色的社会化。

因为游戏是介于现实与幻想之间，所以游戏的假想质量允许个人检测其行为、情绪，以及无须经历冒险失败的身份认同或社会拒绝（"它只是一个游戏"，Sutton-Smith，1997）。同样地，媒介娱乐的虚幻及准现实特征提供了与发展任务相关的信息：电子游戏为年轻男性提供男人的情绪体验（Jansz，2005）；电视连续剧教会年轻女孩如何形成并维持关系（Mayer，2003）；犯罪题材电视剧以最大程度告知年轻人社会道德及功能。因此，致力于发展任务是娱乐使用背后一个非常"严肃"层面的动机。在这种意义上来说，行动理论框架认为，在日常生活中及生命周期里媒介娱乐的作用比一般意义上的想法更加中心化，并显得更为复杂。正如人类在游戏当中一样，娱乐媒介使用所涉及的过程——动机、认知、情绪——都依赖成长变化和人格的变量。这些都使得娱乐研究更多元化、多样化。

"娱乐作为游戏"范式的建立是基于比齐尔曼框架更加广义概念的动机。鉴于人类哲学及心理学观点（Gollwitzer & Bargh，1996；Groeben，1986；Heckhausen，1991；Oerter，1999）、自我决定理论（Deci & Ryan，2000），促使媒介娱乐的追捧和使用过程范围包括从复杂、反思式决策到快速、冲动式决策，这些选择是由自发的情绪调节偏好所激发的。然而，与齐尔曼视角相反，该框架并未说明未经精心策划的媒介娱乐选择一定就是由生物作用及享乐情绪最大化所驱动的。更确切地说，它也可以是自动性的结果（Bargh，1997）。也就是说，频繁重复的思考——反应式娱乐的选择会随着时间自动发生，相关目标会在记忆中被储存为"习惯性"动机，此时与娱乐相关的目标（如逃避主义者在工作日之后的放松）及媒介选择（如在电视上搜索适合的悬疑剧）都是没有经过深思熟虑的。

行动理论框架还指出媒介娱乐选择的动机过程是非常多元的。在这一意义上来说，该框架与使用满足视角是兼容的，因此常被用于娱乐研究（如 Nabi et al.，2006），但是它采用了人类行动的不同变体（如冲动、自动性及反思的媒体选择），并且在使用媒介娱乐的动机来源方面更加具体化（追根溯源到自我决定理论及进化心理学，参见 Steen & Owens，2001；Vorderer，Steen & Chan，2006）。

三、媒介娱乐的对象理论

以上介绍的概念框架代表了媒介娱乐的一般路径，大多主题研究强调的是具体问题，如某种类型的用户体验、媒介享受之下某一特定模式的心理过程。这些更加聚焦的构想及实证研究促使捕捉娱乐的抽象概念部分的理论和模式，如悬疑、愉快、忧郁（Bosshart & Macconi，1998；Bryant & Miron，2003）。下面，我们将着重介绍这些专门的、限定范围的娱乐理论的三个主要案例，并简要回顾该主题的实证研究。这一部分致力于阐释运用于理论—实证娱乐研究的不同视角和战略，为该领域的研究提供更广泛的理解。

（一）悬疑：基于倾向的共情情绪体验
一个重要的体验状态就是大多媒介用户与传播研究者将娱乐视为悬念

（Vorderer et al.，1996）。尽管悬念是一个不愉悦的情感体验，包括压力、害怕，但是大量悬疑媒介信息的盛行，如犯罪片、动作电影、直播体育赛事都说明悬念体验也包含了部分愉悦体验。齐尔曼在媒介科学领域中提出了最为著名的悬疑理论。他认为悬疑是媒介用户通过媒介信息展示角色具体特征和行为的一种情感反应（如一部小说或一部电影），因此悬疑是一个社会情感反应。齐尔曼的理论提出，对媒介角色的情感反应源自用户对这些角色所形成的倾向。积极的倾向带来共情，而负面的倾向滋长愤恨甚至敌意情绪。用户对媒介角色的态度决定了他们对这些角色和他们命运的情感反应，这个过程通过媒介信息的叙述而形成。反过来，倾向则来源于观众对角色的道德评价。例如，观众会以道德上是否正直来评判一个主角，"美好的"人物角色会受到正面评价，但是行为恶劣的人（如罪犯、自大的人物角色）则会获得负面评价。因此道德影响倾向，进而决定媒介用户的情感反应。

根据齐尔曼的理论，悬疑可被构建为基于倾向的 2×2 的情绪反应结构：如果媒介用户害怕角色人物的负面故事发展，他们会同情（道德上"美好的"角色）并希望这些人物角色会有一个好的结局，这种希望与害怕的交织就是悬疑产生的标志。这种临时情绪状态源于担心其厌恶的人物角色（那些获得用户负面道德评判的人）可能面对积极的结局（"不是他们应得的"），或者希望负面事件降临于他，如受到惩罚，这样观众在道德上可能更容易接受的（Raney，2005）。对具体结局的期望及对相反结局的恐惧会带来悬疑的情感（Zillmann，1996a）。因此，源自社会情绪关联的悬疑：如果媒介用户关心角色人物的境遇（因为喜欢他们或强烈讨厌他们），娱乐媒介就会激活情绪反应（如呈现道德正面的角色人物处于危险情境），这一过程就被构建为悬疑。另外，悬疑是不确定性的一个结果：是与失败相关的情绪，如希望与害怕，只有在用户不确定人物角色的命运时才会发生。因此，对用户喜爱或讨厌的人物角色，导演和作者能够通过增加或消除受欢迎或不受欢迎角色情节的不确定性，减少悬疑体验。

齐尔曼及其合作者们已经为该理论提供了足够的经验证据。他们的实验说明了对人物角色的道德评判倾向的关键作用及悬疑体验的可能性结局。例如 Comisky 和 Bryant（1982）操控了一场追车戏的视频呈现。与齐尔曼理论一致，他们发现当英雄人物不大可能有一个积极的结局（只要结果可能性不是零）时，观众对该主角越是有着积极的倾向，他们会越多地体验到悬疑。近期的概念综述（Raney，2004；Raney & Bryant，2002）和实验证据（Raney，2005）对齐尔曼的原始模型已进行了丰富和提炼。具体而言，道德评判的过程更加复杂：首先，在观众评价过程中，道德既与角色人物的行动（如被称为"坏人"的罪犯）有关，又与他们可能接受的惩罚有关。在悬疑电影中，对罪犯的惩罚需要做到道德上合乎情理，以便赢取观众；对"坏人"的过度惩罚会导致道德担忧或是破坏了观众的享乐感。其次，对于评判的个人态度的调节基于道德的娱乐过程（Raney，2005）。

　　总之，悬疑是娱乐研究中尚未被完整阐释的领域，但是传播学者已累积了大量理论去解释证据。不论怎么说，问题和挑战依然存在：如导致倾向形成的认知过程可能比齐尔曼关注的道德更加多元化（Raney，2004）。观众期待（如关于该主题电影的相关知识）也可能调节悬疑过程（de Wied，Hoffman & Roskos-Ewoldsen，1997）。再者，倾向因素（如感官寻求）并未在基于观众元素的悬疑模式中被系统化介绍（Zuckerman，2006）。结果，悬疑领域在理论—实证传播中更加复杂，尽管娱乐体验状态的基本机制已经得到了很好的解释。

（二）拟社会关系：媒介角色的长期卷入对享乐的塑造

　　许多媒介娱乐主题关注的是人，经常出现在媒体中的人物包括演员、音乐家、脱口秀主持、体育明星及其他各类名人。特别是电视上可看到著名人物在不同场合中频繁出现。一些传播理论强调的是对娱乐媒介中角色人物的反应，保留齐尔曼提出的基于倾向的理论。拟社会关系理论对媒介角色持有更广泛的立场，更适合对角色的长期卷入，因为这将影响人们对于娱乐费用的选择、接触期间的享乐体验及其娱乐效果（Klimmt，Hartmann & Schramm，2006）。

　　关于拟社会关系理论的基础假设是，（虚拟或非虚拟）人物角色频繁出现在媒体上，会激活用户的社会化信息处理（Giles，2002；Horton & Wohl，1956）。人们观察、分类、评估屏幕上的人物角色并在记忆中储存印象。熟悉度感知和社会化态度，与重复的"拟社会接触"共同演化（Schiappa，Gregg & Hewes，2005）。例如，犯罪连续剧《犯罪现场调查》中的主角：如果特定的观众观看了大多季数或是每一季，就会出现《迈阿密》在第一季就增加了社会化卷入（拟社会关系），当他们之后再次在电视上"遇到"这个角色人物，熟悉度就会被激活；最终观众就会保持对这个知名且讨人喜欢的角色人物的心理表征，并与其现实生活中的朋友或邻居进行对比（Gleich，1997）。

　　这种关系在强度上、质量上有差异。观众对媒体名人的拟社会联络被羡慕

（如一个年轻男孩与阿诺德·施瓦辛格的关系）、强烈的情绪共情（如一个女人与威尔士王妃戴安娜的关系，参见 Brown，Basil & Bocarnea，2003）、色情的欲望（如青少年男性与碧昂斯的关系）或嫉妒和轻蔑（如一个成人女性与帕丽斯·希尔顿的关系）所主导。关系质量决定了媒介用户观看屏幕中角色人物的体验。因此，关系的强度和质量对于理解媒介娱乐中拟社会关系的应用非常关键。

从该研究中所获得的第一个启示：娱乐选择。如果一个媒介用户对某一特定娱乐影视剧人物角色持有强烈而积极的拟社会关系，那么他/她就更加可能会因为这一关系而选择与之相关的信息（如 Chory-Assad & Yanen，2005）；反过来，强烈的负面拟社会关系会增加逃避这一信息的动机。

第二个启示：观看与自己持有强烈拟社会关系的人物角色将会塑造享乐的质量和强度。例如，观众非常喜爱的电影明星来到脱口秀，会使观众感觉特别享受，因为观看这个脱口秀激起的是一种类似与老朋友在一起、处于深深爱慕的状态，并有一种亲密的印象（Horton & Wohl，1956）。老观众会发现他们 30 年前最喜爱的乐队重返银幕，激起音乐会影迷氛围的积极体验，这种娱乐体验被视为"情绪记忆"（Oatley，1994）。在一实证研究中，Hartmann，Stuke 及 Daschmann（2008）发现在一赛事直播期间，对赛车手迈克尔·舒马赫的拟社会关系强度会影响到悬疑的程度。

第三个启示：拟社会关系也会影响媒介娱乐接触后效果。例如，如果观众对媒介角色持有强烈而积极的拟社会关系（如 Jackson & Darrow，2005；Papa et al.，2000），虚拟的娱乐信息的劝服影响（Appel，Richter，2007；Green，Brock，2000）可能更大、更持久。反过来，如果媒体不再持有拟社会关系，观众可能就会持有强烈的负面反应。Cohen（2004）、Eyal 和 Cohen（2006）报道称对一个喜爱的人物角色强烈的厌恶情绪反应也可能从电视节目中消失（"拟社会关系的破裂"）。

整体而言，拟社会关系概念可应用于媒介娱乐的许多表现形式中，能够描述、解释许多与预测费用相关的选择、体验及效果的认知、情绪过程。它与社会认知理论及社会心理学的个人感知有关（Giles，2002；Klimmt et al.，2006），由此说明了社会科学分支中的娱乐研究基础工作中基本概念的重要性。

（三）交互娱乐理论：电子游戏的享乐模型

电子游戏是娱乐媒介中发展最为迅速且具有动态变化性质的细分市场

（Vorderer & Bryant，2006）。"交互"这一主要特征为娱乐理论带来新的挑战，因为更多的娱乐媒介传统概念的形成都是非交互的（"线性的"）。如小说、电影或体育赛事直播，它们无法为交互体验提供借鉴。因此，探索娱乐媒介体验的维度和决定性因素成为这一领域的前景子域（Vorderer & Bryant，2006）。交互娱乐理论概念战略，将通过传统娱乐研究以及对电子游戏体验领域关键问题的可行性研究来形成（如 Klimmt，2003）。另外的概念输入将来自实证探索的大多数调研结果（如 Sherry et al.，2006；Wood et al.，2004）。对电子游戏的实验理论检验并非易事，因为对游戏内容的基于理论的操纵需要更加复杂的编程工作，以及比编辑电影更加精细的知识。有了更好的游戏修改工具，理论驱动的实验测试标志着互动娱乐传播学往前推进了（如 Hefner et al，2007；Klimmt，Hartmann & Frey，2007；Ravaja et al.，2006）。

交互娱乐理论的艺术状态在于对电子游戏享乐（如 Klimmt，2003；Ryan，Rigby & Przybylski，2006；Sherry et al.，2006）的多维度的阐释说明。游戏享乐其中的一组概念关注的是交互使用，是指玩家自身活动的体验推论。这些概念提出将效能、感觉（Klimmt & Hartmann，2006）、精通、控制（Grodal，2000）、胜任及成功（Klimmt，2003）作为游戏享乐性的组成元素；另一组则是强调游戏享乐与娱乐传统模式的相似性。例如，悬疑以线性娱乐的方式同样带来游戏享乐（如 Schneider et al.，2004），因为悬念是挑战性情境的体验表现，这种情况在大多数类型的游戏中经常出现。游戏研究人员从传统娱乐研究中引入的另一个概念，即对角色或角色的识别（Hefner et al.，2007）。因此，游戏的享受部分源于替代的或模拟的"成为"一个有趣的人的体验，比如一个战争英雄（Jansz，2005）或一个赛车手。

随着电子游戏享乐概念及实证结果的不断涌现，交互娱乐理论遇到的关键挑战就是将游戏享乐的不同玩家组织在一个结构化模型中，并阐释游戏享乐不同维度的潜在关联。Klimmt（2003）提出的游戏享乐性的模型解释了不同享乐组成部分的协同交互。例如，在这个模型中交互能够带来效能体验（游戏享乐性的第一个要素）、培育对游戏活动的正面自我归因，从而带来自豪感（游戏享乐性的第二个要素），最终带来自我感知胜任（"我已经完成了这一正面的游戏活动"，参见 Klimmt & Hartmann，2006）。

然而，随着电子游戏的快速发展，交互娱乐面临的新问题也开始出现：电脑媒介与真实玩家在玩游戏之间的差异问题，特别是玩家在诸如《魔兽世界》

这样的"大量多玩家在线角色扮演游戏"中的享乐过程（Chan & Vorderer，2006；Yee，2006），或者，比如任天堂 Wii 的电机传感器系统，为互动娱乐理论增加了一长串需要解决的问题。因此，电子游戏是娱乐研究不断面临压力的一个很好的例子，它既要跟上研究对象的快速变化，又要与旧娱乐媒体或基础理论相关领域的各种现有理论重新建立联系。

四、娱乐研究的远景

前文说明了媒介娱乐是动态变化且理论丰富的领域，它应该是一个特别吸引年轻学者关注的领域，因为它既与人们日常生活高度相关，又有着大量研究分支领域及大量未被探索的议题。受益于哲学科学及交叉学科的协同，娱乐研究将成为传播学一个十分有趣的领域，因为它既与所有社会科学相关，又不仅限于此：心理学视角是解释个人娱乐体验的关键，其引领大多数的实证娱乐研究，因为个人选择过程、体验及效果都是该领域的核心（Bryant & Vorderer，2006；Shrum，2004）。社会科学和文化研究也有助于在群体及社会的层面上理解媒介娱乐的形式和内容，以及习惯性的、仪式化的媒介使用（如 Schulze，1992），并且说明娱乐心理过程对文化和社会化的强烈依赖，例如在西方社会备受追捧的并不一定受到亚洲或中东社会人们的青睐（如 Acland，2003）。此外，生理科学和神经科学使得个人娱乐体验的感官及生理指标可以被测量并理解（如 Ravaja et al.，2006）。

因此，娱乐研究的未来仍需大量工作。理论和实证的娱乐研究需要继续借鉴大量娱乐媒介、主题及形式。另外，当前工作的有效继续仍面临许多挑战议题，如：①娱乐研究体系的跨文化基础；②影响媒介娱乐选择、体验和效果在微观、中观、宏观上的要素的整合。

考虑到娱乐研究的跨文化维度，传播科学需要承认娱乐媒介已经发展成为一个重要的出口，今天的娱乐经济是真实存在的全球经济（Havens，2003；Wolf，1999）。例如《哈利·波特》的书籍和电影吸引了世界观众的目光，然而许多其他娱乐媒介只是在国家层面上获得成功。例如，战略类电子游戏的特殊种类（"组建游戏"需要玩家在实际战争战略可行之前付出大量精力及时间来建立经济结构）在德国尤为盛行，但是在美国市场却极为萧条。对于娱乐研究而言，这些文化、跨文化问题为描述和解释媒介享乐如何"发挥作用"带来了新的挑战。

　　Biebes 和 Katz（1986）在为何文化迥异的观众之间会构建相同的娱乐形式（《朱门恩怨》）的方面，已经发表了信息量较大的研究成果。大量类似的研究为未来的娱乐研究奠定了基础，有利于研究公司在娱乐媒介的动态发展及提高全世界的接受程度（Trepte，2007；Valkenburg & Janssen，1999）。这些任务在娱乐研究实验室里通过有效的国际网络完成，因此有必要对娱乐享乐性进行一般概念的定义，以便辅助跨国家路径——程序标准的发展（例如如何使跨文化享乐性的具体表现形式可操作化）。

　　媒介娱乐的跨文化导向需要以广泛的视角开展研究，另外一个主要挑战源自人体机能的不同层面的具体享乐性体验的跨学科建模。整合的视角尤为适合研究享乐性的复杂模式，如消费者对于讽刺类喜剧节目《辛普森一家》愉快的舒适状态（Gray，2007）。这种媒介娱乐的心理学路径既包含强烈的认知（知识检索、阐释及理解），也包含强烈的情感（增强的唤起、欢喜的怡人情绪）。完整的模型也需要融合神经科学的构想，如阐释积极过程的大脑激活模式及愉悦的情感状态（如 Damasio，2004）。生理学方法同样有利于享乐体验的详尽描述。例如，对惊喜的有机反应在生理学研究中有着完备的记录（Ravaja et al.，2006），这可为多维度构建《辛普森一家》娱乐体验的研究提供基石，因为该剧在形式上频繁使用惊喜以培育（基于讽刺的）愉快。与人类生物机制相关的科学学科应在未来娱乐研究中发挥关键作用，以便在有意识的个人娱乐表现形式上更好地理解享乐体验的微观层面。

　　在宏观层面上，源自心理学和传播学的经典研究仍在未来娱乐研究中发挥主导作用，因为其研究的这些过程（如知识、个人感知、归因、社会比较、媒介调节的认知及疑惑的悬念）决定了娱乐对于个体媒介用户所能触及的体验质量（Bryant & Vorderer，2006；Zillmann & Vorderer，2000）。为了更加有效地研究享乐体验的多维模式，娱乐研究的传统方法仍需进一步挖掘社会科学的理论宝库（如社会心理学是分析观众对以人为本的娱乐信息的反应的重要途径，参见以上悬疑及拟社会关系部分）。

　　目前的娱乐研究忽视了萦绕在媒介消费及媒介享乐群体过程中的社会情境的重要性。电视消费常常在其他家庭成员都在场的情况下发生（Bryant & Bryant，2001）。恐怖电影的趣味性则在电影院效果更佳，因为观众是群体的一部分（Tamborini，2003）。许多电子游戏玩家更喜爱在线游戏，与一些或大部分其他人连接在一起（Peña & Hancock，2006）。传播娱乐研究应该整合社会心理学及社会学的知识，以便更好地理解媒介消费的群体情境并形成社会互动的娱乐关联。因此，娱乐体验的微观层面，也就是社会情境与群体过程，仍然是传播科学媒介娱乐多维度模型研究的重要任务。

传媒研究最终一定会覆盖微观、中观及宏观视角的流行文化和历史，以及文化和生命周期维度。在西方社会，通过媒介达到的社会化是一个复杂的过程，深刻影响个人传播模式及娱乐体验。例如，迪士尼主要角色的重要性及他们影响观众对媒介娱乐的偏好及期望的方式（Watts，2001）。德国的电视系统直到20世纪80年代还是被限定在几个频道之间，在具体方式上塑造了一个国家老一代观众的习惯及娱乐偏好。这种系统层面的因素在基于个人的娱乐研究中常常被固化下来，但是全方位的娱乐体验也应该考量相关宏观层面的变化及影响。

在此描述的未来娱乐挑战的核心是通过不同层面的分析，构建使媒介娱乐的决定因素及维度协同交互的模型。需要说明的是，媒介娱乐的复杂模式如《辛普森一家》在所有层面相关的体验，从神经机能到文化社会建构，如何将不同部分与其他部分相互联系起来并知晓在不同部分之间的具体交互，对于媒介享乐性变量的理论化研究是最为重要的，因此需要将微观、中观、宏观加以整合，既有理论融合，又有方法兼容。

准确地说，传播科学是最适宜掌握上述大量挑战的学科，因为：①关于媒介娱乐的传播研究已经超越了上述提到的一些层面（如信息系统、大众传播、流行传播等研究，在此只提及国际传播协会相关分类的一些主题）；②该学科有着采用、翻译其他（社会）科学中的概念和方法的成功传统（Bryant & Miron，2004）。因此，我们用积极的态度总结本节：娱乐研究将会成为未来传播科学的核心，因为它在理论上已然非常丰富，且仍为理论—实证的扩展提供大量契机，同时它也为提升传播学科中的不同学术传统提供机会（Craig，1999）。从应用的视角而言，娱乐研究是传播学中处理社会问题的重要部分，这些问题中的一些源自媒介娱乐的盛行（如暴力娱乐媒介的影响）。同时社会可以通过使用媒介娱乐解决其他问题（如"娱乐教育"，参见 Singhal et al.，2004）。因此，娱乐研究在已建成的传播科学中理应获得一席之地。我们认为，未来娱乐研究必将成为学科主要领域之一。

参考文献

［1］ACLAND C R. Screen traffic：movies，multiplexes，and global culture. Durham，NC：Duke University Press，2003.

［2］APPEL M，RICHTER T. Persuasive effects of fictional narratives increase over time. Media psychology，2007，10（1）：113－134.

［3］BARGH J. The automaticity of everyday life//WYER R S. The automaticity of everyday life：advances in social cognition. Mahwah，NJ：Lawrence Erlbaum Associates，1997：1－61.

［4］BARK J，HUYSSEN A，NOORE J，et al. Research in popular literature and praxis-related literary scholarship：a report. New German critique，1973（1）：133－141.

［5］BCKING S. Grenzen der fiktion？Von suspension of disbelief zu einer toleranztheorie für die filmrezeption［Limits of fictionality？From suspension of disbelief toward a theory of tolerance in movie appreciation］. Cologne：Halem，2008.

［6］BOSSHART L，MACCONI I. Defining "entertainment". Communication research trends，1998，18（3）：3－6.

［7］BREWER W F. The nature of narrative suspense and the problem of rereading//VORDERER P，WULFF H J，FRIEDRICHSEN M. Suspense：conceptualizations，theoretical analyses，and empirical explorations. Mahwah，NJ：Lawrence Erlbaum Associates，1996：107－127.

［8］BROWN W J，BASIL M D，BOCARNEA M C. Social influence of an international celebrity：responses to the death of Princess Diana. Journal of communication，2003，53（4）：587－605.

［9］BRYANT J，BRYANT J A. Television and the American family. Mahwah，NJ：Lawrence Erlbaum Associates，2001.

［10］BRYANT J，MIRON D. Excitation-transfer theory and three-factor theory of emotion//BRYANT J，ROSKOS-EWOLDSEN D R，CANTOR J. Communication and emotion：essays in honor of Dolf Zillmann. Mahwah，NJ：Lawrence Erlbaum Associates，2003：31－60.

［11］BRYANT J，MIRON D. Theory and research in mass communication. Journal of communication，2004，54（4）.

［12］BRYANT J，ROSKOS-EWOLDSEN D R，CANTOR J. Communication and emotion：essays in honor of Dolf Zillmann. Mahwah，NJ：Lawrence Erlbaum

Associates, 2003.

[13] BRYANT J, VORDERER P. Psychology of entertainment. Mahwah, NJ: Lawrence Erlbaum Associates, 2006.

[14] CAREY J. The intellectuals and the masses: pride and prejudice among the literary intelligentsia, 1880 – 1939. New York: St. Martins, 1993.

[15] CHAN E, VORDERER P. Massively multiplayer online games//VORDERER P, BRYANT J. Playing video games: motives, responses, and consequences. Mahwah, NJ: Lawrence Erlbaum, 2006: 77 – 90.

[16] CHORY-ASSAD R M, YANEN A. Hopelessness and loneliness as predictors of older adults' involvement with favorite television performers. Journal of broadcasting and electronic media, 2005, 49 (2): 182 – 201.

[17] COHEN J. Parasocial break-up from favorite television characters: the role of attachment styles and relationship intensity. Journal of social and personal relationships, 2004, 21 (2): 187 – 202.

[18] COMISKY P, BRYANT J. Factors involved in generating suspense. Human communication research, 1982, 9 (1): 949 – 58.

[19] CRAIG R T. Communication theory as a field. Communication theory, 1999, 9 (2): 119 – 161.

[20] DAMASIO A R. Looking for Spinoza: joy, sorrow and the feeling brain. London: Vintage, 2004.

[21] DECI R M, RYAN E L. Self-determination theory and the facilitation of intrinsic motivation, social development, and well-being. American psychologist, 2000, 55 (1): 68 – 78.

[22] DE WIED M, HOFFMAN K, ROSKOS-EWOLDSEN D R. Forewarning of graphic portrayal of violence and the experience of suspenseful drama. Cognition & emotion, 1997, 11 (4): 481 – 494.

[23] ENGEL M. Tickle the public: 100 years of the popular press. London: Indigo, 1997.

[24] EYAL K, COHEN J. When good friends say goodbye: a parasocial breakup study. Journal of broadcasting and electronic media, 2006, 50 (3): 502 – 523.

[25] GILES D. Parasocial interaction: a review of the literature and a model for future research. Media psychology, 2002, 4 (3): 279 – 305.

[26] GLEICH U. Parasoziale interaktionen und beziehungen von fernsehzuschauern mit

personen auf dem bildschirm：ein theoretischer und empirischer beitrag zum konzept des aktiven rezipienten［Parasocial interactions and relationships of TV viewers with people on the screen：a theoretical and empirical contribution to the concept of the active viewer］. Landau：Verlag empirische paedagogik，1997.

［27］GOLLWIZER P M，BARGH J A. the psychology of action：linking cognition and motivation to behavior. New York：Guilford，1996.

［28］GRAY J. Imagining America：the Simpsons go global. Popular communication，2007，5（2）：129 - 148.

［29］GREEN M C，BROCK T C. The role of transportation in the persuasiveness of public narratives. Journal of personality and social psychology，2000，79（5）：701 - 721.

［30］GRODAL T. Video games and the pleasures of control［C］//ZILLMANN D，VORDERER P. Media entertainment：the psychology of its appeal. Mahwah，NJ：Lawrence Erlbaum Associates，2000：197 - 212.

［31］GROEBEN N. Handeln，tun，verhalten als einheiten einer verstehend-erklärenden psychologie：wissenschaftstheoretischer überblick und programmentwurf zur Integration von hermeneutik und empirismus［Action，doing，behavior as units of an understanding and explaining psychology：metatheoretical overview and conceptual draft of the integration of hermeneutics and empiricism］. Tübingen：Francke，1986.

［32］GROEBEN N，VORDERER P. Leserpsychologie：lesemotivation—lektürewirkung［Psychology of readers：Motivation to read—effects of reading］. Münster：Aschendorff，1988.

［33］HARTMANN T，STUKE D，DASCHMANN G. Parasocial relationships with drivers affect suspense in racing sport spectators. Journal of media psychology，2008，20（1）：24 - 34.

［34］HAVENS T J. On exhibiting global television：the business and cultural functions of global television fairs. Journal of broadcasting and electronic media，2003，47：18 - 35.

［35］HAVIGHURST R J. Developmental tasks and education. New York：Longman，1981.

［36］HECKHAUSEN H. Motivation and action. Berlin：Springer，1991.

［37］HEFNER D，KLIMMT C，VORDERER P. Identification with the player character as determinant of video game enjoyment//MA L，NAKATSU R，RAUTERBERG M. International conference on entertainment computing 2007（Lecture Notes in Computer Science 4740）. Berlin：Springer，2007：39 - 48.

［38］HENNING B，VORDERER P. Psychological escapism：predicting the amount of television viewing by need for cognition. Journal of communication, 2001, 51: 100 – 120.

［39］HERZOG H. (1944). What do we really know about daytime serial listeners? // LAZARSFELD P F, BERELSON B, STANTON F N. Radio research, 1942 – 1943. New York: Duell, Sloan and Pearce, 1994: 3 – 33.

［40］HORTON D, WOHL R R. Mass communication and parasocial interaction: observation on intimacy at a distance. Psychiatry, 1956, 19: 185 – 206.

［41］JACKSON D J, DARROW T I A. The influence of celebrity endorsements on young adults political opinions. Harvard international journal on press/politics, 2005, 10: 80 – 89.

［42］JANSZ J. The emotional appeal of violent video games for adolescent males. Communication theory, 2005, 15: 219 – 241.

［43］KAHNEMAN D, DIENER E, SCHWARZ N. Well-being: the foundations of hedonic psychology. New York: Russell Sage Foundation, 1999.

［44］KATZ E, FOULKES D. On the use of mass media for escape: clarification of a concept. Public opinion quarterly, 1962, 26: 377 – 388.

［45］KLIMMT C. Dimensions and determinants of the enjoyment of playing digital games: a three-level model//COPIER M, RAESSENS J. Level up: digital games research conference. Utrecht, The Netherlands: Faculty of Arts, Utrecht University, 2003: 246 – 257.

［46］KLIMMT C. Enjoyment/entertainment seeking//DONSBACH W. The Blackwell encyclopedia of communication. London: Blackwell, 2008, 4: 1539 – 1543.

［47］KLIMMT C, HARTMANN T. Effectance, self-efficacy, and the motivation to play video games//VORDERER P, BRYANT J. Playing video games: motives, responses, and consequences. Mahwah, NJ: Lawrence Erlbaum Associates, 2006: 132 – 145.

［48］KLIMMT C, HARTMANN T, FREY A. Effectance and control as determinants of video game enjoyment. Cyber psychology and behavior, 2007, 10: 845 – 847.

［49］KLIMMT C, HARTMANN T, SCHRAMM H. Parasocial interactions and relationships//BRYANT J, VORDERER P. Psychology of entertainment. Mahwah, NJ: Lawrence Erlbaum Associates, 2006: 291 – 313.

［50］LIEBES T, KATZ E. Patterns of involvement in television fiction: a comparative analysis. European journal of communication, 1986, 1: 151 – 171.

［51］MARES M L, CANTOR J. Elderly viewers responses to televised portrayals of old age: empathy and mood management vs. social comparison. Communication research, 1992, 19: 459 – 478.

［52］MAYER V. Living telenovelas/telenovelizing life: Mexican American girls' identities and transnational telenovelas. Journal of communication, 2003, 53: 479 – 495.

［53］ MUNCH-PETERSEN E. Trivial literature and mass reading. Orbis Litterarum, 1972, 27: 157 – 178.

［54］ NABI R L, STITT C R, HALFORD J, et al. Emotional and cognitive predictors of the enjoyment of reality-based and fictional television programming: an elaboration of the uses and gratifications perspective. Media psychology, 2006, 8: 421 – 447.

［55］ OATLEY K. A taxonomy of the emotions of literary response and a theory of identification in fictional narrative poetics, 1994, 23: 53 – 74.

［56］ OERTER R. Psychologie des Spiels: ein handlungstheoretischer Ansatz ［The psychology of play: an action-theoretical approach］. Weinheim: Beltz, 1999.

［57］ PAPA M J, SINGHAL A, LAW S, et al. Entertainment-education and social change: an analysis of parasocial interaction, social learning, collective efficacy, and paradoxical communication. Journal of communication, 2000, 50（4）: 31 – 55.

［58］ PEARLIN L I. Social and personal stress and escape television viewing ［J］. Public opinion quarterly, 1959, 23: 255 – 259.

［59］ PEÑA J, HANCOCK J T. An analysis of socioemotional and task communication in online multiplayer video games. Communication research, 2006, 33（1）: 92 – 109.

［60］ RANEY A A. Expanding disposition theory: reconsidering character liking, moral evaluations, and enjoyment. Communication theory, 2004, 14: 348 – 369.

［61］ RANEY A A. Punishing media criminals and moral judgment: the impact on enjoyment. Media psychology, 2005, 7: 14 – 5163.

［62］ RANEY A A, BRYANT J. Moral judgment and crime drama: an integrated theory of enjoyment. Journal of comunication, 2002, 52: 402 – 415.

［63］ RAVAJA N, SAARI T, SALMINEN M, et al. Phasic emotional reactions to video game events: a psychophysiological investigation. Media psychology, 2006, 8: 343 – 367.

［64］ RYAN R M, RIGBY C S, PRZYBYLSKI A. The motivational pull of video games: a self determination theory approach ［J］. Motivation and emotion, 2006, 30: 347 – 363.

［65］ SALOVEY P, HSEE C K, MAYER J D. Emotional intelligence and the self-regulation of affect//WEGNER D M, PENNEBAKER W. Handbook of mental control. Englewood Cliffs, NJ: Prentice Hall, 1993: 258 – 277.

［66］ SCHIAPPA E, GREGG P B, HEWES D E. The parasocial contact hypothesis. Communication monographs, 2005, 72（1）: 92 – 115.

［67］ SCHNEIDER E F, LANG A, SHIN M, et al. Death with a story: how story impacts emotional, motivational, and physiological responses to first-person shooter video games. Human communication research, 2004, 30: 361 – 375.

[68] SCHULZE G. Die Erlebnisgesellschaft: kultursoziologie der gegenwart [The experiencedriven society: cultural sociology//of the present]. Frankfurt am Main: Campus Verlag, 1992.

[69] SHERRY J, LUCAS C, GREENBERG B, et al. Video game uses and gratifications as predictors of use and game preference//Vorderer P, BRYANT J. Playing video games: motives, responses, consequences. Mahwah, NJ: Lawrence Erlbaum Associates, 2006: 213 – 224.

[70] SHRUM L J. Blurring the lines: The psychology of entertainment media. Mahwah, NJ: Lawrence Erlbaum Associates, 2004.

[71] SINGHAL A, CODY M J, ROGERS E M, et al. Entertainment education and social change: history, research and practice. Mahwah, NJ: Lawrence Erlbaum Associates, 2004.

[72] STEEN F F, OWENS S A. Evolutions pedagogy: an adaptionist model of pretense play and entertainment. Journal of cognition and culture, 2001, 1: 289 – 321.

[73] SUTTON-SMITH B. The ambiguity of play. Cambridge, MA: Harvard University Press, 1997.

[74] TAMBORINI R. Enjoyment and social functions of horror//BRYANT J, ROSKOS-EWOLDSEN D R, CANTOR J. Communication and emotion: essays in honor of Dolf Zillmann. Mahwah, NJ: Lawrence Erlbaum Associates, 2003: 417 – 444.

[75] TANNENBAUM P H. The entertainment functions of television. Hillsdale, NJ: Lawrence Erlbaum Associates, 1980.

[76] TREPTE S. Cultural proximity in TV entertainment: an eight-country study on the relationship of nationality and the evaluation of U. S. prime-time fiction. Communications, 2008, 33 (1): 1 – 26.

[77] VALKENBURG P, JANSSEN S C. What do children value in entertainment programs? A cross-cultural investigation. Journal of communication, 1999, 49 (2): 3 – 21.

[78] VORDERER P. It's all entertainment-sure. But what exactly is entertainment? Communication research, media psychology, and the explanation of entertainment experiences. Poetics, 2001, 29: 247 – 261.

[79] VORDERER P. Entertainment theory//BRYANT J, ROSKOS-EWOLODSEN D R, CANTOR J. Communication and emotion: essays in honor of Dolf Zillmann. Mahwah, NJ:

Lawrence Erlbaum Associates, 2003: 131 – 154.

[80] VORDERER P, BRYANT J. Playing video games: motives, responses, consequences. Mahwah, NJ: Lawrence Erlbaum Associates, 2006.

[81] VORDERER P, KLIMMT C, RITTERFELD U. Enjoyment: at the heart of media entertainment. Communication theory, 2004, 14: 388 – 408.

[82] VORDERER P, STEEN F F, CHAN E. Motivation//BRYANT J & VORDERER P. Psychology of entertainment. Mahwah, NJ: Lawrence Erlbaum Associates, 2006: 3 – 18.

[83] VORDERER P, WULFF H J, FRIEDRICHSEN M. Suspense: conceptualizations, heoretical analyses, and empirical explorations. Mahwah, NJ: Lawrence Erlbaum Associates, 1996.

[84] WATTS S. The magic kingdom: Walt Disney and the American way of life. Columbia: University of Missouri Press, 2001.

[85] WOLF M J. The entertainment economy: the mega-media forces that are reshaping our lives. London: Penguin, 1999.

[86] WOOD R T A, GRIFFITHS M D, CHAPPELL D, et al. The structural characteristics of video games: a psycho-structural analysis. Cyber psychology and behavior, 2004, 7, 1 – 10.

[87] YEE N. The psychology of massively multiplayer online role playing games: motivations, emotional investment, relationships, and problematic use//SCHOEDER R, AXELSON A-S. Avatars at work and play: collaboration and interaction in shared virtual environments. London: Springer, 2006: 187 – 207.

[88] ZILLMANN D. Mood management through communication choices. American behavioral scientist, 1988, 31: 327 – 340.

[89] ZILLMANN D. Mechanism of emotional involvement with drama. Poetics, 1994, 23: 33 – 51.

[90] ZILLMANN D. The psychology of suspense in dramatic exposition//VORDERER P, WULFF H J, FRIDERICHSEN M. Suspense: conceptualizations, theoretical analyses, and empirical explorations. Mahwah, NJ: Lawrence Erlbaum Associates, 1996a: 199 – 231.

[91] ZILLMANN D. Sequential dependencies in emotional experience and behavior//KAVANAUGH R D, ZIMMERBERG B, FEIN S. Emotion: interdisciplinary perspectives. Mahwah, NJ: Lawrence Erlbaum Associates, 1996b: 243 – 272.

[92] ZILLMANN D. Mood management in the context of selective exposure theory annals of the international communication association, 2000, 23 (1): 103 – 123.

［93］ROLOFF M E, Communication yearbook 23. Thousand Oaks, CA: Sage, 2000: 123 - 145.

［94］ZILLMANN D. Theory of affective dynamics: emotions and moods//BRYANT J, ROSKOS-EWOLDSEN D R, CANTOR J. Communication and emotion: essays in honor of Dolf Zillmann. Mahwah, NJ: Lawrence Erlbaum Associates, 2003: 553 - 568.

［95］ZILLMANN D, VORDERER P. Media entertainment: the psychology of its appeal. Mahwah, NJ: Lawrence Erlbaum Associates, 2000.

［96］ZILLMANN D, ZILLMANN M. Psychoneuroendocrinology of social behavior// HIGGINS E T, KRUGLANSKI A W. Social psychology: handbook of basic principles. New York: Guildford, 1996: 39 - 71.

［97］ZUCKERMAN M. Sensation seeking in entertainment//BRYANT J, VORDERER P. Psychology of entertainment. Mahwah, NJ: Lawrence Erlbaum Associates, 2006: 367 - 387.

(原文刊载于 *The Handbook of Communication Science*, SAGE, 2010)

让人愉快且有意义的娱乐：辨析娱乐消费中的两种动机

玛丽·贝斯·奥丽弗　亚瑟·A. 兰尼[*]

黄小琴　译

　　传播学者一致认为，观众娱乐消费的动机是多种多样的。例如，在过去35年间，从"使用与满足"角度出发的研究已经试图描绘（自我报告）各种各样的观看动机，其中包括监视/信息、个人关系/社会互动、整合、个人身份、分散注意力/逃避现实/单纯的娱乐（Rubin，2008；Ruggiero，2000）。娱乐消费动机的多样化是公认的，我们还注意到娱乐的终极目标或者结果往往被认为是享乐，并基于此而形成了媒体心理学的大量理论基础（Vorderer，Klimmt & Ritterfeld，2004）。毫无疑问，这个焦点不仅有很直观的吸引力，而且在客观上也有经验和事例的支持，比如绝大多数娱乐产品中滑稽的喜剧、令人激动的动作片和浪漫的爱情故事。然而，与此同时，也存在着多种不适于归类为"轻松愉悦"的娱乐形式。富有悲剧性的剧情片、令人感动的电影、令人心碎的歌剧，或者令人心酸的小说和诗歌，这些例子都是一些能够让人在内心深处感到满足，而在谈论时却无法被形容为"使人愉悦"的娱乐形式。事实上，如果把《卢旺达饭店》之类的电影形容为"令人高兴的"或"使人愉悦的"，那么即使在最乐观的情况下看起来也肯定是很奇怪的。

　　"令人感动或是意味深长的娱乐能够令人感到满足，却不容易产生积极效价的情感"的观念，产生了大量旨在解释诸如催人泪下的电影具有使人"享乐"特征的、具有明显的"悖论"的理论（Oliver，1993；Zillmann，1998）。例如，尝试重建"享受"的概念，以便更好地捕捉各种各样的观众反应，有些学者强调共情在娱乐体验中的重要性（Bartsch et al.，2008），而另一些人则认为愉悦是对满足内在需求的反应（Tamborini，Bowman，Eden，et al，2010），其中包括

---

　　[*]　玛丽·贝斯·奥丽弗（Mary Beth Oliver），宾夕法尼亚州立大学电影与媒体研究部教授；亚瑟·A. 兰尼（Arthur A. Raney），佛罗里达州立大学传播学院教授。

那些在自我决定理论中鉴定出的"高阶"需求（Ryan & Deci，2000）。同样地，有些学者认为：娱乐，包括会引发消极情绪的娱乐，可以作为一种"游戏"概念，最终帮助观众或者用户应对或直面他们的现实（Vorderer，2001），并可能进一步发展出一系列的好处——提供针对危险、有威胁的情境中的安全"训练"或培养对环境的多样的认知和行为反应（如 Steen，Owens，2001）。很多近来与媒介享乐概念相关的学术研究都达成了这样一个共识：令人满足的娱乐不需要引起令观众感到愉悦的积极效应情感。的确，在一定程度上，为了强调这一观点，Oliver 和 Bartsch（2010）指出，"欣赏"这个词可能更好地描述了与更多令人感动的或意味深长的娱乐活动相关的满足感（见 Vorderer，Ritterfeld，2009）。

如果学者们现在接受了这样一种观点，即娱乐活动可能会令人满意，但同时又不能像人们平常所理解的那样。那么问题来了，为什么观众会去寻找看似不可能引起愉悦感的娱乐活动呢？也就是说，如果观众选择喜剧、动作片或扣人心弦的悬念电影作为寻找快乐、欢笑或愉悦的手段，那么当他们选择不能带来"享受"的娱乐时，他们寻求的是什么呢？

在此，我们建议不要将受众满足概念的基本根源归为单一化的快乐，"意味深长"这个附加意义可能会解决受众经常被认为行为有点自相矛盾的问题。简单地说，我们认为人们在使用媒体娱乐时追求愉悦和消遣（享乐主义动机），并同时寻找和思考生命的意义、真相和目标，可称为"实现主义"（除了本章范围之外的其他动机）。为了达到这些目的，目前研究的主要目的是开发量表用以检测享乐主义和实现主义娱乐动机的区别。我们检测这些方法在与动机相关的娱乐偏好、个体差异以及和娱乐偏好相关的情绪化反应及认知反应的关系方面的有效性。

一、享受"悲伤"娱乐的悖论

正如前面所提到的，娱乐心理学研究倾向于把"悲伤"娱乐的动机看成是出于好奇。这样的描述可能印证了娱乐领域中享乐论的设想。例如，基于倾向的娱乐理论认为，受众最大的娱乐享受来源于故事中自己喜爱的角色得到一个好的结局（或者讨厌的角色遭受痛苦）（Raney，2006；Zillmann & Cantor，1977）。类似地，情绪管理理论非常清晰地把个人的娱乐选择以快乐的方式呈现出来，认为观众选择娱乐活动会将积极状态提升到最高程度（例如情绪达到兴奋水平）并将消极状态降低到最低程度（Zillmann，1985，2000）。尽管这两种理论框架都在各种各样的娱乐类型中获得了大量的实证支持，但很明显的是，悲伤和催人泪下的电影中的受欢迎的角色一贯遭受痛苦和悲剧的特点难以在性格层面解释清楚。类似地，学者们也指出，情绪管理的假设似乎与坊间的说法相左，而更正规的研究表明，有时更阴郁的娱乐内容（如忧伤的歌曲）似乎对于忧郁、悲愤的人有特别的吸引力（Gibson，Aust & Zillmann，2000；Mares & Cantor，1992）。

　　学者们提出了多种不同的解释，试图解决这些挑战"享乐的娱乐选择"这个假设的"悖论"。例如，宣泄论认为，悲剧娱乐为观众提供了"净化"负面情绪的机会（Cornelius，1997）。向下比较理论（Festinger，1954）认为，受压迫阶层中的受众在和周围比自己更窘迫的人的比较中能得到快感（Mares，Cantor，1992）。同样，研究者也认为，对不愉快情景的描述可以给受众提供信息，从而帮助他们解决或应对使人不愉快或痛苦的环境（Nabi et al，2006；Zillmann，2000）。此外，一些学者还列举了一些人在维持（而非减轻）坏心情方面所能得到的潜在好处，包括同情他人、努力工作或提高解决问题的能力等（Parrott，1993；Knobloch，2003）。

　　在上述解释中，对媒体消费的享乐主义动机的假设一般是不会受到挑战的。具体来说，尽管所有这些解释都暗示着悲伤、催泪，或者类似的负面内容可能会暂时引起不愉快的体验，但每一种解释都暗示着消极情感的体验最终可以帮助恢复情绪或者提供其他切实的好处。与此相反，我们认为存在着娱乐消费的另一种动机——这种动机很大程度上与享乐主义的动机是共存的——可能有助于解释受众的选择和体验，而不是单纯依赖于愉悦或特别是具有积极影响的体验。接下来我们将讨论一下前面所提出的媒体消费的动机——"实现主义"是什么。

二、媒体消费的实现主义动机

　　对更积极的、以享乐为导向的娱乐内容的关注，引发了很大的困惑，这似乎是一个矛盾的例证。这种关注和它最终所产生的困惑的一个结果是，娱乐模型将注意力不必要地引导到了与崇尚享乐相关抑或是看似相反的内容上，而受众的注意力从备选娱乐内容上被转移走，受众的动机也可能与特定情境或者个人有关。例如，有些剧情片，如"悲伤的电影"或"催人泪下的故事"，把此类娱乐活动所引发的消极情绪推向了最高点。然而，这种描述忽略了一个观点，即个人可能会因为其他原因而消费这种娱乐，而不是它提供的情感体验。例如，Oliver（2008，2009）认为，悲伤的电影除了经常展示悲剧之外，还刻画了令人心酸的人与人之间的羁绊，这与人生目标的哲学问题纠缠在一起。因此，观众消费这些内容可能反映了一种替代的动机，即寻求对人类状况的有意义的描述，而不是将享受悲剧电影的行为描述为必然的反享乐主义。

和愉悦（享乐主义所关注的）相关的满足与富有意义及深刻见解相关的满足之间的分歧是不同学科间的，特别是学者们研究幸福概念时的分歧。例如，Keyes、Shmotkin 和 Ryff（2002）区分了主观幸福和心理幸福。主观幸福是由这些作者概念化的，类似于享乐主义概念，与积极的情绪有关；相比之下，心理幸福被概念化为与个人成长和生活意义相关。类似地，在古代哲学著作中（Aristotle，1931），Waterman（1993）区分了两种类型的幸福：享乐论幸福，即在快乐范畴概念化的幸福；实现论幸福，即在自我表现、自我实现和自我发展范畴概念化的幸福。

认识到幸福可能会同时表现出享乐感（享乐主义的观点）和意义感（实现主义的观点）对于理解个体的娱乐动机有重要帮助。特别是，我们认为，除了将娱乐动机概念化为单一维度的寻求快乐之外，还存在一个额外维度的追求意义（实现主义的动机），即它可能也会决定娱乐的选择。而享乐主义观点的特征可能主要反映在快乐和积极的效价上；相反，实现主义的观点可能显示为内省，寻求深刻见解，以及更多地混合情感反应，这些反应可能伴随着对生命的深刻思考。将这些维度纳入考虑范围，那么那些在享乐主义观点（例如享受悲剧电影）中看起来奇怪的对媒体的选择可能反而会反映出对另外一种动机的强调（例如对人类境况更深刻见解的满足）。

使用媒体娱乐作为一种获取意义的手段，这种手段通常在媒体心理学家中很少受到关注。然而，一些早期的研究从使用与满足理论的角度出发，揭示了类似于这样的偏好的动机。例如，Katz、Gurevitc 和 Haas（1973）观察到，一些人娱乐消费的动机在某种程度上与提升士气和体验美有关。其他学者也提出了一种观点，即所谓的"意义"是一种应对死亡的存在主义思想的方法。也就是说，Goldenberg 等人（1999）在他们测试个体对悲剧的反应时使用了死亡的概念。简而言之，恐惧管理的结果阐明，对自己的死亡的思考会使个体变得更爱反思，并在人生中寻找意义——包括体现出超越他们个体存在的内在文化的表现（Greenberg，Solomon & Pyszczynski，1997）。基于这个推理，Goldenberg 等人（1999）认为，当死亡概率显著提高时，悲剧会具有特别的吸引力以及情感方面的切入，带有悲剧性的娱乐为个体提供了在安全和不具威胁的环境中直面恐惧的机会。尽管这些作者找到证据来支持死亡的威胁会对读者情绪反应的强度有影响这一论调，但并没有采用任何手段来评估这些反映出强烈深层次感受的情绪的程度。

最近，Tamborini 等人（2010）认为，正如自我决定理论所指出的那样，媒介享受可以根据其满足需求的程度来概念化，包括自主、胜任和关联性。（Ryan，Huta & Deci，2008）。为了支持他们的论点，这些作者发现了能增强成就感（如胜任力）的电子游戏中的元素（如运动控制器）可以使玩家得到更由衷的快乐。其中重要的是，这些作者成功地解释了在不依赖积极影响手段（特别是在享受的评估方面）的内在需求的满足范畴的"享受得分"的大部分差异。最后，这些作者认为，从总体上来说，对媒体娱乐的享受的最好的理解需要在"满足需求"的层面上来完成。低阶需求的满足仅需要更多享乐方面的考量，而高阶需求（如自主）的满足则需要我们所说的实现方面的考量。

和 Tamborini 等人（2010）一样，我们相信实现主义的动机可能是高阶需求的反映。然而，我们也提出，"真理寻求"或"意义寻求"可能是除了由自我决定理论所确定的，在其关注范围内的，以及与之相关的情感组成之外的独特需求。明确地说，我们相信，实现主义动机（正如我们所定义的那样）反映了一个比仅仅关注自身更高级的、对于人类自身状况有更深刻理解的需求。也就是说，对于"满足需求"的讨论和解释，Tamborini 等人（2010）的研究集中于自我满足方面；然而，我们提出的实现主义动机概念聚焦于更高级的生命的意义问题上，相对来说更卓越。

此外，尽管努力解决人类的痛苦和生命的意义等问题能够让人满足于见解的逐渐深刻，但我们也相信，这样的深刻见解有时会让人感到有些痛苦。例如，认识到人的脆弱、见识到人遭遇悲剧，甚至目睹道德美，这可能会有振奋或鼓舞人心的成分，尽管这种经历可能与更忧郁、温柔甚至悲伤的情感反应有关。与此一致的是，Larsen、McGraw 和 Cacioppo（2001）观看感人影片《美丽人生》时发现了快乐和悲伤的情绪是可以同时存在的。同样地，虽然如之前研究所述——看悲剧电影可能会给人带来悲伤或负面情绪，但是这些电影也可能同时让人产生积极情绪——对辛酸事物的描述，对人物富有意义的刻画，以及"有灵感的""同情的"或"内省的"的人物描述会让人产生复杂的情绪。

三、现有研究的概要与目的

综上所述，传媒心理学的现存研究普遍认为，娱乐选择是由反映快乐和享受的享乐观念所决定的。因此，学者们对人们享受诸如悲伤的音乐或悲剧性的剧情片等娱乐活动感到困惑，这似乎与享乐主义的追求背道而驰。在这项研究中，我们认为，如果对真实或对有意义的追求（现实论观点）被认为是个人娱乐选择的额外（但不是相反）动机，那么这种娱乐偏好可能看起来并不会令人困惑。个体使用媒体作为思考人生目标的手段这个观点，不仅提供了一个理解娱乐魅力的重要步骤，而且还将帮助我们深刻理解我们认为独特的情感元素，这些元素更多地包含着思考的娱乐形式。

据此，本研究的总体目标是检测我们的观点，开发量表反映娱乐消费中享乐主义动机和实现主义动机的可行性；研究这些量表之间的关系；为这些量表的有效性提供证据；研究这些选择行为如何推断不同娱乐类型之间的关系。为此，我们进行了四项研究：研究1的目的是生成和提取一个测项样本，以反映这些动机，并收集其有效性的初步证据。研究2的目的是确定测项的因子结构，并通过作为预测因子的个体差异来探索其建构效度。在这些研究中，享乐主义和实现主义的偏好是在更持久的、类似特征的偏好中被概念化的。研究3检验了量表的有效性。研究4使用更广泛、更多样化的参与者样本对这些量表的因子结构进行了检测。此外，还研究了作为对产生不同类型情绪反应的媒体娱乐的个人偏好的有用推测工具，探究这些量表是如何发生作用的。

（一）研究1

1. 方法

样本和步骤：268名本科生参加了这项研究，以获得额外的学分（54%为男性；平均年龄为19.61岁，标准差为1.35）。数据收集是通过在线调查问卷进行的，给每个参与者提供了一个网址，并要求其在一个星期之内完成调查问卷。

2．测量

为了形成一个项目样本，由 141 名本科生组成的独立样本采用了开放式的问答，用以描述电影的特点以及针对他们喜爱和讨厌的电影类型的反应。同时我们还采访了娱乐学学者和电影制作人，以便形成更多的测项。这些开放的反应随后被应用于 40 个反映了大量与电影偏好相关的各种情感和认知动机的测项的构建之中。在调查问卷中，这些测项被呈现在一个标题为"电影偏好"的内容中，并给出了参与者须知，指出运用分数 1（强烈反对）~7（十分同意）反映他们对电影的喜好程度。

为了评估享乐主义和实现主义量表所推断的不同的娱乐偏好模式的程度，参与者被要求使用量表范围 1（完全不）~7（非常），并从网络电影数据库中找出他们喜欢的 12 种不同类型的电影。为了分析类似电影类型的子组，这 12 种类型的评分被提交用于主成分分析。该分析显示了 5 个特征值大于 1 的因子，占总方差的 74.37%。第一个因子称为"非虚构类"，包括传记、纪录片和历史电影（$M=3.83$；$SD=1.41$；$\alpha=0.82$）；第二个因子称为"剧情片"，包括戏剧、悲剧电影和浪漫故事（$M=4.45$；$SD=1.35$；$\alpha=0.75$）；第三个因子称为"科幻类"，包括科幻和奇幻电影（$M=4.10$；$SD=1.62$；$r=0.59$）；第四个因子称为"恐怖电影"，包括恐怖片和惊悚片（$M=4.82$；$SD=1.52$；$r=0.49$）；第五个因子是"有趣的电影"，包括喜剧和动作片（$M=6.07$；$SD=1.03$；$r=0.35$）。然而，考虑到对喜剧的喜爱和对动作电影的喜爱之间的细微关联，这两种类型被分别作为单题项测量量表加以分析。

3．结果

（1）对实现主义和享乐主义动机进行因子分析：运用主轴因子法和斜交转轴法的因子分析开发实现主义及享乐主义量表。目的是在研究中保留一系列代表了两个维度的受众动机的测项，将一系列以文字描述的测项提炼，便于在未来的研究中使用易于管理的数据，并且保留那些与实现主义和享乐主义动机概念一致的、看上去有很强表面效度的测项。为此，删除那些低适合性检验（KMO）的统计数据，以及重叠的、过度冗余的和低群值的条目。最终的因子分析的结果是两个因子占了方差的 47.78%，其中一半代表了实现主义的动机，另一半则代表了享乐主义的动机。整体量表的得分是通过对给定因子的高负载进行平均计算所得出的。表 1 报告了与此分析相关的测项、因子载荷量和描述性统计信息。正如表 1 所示，这些测项与一个清晰的简单结构相关联，用以区分这两个因子，并且这两个因子指标的可靠性通常都很好。意料之内的是，一项配对的 t 测试显示参与者在享乐主义（$M = 5.37$，$SD = 0.95$）上的得分明显高于实现主义（$M = 4.69$，$SD = 1.08$）。这两项量表得分都高于该指标的中间值，表明这两种动机普遍存在。最后，尽管这些量表上的分数是负相关的（$r = -0.16$，$p < 0.05$），但这种相关性是适度的，这表明实现主义和享乐主义的指标并不代表双向情感动机。

（2）与类型偏好之间的关系：笔者对实现主义和享乐主义量表的效度做了初步检验，发现这些量表和对不同类型电影的喜好之间存在部分相关（见表1）。考虑到大量的研究指出，在娱乐偏好（见 Oliver，2000，作为回顾）方面存在着中强度的性别差异，因此这些相关性将性别作为一个变量。这些分析为这些量表的有效性提供了初步证据。也就是说，实现主义更多地倾向于更严肃的娱乐，包括非虚构类（$pr = 0.36$，$p < 0.001$）、剧情片（$pr = 0.17$，$p < 0.01$）、科幻类（$pr = 0.17$，$p < 0.01$），而对喜剧（$pr = -0.17$，$p < 0.01$）和对动作片（$pr = -0.12$，$p < 0.01$）的偏好则更少。与此相反，享乐主义动机更多地倾向于喜剧（$pr = 0.53$，$p < 0.001$）和动作片（$pr = 0.21$，$p < 0.001$），而更少地倾向于非虚构类（$pr = -0.16$，$p < 0.05$）。

表1　实现主义和享乐主义的因子载荷量和描述性统计

	实现主义动机	享乐主义动机
我喜欢那些挑战我对世界的看法的电影	0.86*	-0.08
我喜欢那些更能让我陷入沉思的电影	0.72*	-0.14
我喜欢那些关注有意义的人类身心状态的电影	0.69*	-0.13
我最喜欢的是让我思考的电影	0.69*	-0.30
我被那些关于人们对生命寻求更深刻理解的电影所感动	0.67*	-0.05
我喜欢那些有深刻含义或传递信息的电影	0.67*	-0.09
对我来说，重要的是看电影的时候我能够开心	-0.22	0.71*
能让我欢笑的电影是我最喜欢的	-0.07	0.70*
我发现，只要有趣，即使简单的电影也能令人感到享受	-0.02	0.68*
如果能让我欢笑并且度过一段好时光，那么我就会喜欢那些也许被认为是"愚蠢"或者"肤浅"的电影	-0.04	0.63*
对我来说，最棒的那些是富有娱乐性的电影	-0.15	0.61*

（续上表）

	实现主义动机	享乐主义动机
我最喜欢的那些电影类型是快乐的和积极向上的	− 0.19	0.57*
方差百分比	28.60%	19.18%
特征值	3.92	2.82
克朗巴哈系数（Cronbach's α）	0.86	0.81
平均值	4.69	5.37
	(1.08)	(0.95)

注：＊代表因子负载被认为是偏高的。

4．讨论

这项初步研究的结果找到了娱乐消费的享乐主义动机和实现主义动机的证据。享乐主义的动机通常与"乐趣"和"转移注意力的娱乐"的概念相一致，因为这个测项上的高分数往往和人们对乐趣和快乐的娱乐偏好相关。实现主义的动机通常与更"有意义"或严肃的娱乐活动相一致，因为这个测项上的高分往往与对引发人们思考的事物的偏好相关，如非虚构类电影（如纪录片）或戏剧性的虚构描写。

（二）研究2

研究1关于娱乐消费的结果有利于提供娱乐消费的两种假设动机的初步迹象，然而这仅仅是探索性的第一步。因此，研究2的目的是通过验证性分析来检验因子结构，并通过研究其与相关的个体差异变量之间的关系，为这些量表的聚合效度和区分效度提供进一步的证据。

1．方法

样本和步骤：533名本科生参与了这项研究（24.9%为男性；$M = 20.13$，$SD = 1.43$）。和研究1一样，数据是通过在线的调查问卷收集的。

2．测量

调查问卷的第一部分包含了一系列的个体差异量表。这些量表从理论上来说与娱乐消费的享乐主义动机以及实现主义动机有关。实现主义动机被认为反映偏向沉思的趋势——尤其是对生命意义的沉思，以及它对体验包括负面情感在内的强烈情感反应的意愿的沉思。因此，我们期望这个指标与以下变量相关联：Cacioppo、Petty和Kao（1984）认知需求的18个测项的量表（$\alpha = 0.85$），

Maio 和 Esses（2001）的情感需求量表（如"强烈的情感一般来说是有益的"；$\alpha = 0.87$），Trapnell 和 Campbell（1999）的内省量表（如"我喜欢探索我的'内在'自我"；$\alpha = 0.86$），Goldberg 的智力量表（沉思的、聪明的、内省的、冥想的、哲学的；$\alpha = 0.74$），以及 Steger 等人（2006）用以测量意义（如"我在寻找能让我的生命变得有意义的事物"；$\alpha = 0.89$）和存在意义（如"我的生活有明确的目标"；$\alpha = 0.88$）的生命意义量表。相反的是，享乐主义的动机被认为反映偏向体验愉悦和乐趣的趋势。于是，我们期望享乐主义量表中的分数能够与同样被检测过的 Goldberg（1990）的其他人格特质群相关联：乐观（乐观的、开朗的、快活的、愉快的；$\alpha = 0.75$），嬉闹（冒险的、俏皮的、淘气的、喧闹的；$\alpha = 0.70$），自发（无忧无虑的、逍遥自在的、自发的；$\alpha = 0.63$），幽默（幽默的、诙谐的；$r = 0.51$），悲观（痛苦的、无趣的、抑郁的、情绪化的、孤僻的、悲观的、忧愁的；$\alpha = 0.78$）。个体差异值的顺序因顺序效应和疲劳的结果而发生变化。调查问卷的第二部分包括 12 项对研究 1 中媒体使用的享乐主义动机和实现主义动机的评估。

3. 结果

（1）验证性因子分析：验证性因子分析被应用于享乐主义和实现主义量表的因子结构的检验。鉴于大量的报告都表明性别差异对媒体娱乐的偏好和享受都存在影响，于是多群组分析法被运用于测试这个因子结构对男性与女性的影响是否相同。无强加约束的同时，分析显示出了足够的一致 $[\chi^2(106) = 269.19, p < 0.001, \chi^2/df = 2.54, CFI = 0.93]$，渐进误差均方根（RMSEA）$= 0.05$（90% CI：$0.05 \sim 0.06$）。为达到男性与女性对娱乐偏好和享受的平衡而限制因子负载的测量，并没有明显影响模型的一致性 $[\chi^2 \text{Difference}(12) = 16.83, p = 0.16]$，这意味着男性和女性的因子结构是相同的。实现主义量表（Cronbach's $\alpha = 0.86$）和享乐主义量表（Cronbach's $\alpha = 0.81$）的这两个弱相关的数值（$r = 0.06$）展现了充分的可靠性。

（2）聚合效度和区分效度：验证性因子分析法被应用于检验个体差异变量（详见 Hayes，Glynn & Shanahan，2005）的实现主义与享乐主义量表的聚合效度和区分效度。聚合效度的检测是通过享乐主义以及实现主义的潜变量和每一个个体差异变量之间的相互关系来完成的，计算出潜变量与误差方差之间的协方差为 1（见表 2）。为了建立区分效度（即实现主义和享乐主义与个体差异变量有所不同），潜变量之间的协方差（误差方差为 0）被限制为 1。这个限制等同于变为单因子模型。因此，对适合度统计量和因子1、因子2之间的差异进行了计算。因子1和因子2模型之间在适合度方面的显著改进表明，潜变量是唯一的，从而提供了判别有效性的证据。

不出所料，情感偏好与深刻的反思、认知需求、理智主义、情感需求、生命意义的探寻，以及较低程度地对生命意义和幽默的存在呈正相关。相比之下，享乐主义偏好与较低水平的悲观主义和较高水平的乐观主义、自主性、幽默、趣味、情感需求和（程度较低的）生命意义具有相关性。同样重要的是，对区分效度的测量支持这一观点，即尽管实现主义偏好和享乐主义偏好与许多个体差异变量相关，但这些量表将评估这些独特的构念。

表2　聚合效度和区别效度检验

个体差异	实现主义				享乐主义			
		因子1 χ^2 / RMSEA	因子2 χ^2 / RMSEA	改进的拟合 χ^2 / RMSEA		因子1 χ^2 / RMSEA	因子2 χ^2 / RMSEA	改进的拟合 χ^2 / RMSEA
反思	0.62**	1 073.97 0.12	537.08 0.08	−536.90 −0.04	0.05	1 424.72 0.13	556.20 0.08	−868.52 −0.06
认知需求	0.56**	1 647.19 0.10	1 018.34 0.08	−628.85 −0.03	−0.04	1 902.35 0.11	1 032.59 0.08	−869.76 −0.03
理智主义	0.51**	433.63 0.13	113.67 0.06	−319.96 −0.07	−0.09	641.12 0.16	143.47 0.07	−497.65 −0.09
情感需求	0.41***	1 742.44 0.14	804.79 0.09	−937.65 −0.05	0.26**	1 585.05 0.13	790.70 0.09	−794.35 −0.04
生命意义的探寻	0.43***	1 016.76 0.20	100.88 0.05	−915.88 −0.15	0.08	975.78 0.20	107.03 0.05	−868.76 −0.15
生命意义的呈现	0.13**	1 375.02 0.24	119.69 0.06	−1 255.33 −0.18	0.13**	985.83 0.20	132.77 0.06	−853.06 −0.14
悲观主义	0.01	999.79 0.17	230.60 0.07	−769.19 −0.10	−0.35**	809.11 0.15	206.58 0.07	−602.53 −0.08
乐观主义	0.02	685.26 0.19	73.67 0.05	−611.59 −0.14	0.46**	542.12 0.17	73.94 0.05	−468.18 −0.12

（续上表）

个体差异		实现主义				享乐主义		
		因子1 χ^2/ RMSEA	因子2 χ^2/ RMSEA	改进的 拟合 χ^2/ RMSEA		因子1 χ^2/ RMSEA	因子2 χ^2/ RMSEA	改进的 拟合 χ^2/ RMSEA
自主性	0.00	237.46 0.12	53.02 0.04	-184.45 -0.08	0.30**	231.54 0.12	76.83 0.06	-154.71 -0.06
幽默	0.13*	195.96 0.13	40.15 0.05	-155.81 -0.08	0.25**	209.35 0.13	61.03 0.07	-148.32 -0.07
嬉闹	0.13*	477.71 0.16	95.25 0.06	-382.46 -0.10	0.33***	452.33 0.15	122.32 0.07	-330.02 -0.08

注：RMSEA＝渐进误差均方根，＊表示 $p<0.05$，＊＊表示 $p<0.01$，＊＊＊表示 $p<0.001$。

　　潜变量之间的关联所揭示的两个额外发现是很重要的。首先，对情感的需求与实现主义和享乐主义都有积极的联系。未来需要对这个联系做进一步的研究，初步的解释可能是尽管这两种指标的分数都表明了它们期望通过观赏娱乐节目引起情感反应，但是它们分别引起情感反应的类型可能不一样。也就是说，作为享乐主义的一个预测指标，情感需求可能反映出受众对于如幽默的或者有趣的这种能够产生积极情绪的娱乐活动的渴望；然而，当情感需求作为实现主义的一个预测指标，那么可能反映出的是受众对于能够引起如沉思、同情甚至悲伤这样有意义的情感状态的娱乐活动的渴望。尽管这种解释完全是推测的，但"实现主义比享乐主义有更强的相关性"与这一论点是一致的，因为许多构成"情感需求量表"的测项通常意味着与反思的或忧郁的状态相伴（例如："我觉得我时不时地需要哭一哭"或者"对我来说，和自身的情感保持联系是很重要的"）。

　　值得注意的是，尽管实现主义和享乐主义的分值都和"意义的呈现"子测项弱相关，但实现主义（不像享乐主义）和"意义的探寻"这一子测项有很强的相关性。实现主义在呈现和探索之间的差异相关的一种可能性是——实现主义的倾向反映了一种被认为是对某种娱乐形式（例如：发人深省的或"有意义"的电影）的消费的需求或欲望（这里指的是对生命意义的认识）。当然，这样的解释需要得到进一步验证，但它与这样一种观点相一致，即实现主义的动机反映了以获得更强的洞察力以及思考生命的目标而进行消费娱乐的倾向。

（三）研究 3

在这个研究中，我们已经将有"经久不衰"的特质的娱乐消费的享乐主义动机和实现主义动机概念化了。尽管我们也相信这种动机在个体上可能每时每刻都不相同，但目前研究的重点是了解更稳定的倾向和偏好。因此，如果这种概念化用"特质类"（trait-like）术语说得过去，那么随着时间的推移，人们应该期待能够看见这些指标之间的关联。研究 3 是为了评估我们量表的再测信度。

1. 方法

18 ~ 26 岁（$M = 20.13$，$SD = 1.42$）的 36 个本科生（33.3% 为男性）完成了 2 份包含实现主义和享乐主义量表的网络调查问卷。第一份调查问卷是在这个学期开始后大约 1 个月内完成的，而第二个大约是 8 周之后完成的。

2. 结果

所有的指标不管在第一波（实现主义：克朗巴哈系数 $\alpha = 0.90$；享乐主义：克朗巴哈系数 $\alpha = 0.80$）还是第二波（实现主义：克朗巴哈系数 $\alpha = 0.93$；享乐主义：克朗巴哈系数 $\alpha = 0.79$）数据的采集过程中都显示出合理的可靠性。此外，再测分数随着时间的推移而显示出可接受的信度（实现主义：$r = 0.89$；享乐主义：$r = 0.72$）。

3. 讨论

研究 3 的结果为实现主义和享乐主义测量的总体稳定提供了证明。这些发现与"这些动机可以用类似特征的术语来概念化"的观点相一致。当然，即使性格特征或更持久的性情也可能在一生中发生变化。事实上，学生样本的使用可能代表我们将这些成果推广到更广泛年龄参与者中的能力受到了严重限制，而这些参与者可能持有非常不同的娱乐偏好。因此，最终研究的一个目标是在不同年龄范围内，对我们的指标进行认证。而另一个目标则是研究实现主义和享乐主义动机是如何与娱乐偏好相关联的，从而产生独特的情感体验。

（四）研究 4

我们最终目的是对不同年龄段的参与者进行验证性分析。除此之外，我们试图通过检验我们的量表能在多大程度上预测进行消费娱乐时产生的不同类型的情感体验来提供额外的有效性测试。特别是，这项研究分析了实现主义和享乐主义动机是如何与娱乐的偏好相关联并产生"欢乐的情感"和"有意义的情感"的,以及反过来说这两种情感反应又是如何与积极的、消极的和混合的情感体验相关联的。

1. 方法

样本和步骤:在一个大型的传播学课程上,招募学生参加调查。在课堂上,学生们独立完成这份调查问卷,并且需要在感恩节假期内让至少一个家庭成员完成这份问卷。完成自己的调查问卷的同时还上交了家庭成员调查问卷的学生将获得额外的学分。最终得到 1 029 名(67.2% 为女性)年龄范围在 18 ~ 86 岁($M = 38.89$;$SD = 19.45$)的参与者样本。

2. 测量

修改过的 12 个测项量表(每个动机含有 6 个测项)被应用于评估观看娱乐节目的实现主义动机和享乐主义动机。为了评估与娱乐偏好相关的情绪反应,被试者一开始都被要求说出他们最喜欢的一个电影。随后,被试者给自己在第一次观看这个电影时候的 12 种不同情绪反应的程度进行打分。8 个测项被用来测量反映情感和享乐动机的情感反应。使用最大方差旋转法的探索性因子分析揭示出了两个特征值大于 1 的因子共同解释了方差的 63.64%,这就有了清晰的因子结构。第一个因子被贴上了"有意义的情绪"的标签,并将其与富有同情心、激励、内省和沉思测项的高负载量联系起来;第二个因子被贴上了"有趣的情绪"的标签,并将其与幽默的、娱乐的、有趣的和刺激的测项的高负载量联系起来。量表是通过分别对两个因子(有意义的情绪:$\alpha = 0.82$;欢快的情绪:$\alpha = 0.76$)的平均测项负载进行计算而得出的。

剩下的四个情绪反应测项被选择与快乐/悲伤的反应一一对应:乐观、快乐、悲伤和情绪化。使用最大方差旋转法的探索性因子分析揭示出了两个特征值大于 1 的因子共同解释了方差的 83.12% 并反映了一个清洁因子结构。第一个被贴上了"快乐的情绪"标签的因子包含了乐观和快乐测项($r = 0.66$);第二个被贴上了"悲伤的情绪"标签的因子包含了悲伤和情绪化测项($r = 0.65$)。Ersner 等人(2008)的步骤被应用于评估混合情绪反应。具体来说,混合情绪的得分是基于每个参与者的快乐情绪得分和悲伤情绪得分的最小值而计算出来的。因此,如果一个人的快乐和悲伤情绪指标记录是低水平的,那么这个人的混合情绪得分就会很低。类似地,如果一个人的快乐情绪(如 $M = 6$)是高水平的,而悲伤情绪是低水平的(如 $M = 2$)(反之亦然),那么这个人的混合情绪得分将依然是很低的（$M=2$）。相反，如果一个人的快乐情绪（如$M=6$）和悲伤情绪（如$M=5$）都是高水平的，那么这个人的混合情绪得分更高（$M=5$）。

3. 结果

（1）对实现主义以及享乐主义动机的验证性因子进行分析：验证性因子分析被运用于检验实现主义和享乐主义的因子结构。这类因子分析同样被运用于多组分析以检验这个因子结构在三个不同年龄范围上是否等价：年轻的被试者（21 岁及以下，$N=418$），中间阶段的被试者（22~50 岁，$N=259$）以及年长的被试者（51 岁及以上，$N=352$）。无强加约束的同时，分析显示了充足的匹配度，$\chi^2(75)=599.98$，$p<0.001$，$CFI=0.94$，$RMSEA=0.05$（90% CI：0.05~0.06）。让三个年龄组的因子负荷相等，这对模型的拟合没有显著影响，$\chi^2 \text{Difference}(24)=33.23$，$p=0.10$。这意味着在整个年龄组中，因子负载是相等的。在接下来的分析中，两个娱乐动机的指标都是通过平均每个量表的测项来构建的（实现主义：$\alpha=0.91$；享乐主义：$\alpha=0.89$）。

（2）跨越生命周期的偏好：研究享乐主义和实现主义的娱乐偏好如何在整个生命周期中变化，第一项分析计算了年龄与娱乐动机之间的部分相关性（性别控制）。这一分析表明，年龄增长与实现主义动机（$r=0.09$，$p<0.01$）的适度增长及享乐动机（$r=-0.08$，$p<0.01$）的适度减少有关。为了检验这些动机对年龄作用的相对大小，展开了一个 3（年龄组）× 2（性别）× 2（动机）的混合分析，其中实现主义和享乐主义被作为内部主体因子。这一分析说明了动机的主要作用，$F(1, 1023)=68.44$，$p<0.001$，$\eta_2 p=0.06$，其中被试者的享乐主义动机（$M=4.57$，$SE=0.04$）得分要明显高于实现主义动机（$M=4.22$，$SE=0.04$）得分。然而，这一主要影响应该根据一个重要年龄段×动机的相互作用来解释，$F(2, 1023)=14.27$，$p<0.001$，$\eta_2 p=0.03$。这种相互作用发生的原因是：不管是在低年龄段组（享乐主义：$M=4.73$，$SE=0.06$；实现主义：$M=4.18$，$SE=0.06$）还是中间组（享乐主义：$M=4.58$，$SE=0.06$；实现主义：$M=4.12$，$SE=0.06$），享乐主义的动机明显高于实现主义的动机（$p<0.001$）。然而，在年长的被试中，享乐主义（$M=4.41$，$SE=0.06$）和实现主义（$M=4.36$，$SE=0.06$）的动机却没有明显的区别（$p=0.47$）。在这一分析中，没有其他涉及娱乐动机的影响因素。

（3）情感体验的动机和偏好：最后一组涉及不同动机对娱乐的情感反应的

分析。第一个分析采用多元回归分析，通过控制受试者的性别和年龄，来检验有兴趣的和欢快的情绪对受试者最爱的电影产生反映这一事实是如何与实现主义和享乐主义动机发生联系的。正如人们所预料的那样，实现主义的动机与对自己所说的最爱的电影的较高的自我感觉有意义的情感有关（$\beta = 0.39$，$p < 0.001$），但与自我感觉的欢快的情感无关（$\beta = 0.02$，$p = 0.45$）。相反，享乐主义的动机与较高水平的欢快的情感有关（$\beta = 0.29$，$p < 0.001$），但与自我感觉有兴趣的情感无关（$\beta = -0.03$，$p = 0.42$）。

在我们对实现主义偏好的概念中，使用娱乐作为思考意义的目的最后可能与混合的情感反应联系在一起。尽管我们之前的分析表明实现主义偏好与对于能够引发"有意义的"情感的喜爱有关，但是该分析并没有对与有意义的情感相关的效价进行直接验证。因此，我们做了两个分析来验证有意义的情感的效价。第一个分析检验了只喜不悲和只悲不喜两种情感反应在预测有意义的反应中的相互作用。在这个分析中，我们采用分层回归分析的研究方法，将性别、年龄、只喜不悲或只悲不喜的反应作为分析的第一步，而快乐和悲伤的产物进入了互动测验的第二步。分析的第一步揭示了只悲不喜（$\beta = 0.78$，$p < 0.001$）和只喜不悲（$\beta = 0.10$，$p < 0.001$）的情感都与更高层次的有意义的情感相关。值得注意的是，第二步中的快乐×悲伤的互动也有着重要的意义（$\beta = 0.07$，$p < 0.01$）。随后的简单斜率分析（Aiken & West，1991）表明，只喜不悲情感对有意义的情感具有显著的预示作用，但其成立的前提是只悲不喜情感处于更高水平（高于平均值1SD，$\beta = 0.16$，$p < 0.001$），而不是在悲伤程度处于较低水平时（低于平均值1SD，$\beta = 0.03$，$p = 0.40$）。

第二项分析采用了混合情感反应的测量方法，用来计算更高水平的快乐和悲伤的即时体验。回归分析法被运用于通过控制受试者的性别和年龄，使用混合情感来预测有意义的情感。这个分析也揭示了更高程度的混合情感与更有意义的情感密切相关（$\beta = 0.61$，$p < 0.001$）。

4. 讨论

研究4为大年龄跨度的因子结构的稳定性提供了依据，表明实现主义和享乐主义动机是贯穿人的一生的娱乐动机。在此基础上，动机程度的研究揭示了当个体随着年龄增长时，他们会对那些满足享乐主义需求的娱乐方式不那么感兴趣，而会对能满足实现主义需求的娱乐方式更感兴趣。这些结论与之前的关于一个人一生中不同年龄层次的不同需求的研究不谋而合。即它们都证明，当一个人年纪增长，他们会对有意义的情感体验更有兴趣，其中包括媒体体验（Carstensen，Isaacowitz & Charles，1999；Mares，Oliver & Cantor，2008）。

该研究结果也阐明了以享乐主义和实现主义至上的人所青睐的娱乐活动所带来的情感反应的类型。正如人们所预料的，更高的享乐主义分数是和被称为"乐趣"（例如幽默、被娱乐等）的情感相关联的；然而，更高的实现主义分数是和对于能够产生有意义的情感体验（例如沉思、同情）的娱乐的偏好相关联的。同样重要的是，与有意义的情感体验相关的效价的研究表明，虽然这种情况与悲伤有很大的关系，但它同样也与积极的效价相关。换句话说，对于在实现主义动机上得分高的个体的娱乐偏好的回应，有意义的情感体验貌似展现出了混合情感的特征。

四、总体讨论

总的来说，这些研究提供了一些依据，即人们看电影的目的除了好玩和愉悦之外，也可能是为了追求观点和意义。这被我们称为实现主义的动机，它反映出对情感反应和认知反应的重视，还反映出对复合式情感反应相关的消费型娱乐活动的极大兴趣。进一步说，我们用大量与理论相关的个体差异指标预测实现动机，其中包括认知需求、反省和对于生命意义的探究。同样地，我们也相信，实现主义动机反映出使用媒体娱乐可以成为关注真理探寻（生命的辛酸和脆弱）的手段，甚至不惜牺牲大众媒体本应带给人们的快乐体验。然而，我们并不是说享乐动机一点好处都没有。相反地，享乐动机特别适合帮助人们去寻找、理解和接受人世间将会遭遇的那些重大问题，包括被关于存在的问题围绕的存在主义（Greenberg，Solomon & Pyszczynski，1997）。

将娱乐用于洞察的目标（除享受以外），这一认识将会拓宽娱乐心理学的理论广度。它不仅突出了娱乐消费的附加动机，还揭示了伴随着偏好的情感和认知相结合的复杂性。因此，这种对娱乐体验的更广泛的概念化可能有助于解开"悲伤"或"悲剧"的娱乐悖论，通过体验更深刻的见解或意义感是娱乐消费更重要和更受欢迎的结果。

即便有了这些贡献和深入的说明，然而，我们也要认识到现有的研究存在一定的局限性。首先，我们注意到将学生作为研究对象可能存在一些问题。因为比起审视生命的意义，学生对追求和探索生命中的快乐更有兴趣。可是，鉴于本研究贯穿了人的整个生命历程，因此我们最终的实验对象又必须覆盖不同的年龄层次，这样才能为享乐主义和实现主义动机的研究提供坚实的基础。在研究对象方面存在的担忧是，我们的研究是在美国进行的。鉴于美国人相比其他国家的人可能有更多不同的娱乐偏好，或许更注重享乐主义，所以未来我们还需要进行更多的研究调查。

另一个局限性与我们的早期研究有关。我们对实现主义满足感的定义与之前一般性的定义不同。之前关于幸福满足感的定义普遍来源于自我决定理论。虽然我们认为，当前的研究指出这样的区别靠强调我们自认为独一无二的特质而存在，这些特质与我们的指标（例如混合情感）相关联，进而认为这些区别确实存在。但是，这些研究中并未涉及能将我们的指标和高阶需求（诸如关系、自主或者胜任）进行区分的正式实验。因此，如何区分这些概念，成为一个很有价值的研究方向。

最后，这项研究将娱乐偏好概念化为持久的和"特质类特征"的。事实上，重测指标和存在于量表和个体差异数值之间所观察到的关系与这一概念是一致的。然而，个人的娱乐偏好也会随着时间的推移而明显变化。因此，未来的研究可能要进一步探索这些动机，不仅作为特征，而且作为可能不断变化的状态。

考虑到这些局限性，我们希望我们对享乐主义和实现主义动机加以概念化和操作化，拓宽观众娱乐动机的范围，这有助于解决媒体行为中的矛盾，也在理论上为后来的研究者提供帮助。通过认识到娱乐既有趣又有意义，也许将来还要关注娱乐带给人们的满足感。娱乐不仅仅能让人们感到身心愉悦，更能够激起人的同情心以及悲天悯人的情感。

参考文献

［1］AIKEN L S & WEST S G. Multiple regression：testing and interpreting interactions. Thousand Oaks，CA：Sage，1991.

［2］ARISTOTLE. Nicomachean ethics. ROSS W D. （Trans.）London：Oxford University Press，1931.

［3］BARTSCH A，VORDERER P，MANGOLD R，et al. Appraisal of emotions in media use：toward a process model of meta-emotion and emotion regulation. Media psychology，2008，11：7－27.

［4］CACIOPPO J T, PETTY R E, KAO C F. The efficient assessment of need for cognition. Journal of personality assessment, 1984, 48: 306 – 307.

［5］CARSTENSEN L L, ISAACOWITZ D M, CHARLES S T. Taking time seriously: a theory of socioemotional selectivity. American psychologist, 1999, 54 (3): 165 – 181.

［6］CORNELIUS R R. Toward a new understanding of weeping and catharsis? // VINGERHOETS A J J M, VAN-BUSSELL F J, BOELHOUWER A J W. The (non) expression of emotions in health and disease. Tilburg: Tilburg University Press, 1997: 303 – 321.

［7］ERSNER-HERSHFIELD H, MIKELS J A, SULLIVAN S J, et al. Poignancy: mixed emotional experience in the face of meaningful endings. Journal of personality and social psychology, 2008, 94: 158 – 167.

［8］FESTINGER L. A theory of social comparison processes. Human relations, 1954, 7: 117 – 140.

［9］GIBSON R, AUST C F & ZILLMANN D. Loneliness of adolescents and their choice and enjoyment of love-celebrating versus love-lamenting popular music. Empirical studies of the arts, 2000, 18: 43 – 48.

［10］GOLDBERG L. R. An alternative "description of personality": the big-five factor structure. Journal of personality and social psychology, 1990, 59: 1216 – 1229.

［11］GOLDENBERG J L, PYSZCZYNSKI T, JOHNSON K D, et al. The appeal of tragedy: a terror management perspective. Media psychology, 1999, 1: 313 – 329.

［12］GREENBERG J, SOLOMON S, PYSZCZYNSKI T. Terror management theory of self-esteem and cultural worldviews: empirical assessments and conceptual refinements// ZANNA M P. Advances in experimental social psychology. San Diego, CA: Academic Press, 1997, 29: 61 – 139.

［13］HAYES A F, GLYNN C J, SHANAHAN J. Willingness to self-censor: a construct and measurement tool for public opinion research. International journal of public opinion research, 2005, 17: 298 – 323.

［14］KATZ E, GUREVITC M, HAAS H. Use of mass media for important things. American sociological review, 1973, 38: 164 – 181.

［15］KEYES C L M, SHMOTKIN D & RYFF C D. Optimizing wellbeing: the empirical encounter of two traditions. Journal of personality and social psychology, 2002, 82: 1007 – 1022.

［16］KLIMMT C, VORDERER P. Media entertainment//BERGER C R, ROLOFF M

E, ROSKOS-EWOLDSEN D. The handbook of communication science. SAGE, 2009: 345 - 361.

[17] KNOBLOCH S. Mood adjustment via mass communication. Journal of communication, 2003, 53: 233 - 250.

[18] LARSEN J T, MCGRAW A P, CACIOPPO J T. Can people feel happy and sad at the same time?. Journal of personality and social psychology, 2001, 81: 684 - 696.

[19] MAIO G R, ESSES V M. The need for affect: individual differences in the motivation to approach or avoid emotions. Journal of personality, 2001, 69: 583 - 615.

[20] MARES M L, CANTOR J. Elderly viewers responses to televised portrayals of old age: empathy and mood management versus social comparison. Communication research, 1992, 19: 459 - 478.

[21] MARES M L, OLIVER M B, CANTOR J. Age differences in adults emotional motivationsfor exposure to films. Media psychology, 2008, 11: 488 - 511.

[22] NABI R L, FINNERTY K, DOMSCHKE T, et al. Does misery love company? Exploring the therapeutic effects of TV viewing on regretted experiences. Journal of communication, 2006, 56: 689 - 706.

[23] OLIVER M B. Exploring the paradox of the enjoyment of sad films. Human communication research, 1993, 19: 315 - 342.

[24] OLIVER M B. The respondent gender gap//ZILLMANN D, VORDERER P. Media entertainment: the psychology of its appeal, Mahwah, NJ: Lawrence Erlbaum Associates, 2000: 215 - 234.

[25] OLIVER M B. Tender affective states as predictors of entertainment preference. Journal of communication, 2008, 58: 40 - 61.

[26] OLIVER M B. Affect as a predictor of entertainment choice: the utility of looking beyond pleasure//HARTMAN T. Media choice: a theoretical and empirical overview. New York: Routledge, 2009: 167 - 184.

[27] OLIVER M B, BARTSCH A. Appreciation as audience response: exploring entertainment gratifications beyond hedonism. Human communication research, 2010, 36: 53 - 81.

[28] PARROTT W. Beyond hedonism: motives for inhibiting good moods and for maintaining bad moods//WEGNER D M, PENNEBAKER W. Handbook of mental control. Englewood Cliffs: Prentice-Hall, 1993: 278 - 305.

[29] RANEY A A. The psychology of disposition-based theories of media enjoyment//

BRYANT J, VORDERER P. Psychology of entertainment: the psychology of its appeal. Mahwah, NJ: Lawrence Erlbaum Associates, 2000: 137 – 150.

[30] RUBIN A M. Uses-and-gratifications perspective on media effects//BRYANT J, OLIVER M B. Media effects: advances in theory and research. 3rd ed. New York: Routledge, 2008: 165 – 184.

[31] RUGGIERO T E. Uses and gratifications theory in the 21st century. Mass communication and society, 2000, 3: 3 – 37.

[32] RYAN R M, DECI E L. Self-determination theory and the facilitation of intrinsic motivation, social development, and well-being. American psychologist, 2000, 55, 68 – 78.

[33] RYAN R M, HUTA V, DECI E L. Living well: a self-determination theory perspective on eudaimonia. Journal of happiness studies, 2008, 9: 139 – 170.

[34] STEEN F, OWENS S. (2001). Evolution's pedagogy: an adaptationist model of pretense and entertainment. Journal of cognition and culture, 2001, 1 (4): 289 – 321.

[35] STEGER M F, FRAZIER P, OISHI S, et al. The meaning in life questionnaire: assessing the presence of and search for meaning in life. Journal of counseling psychology, 2006, 53: 80 – 93.

[36] TAMBORINI R, BOWMAN N D, EDEN A L, et al. Defining media enjoyment as the satisfaction of intrinsic needs. Journal of communication, 2010, 60: 758 – 777.

[37] TRAPNELL P D, CAMPBELL J D. Private self-consciousness and the five-factor model of personality: distinguishing rumination from reflection. Journal of personality and social psychology, 1999, 76: 284 – 304.

[38] TREPTE S. Cultural proximity in TV entertainment: an eight-country study on the relationship of nationality and the evaluation of U. S. prime-time fiction. Communications, 2008, 33: 1 – 25.

[39] VORDERER P. It's all entertainment-sure. But what exactly is entertainment? Communication research, media psychology and the explanation of entertainment experiences. Poetics, 2001, 29: 247 – 261.

[40] VORDERER P, KLIMMT C, RITTERFELD U. Enjoyment: at the heart of media entertainment. Communication theory, 2004, 14: 388 – 408.

[41] VORDERER P, RITTERFELD U. Digital games//NABI R L, OLIVER M B. Sage handbook of media processes and effects. Thousand Oaks, CA: Sage, 2009.

[42] WATERMAN A S. Two conceptions of happiness: contrasts of personal expressiveness (eudaimonia) and hedonic enjoyment. Journal of personality and social

Psychology, 1993, 64: 678 – 691.

［43］ ZILLMANN D. The experimental exploration of gratifications from media entertainment//ROSENGREN K E, WENNER L A, PALMGREEN P. Media gratifications research: current perspectives. Beverly Hills, CA: Sage, 1985: 225 – 239.

［44］ ZILLMANN D. Does tragic drama have redeeming value? Siegener Periodikum fur Internationale Literaturwissenschaft, 1998, 16, 1 – 11.

［45］ ZILLMANN D. Mood management in the context of selective exposure theory. Communication yearbook 23. Thousand Oaks, CA: Sage, 2000: 103 – 123.

［46］ ZILLMANN D, CANTOR J R. Affective responses to the emotions of a protagonist. Journal of experimental social psychology, 1979, 13: 155 – 165.

（原文刊载于 *Journal of Communication*, Vol. 61, 2011）

从情绪到意义：娱乐研究中的用户变化模式

彼得·沃德勒　伦纳德·赖内克[*]

周　毅　谯　洁　译

娱乐和人类的起源一样古老。随着工具使用的发展、社会性组织的进步，满足生存需要的生产效率得以迅速提升，这无形中使我们的祖先有了休闲时间。人类文明的发展自此便与娱乐和追求享乐密不可分（Zillmann，2000a）。从早期开始，娱乐已有了长足的发展。虽然之前追求娱乐享受只是权贵和富人的特权，但是在"娱乐时代"中，多媒体的普及促进了娱乐的"大众化"（Zillmann，2000a）。尤其是电视，戏剧性地使娱乐产品扩展到了千家万户。在美国，人们如今主要的娱乐消遣方式依旧是看电视（Bureau of Labor Statistics，2014）。除了这些传统的媒体娱乐形式，诸如电子游戏这类新的互动媒体（Tamborini，2011；Vorderer & Bryant，2004），或者脸书这样的社交在线媒体（Reinecke，Vorderer & Knop，2014），对于扩展娱乐产品的影响范围起到了重要作用。尽管媒体娱乐具有不可否认的普遍性和相关性，但它只受到了学术界的有限关注（Vorderer，2003），以至于 Bosshart 和 Macconi（1998）得出这样的结论："在娱乐领域里，所认定的娱乐数量和学术性研究数量之间，不存在正相关关系。"（第 3 页）

　　然而，近年来娱乐研究的关注度空前上升（Vorderer，2011），这使得它成为我们学科研究中最独特的发展领域之一。娱乐研究的繁荣，主要受这一领域的理论危机驱动，因为数十年来，娱乐学者把他们的理论和实证研究建立在一个纯粹的享乐主义模型上。"娱乐"仅仅被定义为一个"享乐"的术语，被作为一种"快乐"的形式（Bosshart & Macconi，1998：5），或者"对媒体及其内容的积极反应"（Vorderer，Klimmt & Ritterfeld，2004：388）。对媒体娱乐的接触也主要是用享乐主义的动机来解释，如逃避主义（Katz & Foulkes，1962）或

情绪优化（Zillmann，1988a）。然而，从20世纪90年代开始，这种享乐主义观点的局限性开始显现，例如在悲伤、戏剧性或辛酸的媒体节目中，似乎与娱乐这一概念截然不同（Oliver，1993）。我们提出了一些理论方法来解释这种表面上的反享乐形式的媒体接触。例如，齐尔曼（2000b）引入了"有目的的享乐主义"概念，他提出媒体用户可能会愿意延迟他们的即时性乐趣，这有利于达到更延迟的享乐满足。相应地，媒体用户与心爱的主人公一起忍受着令人不快的悬念和共情的痛苦，然后得益于一个积极解决方案和一个"快乐的结局"而获得的欢愉和慰藉（Zillmann，2006）。其他学者也提到了"元情感"的概念，并在元级基础上对这些主要情绪的认知进行了重新评估，且从中区分出了对媒体刺激的直接情绪反应（快乐、伤心、害怕）（Bartsch et al.，2008；Oliver，1993）。如果主要的情绪被评估为心理上的奖励，且它与个人当前的目标相一致，或符合社会理想，那么在这个过程中，积极的元情感就会出现，而媒体内容也会被视为娱乐（Vorderer & Hartmann，2009）。将娱乐研究的理论扩展结合起来的是他们对人类享乐主义模式的坚持：反享乐的媒体接触和负面的主要情绪不过是简单的重新解读。然而，非享乐性娱乐最终仍然依赖延迟或间接享乐来定义。

一、范式转移

娱乐理论研究最近经历了一次范式转移。通过给予传统享乐概念一个二维的、更复杂的娱乐体验的补充，娱乐的新的双因素模型也极大地扩展了其理论性视野（Vorderer，2011）。一组研究人员将由享乐主义所驱动的享乐主义理论概念和另类娱乐体验的情绪优化做了对比，这种娱乐体验涉及对心理成长的追求和对意义的探索（Oliver & Bartsch，2010；Oliver & Raney，2011）。Oliver 和 Bartsch（2010，p.57）用到"欣赏"这一专有名词。同时，欣赏与"有意义的娱乐"的感人和发人深省的影响力也存在一定相关性。如悲剧或喜剧，它们会产生混合的影响并提供一个反思美德或生活目的的机会。其他研究人员也提到了作为娱乐体验的第二个因素（Vorderer，2011）——内在需求满足的概念（Ryan & Deci，2000）。最近的研究表明，互动媒体尤其能够满足胜任性、自主性和关联性的内在需求，而内在需求的满足是娱乐体验的一个强有力的预测因素（Reinecke et al.，2014；Tamborini et al.，2011）。此外，这些非享乐需求的满足导致享受存在差异性，以及满足感影响的独立性。例如，积极地影响或刺激体内平衡，因此享乐和非享乐需求的满足是娱乐体验的两种不同的组成部分（Tamborini et al.，2011）。这种新的双因素娱乐研究模式不只是提供一种统一和综合的娱乐理论。在对于究竟是什么构成了娱乐体验，它是如何被驱动的，以及它应该如何被衡量，目前还没有一个理论共识。然而，这一领域最近的发展，从根本上改变了传播学者对娱乐媒体产品的理解方式。娱乐研究已经从单纯追求享乐的概念转变为"寻求真理"的概念（Oliver & Raney，2011，p. 984）。人们认识到除了追求积极情绪和优化情绪的享乐之外，更复杂的娱乐体验是指人类的内在需求，如自我决定、心理成长和生活意义等。这种"从情绪到意义的转变"的含义，以及由此产生的人类模式的变化，超出了娱乐研究领域，并对整个传播学科产生了重要影响。

二、娱乐的效果

如果我们理解娱乐对媒体用户的影响，那么我们对娱乐最终的定义又是什么呢？传统意义上单就娱乐产品使用的预期效果而言，其"名声"往往是非常负面的，且娱乐产品甚至被认为是有害的，因为在最好的情况下，它与媒体用户的思考、感觉、行为等都基本无关。长期以来，传播研究一直致力于处理那些负面的媒体效应，其中很多效应都是由于用户对媒体内容的接触而造成的（尤其是娱乐）（Bryant & Oliver，2009）。更具体地说，通常的假设是，娱乐媒体及其内容为用户提供了乐趣和快乐，但这种积极的效果会带来了一个代价：它剥夺了用户宝贵的时间，从而让他们不能腾出更多的时间去做更有意义的事情。当然，在所谓的法兰克福学派的传统中，关于娱乐消费的理论是由上述的这种理解引导的，而对传播和媒体研究的更广泛的批评方法也是如此。至少在20世纪七八十年代之前，齐尔曼与其同伴首次将娱乐活动定义为一种人们可以合法地使用和"充分利用"的活动（Zillmann，1988b：147）；而在2003年，国际传播学会（ICA）主席Bryant在演说中总结道："显然，社会科学家有义务投入大量的时间和资源来发展娱乐理论。"（Bryant，2004：392）最近，随着与情绪相关的娱乐模式向各种双因素模型的转变，我们会明显地发现，娱乐的效应需要进行重新概念化。我们将简单地提到两个不同的研究领域来强调这一点。这些研究表明，对娱乐的理解更加复杂，能够更好地描述和解释各种各样的、有时甚至矛盾的娱乐方面的影响，但这也因此提供了一种更细致的理解。

其中一个领域涉及的问题是，媒体（及其内容）能为个体的恢复做些什么。这项研究表明，娱乐媒体可以帮助用户进行自我调节，而不仅仅是情绪优化。更具体地说，在个体经历了压力和紧张后，娱乐产品能对其心理恢复起到一定的作用（Reinecke，Klatt & Krmer，2011）。此外，最近关于享乐主义和实现主义娱乐的效应的研究表明，这两种形式的娱乐体验都为媒体用户的心理健康提供了独到的和独特的贡献，这种贡献通常远远超出了对积极情绪的纯粹维护或恢复（Rieger et al.，2014）。当然，事实上，从齐尔曼与其同事的早期工作来看，享乐娱乐经常被用来恢复人们的情绪、情感和精神状态。然而，不同的是，同一类娱乐产品可能同时对某个特定的个体产生不同的影响，因为它经常以不同的方式满足个体的享乐主义和实现主义娱乐需要。

第二个例子是一个更传统的研究领域：政治沟通。最近关于媒体用户对政治脱口秀节目的兴趣和接触的研究，让我们更好地了解了这些重要的娱乐节目是如何影响观众的。尽管调查研究已经证实，电视用户经常观看政治脱口秀节目，是为了了解时事和纯粹的娱乐目的，但假设的一般情况是，观众的个人差异和观看情况会影响到他们的接收模式。然而，在 MattheiB 等人（2013）的一项实验中，受邀者被要求关注谈话节目的娱乐性或信息性方面内容。有趣的是，相对来说，那些被要求专注于娱乐性的人比被要求专注于节目的信息性方面的人来说，会获得更强烈的愉悦感，并获取更多的信息量，而且研究中的用户看起来不但喜欢而且"欣赏"这个节目。换言之，他们对其内容进行了认知，并对其意义进行了反思。MattheiB 与其同事使用了说服性的精细加工模型效应（Petty & Cacioppo，1986），并认为将注意力集中在娱乐方面的指令引发了启发式的信息处理，从而引导研究对象进行更主观的信息处理（或者在娱乐研究中称为"欣赏"），而不是系统的信息处理。然而，不幸的是，MattheiB 及其同事的研究并没有区分享乐主义和实现主义娱乐体验。但是，由 Roth 等人（2014）所做的一项代表性的调查延伸了这一研究结果，并确定了相关变量之间的不同联系：调查发现，是实现主义娱乐体验而非快乐的娱乐体验，为娱乐用户带来被告知的感觉。从 Roth 等人（2014）的角度来看，更有可能是终极娱乐体验带来了一种被告知的感觉，甚至更好的信息处理。这些例子的目的是展示一个更复杂的对娱乐体验的理解：一方面，它是一种超越纯粹的享乐或情绪增强的体验；另一方面，它可以让人们更全面地了解娱乐产品，比如电影、电子游戏等，它们（可以）为其用户带来什么。由于许多这些产品都满足了不同甚至超出范围的需求，因此，从产品的特性到其用户的影响分析来看，任何直接的结论都是粗浅的。媒体用户似乎不只是想要优化他们的情绪，有时意义的寻找似乎比单纯的感觉更重要。尽管我们常对娱乐产品的简单性进行描述，但它们实际上为用户提供了一系列不同的机会来与其进行互动。这使得用户在使用过程中尽管会遭遇不同的、复杂的，有时甚至是很不愉快的经历，但似乎依旧不会犹豫停止对娱乐产品的需求。

参考文献

［1］BARTSCH A, VORDERER P, MANGOLD R, et al. Appraisal of emotions in media use: toward a process model of meta-emotion and emotion regulation. Media psychology, 2008, 11: 7 – 27.

［2］BOSSHART L, MACCONI I. Media entertainment. Communication research trends, 1998, 18 (3): 3 – 8.

［3］BRYANT J. Critical communication challenges for the new century. Journal of communication, 2004, 54 (3): 389 – 401.

［4］BRYANT J, OLIVER M B. Media effects: advances in theory and research. 3rd ed. New York, NY: Routledge, 2009.

［5］Bureau of Labor Statistics. American time use survey: 2013 results, 2014. http://www. bls. gov/news. release/pdf/atus. pdf.

［6］KATZ E, FOULKES D. On the use of mass media for escape: clarification of a concept. Public opinion quarterly, 1962, 26: 377 – 388.

［7］MATTHEIB T, WEINMANN C, LÖB C, et al. Political learning through entertainment: Only an illusion? Journal of media psychology: theories, methods, and applications, 2013, 25 (4): 171 – 179. doi: 10. 1027/18641105/a000100.

［8］OLIVER M B. Exploring the paradox of the enjoyment of sad films. Human communication research, 1993, 19 (3): 315 – 342.

［9］OLIVER M B., BARTSCH A. Appreciation as audience response: exploring entertainment gratifications beyond hedonism. Human communication research, 2010, 36: 53 – 81.

［10］OLIVER M B, RANEY A A. Entertainment as pleasurable and meaningful: identifying hedonic and eudaimonic motivations for entertainment consumption. Journal of communication, 2011, 61: 984 - 1004.

[11] PETTY R E, CACIOPPO J T. The elaboration likelihood model of persuasion. Advances in experimental social psychology, 1986, 19: 123 - 205.

[12] REINECKE L, KLATT J, KRMER N C. Entertaining media use and the satisfaction of recovery needs: recovery outcomes associated with the use of interactive and noninteractive entertaining media. Media psychology, 2011, 14 (2): 192 - 215.

[13] REINECKE L, VORDERER P, KNOP K. Entertainment 2.0? The role of intrinsic and extrinsic need satisfaction for the enjoyment of Facebook use. Journal of communication, 2014, 64: 417 - 438.

[14] RIEGER D, REINECKE L, FRISCHLICH L, et al. Media entertainment and well-being: linking hedonic and eudaimonic entertainment experience to mediainduced recovery and vitality. Journal of communication, 2014, 64 (3): 456 - 478.

[15] ROTH F S, WEINMANN C, SCHNEIDER F M, et al. Seriously entertained: antecedents and consequences of hedonic and eudaimonic entertainment experiences with political talk shows on TV. Mass communication and society, 2014, 17 (3): 379 - 399.

[16] RYAN R M, DECI E L. Self-determination theory and the facilitation of intrinsic motivation, social development, and well-being. American psychologist, 2000, 55: 68 - 78.

[17] TAMBORINI R, GRIZZARD M, BOWMAN N D, et al. Media enjoyment as need satisfaction: the contribution of hedonic and nonhedonic needs. Journal of communication, 2011, 61: 1025 - 1042.

[18] VORDERER P. Entertainment theory//BRYANT J, ROSKOS-EWOLDSEN D R, CANTOR J. Communication and emotion: essays in honor of Dolf Zillmann. Mahwah, NJ: Lawrence Erlbaum Associates, 2003: 131 - 153.

[19] VORDERER P. What's next? Remarks on the current vitalization of entertainment theory. Journal of media psychology, 2011, 23: 60 - 63.

[20] VORDERER P, BRYANT J. Playing video games: motives, responses, and consequences. Mahwah, NJ: Lawrence Erlbaum Associates, 2004.

[21] VORDERER P, HARTMANN T. Entertainment and enjoyment as media effects// BRYANT J, OLIVER M B. Media effects: advances in theory and research. 3rd ed. New York: Routledge, 2009: 532 - 550.

[22] VORDERER P, KLIMMT C, RITTERFELD U. Enjoyment: At the heart of media entertainment. Communication theory, 2004, 14 (4): 388 - 408.

[23] ZILLMANN D. Mood management through communication choices. American

behavioral scientist, 1988 a, 31（3）: 327 – 340.

［24］ZILLMANN D. Mood management: using entertainment to full advantage// DONOHWE L, SYPHER H E &HIGGINS E T. Communication, social cognition, and affect. Hillsdale: Lawrence Erlbaum Associates, 1988b: 147 – 171.

［25］ZILLMANN D. The coming of media entertainment//ZILLMANN D, VORDERER P. Media entertainment: the psychology of its appeal. Mahwah, NJ: Lawrence Erlbaum Associates, 2000a: 1 – 20.

［26］ZILLMANN D. Mood management in the context of selective exposure theory. Communication yearbook, 2000b, 23: 103 – 123.

［27］ZILLMANN D. Dramaturgy for emotions from fictional narration//BRYANT J, VORDERER P. Psychology of entertainment. Mahwah, NJ: Lawrence Erlbaum Associates, 2006: 215 – 238.

（原文刊载于 *Communication Theory*, Vol. 25, 2015）

第二部分

娱乐心理：时间、机制与伦理

…　…

享受感：媒介娱乐体验的核心

彼得·沃德勒　克里斯托弗·克林特　尤特·瑞特菲尔德[*]

陈光凤　译

大量实证研究表明，人类的行动基础源自两个独立的系统，即通常所说的接近系统（approach system）和回避系统（avoidance system）（Elliot, Thrash, 2002）。激活接近系统能使人感到愉悦，激活回避系统则使人感到痛苦（Berridge, 2003）。心理学和神经科学的研究通常使用"愉悦"（pleasure）这一术语来描述人们对经历的愉快反应。除 Bosshart 和 Macconi（1998）将娱乐阐释为包含了多种形式的愉悦感受的"接收现象"（reception phenomenon）以外，大多数传播学者都使用"享受"（enjoyment）这一术语来描述和解释人们对媒体及其内容所产生的积极反应（如 Miron, 2003；Raney, 2003；Raney & Bryant, 2002；Tamborini, 2003）。

"愉悦"最初仅被界定为对给定刺激的情感反应（Fechner, 1876）。然而，随着后来神经科学研究揭示了认知评价对情感反应的重要性（如 Roseman, Evdokas, 2004），越来越多的人支持认知结构和情感结构相辅相成这一观点。事实上，信息处理似乎需要人类大脑神经结构中的情感认知回路同步参与（Davidson, 2003）。此外，愉悦的体验并不是单一的过程，相反它包含了生理、情感和认知三个密不可分的方面（Davidson, 2003）。我们似乎没有理由相信（心理学和神经科学中所研究的）无中介的愉快体验从根本上不同于（传播学领域所研究的）有中介的体验，因此研究人员不应该将享受仅视为一种单纯的情感现象。为此，我们提出将媒体享受感构想为一个包含了生理、情感和认知维度的复杂概念。

与此同时，我们也将享受感视为媒介娱乐（媒介娱乐在下文中被概念化为一种体验）的核心，从而将其与媒介娱乐研究联系起来。现代社会中，个人投

---

[*]　尤特·瑞特菲尔德（Ute Ritterfeld），南加州大学安那伯格传播学院研究副教授。

入了大量时间到娱乐体验中，因此娱乐研究在传播理论学中的地位日益重要。当然，除了媒体娱乐外，还有其他娱乐方式，我们在此讨论的娱乐概念仅针对期望通过媒体内容得到快乐的媒体使用者。

由于有无数"娱乐"方式，包括娱乐产品的生产、经销和零售在内的娱乐相关产业不断发展演变，追求乐趣似乎已成为现代文化的主题（Wolf，1999）。历史上大多数娱乐活动的形式主要是在观众面前的实况表演，如古罗马的角斗士战斗或英国体育场的赛马（参见 Zillmann，2000b），当今社会大众传媒则成了主要的娱乐生产者和经销商。当然，有些实况节目（如体育赛事的广播）现在仍然流行，而大众传媒更是为其提供了广泛的娱乐机会（参见 Sayre & King，2003）。在过去几十年里，对大众媒介娱乐的需求在美国、西欧、澳大利亚以及越来越多的亚洲国家呈现上升趋势，其原因众多。主要的原因有两个。首先，许多家庭的经济状况的稳步改善使他们在媒体（娱乐）产品的硬件（如宽屏电视机）和软件（如电子游戏）方面得以进行更频繁和更昂贵的投资。其次，"信息社会"中，大众媒体基本上已经渗透到越来越多的日常生活领域。由于媒体被应用在更多样的情境中，自然而然它们也被越来越多地运用到娱乐中（例如，移动电话从简单的远程通信媒介发展成为多功能"娱乐设备"）。由于受到电子产品消费领域（如家庭影院、宽带互联网、电子游戏机）的技术进步、跨媒体连接或媒体内容连接（如《星球大战》电影和各种相关商品）以及传媒公司（如微软）的全面整合的驱动，娱乐产品的选择范围在未来将进一步扩大，同时没有任何迹象表明受众对新的娱乐体验的渴望有任何衰减（Wolf，1999）。

最近，传播学理论和研究已经开始涉足异军突起的媒体娱乐领域，并且加大力度识别和阐释媒体娱乐的多重心理维度（Bryant，2004；Vorderer，2003），但娱乐心理维度方面的研究仍然有待加强。娱乐研究被认为是 21 世纪传播理论和研究面临的最重要的挑战之一（Bryant，2004），在心理学界亦然。除了基础研究中必需的理论性研究外，还需要应用型研究。新形式或类型的媒体内容的"包装"层出不穷。"信息娱乐""教育娱乐"和"娱乐教育"（Singhal et al.，2004；Singhal & Rogers，2002）成了当下研究描述娱乐与教育相融合这一过程的关键词。它们重申了传播是社会变革推动者这一重要角色，并强调了其服务于公共利益的使命（如 Slater，2002；Vorderer & Ritterfeld，2003）。

媒体娱乐——以享受感为该体验的核心——已经在传播的各个领域和日常

生活中变得如此重要，我们必须运用理论框架来对它进行正式的解读。本文在整合了各种从用户角度对媒体娱乐（以及媒体享受感）进行理解的理论方法的基础上，提出了一个涵盖面较广的娱乐研究综合方式，并通过实证研究予以证实。

一、娱乐体验的复杂性

从用户的角度来看，娱乐并不是单一的一个产品（电影、表演、书籍等）或是产品的一个特征，而是对产品的响应（参见 Zillmann & Bryant，1994），即个人使用媒体时的体验（参见 Vorderer，2001）。很多研究人员都在娱乐体验中发现了一些通常与乐趣（pleasure）、享受（enjoyment）甚至喜悦（delight）等积极情绪相关联的特征（参见 Bosshart & Macconi，1998；Zillmann & Bryant，1994）。然而，深入分析的研究表明，许多处于娱乐状态中的媒体用户所展现出的反应和表现具有多元化的性质：看电影时，精选电影往往能给人带来悬念和慰藉两种体验，并在相当短的时间内这两种体验不停地替换；读小说可以令人愉快，但也可以令人沮丧；看电视可以引起自我反思或是"逃避"，有时甚至两者同时兼具；玩电脑游戏通常带来有挑战性、有收获的体验，但也可能令人沮丧和感觉屈辱；听交响乐可以类比于坐过山车，因为许多听众会体验到如大喜大悲这样极端甚至完全矛盾的感觉。事实上，我们所参与的大多数娱乐体验似乎往往具有复杂、动态甚至多面性的特征，它们共同点很少并且表现出极大的多样性。因此，仅是纯粹描述这一过程就已经是传播领域和相关学科研究者的巨大挑战，更别说提出合理全面的解释。

正因如此，大多数现有的对娱乐的科学描述和阐释都集中于典型案例。例如，心理学领域中的情绪管理理论（mood management theory，MMT；Zillmann，1988a，1988b）试图解释用户使用娱乐产品的原因。该理论主张媒体用户会试图仅保持积极的情绪，并认为正是用户对情绪调控的不断渴望促使他们选择娱乐产品。而事实上人们在日常生活中有时也会寻求并试图维持消极的情绪（参见 Parrott，1993），因此该理论对用户选择娱乐产品的解释与现实情况不完全相符。情感倾向理论（affective disposition theory，ADT；Raney，2003；Zillmann，1994）也有同样的问题。该理论致力于阐明受众在接触媒体产品的持续时间内的整体体验反应，精确地区分了媒体用户在使用媒体（比如在观看电影）时的各个体验阶段，侧重于观众对人物角色的观察。受众的观察会影响他们自己对角色的道德评价以及对角色的情感倾向的发展（Zillmann，1994）。该理论基于人类享乐主义模型，预测用户使用娱乐产品的驱动力基本上源自他们追求快乐或乐趣的欲望，因此也忽略了娱乐产品使用体验上的复杂性和其他可能性。

当然，在传播学和其他相关学科中也存在其他理论来描述人们接触到媒体产品时所发生的具体认知和情感过程。然而，由于这些理论通常用来描述的是某一特定的反应而忽略了各种反应之间的复杂性，因此它们都存在与前文所提到的情绪管理理论和情感倾向理论同样的问题。例如，现在有越来越多的文献关注媒体用户与媒体人物之间的准人际互动关系（Hartmann，Schramm & Klimmt，2004；Horton & Wohl，1956；Rubin，Perse & Powell，1985）。虽然它们详细地描述了当媒体用户感受到媒体人物或角色与其互动时的各种反应，但如前文所述，这个研究学派一直无法涵盖人们在接触特定媒体产品或角色时可能表现出的不同反应。

还有一个例子是逃避主义理论。该理论试图解释媒体（尤其是通过媒体呈现的叙述）如何为在实际日常社会生活中感到不舒心的用户提供某种短暂的心理逃避（Henning & Vorderer，2001；Katz & Foulkes，1962）。同样，这个理论并没有解释用户这种逃避体验的性质。这是否只是一种纯粹的从日常生活重负中的暂时逃离？还是媒体用户特意沉浸在媒体产品中以获得补偿性经历？

再以临场感研究为例（Lee，2004；Lombard & Ditton，1997）。对通常所说的临场感的研究非常详细地描述了媒体用户特别是新媒体用户在被某些有趣的内容"吸引"，被"传输"到一个虚构的时空，并感觉与仅存在于他们头脑中的人物互动时大脑的活动。临场感研究已经让我们获知有助于"无中介感"（sense of nonmediation）发生的因素，和临场感可能对学习产生的影响。然而，我们对用户娱乐体验本身的了解以及临场感与娱乐之间的关系的了解仍然不足，原因在于对娱乐所包含的内容并没有足够的认识（Klimmt & Vorderer，2003）。

Oliver 发现一些电视用户（主要是女性）相比于以快乐基调为主的电影而言更喜欢伤感的电影（Oliver，1993；Oliver，Weaver & Sargent，2000）。有趣的是，电视用户对消极心情的寻求也体现在他们对音乐的选择中（参见 Schramm，2003；Vorderer & Schramm，2004）：一些音乐听众在某些情况下会追求比前文中众多理论所描述的体验更为复杂的体验。这一情况与媒体用户不断追求享乐的常见形象相悖。两者之间有什么联系？用户试图将自己沉浸在如此复杂的体验状态中是否也是娱乐的一部分？如果是，那么这与娱乐通常所能带来的享受和乐趣是什么关系？这些问题仍然有解决。

二、复杂娱乐体验模型

基于娱乐在日常生活中的意义与作用，以及前文提及的理论方法，我们将建立一个更全面的娱乐概念模型，如图1所示。目前这一模型仍处于理论性阶段，还需要实证研究的支持。不过，该模型旨在作为一种研究工具，可能有助于提出假设以供未来检验。

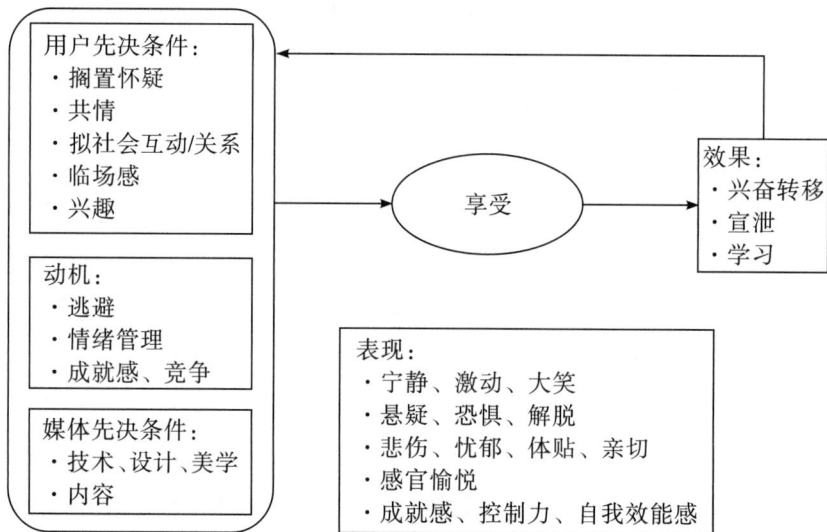

图1　复杂娱乐体验模型

（一）娱乐体验的核心

到目前为止，我们认为娱乐体验的核心是"愉快"的体验状态，即我们所说的包含生理、认知和情感层面的"享受感"。用户经常只能达到一般程度的享受感，但在某些情况下，也会达到深度的享受感。这一观点与齐尔曼（1988b）对媒体用户作为享乐主义主体的假设一致。但与他的观念不同的是，我们认为观众的享受也可能（当然不一定必须）是基于"负面情绪"，如观看一部催人泪下的电影时的伤感、听音乐时的忧郁或者看电视剧时的紧张焦虑。这些情况下的反应仍被广义地定义为享受，其原因可以通过"元情感"（meta-emotions 或者 meta-moods）的概念来解释（Mayer & Gaschke，1988）。当个体反省自身的感受和判断并且对自己最初反应做出情感响应时，元情感就产生了。换句话说，一些情况下，大多数个体在客体层面上会经历不愉快的情绪；尽管如此，他们在元情感层面上也会体验到欣赏感、自豪感甚至享受感。从外人角度来看，这种体验并不吸引人。人们之所以这样做，是因为这样的一个元反应可能对实现特定情况下的目标有用（例如葬礼上的悲伤），或者简单地就因为它能实现某个特定目的（参见 Parrott，1993）。

然而，大多数情况下，娱乐体验通常只是一种（客体层面的）愉快的感觉，这就是为什么人们主要用愉悦来描述和解释娱乐体验。

（二）娱乐体验的表现形式

从媒体娱乐产品中所获得的享受感在人类生理、认知和情感层面上有何体现？传播学和心理学界的研究已经得出享受感最常见的表现形式：

（1）宁静、激动和大笑，是对喜剧（即本身旨在引人发笑的媒体产品；参照 Zillmann，2000a）的享受感表现。

（2）悬疑，即刺激、恐惧和解脱，是对剧情片最为平常的享受感表现（Knobloch，2003b；Vorderer & Knobloch，2000）。

（3）悲伤、忧郁、体贴，甚至"温柔"是对音乐剧和情歌的享受感表现（Oliver，1993；Vorderer & Schramm，2004）。

（4）某种程度的成就感、控制感和自我效能感是玩电脑游戏（作为互动娱乐的例子）时的享受感表现（Bandura，1997；Grodal，2000；Klimmt & Hartmann，2006）。

以上表现形式都是人们对特定产品的反应，并不仅取决于媒体产品的性质。然而，由于它们是对各种媒体产品最为常见的习惯性反应，因此在一定程度上是可预测的。其中没有任何一种表现形式能决定某种对媒体的反应是否能被视为娱乐，而且上文所列举的并未穷尽所有的表现形式。反应可能会因人而异，甚至同一用户在不同时候也会表现出不同的反应。虽然这些表现形式并不一定会同时或以特定的组合出现，但是它们与我们将娱乐视为一种体验的理念相符。它们仅是在娱乐媒体用户身上所观察到最常见的表现出享受感的例子。

（三）媒体用户侧的先决条件

对娱乐体验发生的原因及媒体用户享受感表现形式的研究也揭示出，要让用户感受到娱乐体验，有几个先决条件需要满足。或者说，至少必须满足其中一个条件，在既定情况下可能还需要同时满足几个条件。以下对先决条件中比较重要的几个方面进行讨论。

（1）对文学和阅读的研究表明，读者需要自己愿意并能搁置怀疑才能欣赏虚构世界（Vorderer et al.，2003）。如果读者不能搁置怀疑，他就不能去享受虚构的故事。这是因为故事中描述的事件尽管明显是"虚幻的"，然而读者只有认为它们是"真实的"，才能对故事主人公的成功抱有希望，并对邪恶方的行动感到恐惧。因此，任何对故事真实性的怀疑都会立即成为娱乐体验的阻碍。

（2）媒体用户必须关心故事中的人物。这与第一个条件同样重要。如果用户与故事中的人物非常亲近，那么不管人物是处在危险境地还是可能取得成功，用户至少会在一定程度上理解他们内心的感受。这种与故事中人物的情感分享过程被称为共情（参见 Nathanson，2003）。Zillmann（1991）对共情进行了心理学理论阐述，并主要将该理论运用在娱乐研究中。研究表明，个人对人物的共情程度取决于两个因素：共情能力和自身的意愿。多项研究表明，共情程度也有性别差异，而且也会在一定程度上导致受众对娱乐节目的选择差异（Oliver et al.，2000）。因此，如果说搁置怀疑是将虚构故事当作真实故事接受的必要条件，那么共情则是对故事主角或反面人物产生喜欢或讨厌感觉的先决条件。一言以概之，如果用户不能对虚构人物的命运产生希望或害怕的感觉，那么他就不可能产生娱乐体验。

（3）观众与媒体产品中的角色或人物产生关联的能力和渴望。人物可能是虚构的或者真实的，如新闻主播、游戏表演主持或者剧中的主角。实证研究表明这些人物（尤其是对电视观众）非常重要。这一类研究考量的是观众愿意在心理上、情绪上或者语言上与传媒人物进行人际互动并与他们保持关联的程度。从 Horton 和 Wohl 的研究（1956）开始，这种互动就被称为拟社会人际互动（parasocial），即当观众观看节目或不同的电影时与同一个演员或者角色产生关联（Giles，2002；Hartmann et al.，2004；Perse & Rubin，1989；Rubin，Perse & Powell，1985）。拟社会人际互动会引发和促进传媒消费，因为观众希望与他们喜爱的荧屏人物"保持关联"。观众将他们视为真实存在的人物，加上摄影机的角度会让观众产生荧屏人物在与自己直接对话的假象，于是观众会感觉在和他们进行实实在在的互动。因此，在很多情况下是这些荧屏人物，或者更确切地说，是观众与他们的互动和个人关系，让观众产生了享受感。

（4）用户有临场感，即如同被带到了行动现场，成为行动参与者中的一员。近几年，对荧屏前所产生的临场感的研究开始深入，这一趋势与具有更多互动性的浸入式媒体的到来有关。临场感产生的过程为：参与—浸入—流动—传输—专注—临场感（该词已经成为最常见的、最全面的描述无中介式认知错觉的术语）（Biocca et al. 2001；Lee，2004；Lombard & Ditton，1997）。不过，若用户没有意愿也没有能力出现在被构建的现场并参与进去，那么产生享受感的可能性会非常小甚至为零。

（5）媒体用户对于某一个主题、问题或知识领域的兴趣。例如，如果电视观众对某一个主题或领域毫无兴趣而抗拒自身介入某个特定的问题，那么不管节目如何呈现其内容，想要娱乐观众就会变成一项非常困难甚至完全不可能实现的任务。但是，如果节目提供的信息正符合观众的兴趣，那么观众将会敞开心扉并且乐于响应这些节目，因此娱乐发生的可能性更大。

总之，媒体娱乐体验的核心享受感不单有多种表现形式，也受观众在以下几个方面的意愿和能力影响：暂时搁置怀疑；与剧中人物共情；与人物进行拟社会人际互动；临场感；对媒体的内容感兴趣。尽管有研究将以上几个方面视为媒体节目的后果或响应，但我们视之为娱乐的先决条件，因为如果媒体用户不能或不愿意满足这几个条件，那么娱乐似乎就不太可能发生。如前文提及，给定情况下，这些条件中的任何一项都可能与其他条件同时得到满足。另外，未来很可能会发现其他条件，如能被实证证实，肯定会被补充到现有的条件中。我们认为在给定的时间里，要感受到娱乐必须满足其中一项条件。

（四）媒体侧的先决条件

使娱乐体验得以实现，媒体方面也需要满足一些先决条件，其中有两个已经确定，它们是基于两个几乎完全独立的不同的学术传统，即：工程类的学科（如电气或计算机）主要研究技术和美学；而人文学科（如文学或文化研究）则主要研究媒体内容对用户而言可能具有的相关性或意义。这里不能具体阐述这两个学术传统，故仅择其要点加以论述。值得指出的是，这两种学术传统中的研究领域与前文中所提到的同样重要。由于它们事实上往往只注重媒体娱乐其中的某一方面，所以如要全面了解娱乐体验则显然需要将两者的研究结合起来。

学界已经深入研究了技术、美学和设计对媒体的使用、受众的响应和影响力的意义，如可用性研究或受众研究。长时间以来，研究人员探究了屏幕尺寸对观众临场感的影响（参见 Lombard et al.，2000）。最近，媒体互动性（即让用户不仅仅能够选择并且可以修改他们所接收的内容）得到了很大关注（Vorderer，2000）。互动性也可与娱乐研究联系起来：娱乐是否受益于互动性？进一步说，当用户在一场叙事中扮演更积极的角色时，其娱乐体验会像电脑游戏玩家那样被强化吗？或者说互动性使得观众可以根据自身意愿修改荧屏悲剧故事走向，反而会有损娱乐体验？关于娱乐和互动性电视的实证研究表明技术特征与用户特点之间互相影响：相较于传统的观影方式而言，认知能力较高的观众在以互动性更强的方式观看电影时能产生更多享受感，而缺乏相应能力的观众则更有可能因为互动性而感到压力并且更享受非互动式电影（Vorderer，Knobloch & Schramm，2001）。在任何情况下，用户单方面不能决定接触娱乐产品是否会带来娱乐体验；媒体、技术尤其是媒体与用户之间的互动也会影响到用户的娱乐体验的强弱。

然而，影响娱乐体验的关键因素并不仅仅是技术、美学及其与媒体用户特征的相互作用；媒体产品的内容和呈现方式（如特定的主题选择、人设等）等因素也会对娱乐体验产生重要影响，原因在于它们可能会决定节目对用户是否有意义。如果一位满足特定先决条件的观众对一档他/她喜欢的并具有一定互动性的节目感到有趣，对另一档仅内容不同的节目则可能感到无聊。不是每个人都喜欢喜剧或剧情片，也并不是喜欢喜剧或剧情片的人会喜欢与喜剧或剧情片有关的所有一切，或者在所有的时间都喜欢喜剧或剧情片。虽然观众对特定的题材有所偏好，而且观众的某些偏好与他们的个性相关（Weaver，2000），但仅基于这一点几乎是不可能去预测娱乐产品是否成功的。每一本书、每一部电影或电视节目都会用自己特定的方式呈现一个话题，无论这个话题是否对观众有意义。美国好莱坞的出品和娱乐电视节目的极高失败率（虽然官方统计数据不详）印证了这一情况。因此，虽然娱乐业采取了务实的试错法以试图避免过去的"错误"，但他们显然不了解观众喜欢或不喜欢某些特定媒体产品的原因。在学术界，例如在文学研究中，有人试图去研究某个主题或某种特定的主题处理方式会对某一特定读者产生影响的原因。

有趣的是，文学的实证研究不仅发现而且还说明了读者（更一般地说媒体用户）是如何在情感上响应某一具体的叙事，从而表明叙事可能会引起读者个人的感受、想法和回忆（Miall & Kuiken，2002；Oatley，1994）。不仅产品的技术功能与用户先决条件互相影响，媒体内容也会与用户个性及上述用户先决条件相互影响。

虽然迄今为止，研究者对以上条件的研究最为彻底，但它们只是使娱乐体验得以形成的所有条件中的几项。它们表明必须同时满足多个方面的条件才能实现对媒体用户的娱乐。目前对复杂娱乐体验模型的论述还未涉及用户娱乐的动机，即他们的心理准备、意愿和总的意图。传播学和心理学研究对这个方面给予了一定的关注，因此我们将在下面介绍最重要的相关概念和理论。

（五）娱乐动机

人类的行动是由动机，即个人旨在实现的状态所激励和引导的。我们将娱乐视为一种体验并且发现个人寻求娱乐的频率和时间呈上升趋势，因此禁不住要问：为什么人们会这样做？是什么激励他们将时间花在娱乐产品上？他们认为导致自己的行为的原因是什么？用户自身识别出的原因可能会与前文中已确定的原因和条件有所出入。研究人员在询问动机时希望揭露媒体用户自身所认为的行动动机，无论该动机是否与实际相符。当然，动因的种类纷繁复杂，我们在此的论述无法将其穷尽；因此，在此仅指出其中学界讨论最多、最为详尽的三个动因。

（1）媒体用户寻求娱乐的动机之一可能是渴望暂时逃离他们所居住的现实社会。此种逃避倾向在生活极其贫困的人身上特别明显。Katz 和 Foulkes（1962）指出公众普遍期望大众媒体能满足让他们从社会生活中分散注意力并且逃脱到梦想般的世界中的需要。他们的想法非常明确，即一旦进入娱乐的世界，相信它的人便可以实现愿望和梦想。最近的理论研究对不同形式的逃避主义进行了区分（Henning，Vorderer，2001）。然而，有人认为，逃避欲望不仅适用于社会的特定群体，更是适用于所有人。在此观点中，用户寻求娱乐是为了得以从日常生活中暂时逃离。虽然娱乐可能为包括特权阶层和弱势群体的每个人服务，但不同情况下人们对替代世界的渴望的强弱可能会不同。例如，人们处于无聊和匮乏时期时，可能会比其他时候或情况下更加持续地追求娱乐体验。

（2）与上述的逃避动机相似的是，人们期望通过改变自己的刺激环境以调节心情。Zillmann（1988a；1988b）最初阐述了该动机并用以解释人们对娱乐节目的选择。对该动机的实证研究是最多的（Knobloch，2003a）。由于娱乐产品是环境刺激的一部分，于是可以对它们进行个人选择以增强或延续积极情绪。

个人基于他们在娱乐节目所获得的情绪调节效果的先前经验，以选择具有特定享乐价值并能满足他们即时需求的节目（Zillmann，1988a；1988b）。Zillmann和Bryant（1994）一再发现，处于无聊状态的人对喜剧产生的兴趣比处于兴奋状态的人更浓厚。这种提升自身福祉的动力似乎很强大，以至于有些人不惜经历漫长而复杂的"弯路"也要实现心情管理。Mares和Cantor（1992）发现一些老年观众甚至会选择看令人沮丧的而不是欢快的电影。他们认为观众如此选择的原因在于他们希望通过与比自己境况更糟的人相比较以获得积极心情，这样的做法在个人需要获得自我认同的信息时便会启动（Wills，1981）。虽然Mares和Cantor最初认为社会比较动机与情绪管理动机不同，但这两个动机实质上是一样的：Mares和Cantor研究中的观众通过与媒体中的某一角色进行短暂的"向下比较"这一积极方式来进行情绪调节（Wills，1981），最终成功改善了自己的心情，这与通过观看正能量节目最终改善情绪的效果一样。

（3）尽管逃避主义和情绪管理动机理论可用于分析用户对如电影、电视、书籍和音乐等传统娱乐产品的选择，然而似乎不适用于解释用户对互动娱乐产品的选择。用户选择互动娱乐产品的动机似乎与放松或休闲无关，而是与成就感紧密联系。传统娱乐产品用户通常在寻求愉快体验时并不想投入太多精力和心思，而互动产品用户则更加追求竞争感和成就感并更愿意选择能挑战他们能力的产品。电脑游戏能很好地说明这一点：游戏技能等级可以根据玩家的能力进行配置，有时甚至会根据玩家的能力和经验而自动调整。虽然逃避动机可能在个人决定玩电脑游戏这一选择中发挥一定的作用，但几乎没有玩家认为他们的动机来自对情绪管理的需求。交互式娱乐最重要的动机可能是对挑战的渴望，即与他人、电脑程序甚至自我以往的成就（即游戏分数）的竞争（Vorderer，Hartmann & Klimmt，2003）。如果说用户对成就感的追求可能会导致传统媒体娱乐的死亡，那么成就感和竞争性不足则可能导致互动性娱乐的死亡（Klimmt，2003；Vorderer，2000）。这种对互动性娱乐的特别理解可以用于并已经用于帮助儿童和青少年更容易学会他们不愿意学习的东西：由于很多学生不介意游戏背景下的竞争，因此他们也会愿意通过学习一些教材来加大他们赢得竞争的概率，从而顺带学习他们应该学习的东西（Ritterfeld et al.，2004）。

不过，这三个动机不一定会同时发生并引起各自的行为或行动。同时，它们也可能以各种组合形式对用户产生影响。如果未来有证据证明存在其他动机可以对特定娱乐节目的选择产生影响，那么它们将可以作为对以上三个动机的补充。必须谨记，这些动机是娱乐用户自己所认为的动机，因此如果从研究人员（第三人）的角度来解释用户的行动甚至他们对特定娱乐产品的选择，那么一定有必要将这些动机与前文中所确定的先决条件相结合。也就是说，享受感处于娱乐体验的核心位置，它是媒体用户和媒体双方的娱乐动机和娱乐体验先决条件之间互相影响的结果。

还应当注意，这些条件以及它们之间的各种相互影响或许只能解释用户选择特定娱乐产品的原因，但是不能回答这个更为根本的问题：为什么用户会寻求娱乐？如果把娱乐消遣视为玩耍，则可以回答这一根本问题。Vorderer（2001）将娱乐体验概念化为一种玩耍形式，因为它具有玩耍最重要的特征：内在的动力和高度的吸引力；对现实感知的变化（玩家在游戏中构建了另一个世界）；重复性（Oerter，1999；Vorderer，2001）。将娱乐作为玩耍的概念有助于从根本上去理解娱乐，因为可以运用已经成功帮助我们理解儿童玩耍的理论、模型和假设去回答个人为什么愿意在娱乐上花费这么多时间这一问题。例如，Ohler 的研究（2001）与 Steen 和 Owens 的研究（2001）都是独立地从进化心理学的角度来将儿童的玩耍和其中的伪装技能重新构建为人类生存的关键特征和技能。从这一点看来，人类似乎根本就从未放弃过曾经对我们的生存如此重要的东西，即使我们现在真的不再需要。用玩耍的概念解释人们对娱乐的不断追求，不仅与上述关于娱乐产品选择的概念和理论毫无冲突，而且还为之提供了一个全面的框架（Vorderer，Steen & Chan，2006）。

三、娱乐的结果与因果关系

鉴于娱乐短期和长期的影响及后果的重要性，以及该问题所引起的公众争议和关注，相关研究数量之少着实令人惊讶，更不用提相关的理论概念。在此，我们仅讨论三个最为重要的研究领域：兴奋转移、宣泄和学习。

（一）兴奋转移

Zillmann（1996）提出了兴奋转移理论，用于解释使用娱乐产品所产生的兴奋效果。兴奋转移理论是说使用娱乐产品（特别是看电视剧或动作电影时）会不断积累生理唤醒（physiological arousal），其水平在电影结束时并不会立即降低，而是慢慢下降。留存的高水平唤醒程度会让观众将遇到的新情况视为大团圆结局。因此，唤醒与积极的认知相关联并导致兴奋。许多媒体观众的解脱体验甚至救赎体验背后的机制正是兴奋转移。无数的娱乐用户之所以愿意在使用娱乐产品的整个过程中遭受悬念和其他不愉快的体验，就是为了最终享受到很大程度的解脱感。无论该理论是否能最恰当地解释接触娱乐产品所产生的生理效果，它都仅涉及娱乐短期甚至即时的效果。至于娱乐产品的使用是否会持续地影响用户的思维、感觉和行为，或是否会从根本上去"塑造"用户等问题仍有待回答。

（二）宣泄

宣泄理论也是如此。与新近发展出来的兴奋转移理论相反，宣泄的概念已经有非常悠久的历史：它始于亚里士多德所认为的希腊悲剧可能会对观众产生疏泄和净化效果这一思想。二十世纪七八十年代，宣泄理论得到持续发展。当时学者主要关注侵略行为有潜在宣泄效应这一假设，于是进行了一系列心理实验以研究沮丧与侵略之间的关系。当今研究人员仍在继续讨论和仔细研究宣泄理论，这个真正拥有悠久历史的概念正在被重新认识和解读。Scheele（2001）使科学界重新关注于亚里士多德对宣泄概念的解读中所包含的两个截然不同的维度，即疏泄和净化。侵略心理学很少有研究证明疏泄这一维度的有用性；而将净化这一维度作为媒体娱乐产品效果的实证研究则几乎没有。然而，随着学者越来越多地既研究娱乐不良效果也研究其有益效果，这一状况可能会有所改变。

（三）学习

娱乐的有益效果中最重要的一个方面是帮助理解和学习。直到最近，娱乐可能有益于学习、获取知识、训练思维、提升判断力等这一假设才开始受到欢迎（Vorderer，2001）。这是因为随着对内在动机的认识更加系统化和对积极情绪在个人信息处理过程中的影响的了解不断加深（Pennebaker，1995），个人在积极情绪状态中思考和学习的效果最好这一可能性变得更加合理。娱乐教育节目（Singhal & Rogers，2002；Singhal et al.，2004）认为媒体用户更愿意去学习和理解在娱乐性节目中所呈现的东西。此外，现在的纵向实验研究表明，定期观看特定娱乐节目能"极大地增强学龄前儿童解决问题的能力和灵活思考的能力"（Bryant et al.，1999：35）。

最后，假设所有上述效果和关系都会对我们模型中确定的先决条件和动机提供反馈，该模型则成为一个有反馈的系统。

四、复杂娱乐模型的应用

本文最后一个部分将讨论该娱乐体验理论模型的应用。我们将通过描述用户对四种典型娱乐产品的选择和享受过程，以阐释使用这些产品可能会对用户的思维、感受和行为造成何种影响。特意选择这四种产品是为了特别说明娱乐包含范围的广泛性及不同的娱乐体验的差异性。

试着代入一个在惊悚读物中寻求娱乐的读者，就会很快发现享受感是娱乐体验的核心。该读者由想要模拟某些现实生活中不太可能实现的体验的动机所驱动，期待从日常生活中有所逃离（逃避主义），因此可能会选择美国知名畅销犯罪小说作家约翰·格里森姆（John Grisham）最新的书。尽管像书中主人公这样的人在现实社会中是多么不可能存在，读者准备好不去怀疑其真实性。读者害怕威胁主人公的恶棍会成功，她希望这位主人公终将排除万难取得胜利（共情），她感觉自己几乎就在"现场"，在故事发生的同一时间和地点。伴随着主人公反复受到挑战但无论如何仍然坚持下去的情节，她经历了悬疑和解脱的阶段。这为她带来了快乐，因为她并没有期待会有积极的结果（兴奋转移）。阅读结束，她并没有学习到多少知识，但是她享受了这一体验中的每一分钟，包括特别紧张而有压力的时刻。

与这个例子完全不同的是美国全国广播公司出品的以医院为背景的电视连续剧《急诊室的故事》的一名普通观众。这名观众通过与比自己境况更糟糕的人相比较以改善自己的心情（情绪管理）。电视剧的制作、剪辑及设计均符合这名观众她自己的节奏，让她感觉好像就在故事发生的现场。人设使得她喜欢Carter而讨厌Romano医生（拟社会关系）。因为她早已考虑进医学院，因此剧中医生和学生所面临的挑战对她来说非常重要和相关。她不但愿意，而且实际上是急于去面对剧中的道德困境。因此，她对节目的享受感主要体现在自身的思考和忧郁，有时甚至是对某些特定角色的温柔情怀。她不仅从剧中了解到了急诊室的生活，也感觉到净化维度上的宣泄效果。也就是说，她在看剧时体验到个人的成长。

最后一个例子是玩暴力电子游戏的高中生。这个孩子渴求逃离充满学校和家庭问题的日常生活，寻求与他人竞争并且想知道他有多棒。该游戏的设计不光使他需要不断地进行互动，而且其美学特征也非常有吸引力。善与恶都被塑造得相当典型，使他在分配他的同情并与游戏中的同龄人产生共情方面没有任何问题。他感到很强的临场感，使得他忘记了玩游戏的时间。显然他很喜欢这个游戏，因为他得到一些感官的愉悦，但最重要的是他感觉能有效控制游戏中的事件。玩了无数个小时的游戏后，他可能会感觉到没太多意思了，但他可能会说这是他可以体验到的最好的娱乐方式。

这三个例子可以说明娱乐体验的过程会因用户、时间和产品的不同而千差万别，也阐明了处于娱乐核心位置的享受体验（用户侧和媒体侧）的动机和条件是如此多元，从而表明了娱乐这个概念所涵盖的广泛性和复杂性。理论工作完成后，下一步工作是进行实证研究，不仅要测试单一假设，而且要证实、验证和修正我们对于整个娱乐模式、条件及其影响的理解。

参考文献

［1］BANDURA A. Self-efficacy：the exercise of control. New York：Freeman, 1997.

［2］BERRIDGE K C. Pleasures of the brain. Brain and cognition, 2003, 52（1）：106-128.

［3］BIOCCA F, KIM J, CHOI Y. Visual touch in virtual environments：an exploratory study of presence, multimodal interfaces, and cross-modal sensory illusions. Presence：teleoperators and virtual environments, 2001, 10, 247-265.

［4］BOSSHART L, MACCONI I. Defining "entertainment". Communication research trends, 1998, 18（3）：3-6.

［5］BRYANT J. Presidential address：critical communication challenges for the international era. Journal of communication, 2004, 54：389-401.

［6］BRYANT J, et al. Effects of two years viewing of Blue's Clues. Tuscaloosa, AL：Institute for communication research, 1999.

［7］CUPCHIK G C, KEMP S. The aesthetics of media fare//ZILLMANN D, VORDERER P. Media entertainment：the psychology of its appeal. Mahwah, NJ：Lawrence Erlbaum Associates, 2000：249-265.

［8］DAVIDSON R J. Seven sins in the study of emotion：correctives from affective neuroscience. Brain and cognition, 2003, 52：129-132.

［9］ELLIOT A J, THRASH T M. Approach-avoidance motivation in personality：

approach and avoidance temperament and goals. Journal of personality and social psychology, 2002, 82: 804 – 818.

[10] FECHNER G T. Vorschule der sthetik. Hildesheim, Germany: Olms, 1876.

[11] GILES D. Parasocial interaction: a review of the literature and a model for future research. Media psychology, 2002, 4: 279 – 305.

[12] GRODAL T. Video games and the pleasures of control//Zillmann D, Vorderer P. Media entertainment: the psychology of its appeal. Mahwah, NJ: Lawrence Erlbaum Associates, 2000: 197 – 212.

[13] HARTMANN T, SCHRAMM H, KLIMMT C. Personenorientierte medienrezeption: ein zwei-ebenen-modell parasozialer Interaktionen [Perceiving mediated persons: a two level model of parasocial interactions]. Publizistik, 2004, 49: 25 – 47.

[14] HENNING B, VORDERER P. Psychological escapism: predicting the amount of television viewing by need for cognition. Journal of communication, 2001, 51: 100 – 120.

[15] HORTON D, WOHL R R. Mass communication and parasocial interaction: observation on intimacy at a distance. Psychiatry, 1956, 19: 185 – 206.

[16] KATZ E, FOULKES D. On the use of mass media for escape: clarification of a concept. Public opinion quarterly, 1962, 26: 377 – 388.

[17] KLIMMT C. Dimensions and determinants of the enjoyment of playing digital games: a three-level model//COPIER M, RAESSENS J. Level up: digital games research conference. Utrecht, The Netherlands: Faculty of Arts, Utrecht University, 2003: 246 – 257.

[18] KLIMMT C, HARTMANN T. Effectance and self-efficacy as motifs of playing games//VORDERER P, BRYANT J. Playing video games: motives, responses, and consequences. Mahwah, NJ: Lawrence Erlbaum Associates, 2006: 133 – 145.

[19] KLIMMT C, VORDERER P. Media psychology "is not yet there": introducing theories on media entertainment to the presence debate. Presence: teleoperators and virtual environments, 2003, 12: 346 – 359.

[20] KNOBLOCH S. Mood adjustment via mass communication. Journal of communication, 2003a, 53: 233 – 250.

[21] KNOBLOCH S. Suspense and mystery//BRYANT J, ROSKOS-EWOLDSEN D R, CANTOR J. Communication and emotion: essays in honor of Dolf Zillmann. Mahwah, NJ: Lawrence Erlbaum Associates, 2003b: 379 – 396.

[22] LEE K M. Presence, explicated. Communication theory, 2004, 14: 27 – 50.

[23] LOMBARD M, DITTON T. At the heart of it all: the concept of presence. Journal

of computer mediated communication, 1997, 3 (2).

[24] LOMBARD M, REICH R D, GRABE M E, et al. Presence and television: the role of screen size. Human communication research, 2000, 26: 75 – 98.

[25] MARES M L, CANTOR J. Elderly viewers responses to televised portrayals of old age: empathy and mood management vs. social comparison. Communication research, 1992, 19: 459 – 478.

[26] MAYER J D, GASCHKE Y N. The experience and meta-experience of mood. Journal of personality and social psychology, 1988, 55: 102 – 111.

[27] MIALL D S, KUIKEN D. A feeling for fiction: Becoming what we behold. Poetics, 2002, 30, 221 – 241.

[28] MIRON D. Enjoyment of violence//BRYANT J, ROSKOS-EWOLDSEN D R, CANTOR J. Communication and emotion: essays in honor of Dolf Zillmann. Mahwah, NJ: Lawrence Erlbaum Associates , 2003: 445 – 472.

[29] NATHANSON A I. Rethinking empathy//BRYANT J, ROSKOS-EWOLDSEN D R, CANTOR J. Communication and emotion: essays in honor of Dolf Zillmann. Mahwah, NJ: Erlbaum, 2003: 107 – 130.

[30] OATLEY K. A taxonomy of the emotions of literary response and a theory of identification in fictional narrative. Poetics, 1994, 23: 53 – 74.

[31] OERTER R. Psychologie des spiels: ein handlungstheoretischer Ansatz [The psychology of play: an actiontheoretical approach]. Weinheim, Germany: Beltz, 1999.

[32] OHLER P. Spiel, evolution, kognition: von den Ursprüngen des Spiels bis zu den Computerspielen [Play, evolution, cognition: From the origins of play to computer games]. Bad Heilbrunn: Julius Klinkhardt, 2001.

[33] OLIVER M B. Exploring the paradox of the enjoyment of sad films. Human communication research, 1993, 19: 315 – 342.

[34] OLIVER M B, WEAVER J B, SARGENT S. An examination of factors related to sex differences in enjoyment of sad films. Journal of broadcasting and electronic media, 2000, 44: 282 – 300.

[35] PARROTT W G. Beyond hedonism: motives for inhibiting good moods and for maintaining bad moods//WEGNER D M, PENNEBAKER W. Handbook of mental control. Englewood Cliffs, NJ: Prentice Hall, 1993: pp. 278 – 305.

[36] PENNEBAKER W. Emotion, disclosure, and health. Washington, DC: American psychological association, 1995.

［37］ PERSE E M, RUBIN R B. Attribution in social and parasocial relationships. Communication research, 1989, 16: 59 – 77.

［38］ RANEY A A. Dispositionbased theories of enjoyment//BRYANT J, ROSKOS-EWOLDSEN D R, CANTOR J. Communication and emotion: essays in honor of Dolf Zillmann. Mahwah, NJ: Lawrence Erlbaum Associates, 2003: pp. 61 – 84.

［39］ RANEY A A, BRYANT J. An integrated theory of enjoyment. Journal of communication, 2002, 52: 402 – 415.

［40］ RITTERFELD U, WEBER R, FERNANDEZ S, et al. Think science! Entertainment education in interactive theatres. Computers in entertainment, 2004, 2: 11.

［41］ ROSEMAN I J, EVDOKAS A. Appraisals cause experienced emotions: experimental evidence. Cognition and emotion, 2004, 18: 128.

［42］ RUBIN A M, PERSE E M, POWELL R A. Loneliness, parasocial interaction, and local television news viewing. Human Communication research, 1985: 12: 155 – 180.

［43］ SAYRE S, KING C. Entertainment and society: audiences, trends, and impacts. Thousand Oaks, CA: SAGE, 2003.

［44］ SCHEELE B. Back from the grave: reinstating the catharsis concept in the psychology of reception//SCHRAM D, STEEN G. The psychology and sociology of literature: in honor of Elrud Ibsch. Amsterdam: John Benjamins, 2001: 201 – 224.

［45］ SCHRAMM H. Mood management durch musik [Mood management through music]. Hannover, Germany: Hannover University of Music and Theatre, 2003.

［46］ SINGHAL A., CODY M, ROGERS E, et al. Entertainment education and social change. History, research and practice. Mahwah, NJ: Lawrence Erlbaum Associates, 2004.

［47］ SINGHAL A, ROGERS E M. A theoretical agenda for entertainment-education. Communication theory, 2002, 12: 117 – 135.

［48］ SLATER M D. Entertainment-education and the persuasive impact of entertainment narratives//BROCK T, STRANGE J J, GREEN M C. Narrative impact: social and cognitive foundations. Hillsdale, NJ: ERLBAUM, 2002: 157 – 182.

［49］ SPARKS G G, SPARKS C W. Violence, mayhem, and horror//ZILLMANN D, VORDERER P. Media entertainment: the psychology of its appeal. Mahwah, NJ: ERLBAUM, 2000: 73 – 92.

［50］ STEEN F F, OWENS S A. Evolutions pedagogy: an adaptionist model of pretense play and entertainment. Journal of cognition and culture, 2001, 1: 289 – 321.

［51］ TAMBORINI R. Enjoyment and social functions of horror//BRYANT J, ROSKOS-

EWOLDSEN D R & CANTOR J. Communication and emotion: essays in honor of Dolf Zillmann. Mahwah, NJ: ERLBAUM, 2003: 417 – 443.

［52］ VORDERER P. Interactive entertainment and beyond//ZILLMANN D, VORDERER P. Media entertainment: the psychology of its appeal. Mahwah, NJ: Lawrence Erlbaum Associates, 2000: 21 – 36.

［53］ VORDERER P. It's all entertainment – sure. But what exactly is entertainment? Communication research, media psychology, and the explanation of entertainment experiences. Poetics, 2001, 29: 247 – 261.

［54］ VORDERER P. Entertainment theory//BRYANT J, ROSKOS-EWOLDSEN D R, CANTOR J. Communication and emotion: essays in honor of Dolf Zillmann. Mahwah, NJ: Lawrence Erlbaum Associates, 2003: 131 – 154.

［55］ VORDERER P, HARTMANN T, KLIMMT C. Explaining the enjoyment of playing video games: The role of competition//MARINELLI D. Proceedings of the 2nd International Conference on Entertainment Computing (ICEC 2003). Pittsburgh, New York: ACM, 2003: 1 – 8.

［56］ VORDERER P, KNOBLOCH S. Conflict and suspense in drama//ZILLMANN D, VORDERER P. Media entertainment: the psychology of its appeal. Mahwah, NJ: Lawrence Erlbaum Associates, 2000: 59 – 72.

［57］ VORDERER P, KNOBLOCH S, SCHRAMM H. Does entertainment suffer from interactivity? The impact of watching an interactive TV movie on viewers experience of entertainment. Media psychology, 2001, 3: 343 – 363.

［58］ VORDERER P, RITTERFELD U. Childrens future programming and media use between entertainment and education//PALMER E L, YOUNG B M. The faces of televisual media: teaching, violence, selling to children. 2nd ed. Mahwah, NJ: Lawrence Erlbaum Associates, 2003: 241 – 262.

［59］ VORDERER P, SCHRAMM H. Musik nach Ma. Situative und personenspezifische Unterschiede bei der Selektion von Musik ［Situational and personal differences in the selection of music］. Jahrbuch Musikpsychologie ［Music psychology yearbook］, 2004, 17: 90 – 109.

［60］ VORDERER P, STEEN F, CHAN E. Motivation//BRYANT J, VORDERER P. The psychology of entertainment. Mahwah, NJ: Lawrence Erlbaum Associates, 2013.

［61］ VORDERER P, WIRTH W, SAARI T, et al. Constructing presence: towards a twolevel model of the formation of spatial presence. Unpublished report to the European Community, Society & Technology (IST) Program, Project Presence: MEC (IST200137661).

Hannover, München, Helsinki, Porto, Zurich, 2003.

［62］ WEAVER J B. Personality and entertainment preferences//ZILLMANN D, VORDERER P. Media entertainment: the psychology of its appeal. Mahwah, NJ: Lawrence Erlbaum Associates, 2000: 235 – 248.

［63］ WILLS T A. Downward comparison principles in social psychology. Psychological bulletin, 1981, 90: 245 – 271.

［64］ WOLF M J. The entertainment economy: the mega-media forces that are re-shaping our lives. London: Penguin Books, 1999.

［65］ ZILLMANN D. Mood management through communication choices. American behavioral scientist, 1988a, 31: 327 – 340.

［66］ ZILLMANN D. Mood management: using entertainment to full advantage// DONOHWE L, SYPHER H E, HIGGINS E T. Communication, social cognition, and affect. Hillsdale, NJ: Lawrence Erlbaum Associates, 1988b: 147 – 171.

［67］ ZILLMANN D. Empathy: affect from bearing witness to the emotions of others// BRYABT J, ZILLMANN D. Responding to the screen: reception and reaction processes. Hillsdale, NJ: Lawrence Erlbaum Associates, 1991: 135 – 168.

［68］ ZILLMANN D. Mechanism of emotional involvement with drama. Poetics, 1994, 23: 33 – 51.

［69］ ZILLMANN D. Sequential dependencies in emotional experience and behavior// KAVANAUGH R D, ZIMMERBERG B, FEIN S, et al. Emotion: interdisciplinary perspectives. Psychology press, 1996: 243 – 272.

［70］ ZILLMANN D. Humor and comedy//ZILLMANN D, VORDERER P. Media entertainment: the psychology of its appeal. Mahwah, NJ: Lawrence Erlbaum Associates, 2000a: 37 – 58.

［71］ ZILLMANN D. The coming of media entertainment//ZILLMANN D, VORDERER P. Media entertainment: the psychology of its appeal. Mahwah, NJ: Lawrence Erlbaum Associates, 2000b: 1 – 20.

［72］ ZILLMANN D, BRYANT J. Entertainment as media effect//BRYANT J, ZILLMANN D. Media effects: advances in theory and research. Hillsdale, NJ: Lawrence Erlbaum Associates, 1994: 437 – 461.

（原文刊载于 *Communication Theory*, Vol. 14, 2004）

娱乐即情感：娱乐体验的功能结构

爱德华·S. -H. 谭[*]

杨清发 译

一、情感在娱乐中的重要性

（一）娱乐的规范释义

大多数人对娱乐的直觉似乎是以情感为中心的。首先，很多人意识到娱乐产品具有吸引注意力的潜能。当下最好的例证就是电脑游戏，它揭示了一个人如何沉溺于娱乐体验，为了一点微乎其微的回报而耗尽精力。其次，娱乐通常与特别强烈的情感相关，虽说其中一些情感未必让人愉快。某个动作电影中乘坐过山车的景象或许可以作为一个典型的案例。长久以来，这样一些娱乐中关于情感本质的直觉激发了学者们对玩耍和游戏的研究兴趣。依据 Huizinga（1938；1950）的理论，玩耍可以被定义为一种不依赖外部条件的自发活动，且不会从中获得任何物质的利益或好处。游戏是一种脱离日常生活的玩耍的构成形式。不仅仅是 Huizinga（1938；1950），还有 Piaget（1961；1972）和 Goffman（1961；1972）都想弄明白，为何游戏作为一种仅仅涉及象征性、不严肃事项的娱乐形式，其玩家能够经历如此强烈的情感，而且他们为何要寻求甚至不太愉快的体验。

研究娱乐的媒介心理学家已经开始阐释娱乐与情感之间的关系。这一问题最早在坦南鲍姆的替代情感体验、齐尔曼关于"兴奋转移、情绪的管理，以及情感的对策"的研究中出现（Zillmann，1971；1988；1991；1994）。"消极感受中的愉悦"这一悖论已经成为一个重要问题，在诸如"悲剧电影研究"（de

---

* 爱德华·S. -H. 谭（Eduard Sioe-Hao Tan），阿姆斯特丹大学传播学院教授。

Wied，Zillmann & Ordman，1994；Oliver，1993）和"论恐惧"（Tamborini，1991；2003）之中被提及。Vorderer，Klimmt 和 Ritterfeld（2004）提出了一个貌似有道理的解决方案，即认为娱乐享受是一种"元情感"，它产生于对消极情绪的反思。早在1993年，Oliver 就提出了此种观点。关于娱乐的心理学的最新理论贡献是，将情感和情绪反应作为娱乐体验的必要条件（Bryant & Miron，2003；Klimmt & Vorderer，2003；Nabi & Krcmar，2004；Vorderer，2001；Vorderer et al.，2004；Vorderer，Steen & Chan，2006；Wirth，2006）。由 Vorderer 等人（2004）提出的娱乐的理论框架阐明了情感的关键角色。娱乐的核心是享乐，一种通过多种形式，甚至包括一些自相矛盾的形式得以自我显现的愉悦的情感体验。在承认一系列情感的重要性时，Vorderer 等人（2004）大费周折去阐释娱乐中直觉情感的诉求。然而，"娱乐是情绪化的"应该得到更多的论证。在娱乐的运用方面，这份报告在很大程度上缺乏一个核心的分配给情感的解释角色。当下的研究试图解决这一疏漏。其中提到将娱乐体验看作本质上的情感体验。"娱乐体验"涉及直觉意识，这种意识往往为公认的媒体娱乐产品用户所拥有。一方面，这个提议将建立在发展心理学对一系列文化现象的了解之上，比如艺术和娱乐；另一方面，它会借鉴情感与想象力在心理学层面的最新见解。

（二）娱乐作为一种适应性的活动

Tooby 和 Cosmides 于2001年提出具有审美性和游戏性的活动是"不断开发"的适应活动，有助于其他类别的适应活动恰当地"组合"到一起。"自然选择——一名无休止而又狡猾的监工——以悦人耳目的方式诱导你将自由时光倾注在不断优化的行为活动中"（Tooby & Cosmides，2001：16）。Steen 和 Owens（2001）在他们的学术论文中探索出一个针对娱乐活动的尤其相似的论断。就像"追捕与逃逸"以及"捕猎行动"这样一些特别的适应活动，在个体基因中存在一个共同的基础，虽说其形态并不完善。一种额外的适应能力已经得到发展，在与环境的交互过程中，能力将诸多适应性功能的发展有序组织到一起。当主要的需求很轻易被满足时，人类倾向于参与组织活动，在现实生活中太罕见或太冒险的情况下，人类会将之付诸于尝试与思考。

可被教学活动采用的一种主要形式是虚构游戏。"范式情景"（paradigm scenarios），即与生存状况相关的图示被虚拟出来，而游戏包括让你以一个特定的剧本投入工作，进行尝试，并验证行动所带来的结果。案例之一是模拟被一只"怪物"追捕的情景。被追逐的人逃跑时就像真有某个危险的野兽紧随其后一般，竭尽全力不让自己被抓住，因而这是对逃逸技能的演练。虚构游戏为所有的娱乐活动提供了模型。设定游戏场景是为了构建适应性功能；不仅像格斗和射击这样的初级游戏，还包括解决问题和交流这样的高级游戏都是这种状况（Ohler & Nieding，2006）。Steen 和 Owens 于 2001 年得出这样的结论：人类天生热爱娱乐活动，不仅仅因为他们想参与训练，同时也因为这些活动会给人带来切实好处。参与娱乐活动的近因或者说直接原因是一种固有倾向，其中包含了探索、挑战，以及应对和摆脱无聊生活的游戏；而远因则由人们对各种适应性活动和意识状态的组织性功能进化而来。

Steen 和 Owens（2001）的研究对到底有多少人无法洞察近因（一种训练的需求）做出了阐释。那些带着自己孩子玩追捕游戏的人都表示他们玩得很开心，但同时也"好奇他们自己为什么要干这样一些事"。人们参与娱乐活动似乎是由于自然赋予他们一种本能，会在适当的条件下自得其乐，但人没有意识到自己在遵循一个适于所有物种的适应性法则，这种法则可以练就实用的本领（远因）。举一个例子，一个孩子参与追捕游戏的近因可能是有意地打破常规和"仅仅觉得喜欢"。然而，远因是一种他（她）自己都没意识到的需求，即能磨炼自身对付侵略者的技能。

（三）娱乐活动中远因和近因的关联是什么

基于对角色扮演游戏的研究，Steen 和 Owens（2001）的研究前进一步，他们解决了与享乐相悖的一些问题，包括不愉快、麻烦的活动等。娱乐活动的远因和近因的关联有待解释，是什么机制诱使你将资源花费在那些看似无用甚至令人痛苦的活动上的？Vorderer 等人（2006）搞清楚了娱乐活动的心理过程，这些过程可搭起了远因和近因之间的桥梁：一是扮演，即替代者和对象的作用；二是扮演游戏；三是代替者的认同。没有任何一个过程可以独立让一场适应性的、有价值的练习变成一次愉悦的体验。根据 Deci 和 Ryan（2000）的自我决定理论，体验到自主性、胜任感和关联性使得对一项活动产生内在动机。Vorderer 等人（2006）支持这一理论，声称扮演活动允许自主性，因为用户可以自由地将更多或更少的现实世界当作虚拟世界对待；扮演使得用户能够创造她能够应对的挑战水平，从而实现最佳控制；而认同或共情是体验关联性的基础。

基于这一观点，进化活动中悄无声息的传授以及娱乐兴趣两者之间那一层被人忽视的心理联系，就是内在的动机。为内在动机让步的条件是组织任何适应性功能的生理功能的心理转变。但在笔者看来，这种解释存在两个难点：第一，内在动机是一个被成功运用在处理选择和参与活动的个体差异时的概念（Deci & Ryan，2000），但这一概念还不足以支撑对于"线上"活动经验的描述。因此，将娱乐体验解释为用户在参与其中时所意识到的情况，是没有什么作用的。一种具有主观意识成分的机制，比内在动机等调节机制更合适。正是一种情感，即兴趣，在施展魔力，这将在某一时刻引发人们的争议。第二，是内在动机严格地限制了处于远端的适应性功能与处于近端的娱乐活动内容。在较远的一端，自主性、能力和关联性毫无疑问地构成了一组非任意性的普遍适应性，但他们遗漏了许多在机制范围内常见于娱乐活动的主题。这一描述减弱了 Steen 和 Owens（2001），以及 Tooby 和 Cosmides（2001）研究中的阐释力度，这意味着除了在非常宽泛的意义上的生存存在相关性，对其他场景没有任何影响。

二、情感作为娱乐体验的远因和近因之间的功能联系

在娱乐的双重因果关系模型中，一个更具原则性和整合性的角色可以被分配给情感，情感也以谨慎的方式接近悖论的消极体验（见图 1）。该模型是基于情感作为功能，更确切地说是作为自适应性目的的广泛共识（例如，Cosmides & Tooby，2000a；Damasio，1999；de Sousa，1987；Frijda，1986；Lazarus，1991；LeDoux，1996；Rolls，2005）。进化赋予了我们一种机制，使我们能从反复出现的行为结果中积累经验，采取行动，这就是所谓的情感。情感强有力地表明了事关人们个体生存的处境，他们在生育中的成功，以及对资源的获取和占有。情感是一个体系，它关注实现信号关联，激发性注意力、知觉、思维、感觉和行动（Frijda，1986）。例如，恐惧作为一种情感表示，它让我们意识到事件对自身安全的巨大威胁，并让我们找寻最佳方式逃脱或为逃逸做出准备。因恐惧而产生的意识过程和行为反应早已经令我们世世代代练就出一种本能。

远因　　　　　　　　　　　　　　　　　　　　近因

适应性功能组织　**考虑**
　　　　　　　　例如：自主性、　　　内在动机　　　　　　情感
　　　　　　　　能力、相关性、
　　　　　　　　安全、社会身份

兴趣与
享乐

基于想象
的情感

范本

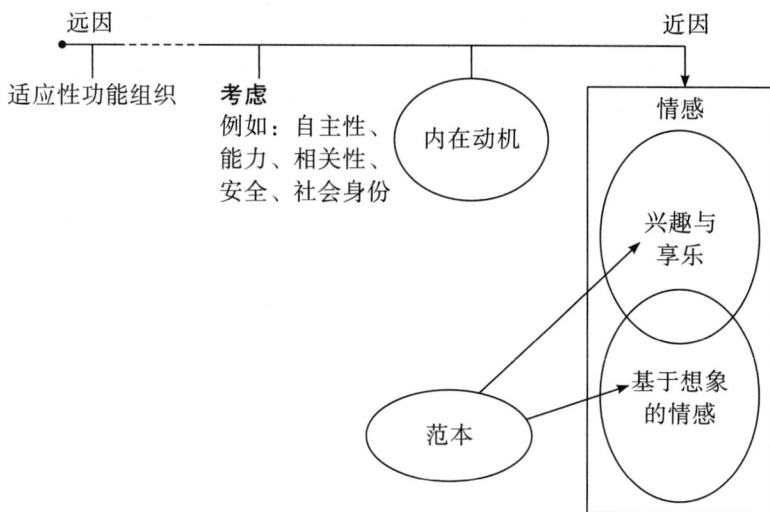

图 1　娱乐体验功能架构

注：娱乐体验功能架构增加了 Steen 和 Owens（2001），以及 Vorderer、Steen 和 Chan（2006）的近端机制转换为训练需求（即远因）的双重原因的建议，考虑到适当的娱乐刺激（代表性范式场景）引起的情感体验，作为娱乐活动的一个直接原因，两类情感都是娱乐的典型。娱乐情感的关注是双重的。一种心理性的关注反映了组织功能，它包括发现和学习的需要，如关注对无聊的回避、多样性、复杂性、挑战、学习、幻想、能力和自主性；另一种是一整套与所有原则性的自适应功能相关的关注，其中包括身体的完整、安全、归属感、权力、依恋、教育和识别。

情感包括如下几个方面：①依据行动的关注与可能性做出的评价；②伴随信息处理和身体状态的变化而发生的行为趋势；③一种感觉的状态，这是一种包含如下几种状态的主观认识，即对事物状况的评判、行为倾向和相关信息处理以及身体状态（如 Scherer，2005）。依据人们对关心的事物状况的认识，以及其固有的行为倾向，情感以其潜力控制人的感知、认知和行动（如 Frijda，2007；Scherer，2005）。情感的这两种特性更具体地说是情感上的关注，除了潜在性地激励人的行为，更使他们适于调解娱乐的远因与近因，即范围广度和训练效率。

首先，娱乐界最普遍关心的问题是培训（training）需求。在解决这一问题的情况下，娱乐用户寻求和认同各种形式的情感。相反，每一种情感都依赖于另一种与适应性需求相匹配的关注对象的激活。例如，在电影中，我们憎恶罪犯，强化了对安全的关注。我们情感中对电影的包容有助于"建立"对罪犯的

反抗。关注的范围涉及人类的整个情感。因此，解决娱乐情境下的自适应需求是巨量的。可以这么说，从身体上逃离"原有"的情景，到心理上更先进的逃离，就像在某一些故事中，从一些企业或自我认同中选择正确的合作伙伴的做法。先进的功能可能由初级的功能演化而来，就像 Tomasello（1999）和 de Waal（2001）提到的那样，是以不同的方式，在新近文化甚至个人的历史中展开。当然，当涉及许多娱乐方面的情感，自主、能力和关联性的需要是具有资格的。围绕这些需求的情景，理论上的限制似乎没有必要，它限制了超出实际娱乐可以提供的可被识别的情景。

其次，情感似乎构成一项以多种互补的方式发展自适应功能的特殊的高效系统。它们标志了体现于娱乐产品之中的范本的关联性，导致了对娱乐满足关注度的增加。它们还指出了一些行动的最佳范畴（如 Damasio，1999）。一方面，情绪对过多选择带来的适得其反的考虑做出反应，但另一方面，情绪促使个人对某种情况的第二种特征进行考虑。行动倾向涉及规划，强制个体考虑一定范围的选择（如 Oatley & Johnson-Laird，1996；Rolls，2005；Schwarz，1990）。训练某人的自适应能力在于对事件和行动做出预先选择，一旦不同结果与被情感系统以及被情感标签"标记"的不同的行动过程相关联，自适应学习就产生了（如 Taylor，1991；Taylor & Schneider，1989）。当未来遇到类似的情况时，个人将准备更有效地决定如何采取行动。

总之，情感作为一种机制，似乎能够填补娱乐活动的远因（即组织需求）和近因（娱乐的直接体验）之间鸿沟。在本文的其余部分，娱乐体验的情感架构将被勾画出来，大体上与 Vorderer 等人（2006）的解释一致，尤其是与 Steen 和 Owens（2001）的娱乐作为广义的虚拟游戏的解释相一致。

三、作为情感事件的娱乐

在本节中，我们将论述作为一段情感模型的娱乐体验。体验的实质构成了两类情感，即兴趣—欣赏和基于想象的情感。

（一）兴趣、享受和欣赏（情感 1）

兴趣情感是参与娱乐、游戏和审美活动的主要动力。（Izard，1977；Rathunde，1993；Sansone & Harackiewicz，1996；Silvia，2006；Tan，1995，1996，2000）。

Darwin（1923；1965）将兴趣与好奇心归类为一种"智力"的情感，它形成了所有知识力量发展的基础，目前称为"认知"情感（Keltner & Shiota，2003）。兴趣虽说在情感文献中被忽略（Hidi & Baird，1986），但目前正被渐渐唤醒，因为大多数情感研究者认为兴趣是一种情感，一种基本的情感（Frijda，1986；Izard，1977，1992；Panksepp，1982；Tomkins，1984）。

的确，兴趣以如下几种方式成为满足情感的先决条件：①它是对特定刺激事件的反应；②反映了对事件的评价，这依据人们的关注（即他/她的基本需要）；③激发性行动。具体而言，兴趣是被具有新颖性或复杂性的刺激所触发（Silvia，2005，2006）。考虑到关注性的评价，兴趣视为因漠视而产生的一种缺乏任何"价值反应"的心理状态（Ortony，Clore & Foss，1987）。兴趣的确涉及某种关注，那就是需要新的刺激和环境的探索。对这个关注性满足的反面是无聊，一种纯粹令人厌恶的状态（Solomon et al.，1957）。兴趣最终的行为倾向是对刺激的关注与探索（Berlyne，1971，1972；Day，1968；Harlow，1950；Kretzinger，1952；Silvia，2005）。

Izard（1977）将兴趣经验描述为工作组织能力中体验性的部分：

> 在经验层面的兴趣……是一种参与、遇上、着迷、好奇的感觉。有一种有待调查的感觉参与其中，或通过介入新的信息，以及由人和物激发兴趣的新经验，延伸或扩展自我。在强烈的兴趣和兴奋中，人感觉精神抖擞，维系兴趣与认知或活动能力之间的关系，这赋予人活力。即使在相对稳定的情况下，带有兴趣或兴奋的人都觉得他自己是"活力四射"的（第216页）。

情感以其基本机制填补了远因和近端动机之间的鸿沟，将人们遇到的情况与关注的事情联系在一起。潜在的兴趣是因为对刺激的关注、对新事物的学习，而诱因是无聊，以及解决无聊带来的奖励，即那些新鲜的和令人兴奋的体验。（Tan，1996）。当无须采取紧急行动，一切看似很平静之时，这种机制激发探索和冒险，使人产生了应对未来挑战的适应性优势。如 Deci 和 Ryan（2000）的自主、能力和关联性，可以被认为是预期获得的特定内容，是非必要的。如果娱乐足够好（也就是说向一个特定的用户承诺回馈新的经验），就仍然会有最低水平的那点兴趣（Tan，1996，第4章），有你真正想去做的冲动，尽管目前可能奖励不足。

双重动机模式的一个重要含义是，与进化的"较年长"的功能组织有关的关注，在激发兴趣方面更为有效。本着这一含义，进化心理学家提出，情感关注将它们相关的力量归功于其对繁衍成功所做的贡献（Schwab，2004）。大众娱乐的研究对此提供了理论依据（Carroll，1998），但显然有待更多心理学方面的研究。

如前所述，情感以行动准备为特征。兴趣的行为倾向，如 Izard（1977）引述的那样，是一种耗费资源去接近、拓展和征服娱乐刺激时所包含的冲动。体验行为倾向是参与娱乐活动最主要的近因。动机的感觉，是一种想要做自己欲求的事情的感受，是大多数娱乐活动的近因。兴趣是一种自我强化的情感，因为花费了更多资源用于娱乐刺激，这会增加对反馈的期待，又会导致兴趣的增长。

将兴趣作为娱乐的核心情感，有助于解决娱乐中消极情感的悖论。兴趣的行为趋向提供了这样一种解释，即为什么人们花这么多的精力在娱乐上面，以直接和优雅的方式使情感得以完善。作为娱乐体现的消极情感的概念是不必要的，而这就是元情感的概念（适用于其他语境的概念）。与兴趣直接相伴的是消极情感，因为它自然而然地产生于新经验的体验之中。新颖而复杂的刺激信号可以被预计，但不确定回报几何，而回应和探索有其风险，导致了兴趣过程中一定程度的威胁与紧张感（Berlyne，1971；Litman，2005）。人们忍受娱乐中的消极情感，比如悲伤、恐惧和沮丧，因为想从事具有挑战性的情况或活动的兴趣的行为倾向，具有"优先控制"（Frijda，1986）其他情感的特征，它甚至可能改变人们的评价。例如，Ravaja 等人（2006）提出的证据显示，一款电脑游戏中的消极事件会被当作一种有趣的挑战去体验。

兴趣与享乐不同。喜欢与享乐是在缺乏不确定性的实际需求下产生的纯粹的愉悦感（Reeve，1989）。然而兴趣包括预期的和不确定的回报，享乐是一种对如下情况的反映：达到有意义的目标和与之互动；进行有意义的活动；或实现有意义的目的（Berridge，2004；Frijda，2001）。当娱乐中的确存在反馈性的承诺，就会永久地激励用户参与其中。反馈有其特殊性和持久性，涵盖语言、游戏得分，以及发现、拓展自我等（Izard & Ackerman，2000）。兴趣很可能由神经生理学、多巴胺的缺乏与"前进"系统促成（Berridge & Robinson，2003），然而享乐在"喜好"系统里有一定的基础，它涉及成瘾的神经传递素（Berridge & Robinson，2003；Panksepp，Knutson & Burgdorf，2002）。人们体验

Deci 和 Ryan（2000）所讲的自主、能力和关联性，可能与享乐有关，但与兴趣无关（Silvia，2006）。

总之，娱乐中的乐趣是兴趣（一种积极的、让人有适度愉悦的情感）所致。在娱乐中，兴趣作为一种用户寻求的情感，以其自身缘由而备受欢迎。在娱乐中，用户体验到的紧张、沮丧以及其他不愉快的感受并未完全消失，许多形式的娱乐不仅仅是好玩。在许多情况下，更适宜用"欣赏"而非享受去描述（Tan，1996）。

兴趣和欣赏提供了娱乐中连接近因和远因的关键情感。自适应设计的动机性举措使我们热爱主观经验层面的娱乐活动。如果没有任何学习或学习潜力的意识，我们会依据喜好去参与事情。兴趣和享受的情感体验不仅仅是自主调节，更是娱乐活动的一种近因。在娱乐活动双重模式动机的背景下，欣赏在多大程度上仍然可能基于非享乐的考量？这是一个很有趣的问题。如利他的动机和意义的追问，而没有被标榜为仪式或其他非娱乐方面的经验（Tan，2004）。

（二）基于想象的情感（情感 2）

图 2 概述了娱乐体验和角色的两类情绪。兴趣和欣赏作为一种驱动机制的娱乐活动，在人们训练某种特殊的适应功能之时，即在处理想象中的范式情景之时，被其他与祸福特定相关情感所完善。像欢笑、恐惧、悲伤、同情等情感，都产生于人们参与那些体现生活困难的范式情景的过程之中。立足于适应性功能，即非共情与共情，基于想象的情感可以被依次分为两个类别。非共情涉及对（准）物象、事件和安排的回应；共情多少被赋予了类似于我们自己的意志。第一类包含了如惊喜、喜悦、恐惧和厌恶这样的基本情感。它们的适应性价值在于，促使个体考虑物理环境的影响、危险，以及在于寻找庇护所、安全和资源的潜力。这样的情绪会刺激模拟现实，也就是说比实际遇到的更好或更糟的事件过程，特别是当它们对想象中的事件产生反应时（Roese，1997）。这种情感可以被称为非共情，因为他们不需要去想象他人的心理过程。共情正如其名字一样，需要站在他人的立场去感受别人所想。对于像人类这样高级的社会化物种而言，共情的自适应意义是非常高的，并且在组织性功能方面非常具有价值。娱乐的作用是有据可查的（如 Tan，1996；Zillmann，1991）。娱乐中许多的甚至大部分范本都有演员参与。捕食者图式就是一个例子。其他包括择偶、信任、欺骗、利他主义、合作和道德困境。与此相符的是，许多情感都带

有共情的成分，也就是说，其评价包括理解他人的感受和打算，包括像悲伤、恐惧和焦虑这样的基本情感。（例如，一个重要的相关损失等），还有社交情感的爱、憎与蔑视（Oatley & Jenkins，1996），以及像羞愧、内疚、嫉妒这样的自我意识情感。

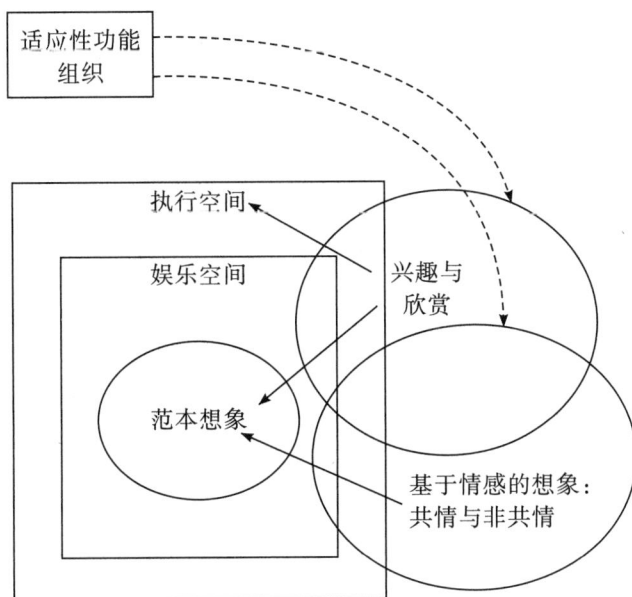

图 2　情感娱乐体验之架构

注：情感娱乐体验之架构是基于 Steen 和 Owens（2001）虚构游戏与娱乐的模型而创建。娱乐用户的想象中有两个相邻的心理空间：执行空间和娱乐空间。用户对此有所意识。执行空间被现实世界所干预，在现实中娱乐活动的刺激非常重要，暗示了想象活动。娱乐用户可以在心理上退出执行空间。娱乐空间是一个由范本激发的想象的剧场。两类情感被激发：①兴趣与欣赏或享受，对执行空间和范本中事件的新颖性和复杂性的回应；②回应特定想象内容的各种情感，如悲伤和恐惧。最接近激发感受的是这些情感的一部分。情感的关注源于远因，是外在于意识的、组织的需要。娱乐用户不能意识到这些影响，也就是说，他们在这两个心理空间之外。

　　由虚构的叙述所激发的共情感受的适应性效应已被记录在案。那些与故事主人公同仇敌忾的读者们，发表了下一步将要做什么的换位打算，然而当他们同情那些遭受了重大挫败的主人公时，他们对此进行了反向的推理以追问其原因（Oatley，1996）。Nussbaum 分析了对虚构叙述的反应中的共情情绪是如何成为解释一个人怎样对待他人的起点。青少年在玩暴力电子游戏时体验到的这些情感的适应性效应，即构建他们的认同，这在 Jansz（2005）的文章有论述。

（三）娱乐内容的现实：双重意识

为了理解基于想象的情感功能，我们必须考察它们的强度与有效性之间的关系。情感的强度可能取决于最先想象事件的感知现实性（Frijda，2007；Valkenburg & Peter，2006）。感知现实性有两个决定因素，即对想象事件不真实性的关注减少和涉及想象事件的过程的具体性质。

Coleridge 提出的"搁置怀疑"的想法是 Vorderer 等人（2004；2006）理解娱乐刺激看似真实性的起点，强调了用户在其中进行娱乐性模仿。然而，将娱乐体验的远因视为练习适应性技能的假设，要求更明确理解"搁置怀疑"。尤其，我们必须考虑是否应该对小说的感知现实性设定一些限制。因为在双因功能框架内，如果小说与现实完全相同，那将导致娱乐用户在真实世界中获得真实的信仰，而实际上却是虚假的。这将严重削弱任何潜在的教育效果。Tooby 和 Cosmides（2001）认为，小说是人类为"隔离"信仰和表达而发展出的一种专业化技术。小说叙事是一种"范围语法（scope syntax）"，允许我们区分从假设的、有条件的或"被他人认为是真的"到反事实的等各种情节的真实性（Cosmides & Tooby，2000b）。在他们对追逐类游戏的深入研究中，Steen 和 Owens（2001）从语法视角形容这种游戏，其中一个人扮演追逐者的角色，另一个扮演逃跑者的角色。这种游戏的线索模棱两可，追逐者用夸张的声调说"我要追你"，发出善意的微笑，但也咆哮和追踪，显然是自我削弱；而逃跑者看起来绝望地想要逃脱，但也"咯咯"嘲笑追逐者的表现。值得补充的是，逃跑者甚至会邀请追逐者"追捕"他们。

矛盾的信号有助于建立和发展一个由嵌套的虚构空间构成的双层心理空间。这个双层心理空间的模型可以被认为是娱乐的典型特征，这也是为什么在本文中，Steen 和 Owens 的虚构空间已经被概括为娱乐空间（见图 2）。娱乐空间允许面对那些与生存和繁衍至关重要的情境密切相似的刺激，这些情境涉及娱乐用户的真正关切，并可能引发高强度的情感。执行空间（executive space）代表支持构建想象刺激的基础设施；它提供进入娱乐空间的"心智舞台"。作为心理表征，这两个空间可以同时受到关注，并且注意力分配的数量可能会在一个时刻到另一个时刻发生变化。

Steen 和 Owens（2001）还讨论了执行空间意识所带来的限制。至于下限，可以说娱乐用户至少有一个最小的执行空间的意识。这有几方面原因。首先，由于执行空间是想象的源头，因此必须构建娱乐空间及其内容。例如在观看电影时，属于执行空间的线索（如文体的元素）被看作构建一个适当的娱乐空间的目的（如参考时间、空间和动作，Visch & Tan，2007）。在互动娱乐如虚构游戏之中，一个最小的执行空间的意识，对于合作伙伴或游戏系统是很必要的。其次，正如 Steen 和 Owens 观察到的那样，如果执行空间作为一个可以安全备用的选项，可以在安全的情况下尝试，以它为特点的设计应当是始终便利的。就像电影院里的紧急出口的标志并未总被注意到，但永远会在黑暗的背景中突显出来，所以说执行空间的信号应始终存在于我们脑海深处，我们不太可能完全遗忘它，因为它与经历错觉相同，而非经历幻觉，首先在不久之后导致想象过程脱离常态。终于，娱乐中的驱动机制、兴趣的评估链条，在执行空间中有了用武之地。最后，作为娱乐的参与者，我们评价电影（或其他产品）及其内容，就像在范式情景中一样，在执行空间中点燃了兴趣。在兴趣和欣赏中的行为倾向是针对产品而非想象内容而产生的：我们追剧并希望继续看到更多东西。因此，这样一些评估是人们对执行空间的意识。

执行空间的意识上限具有情感基础。一旦如好奇、恐惧或悲伤等情感产生，它们便在一定程度上控制感知和注意力（如 Anderson & Phelps，2001；Zeelenberg，Wagenmakers & Rotteveel，2006）。想象在娱乐空间中引发的情感越强烈，心智就越无法有效地处理执行空间的事务。执行空间逐渐淡化到背景中，因此其中的事件被感知得就像是真实的一样。在娱乐空间中，情感是感知现实性的原因之一，因为它倾向于减弱人们对执行空间的注意力和动机。基于想象的情感激发了兴趣，其行动倾向是探索娱乐空间。正如虚拟游戏的例子所说明的，一旦情感存在，想象现实并不需要太多。拙劣的表演和低成本的道具可能足以填补典型情节中的角色，也许只有与情节逻辑不符的那些才能被感知到（Shapiro & Fox，2002）。在感知阈中，来自执行空间的信号，只有在它们对情感引导的想象做出贡献时才会被感知。在这种观点下，娱乐用户并不是刻意打开一个控制信仰模式的开关，而是被卷入了一种具有情感可信度（emotional believability）的体验中。这可能迅速发生，而且在很大程度上是在用户的意识之外，因为情感可能会出乎我们的意料。成为娱乐的东西就意味着被转变为一种情感魔法。

执行空间的调节作用可能在第二个情境中发挥作用，即在情节事件后的次级评估中，甚至在娱乐事件之后。例如，在一场虚拟的追逐中，强烈的恐惧反应会促使被追的人重新评估事件，此刻要考虑娱乐者释放的友好意图的信号。需要注意的是，重新评估的对象是事件本身（如构成追逐的事件），而不是之前的情感反应。对事件的次级评估导致了将已经学到的东西标记为"可能性相对较高"，而不是"真实的"。在这种观点下，情感驱动搁置怀疑，随后对事件的信念进行修正，取代了元情感的概念。

在娱乐中，关于情感和想象的情感现实的观点意味着感知现实和情感之间存在着双向关系。一方面，情感赋予想象的事件"现实感"。另一方面，娱乐用户被激励着去构建一个现实，其核心是一种情感或一组情感。他们会试图从范例情节中获得最强烈的情感，但没有意识到情感的强度与教育效果直接相关。

（四）娱乐内容的真实性：想象与体验

在解释娱乐中情感的强度时，减少娱乐刺激中人为的意识，是一种（情感的）因素。如前文所述，可以假设这个因素是活跃的，尤其在以想象为基础的情感到来之时。这就提出了一个问题，情感是如何开始的。Vorderer 等人（2004）在对这一研究进行的总结中，提到了作为用户情感前提条件的共情与存在。这些前提条件，作为想象的过程，当然为强烈的娱乐情感提供了令人满意的解释。例如，在场（如 Biocca，2001）和传输（Green，2004；Green & Brock，2002）这样的心理状态，增进了情感，或在某种意义上与情感意义相同（Epstein，1994）。但难以确定的是，想象力到底是强加给娱乐用户的，还是说只是他们任意解释的产物。仔细研究一下关于想象过程的文献，就可以看出这两种可能性并非相互排斥。最新的认知神经科学研究表明，想象事物的真实性显然来自对这些事物的模仿（如 Barsalou，2003；Goldman，2006）。根据 Goldman（2006）的观点，故意模拟或制定规则，物体、人物和事件为我们提供了图像、声音、动感、味道等或多或少甚至完全与感官知觉相似的东西。这种相似性被感知和模拟图像等非常活跃的神经网络激活，其诱因是被动或主动的（如 Carr et al.，2003；Kosslyn，1994，2005）。因此，模仿并不需要刻意而为，其呈现也会自然而然让人信服。

人具有一种高级的共情想象，通过感知作用机制（Preston & de Waal，2003），对人们所需、所想、所做形成表达。当我们感知他人时，自动而部分无意识的过程构成了行动的表达，这很类似于我们自己成为演员时所表现出的一切。所谓共鸣，就是对像人一样的社会种群的基本适应，它被视为联合、协作的基础，甚至成为像我们人类一样有自我认同感的其他物种的基本意识基础（Gallesc，2003）。Zillmann（1991）已经讨论了娱乐经验里共鸣的重要性，他将其称为"模仿"。

通常，执行空间中的叙事支持自然产生的共鸣。虽然在仔细考察的过程中，对事件最具图像性的描述为人们留下了许多想象，似乎我们确实看到在娱乐空间发生的事情，并体验到了人物的经历。这种引导性的想象是强烈的非共情和共情情感的基础。诸如"是什么"和"在哪里"这种可视的感知系统感性地评价了显著特征，并通过一条"高速"通道将信息输送至大脑的扁桃形结构，而涉及认知阐释之时，也通过自动而直接的"低速"通道进行传送。大脑中的直接通道将共鸣结构与情感中枢联结起来（如 de Vignemont & Singer，2006；Wicker et al.，2003）。甚至可以证实的是，不用刻意努力使道德价值在共鸣效应中发挥巨大作用（Moll et al.，2002）。尽管如此，从 Holmes 和 Mathews（2005）的研究可以看出，图像激发情感的力量仍然是不够的。对此展开的部分研究被 Russell 所引用。也许 Lang 及其助手对图像的情感处理方面的研究最能证明意象的情感力量（如 Bradley et al.，2001）。那样一来，自动呈现的模拟和扮演是娱乐体验的启动引擎。想象力引发了身体的感受，因为模拟与共鸣带来的身体感受与我们感知真实世界的事件相似。由于这种自动机制，人们感受到像恐惧、害怕以及间接的痛苦与愉悦这样潜在的强烈情感。

对想象活动中非自动回应的情感又如何呢？执行空间中提供的刺激和它们所引起的模仿自身并不足以让最具"组织性"和有益的情感得以增进。有时候它们需要一种意志行为，这取决于他们在多大程度上超越引发过程的刺激所给予的一切。据 Stuber（2005）所述，有意制定的形式可能涉及复杂的干扰，以及与初始状态、感官、格式有依稀关联的知识推理。模仿和共鸣可能蕴含在设定的想象之中，就像相较于行动计划的具体行动中的各种情形一样。读心术是民间理论，其最高层次的心理阶段是广泛运用心理意识去解释人的行为举止。根据 Malle（2004）的观点，人们经常解释他人或他们自己的行为是各有原因的，包括在个人生活和身份的大背景下找到事件和人物的关联并定位其行动。涉及有意共情的娱乐体验可能需要实际行动去说服，也会为参与人员提供对社会群体至关重要的训练。在同情、怜悯、钦佩、后悔、尴尬、感激等一类的共情感受中，行为说服力是众多评判标准中的一部分。在复杂的娱乐活动中它们都是必需的。比如，当玩家疲于算计他们的对手可能会有何种行动或想法，或是当观影者试图解释为什么 Isabelle Huppert 的角色会无端地施行暴力之时，都会如此。

总之，想象作为娱乐活动中情感的基础，部分是由娱乐刺激产生或激发的，还有一部分是受众有意识之举。范式情景的表达会自然而然地产生于娱乐刺激之中。这一切会如真实事件一般鲜活生动，这取决于娱乐的媒介和激发的情感，从而增强了对现实的感知。由于愈加浓厚的兴趣到了不可遏止的地步，由此而产生的兴趣为娱乐空间中情景的更深层次的处理铺平了道路。最后，随着更高层次的兴趣，更为复杂的情感评价付诸行动，进一步拓展了范式情景中深层次的背景和结局。

四、结语：作为沟通的娱乐

以上所述，娱乐体验的功能构架整合了现有的理论与研究，以促进我们对情感与娱乐两者关系的理解。我们认为，娱乐经验不仅可以看作蕴含的情感，还可以是纯粹自然的情感，两种情感作为连接娱乐活动中远因与近因的基础，一方面为适应性功能的发展，另一方面也为直接的吸引力创造了远程需要的连接。正如在所有情感中一样，情感的远因，即关注，无须意识参与，但一旦情感的程序开始运转，我们就受制于它们对我们的感知、活动、动机和感觉的控制。一旦我们的兴趣被一个娱乐活动的情节所抓住，我们不会意识到自己参与过程中任何远程的教学功能，但会有一种要继续并更加积极参与的冲动。一旦我们的同理心被激活，我们就不会意识到去照顾他人或忧他人之忧，但我们很难从这些情绪中退出来，而对他人的痛苦不管不顾。

同时，我们并没有被锁入幻想之中，因为注意力必须是也正是从执行空间中给出线索。这些线索维系并促进了想象力。它们也暗示：如果有必要的话，我们可以走出娱乐空间，例如当范式情景太难而不能被我们处理之时。娱乐体验终究是我们自己创制的需要娱乐技能和基本娱乐意愿的产品。也正因为这一原因，在诠释娱乐方面，由于个体差异而存在广泛的空间，即是说，一个人的情感体验有多深刻。

将娱乐体验视为完全情感化的观点回应了一些普遍共鸣的直觉，包括娱乐是引人注目的，并伴随强烈的情感（包括不愉快的情感）。还有一个直觉尚未得到解答。普通人无法理解取悦别人就是令人愉快或带来快乐的，这些与成为好客的东道主给客人带来的活动有关。这种直觉是娱乐是一种交流，扮演着双重角色。娱乐者有意识地采取行动，以在被娱乐者身上引发有趣的情感体验。娱乐可能不仅仅是游戏，而是一种有趣的形式，在这种形式中，玩家期望自己正在提供服务，这种服务可能是好的也可能是不好的。娱乐者可能会对其产生的效果负有责任。Tan（1996）提到，情感的对象是那些被认为对我们的想象负有责任的人，被称为"人工情感"，即对娱乐产品作为有意的沟通的回应。在Steen 和 Owens（2001）对虚拟游戏的研究中的追逐者是娱乐者，他们可以被评估为不仅友好，还具有技巧；极具吸引力或者令人失望。这类赞赏情感在娱乐的潜在教育中扮演的角色，是媒体心理学尚未探讨的课题。

说明：

（1）Ohler 和 Nieding 于 2006 年提出了类似的观点，他们同样视娱乐为一种游戏形式。游戏是一种生物学上非常古老的适应功能。游戏在人类身上演绎成为包含想象事物的形式，并有助于人们形成现实生活中应对威胁与挑战的能力。

（2）Ohler 和 Nieding 尤其注意到，媒体娱乐有助于拓展人们的行为模式，因为有大量的媒体形式、风格以及特定内容，为人们提供了丰富多彩而好玩的活动。

（3）此外，笔者提出媒体娱乐产品的个人喜好可能取决于两方面，即体验的复杂性与个人相关性（或许也与之相反；"毫无关联原"）。

参考文献

［1］AINLEY M, HIDI S, BERNDORFF D. Interest, learning, and the psychological processes that mediate their relationship. Journal of educational psychology, 2002, 94：545 – 561.

［2］ANDERSON A K, PHELPS E A. Lesions of the human amygdala impair enhanced perception of emotionally significant events. Nature, 2001, 411：305 – 309.

［3］BARSALOU L. Situated simulation in the human conceptual system. Language and cognitive processes, 2003, 16：543 – 562.

［4］BERLYNE D. Aesthetics and psychobiology. New York：Appleton Century Crofts, 1971.

［5］BERLYNE D. Affective aspects of aesthetic communication//ALLOWAY T,

KRAMES, PLINER P. Communication and affect. New York: Academic Press, 1972: 97 – 118.

[6] BERRIDGE K C. Pleasure, unfelt affect and irrational desire//MANSTEAD A S R, FRIJDA N, FISCHER A. Feelings and emotions: the Amsterdam symposium. Cambridge, England: Cambridge University Press, 2004: 243 – 262.

[7] BERRIDGE K C, ROBINSON T E. Parsing reward. Trends in neurosciences, 2003, 26: 507 – 513.

[8] BIOCCA F. Visual touch in virtual environments: an exploratory study of presence, multimodal interfaces, and cross-modal sensory illusions. Presence: teleoperators and virtual environments, 2001, 10: 247 – 265.

[9] BRADLEY M M, CODISPOTI M, CUTHBERT B N, et al. Emotion and motivation I: defensive and appetitive reactions in picture processing. Emotion, 2001, 1: 276 – 298.

[10] BRYANT J M, MIRON D. Excitation-transfer theory and three-factor theory of emotion//ROSKOS-EWOLDSEN D, BRYANT J, Cantor J. Communication and emotion: essays in honor of Dolf Zillmann. Mahwah, NJ: Lawrence Erlbaum Associates, 2003: 31 – 59.

[11] CARR L, IACOBONI M, DUBEAU M C, et al. Neural mechanisms of empathy in humans: a relay from neural systems for imitation to limbic areas. Proceedings of the national academy of science of the United States of America, 2003, 100: 5496 – 5502.

[12] CARROLL N. The philosophy of mass art. Oxford, England: Clarendon Press, 1998.

[13] COSMIDES L, TOOBY J. Evolutionary psychology and the emotions//LEWIS M, HAVILAND-JONES J M, Handbook of emotions. 2nd ed. New York: Guilford Press, 2000a: 91 – 115.

[14] COSMIDES L, TOOBY J. Consider the source: the evolution of adaptations for decoupling and metarepresentation//SPERBER D. Metarepresentations: a multidisciplinary perspective. New York: Oxford University Press, 2000b: 53 – 115.

[15] DARWIN C. The expression of the emotions in man and animals. Chicago: University of Chicago Press, 1923/1965.

[16] DAMASIO A R. The feeling of what happens. New York: Harcourt, 1999.

[17] DAY H I. Some determinants of looking times under different instructional sets. Perception and psychophysics, 1968, 2: 281 – 286.

[18] DE SOUSA R. The rationality of emotion. Cambridge, MA: The MIT

Press, 1987.

[19] DE VIGNEMONT F, SINGER T. The empathic brain: how, when and why?, Trends in cognitive science, 2006, 10 (1): 435 – 441.

[20] DE WAAL F B M. The ape and the sushi master: cultural reflections of a primatologist. New York: Basic Books, 2001.

[21] DE WIED M A, ZILLMANN D , ORDMAN V. The role of empathic distressin the enjoyment of cinematic tragedy. Poetics, 1994, 23: 107 – 124.

[22] DECI E L, RYAN R M. The "what" and "why" of goal pursuits: human needs and the self-determination of behavior. Psychological inquiry, 2000, 11: 227 – 268.

[23] ELLSWORTH P C. Confusion, concentration, and other emotions of interest: commentary on Rozin and Cohen. Emotion, 2003, 3 (1): 81 – 85.

[24] EPSTEIN S. Integration of the cognitive and the psychodynamic unconsciousness. American psychologist, 1994, 49: 709 – 724.

[25] FRIJDA N H. The emotions. Cambridge, England: Cambridge University Press, 1986.

[26] FRIJDA N H. The nature of pleasure//BARGH J A, APSLEY D K. Unraveling the complexities of social life: a festschrift in honor of Robert B. Zajonc. Washington, DC: American Psychological Association, 2001: 71 – 94.

[27] FRIJDA N H. The laws of emotion. Mahwah, NJ: Lawrence Erlbaum Associates, 2007.

[28] GALLESE V. The roots of empathy: the shared manifold hypothesis and the neural basis of intersubjectivity. Psychopathology, 2003, 36: 171 – 180.

[29] GOFFMAN E. Fun in games//GOFFMAN E. Encounters. Harmonds worth: Penguin, 1961/1972: 14 – 72.

[30] GOLDMAN A. Simulating minds. New York: Oxford University Press, 2006.

[31] GREEN M C. Transportation into narrative worlds: the role of prior knowledge and perceived realism. Discourse processes, 2004, 38 (2): 247 – 266.

[32] GREEN M C, BROCKT C. In the minds eye: transportationimagery model of narrative persuasion//GREEN M C, STRANGE J J, BROCK T C. Narrative impact: social and cognitive foundations. Mahwah, NJ: Lawrence Erlbaum Associates, 2002.

[33] HARLOW H. Learning and satiation of response in intrinsically motivated complex puzzle performance by monkeys. Journal of comparative physiological psychology, 1950, 43: 289 – 294.

［34］HIDI S, BAIRD W. Interestingness: a neglected variable in discourse processing. Cognitive science, 1986, 10: 179 – 194.

［35］HOLMES E A, MATHEWS A. Mental imagery and emotion: a special relationship?. Emotion, 2005, 5: 489 – 497.

［36］HUIZINGA J. Homo Ludens. Boston: Beacon Press, 1938/1950.

［37］IZARD C E. Human emotions. New York: Plenum, 1977.

［38］IZARD C E. Basic emotions, relations among emotions, and emotioncognition relations. Psychological review, 1992, 99: 561 – 565.

［39］IZARD C E, ACKERMAN B P. Motivational, organizational, and regulatory functions of discrete emotions//LEWIS M, HAVILAND-JONES J M. Handbook of emotions. 2nd ed. New York: Guilford, 2000: 253 – 264.

［40］JANSZ J. The emotional appeal of violent video games for adolescent males. Communication theory, 2005, 15: 219 – 241.

［41］KELTNER D, SHIOTA M N. New displays and new emotions: a commentary on Rozin and Cohen. Emotion, 2003, 3: 86 – 91.

［42］KLIMMT C, VORDERER P. Media psychology "is not yet there": introducing theories on media entertainment to the presence debate. Presence, 2003, 12: 347 – 358.

［43］KOSSLYN S M. Image and brain: the resolution of the imagery debate. Cambridge, MA: The MIT Press, 1994.

［44］KOSSLYN S M. Mental images and the brain. Cognitive neuropsychology, 2005, 22: 333 – 347.

［45］KRETZINGER E A. Gross bodily movement as an index of audience interest. Speech monographs, 1952, 19: 244 – 248.

［46］LAZARUS R S. Emotion and adaptation: the mysterious underpinnings of emotional life. London: Oxford University Press, 1991.

［47］LEDOUX J E. The emotional brain: the mysterious underpinnings of emotional life. New York: Simon and Schuster, 1996.

［48］LITMAN J A. Curiosity and the pleasures of learning: wanting and liking new information. Cognition and emotion, 2005, 19: 793 – 814.

［49］MALLE B F. How the mind explains behavior: folk explanations, meaning, and social interaction. Cambridge, MA: The MIT Press, 2004.

［50］MOLL J, DE OLIVEIRA SOUZA R, ESLINGER P J, et al. The neural correlates of moral sensitivity: a functional magnetic resonance imaging investigation of basic and moral emotions. The journal of neuroscience, 2002, 22: 2730 – 2736.

[51] NABI R L, KRCMAR M. Conceptualizing media enjoyment as attitude: implications for mass media effects research. Communication theory, 2004, 14: 288 – 310.

[52] NUSSBAUM M C. Upheavals of thought: the intelligence of emotions. New York: Cambridge University Press, 2001.

[53] OATLEY K. Best laid schemes: the psychology of emotions. Cambridge, England: Cambridge University Press, 1992.

[54] OATLEY K. Emotions, rationality and informal reasoning//OAKHILL J, GARNHAM A. Mental models in cognitive science. Hove, England: Psychology Press, 1996: 175 – 196.

[55] OATLEY K, JENKINS J. Understanding emotions. Cambridge, MA: Blackwell, 1996.

[56] OATLEY K, JOHNSON-LAIRD P N. The communicative theory of emotions: empirical tests, mental models, and implications for social interaction//MARTIN L L, TESSER A. Striving and feeling. Mahwah, NJ: Lawrence Erlbaum Associates, 1996: 363 – 393.

[57] OHLER P, NIEDING G. An evolutionary perspective on entertainment//BRYANT J, VORDERER P. Psychology of entertainment. Mahwah, NJ: Lawrence Erlbaum Associates, 2006.

[58] Oliver M B. Exploring the paradox of the enjoyment of sad films. Human communication research, 1993, 19: 315 – 342.

[59] ORTONY A, CLORE G L, FOSS M A. The referential structure of the affective lexicon. Cognitive science, 1987, 11: 361 – 384.

[60] PANKSEPP J. Toward a general psychobiological theory of emotions. The behavioral and brain sciences, 1982, 5: 407 – 467.

[61] PANKSEPP J, KNUTSON B, BURGDORF J. The role of brain emotional systems in addictions: a neuro-evolutionary perspective and new "self-report" animal model. Addiction, 2002, 97: 459 – 469.

[62] PIAGET J. La formation du symbole chez l'enfant: imitation, jeu et rêve image et représentation [The formation of the symbol in children: imitation, play and fun]. Neuchtel, Switzerland: Delachaux et Niestlé, 1945.

[63] PRESTON S D, DE WAAL F B M. Empathy: its ultimate and proximate bases. Behavioral and brain sciences, 2003, 25: 17.

［64］ RATHUNDE K. The experience of interest: a theoretical and empirical look at its role in adolescent talent development//MAEHR M L, PINTRICH P R. Advances in motivation and achievement: motivation and adolescent development. Greenwich, CT: JAI Press, 1993.

［65］ RAVAJA N, SAARI T, SALMINEN M, et al. Phasic emotional reactions to video game events: a psychophysiological investigation. Media psychology, 2006, 8: 343 – 367.

［66］ REEVE J. The interestenjoyment distinction in intrinsic motivation. Motivation and emotion, 1989, 13: 83 – 103.

［67］ ROESE N J. Counterfactual thinking. Psychological bulletin, 1997, 121: 133 – 148.

［68］ ROLLS E T. Emotion explained. Oxford, England: Oxford University Press, 2005.

［69］ RUSSELL J A. Core affect and the psychological construction of emotion. Psychological review, 2001, 110: 145 – 172.

［70］ SANSONE C, HARACKIEWICZ J M. "I don't feel like it": the function of interest in self-regulation//MARTIN L L, TESSER A. Striving and feeling. Mahwah, NJ: Lawrence Erlbaum Associates, 1996: 203 – 228.

［71］ SCHERER K R. What are emotions? And how can they be measured?. Social Science Information, 2005, 44: 695 – 729.

［72］ SCHWAB F. Evolution und emotion: evolutionre perspektiven in der emotionsforschung und der angewandten psychologie. ［Evolution and emotion: evolutionary perspectives in emotion research and applied psychology］. Stuttgart, Germany: Kohlhammer, 2004.

［73］ SCHWARZ N. Feelings as information: informational and motivational functions of affective states//HIGGINS E T, SORRENTO R M. Handbook of motivation and cognition: foundations of social behavior, Vol. 2 New York: Guilford Press, 1990: 527 – 671.

［74］ SHAPIRO M, FOX F R. The role of typical and atypical events in story memory. Human communication research, 2002, 28: 109 – 135.

［75］ SILVIA P. Interest and interest: the psychology of constructive capriciousness. Review of general psychology, 2001, 5: 270 – 290.

［76］ SILVIA P. What is interesting? Exploring the appraisal structure of interest. Emotion, 2005, 5: 89 – 102.

［77］ SILVIA P. Exploring the psychology of interest. Oxford, England: Oxford University Press, 2006.

［78］ SOLOMON P, LEIDERMAN P H, MENDELSON J, et al. Perceptual and sensory deprivation: a review. American journal of psychiatry, 1957, 114: 357 - 363.

[79] STEEN F F, OWENS S A. Evolutions silent pedagogy: an adaptationist model of pretense and entertainment. Journal of cognition and culture, 2001, 1: 289 - 321.

[80] STUBER K R. Rediscovering empathy: agency, folk psychology, and the human sciences. Cambridge, MA: The MIT Press, 2006.

[81] Tamborini R. Responding to horror: determinants of exposure and appeal//BRYANT J, ZILLMANN D. Responding to the screen: reception and reaction processes. Hillsdale, NJ: Lawrence Erlbaum Associates, 1991: 305 - 328.

[82] TAMBORINI R. Enjoyment and social functions of horror//BRYANT J, ROSKOS-EWOLDSEN D, CANTOR J. Communication and emotion: essays in honor of Dolf Zillmann. Mahwah, NJ: Lawrence Erlbaum Associates, 2003: 417 - 443.

[83] TAN E S. Film induced affect as a witness emotion. Poetics, 1995, 23: 7 - 32.

[84] TAN E S. Emotion and the structure of narrative film. Mahwah, NJ: Lawrence Erlbaum Associates, 1996.

[85] TAN E S. Emotion, art and the humanities//LEWIS M, HAVILAND-JOES J M Handbook of emotions. 2nd ed. New York: Guilford Press, 2000: 116 - 136.

[86] TAN E S. Het plezier van mediaentertainment [The pleasure of media entertainment]. Inaugural lecture. Amsterdam: Vossius Press, 2004.

[87] TANNENBAUM P. Entertainment as vicarious experience//TANNENBAUM P. The entertainment functions of television. Hillsdale, NJ: Lawrence Erlbaum Associates, 1980: 107 - 131.

[88] TAYLOR S E. Asymmetrical effects of positive and negative events: the mobilization-minimization hypothesis. Psychological bulletin, 1991, 110: 67 - 85.

[89] TAYLOR S E, SCHNEIDER S K. Coping and the simulation of events. Social cognition, 1989, 7: 174 - 194.

[90] TOMASELLO M. The human adaptation for culture. Annual review of anthropology, 1999, 28: 509 - 529.

[91] TOMKINS S S. Affect theory//SCHERER K R, EKMAN P. Approaches to emotion. Hillsdale, NJ: Lawrence Erlbaum Associates, 1984: 163 - 195.

[92] TOOBY J C, COSMIDES L. Does beauty build adapted minds? Toward an evolutionary theory of aesthetics, fiction and the arts. SubStance, 2001, 30: 6 - 27.

[93] VALKENBURG P M, PETER J. Fantasy and imagination//BRYANT J, VORDERER P. Psychology of entertainment. Mahwah, NJ: Lawrence Erlbaum Associates, 2006: 105 - 118.

［94］ VISCH V，TAN E S. Effects of film velocity on genre recognition. Media psychology，2007，9：59 – 75.

［95］ VORDERER P. It's all entertainment – sure. But what exactly is entertainment? Communication research，media psychology and the explanation of entertainment experiences. Poetics，2001，29：247 – 261.

［96］ VORDERER P，KLIMMT C，RITTERFELD U. Enjoyment：at the heart of media entertainment. Communication theory，2004，14：388 – 408.

［97］ VORDERER P，STEEN F F，CHAN E. Motivation//BRYANT J，VORDERER P. The psychology of entertainment. Mahwah，NJ：Lawrence Erlbaum Associates，2006：3 – 17.

［98］ WICKER B，KEYSERS C，LAILLY J，et al. Both of us disgusted in my insula. Neuron，2003，40：655 – 664.

［99］ WIRTH W. Involvement//BRYANT J，VORDERER P. Psychology of entertainment. Mahwah，NJ：Lawrence Erlbaum Associates，2006.

［100］ ZEELENBERG R，WAGENMAKERS E-J，ROTTEVEEL M. The impact of emotion on perception：bias or enhanced processing? Psychological science，2006，17：288 – 291.

［101］ ZILLMANN D. Excitation transfer incommunicationmediated aggressive behavior. Journal of experimental social psychology，1971，7：419 – 434.

［102］ ZILLMANN D. Mood management through communication choices. American behavioral scientist，1988，31：327 – 340.

［103］ ZILLMANN D. Empathy：affect from bearing witness to the emotions of others// BRYANT J，ZILLMANN D. Responding to the screen：reception and reaction processes. Mahwah，NJ：Lawrence Erlbaum Associate，1991：135 – 167.

［104］ ZILLMANN D. Mechanisms of emotional involvement with drama. Poetics，1994，23：33 – 51.

（原文刊载于 *Media Psychology*，Vol. 11，2008）

娱乐体验中的情感满足：为何影视剧观众受益于情感体验

安妮·巴琦[*]

赵 伟 译

不论媒介娱乐是以电影、小说、电视节目、音乐视频、电脑游戏还是何种形式出现，人们总会把情感视为其核心。也许，娱乐受众想要的不过是大笑一场，或者紧张得几乎坐不住，抑或是感动得涕泪横流罢了。目前，媒介心理学领域里已经积累了大量的证据，这些证据不仅支持媒介娱乐的情感（affect）功能，而且从理论上还提供了能证实为何情感类（affective）体验能让媒介用户满意的解释。本文不仅回顾了以往文献对娱乐体验中情感影响因素的研究，还针对电影、电视连续剧的个人体验中情感满足的不同类型，先后提出了四种研究，并提供了相应的证据和测量手段。

对于娱乐体验里情感的不同理论作用之间的区别，本文给予了特殊的关注：一方面，诸如情绪、情感的体验可以是令人满足的，比如在收看媒体节目过程中，个体对愉悦、兴奋或者感伤等情感的体验（可比较 Oliver，1993；Zillmann，1988；Zuckerman，1979）。另一方面，有人曾主张，媒体的情感体验可以间接地提供满足感，这种满足感有助于个体的社交与认知需求的实现（可比较 Cupchik，1995；Oliver & Bartsch，2010）。本文研究目标在于为电影和电视观众直接、间接的情感满足提供系统的评估。

在对传统的"使用与满足"研究方法进行论述后，本文实施了一个质化的访谈研究，之后，使用一系列的问卷来甄别个体访谈得出的观点的潜在维度，和大多的"使用与满足"的研究不同，本次访谈和问卷的术语主要以特定的理论元素——"情感的潜在满足"为核心。这就是本研究没有询问受访者是否会使用某种既定的媒介或观看某个既定节目类型的原因所在。对参与本次研究的人员，询问了他们看电影或电视连续剧的感觉和体验，比如：喜欢这种感觉和

---

[*] 安妮·巴琦（Anne Bartsch），德国奥格斯堡大学传媒与技术学院教授。

体验与否；如果喜欢，原因是什么。本次研究关注媒介满足感这块有限但理论上饱和的领域，使研究有关个人媒介喜好的情感因素有可能实现。当然，这些研究建立在现有的实验、调查研究上。一方面，这使得自我汇报的数据更容易理解；另一方面，使用这些数据，可以有助于更深入的理论审查和实验研究。

一、理论背景

大多数的娱乐研究都聚焦在前文所述的第一组情感满足因素之上，也就是说，聚焦在情绪和情感作为一种有益情感的作用之上，这些情感是媒介用户可以在他们自己身上追寻得到的——包括快乐、惊悚或者感伤等情感（可以比较Oliver，1993；Zillmann，1988；Zuckerman，1979），不过，越来越多的非享乐式研究也开始用来解释媒介体验的吸引力，因为有关愉快、兴奋或者其他令人满意的感觉还不能足以解释这些媒介体验（参见 Cupchik，1995；Oliver & Bartsch，2010；Tamborini et al.，2010；Vorderer & Ritterfeld，2009）。和目前研究相关的是，人们通常认为：那些非享乐式的娱乐满足，虽然有着不同的理论层次，但也会涉及痛苦、不愉快等情感，而这些情感有可能刺激其他有益的情感发挥作用，诸如在拟社会关系方面（Rubin & Perse，1987），或者自我反思与深刻洞见（Cupchik，1995；Oliver & Bartsch，2010）等方面。在这种情况下，对这些情感的体验不能看作是一种止于自身的情感，而是一种可以培育其他不同类型满足过程中的刺激、催化剂。接下来的章节，对以上两种相关研究路径的核心假设及其研究发现进行了总体性回顾。

（一）与情感体验等情感有关的娱乐满足

1. 情绪管理

在情绪管理理论中，从情绪和情感等体验中可以衍生出满足这一观点恐怕是最为明显的了（Zillmann，1988），情绪管理理论假定个人偏好中有一种中间水平的唤醒（arousal），这种唤醒的体验是愉快的。除了平衡式唤醒，情绪管理理论强调积极情感效价式的满足，这种满足与强烈感情的吸纳潜力有关，而这些强烈感情可以帮助个人消除负面思想（对于这个总结，可以参考 Knobloch-Westerwick，2006）。

2. 情感倾向

情感倾向理论（Zillmann & Cantor，1977）聚焦观众对媒介人物作道德判断的作用。基于这些判断，人们认为，当正面人物胜利或者那些不招人待见的人物失败时，积极的情感就产生了。已有一系列不同类型的研究支持了这种假设：在观众把那些描述中的后果看成正义或者正确的时候，他们会体验到最高水平的积极情感和享受（关于这种理论的文献综述，可以参考 Raney & Bryant，2002）。

3. 兴奋转移

兴奋转移的概念（Zillmann，1996）解释了消极情感体验如何有助于娱乐满足的情况，比如观众被悬疑情节打动，且担心他们喜欢的角色有坏的结局时。这种概念假定，源自共情的沮丧带来部分唤醒并溢散，在悬疑情节有一个好的结局时，这些唤醒能以积极的思维、情感重新进行构架。因此，兴奋转移能够引起心情愉快的感觉，而这种感觉会以高水平的唤醒和积极效能为特征。

4. 感觉寻求（sensation seeking）

"感觉寻求"的概念（Zuckerman，1979）同样是基于唤醒调控框架的，不过，和情绪管理和兴奋转移不同的是，"感觉寻求"假定兴奋与新奇、复杂和剧烈的感觉及体验是相联的，它能以其自身的方式获得满足，超越了最佳水平的唤醒，而且是独立的积极效价能。感觉寻求的动机能力与特定的媒介使用相关，如个人对暴力与恐怖的内容偏好（参看 Hoffner & Levine，2005 中的元分析）。

5. 元情感（meta-emotions）

由悲伤的、悲剧性的娱乐所引发的情感满足的相关解释一直都比较模糊，特别是在缺乏正义和欢乐结局的情况下。Oliver（1993）提出一种基于元情感的解释（也就是说对情感的评价性的观点、感觉）。例如，共情性的悲伤与自我性的积极感受相伴而生，因为这种积极情绪推崇道德，特别是在女性作为性别角色的一部分的情况下。基于这种推理，Oliver（1993）预测并发现"在很多观众身上，观看催人泪下的影视剧而产生的悲伤情感都可以理解成愉快的感官体验"（第336页）。米尔斯（Mills，1993）也作出了一个相似的论证，他认为悲剧的吸引力在于对共情悲伤的积极态度。

6. 混合的、有意义的情感（mixed and meaningful affect）

Oliver 及其同事的研究（Oliver，2008；Oliver et al.，2009）已经扩展到了可以解释悲剧娱乐的情感质量方面了，这种情感质量强调各种感情的作用，比如亲切（亲切的、善解人意的、具有同情心的）、有意义的情感（激情澎湃的、鼓舞人的、内审的，沉思的）。这些情感并非合理的悲伤，但似乎都以混合情感的体验为特征，在同一时间内兼具快乐和悲伤（参见 Larsen，McGraw & Cacioppo，2001）。

虽然悲剧内容的吸引力一直是个无法穷尽的话题，但似乎很容易得出这样一个结论：除了对愉快和唤醒的体验，娱乐受众也可以有更多复杂的情感，比如夹杂了共情悲伤的情感，这些情感通常伴随着混合的情感，有时候是伴随着评估性元素的情感，诸如元情感、共情态度，或者有意义的情感等。

（二）社交与认知需求满足中娱乐情感体验的作用

除了从有益的情感中可以立即获得满足之外，一些不同的研究提出：媒体的情感体验还能在个体的社交和认知需求这一较大范围内的情境中发挥作用。有些研究机制与此是相似的，比如，Reinecke 和 Trepte（2008）就预测并发现：情绪管理可以在媒体收视过程中存留并提高随之而来的任务绩效。同理，Appel（2008）研究后认为，在虚构型娱乐题材中体验到的惩恶扬善不仅可以诱发积极情感，还可以加强个人对正义世界的信仰。其他一些概念则把娱乐满足中社交和认知的需求作为其研究的首要关注。

1. 娱乐的关系功能

把媒介情感体验和社交满足连接起来的早期流派中，Zillmann 等人（1986）的研究是关于恐怖电影的求偶功能的，这些作者发现，异性伙伴对这些恐怖电影的享受以及对其喜爱程度的排名是多变的。伴侣表现出社会性别类型的行为，比如男性表现出勇敢、女性表现出胆怯等行为，其实是求偶仪式中的一部分，伴侣双方都是满足的。后来对电视一般受众的研究（Rubin，1983），特别是对已婚夫妇的研究（Lull，1990），都显示了关系功能的存在，包括促进沟通、密切关系、社会学习以及角色扮演等。

2. 拟社会关系

除了和其他人建立并加强情感关系之外，媒介诱发的情感还可以培养和荧屏上的角色、人物（如虚拟形象）之间的拟社会关系（Klimmt et al.，2003；Rubin & Perse，1987），早期研究中的前提是：这种拟社会关系不能作为社交生活不足中的补偿功能，而现在不一样了，这种情感可以作为社交和情感满足的补偿途径之一（参见 Giles，2002）。

3. 间接体验

诸如"传输"（Green & Brock，2000）、"卷入"（Vorderer，1993）、"认同"（Cohen，2006）以及"叙事性参与"（narrative engagement；Busselle & Bilandzic，

2009）等概念都与处理间接体验的满足有关。这些概念一致假定：那些叙述性
媒介内容的读者或者观众都倾向于采用那些剧中角色的观点，并从剧中人物的
视角来体验情感。这类研究的首要焦点是间接体验媒介化劝服效果中的作用，
但这类研究也发现，这种体验有助于娱乐满足（Busselle & Bilandzic，2009；
Green & Brock，2000）。

4. 社会比较

向下（downward）的社会比较概念（Mares & Cantor，1992）提供了另外一
个例子，即媒介情感体验如何有助于社交和认知满足。这种概念假定，收看节
目的个人并不逃避那些具有负面效能的描述，虽然这些描述会提示他们认识到
自己的问题，但他们反而会从这样的负面内容中找到安慰，因为相比较而言，
这些内容显示出有些人的问题比他们自身的问题还要严重。

5. 自我反思

审美体验中的反应与反思模式（Cupchik，1995）拓展了自我反思的范围，
并超越了社会的比较过程，这种模式强调由媒体内容激发出的情感记忆的作用，
从而创造了既有意义又令人舒服的审美体验（参看 Cupchik，2011）。

6. 实现主义动机

基于古代哲学中享乐和实现的区别（Aristotle，1931），Oliver 对一种与娱乐
体验相关的概念进行了思考，这种概念聚焦在意义和沉思的情感体验上
（Oliver，2008；Oliver & Bartsch，2010；Oliver & Raney，2011）。追求幸福的动
机的概念，假定了除享乐的动机之外，个人对深刻的观点、意义、生活目的理
解等行为也可以激发媒介使用的动机。比如，Oliver 和 Hartmann（2010）在一
个以有意义的电影为素材的研究中发现，观看电影的人会对生活中的价值观、
时间的飞逝、人类美德和耐力的重要性等问题进行反思，把悲痛、残忍、痛苦
等问题接受为人类状况中不可避免的一部分。

总的来说，娱乐研究已经有了大量证据来支持这一假设，即情感体验可以
有益于媒体使用者的满足感，这种满足感包括了来自回报性情感的即时满足，
也包括了一种更直接，但在社交和认知需求方面不那么重要的情感。从上面提
到的文献回顾当中，至少有六种明显的、有助于娱乐满足的因素可以被辨识出
来。其中，三种因素与情感体验本身相关：①正如例子中提到的情绪管理和情
感倾向理论中既定的一样，积极情感是明显有满足性的；②在情绪管理、感觉
寻求和兴奋转移等模式中，唤醒是一个重要的理论元素；③在元情感、共情态

度模式中，共情悲伤曾与娱乐满足相关联。余下的情感因素和社交与认知过程相关，这种社交与认知过程可以由情感性媒介体验所激发；④共有情感的社交关系功能与恐怖电影的求偶功能有关；⑤在"情感倾向""传输""卷入""认同""叙事性参与"等模式中，强调对剧中角色情感的投入；⑥在审美体验、社会比较以及幸福满足的模式中，强调情感刺激对自我反思的作用。

近年来把娱乐概念化为一种内在固有的、有益活动的研究（Oliver & Bartsch, 2010; Sherry, 2004; Tamborini et al., 2010; Vorderer, Steen & Chan, 2006），提供了一个有用但过于简单粗糙的公式，这种公式涵盖了娱乐满足的两个面向，也就是"有益的情感"以及"娱乐的心理学功能"。通过内在固有动机框架的理论棱镜（可以比较 Csikszentmihalyi, 1990; Ryan, Huta & Deci, 2008），媒介体验在情感、认知、社会的体验方面等范围内是有趣的，其内在、本身的娱乐性就令人满足，是独立于外在回报的。根据上面的回顾，看起来，情感可以从两个方面来培育内在固有的满足体验，要么是因为媒体引发的情感可以使个体感到一种即时性满足（如在情感调控和唤醒方面），要么就是因为情感可以刺激有益的社交、认知体验，以更复杂和更可持续的方式促进情绪健康（例如，它们促进了意义感和社会联系）。这个娱乐体验中情感满足的初步两级模型如图1所示。

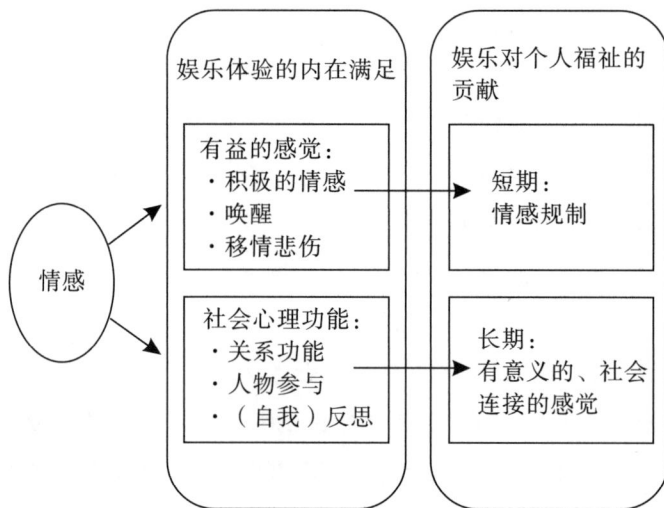

图1　娱乐体验中情感满足的两级模型

（三）现有研究的原理

第一种基于情感调节的情感满足得到了较好的研究（要看有关文献的话，可以参看 Knobloch-Westerwick，2006；Olvier，2009；Vorderer，Klimmt & Ritterfeld，2004）。然而，第二种，即与情感娱乐体验在社交、认知需求方面的作用相关的证据，最近才开始以稳定、持续的方式出现（可以比较 Cupchik，2011；Oliver & Bartsch，2010；Oliver & Raney，2011；Reinecke et al.，2012；Tamborini et al.，2010；Vorderer & Ritterfeld，2009）。本研究为了深化这条研究路线，实现的路径有二：一是提供一套系统去评估满足，而这种满足与媒介使用中的情感体验可以直接或间接相关；二是分析不同的情感如何有助于不同类型的娱乐满足。

为发现个人的情感满足经验中最显著的维度，本研究使用了质化和量化相结合的研究方法。在研究的第一个阶段，本研究使用的是质化访谈，让受访者用他们自己的语言来解释，为何使用媒体对于他们来讲是令人满足的，然后对描述这些满足的自然语句进行抽样；第二个阶段，研究使用了一系列的问卷，这些问卷使用了来源于质化访谈的语料库中的语句；第三个阶段，本研究用问卷数据来分析个体对情感满足的自我讲述中潜在的维度，选择项目用于建构量表，并用量表来完成初始的检验分析，该检验分析涉及了情感满足因素与个体情感体验之间的关系，涉及个体对媒介使用的评价。

对于量表的建构，相较于那些出于同一类研究，且这类研究通常包含某个既定媒介或者节目形态中所有与之相关的满足要素来说，本研究要提供一个更细致的情感满足因子的评估。比如，在 Conway 和 Rubin（1991）对电视满足的研究中，六个满足因子中仅有"娱乐"和"消遣"两个因子在概念上与情感体验有关。在 Rubin（1983）的研究中，"唤醒"这一要素没有得到复制，虽然这一要素启发了后来的关于使用和满足的研究。同样地，早期有关使用与满足的研究结果虽然揭示了更多严肃的满足因子，比如体验美和提高道德（Katz，Haas & Gurevitch，1973）、自我改善（Tesser，Millar & Wu，1988）等，但没能产出更系统的、遵循这一体系的研究。

最近由 Oliver 和 Bartsch（2010）开发的一套评估对电影的满足的量表里，包含了对乐趣、悬疑和欣赏（打动人的、具有启发性的体验）的测量。这种测量指向了一种效用（utility），这种效用把一般性的娱乐要素划分为从量上面来讲有着不同面向的娱乐体验。尽管如此，在关于情感在社交和认知需求的作用中，这种测量依然留有重要的问题没能得到解决。除了欣赏（appreciation）反思这一面向之外，其他类型的社交与认知满足，比如"角色投入"和"娱乐的关系功能"似乎在这里消失了。还有，考虑到"欣赏"量表与情感效能和唤醒的测量不一致，"那些激发反思性观点的情感的性质是什么"这一问题依旧不甚了了。最近 Oliver 等人（Oliver et al. , 2009；Oliver & Hartmann，2010）的研究提议说：反思性娱乐体验经常与混合性的情感效能（积极的以及负面的）相关，这或许能解释为什么与 Oliver & Bartsch（2010）研究中所获取的发现不一致，因为这种研究使用了对效能和唤醒的基本测量。

这种可以从情感体验中直接得到，或者直接被刺激出来的，更具系统性的娱乐满足评估，在理论上和方法上，都更有意思。特别是上面概括的娱乐体验中的两级情感满足模型，该模型强调了社交与认知的作用，比如个体对意义和社会联结的追求，这种感觉有助于个人和情感的健康，超越了短期的情感调节。要达到对娱乐媒介吸引力和媒介功能的更全面的理解，改进可测的、可描述的情感体验面向的细节至关重要。

基于上面所概括的理论和方法上的考虑，本研究选择了一个以情感为中心的娱乐满足的研究路径，该路径覆盖了有益的情感与情绪在社交和认知需求中的作用。当然，这并不意味着去否定那些与情绪并不相关，但同样有助于娱乐体验的其它类型的满足。相反，聚焦在情感因素上，有助于锁定娱乐研究中某个最重要的理论元素，我们评估其满足的可能性细节的水平也得以提高。

二、质化访谈研究（研究 1）

为重新回顾并拓展情感在娱乐满足研究中的功能的理论，我们实施了与个体的电影体验相关的质化访谈，使用了最大变量抽样（Patton，2002：243）招募了在年龄、性别和类型偏好具有异质性分布的访谈样本，有三个年龄组（25 岁之下，25 ~ 50 岁，50 岁以上），四种风格类型（喜剧、剧情、动作、恐怖），还有两种社会性别。在每一个年龄和性别偏向的组合（combination）中，至少有一位男性和一位女性受访者被访谈。这种抽样方案包括了有风格偏向的参与者，他们因为其年龄和性别而具有典型性（比如年轻男性偏向于喜剧和动作片）；还包括了一些非典型性的参与者（比如一些 50 岁以上的，喜欢动作片或者恐怖片的女性）。非典型性的案例是为了拓展访谈中所讨论的电影体验和满足主题的范围（spectrum）而有意涵括进去的。

有 28 位德语受访者（14 位男性，14 位女性），其年龄从 18 岁到 70 岁不等（$M = 37.82$；$SD = 17.49$），参与访谈研究并获得了少量的报酬。访谈是半结构式访谈，持续时间是 40~60 分钟，受访者要根据他们喜欢的类型，回想一部他们喜欢并能生动回忆的电影。首先，访谈者要求受访者描述其提及的电影中他们喜欢的场景；接下来，受访者被问到他们在这些场景中所体验到的情感，是否喜欢这些情感，如果是，为何？随后，所有参与者都要讲出他们看电影过程中所体验到的情感，回答同样的问题。在访谈的第一个阶段，访谈者试图通过尽可能多地询问参与者来引发与情感有关的即时性问题，这些受访者要一一列出并评估与电影相关的情感，同时解释他们对电影的评价。在访谈的第二阶段，更多特定的、以理论为指导的问题被用来推动更深层次的情感满足讨论。这些需讨论的问题是：情感体验本身，包括生理反应、主观感受以及专注度；在参与者情感生活中可以感知的与电影相关的情感的功能：包括处理沮丧、角色投入、情感的社会功能以及自我反思。

以上访谈被录音并且被全部转录，质化数据分析分 3 个阶段进行。第一步，用一个页面来简单阐释、总结受访者的回答，被访者会描述为何看电影时情感体验是满足的。每一个采访都有两份总结需要撰写，一份由采访者完成，另一份由另外一个研究者来书写。第二步，根据所做的那些简短的阐释，我们采用了"归纳分类发展法"（Dey，1993；Miles & Huberman，1994）排列出相似说法的种类。第三步，用探索性质的编码把访谈分为两半，以评估种类体系的综合性，并用它来指导之后的修订。在探索性编码结果中，频繁与之重复的种类是不成立的，新的种类会被创建出来，用以调整那些还无法分类的句子。最后一步的一套分类包含了 66 种陈述，都是观影过程中有关情感满足的陈述。

本章根据访谈的质化分析以及探索性编码的结果，为接下来的问卷研究建构了一个类目库（item-pool）。出现最为频繁的陈述有 18 类，次之的有 48 类，前面 18 类每类由 2 个类目来代表，而不太频繁出现的那 48 类陈述每类由 1 个类目来代表。因此，一个包含了观影过程中 84 个情感满足的类目库就初步形成了。

三、量表开发与初始的检验分析（研究 2 和研究 3）

为遵循质化访谈的结果，本文实施了 3 个问卷研究，包含了不同的样本和评级任务。在研究 2 中，一部分学生与学生亲属要讲出他们喜欢且能生动回忆的电影并为之评级，这样就可以以一种与质化访谈相似的方式来格式化所有评级。在研究 3 中，一部分租用录像的消费者在家里看完他们所租来的电影后再为之评级，因此，这些租客可以在自然观看的情境里，在对电影有着即时性印象时评定情感满足的等级。在研究 4 中，会在互联网上看电视的用户为他们喜欢的电视连续剧评级，因此，研究结果会延伸到不同娱乐媒介。

研究 2 与研究 3 的目的在于探索电影观看者情感满足的维度，为量表建构选择类目，实施初始的检验分析。检验标准是基于之前所概括的理论背景以及以下假设的反思：

（1）情感满足概念意味着，满足的体验中必定卷入了情感（要么是因为有益的情感，要么是因为社交和认知需求中满足的功能）；因此，情感满足的测试必须与个体自述的情感相关。

（2）情感满足概念意味着，情感体验是令人满足的；因此，情感满足的测试必须与个体自述的积极的元情感相关。

（3）从媒体使用体验中获得的满足应该使得人们对媒体内容催生的情感有一个更积极的评估，因此，情感满足的测试应该与积极的内容评价相关。

（一）方法

1. 参与者与步骤（研究 2）

研究 2 涉及德国学生的样本群（$N = 154$；男性 75 人，女性 79 人；年龄：$20 \sim 29$ 岁，$M = 23.44$，$SD = 2.06$）以及学生的年龄 50 岁及以上的亲属（$N = 77$；男性 38 人，女性 39 人；年龄：$50 \sim 80$ 岁，$M = 59.78$，$SD = 7.92$）。这些人使用纸和铅笔完成问卷，给记忆中的电影评级。还有些学生把问卷带回家，让他们的亲人在圣诞假期期间完成。那些成功邀请他们的亲戚参与问卷调查的学生得到了有奖竞猜礼物凭证。

2. 参与者与步骤（研究 3）

在研究 3 中，有 294 位租用录像的顾客完成了关于他们所租用电影的体验问卷（其中男性 148 人，女性 142 人，有 4 人没有报告其性别；年龄：$18 \sim 78$ 岁，$M = 31.90$，$SD = 11.79$）。参与者被邀使用贴在两个德国录像出租店收银台的海报。收银员分发了问卷和解释步骤的活页，在活页里要求参与者把问卷带回家，看完租来的电影后立刻完成填写，然后在归还碟片时把问卷一同交还给店员。那些交回已经填好了的问卷的参与者会在随后两天租碟时得到补偿。

（二）测量

1. 电影风格与综合评价

在研究 2 中，问卷要求参与者说出他们喜欢并能生动回忆的一部电影，在研究 3 中，参与者被要求讲出他们所租来看的碟片电影。接下来参与者们被要求指出该影片的风格并给他们印象中的电影评级。为指出电影的风格，参与者被要求按访谈研究方案中提到次数最多的类别进行单项或多项的选择，这些类别有：喜剧、剧情片、动作片、惊悚片、恐怖片和纪录片。参与者还可以使用一段话来指出其它的风格。接下来，参与者要使用 4 个表达一般检验标准的类目来给电影评级，这 4 个标准分别是："这部电影真的不错""这部电影令人愉快""我发现这部电影很有艺术价值""这部电影给我留下了永久的印象"。

2. 情感与元情感

接下来，问卷要求参与者回想出他们看电影时所经历的情感并说出这些情感。他们被要求使用"SAM"（Self-Assessment-Manikin，情感体验的自我评估）检验与唤醒量表来给他们在电影中所经历的情感评级（Lang，1980）。在研究 2 中，在使用"SAM"量表之后使用了"PANAS"（Positive and Negative Affect Schedule，正面与负面情感日程）量表（Waston，Clark & Tellegen，1988）。在研究 3 中，我们使用了"MDS"（Modified Differential Affect Scale，不同情感修订版量表）来评估 10 种离散的情感（Renaud & Unz，2006），这些情感有：快乐、喜悦、趣味、惊讶、入迷、心酸、悲伤、愤怒、恐惧、厌恶。最后，参与者被要求给他们的"元情感"，也就是他们在电影中所体验到的情感评级。用于评估参与者的元情感的三种类目是："我喜欢这种感觉""当我处于这种情绪中时，我是快乐的""体验这些感觉对我来说是愉快的"。

3. 情感满足

问卷的主要部分包括了衍生于质化访谈的 84 个陈述句。这些类目的语义结构是基于访谈陈述句的逻辑的，这些陈述句与媒体收视过程中的情感体验的评估性陈述句相连，对于评估有着特定的理解，所有类目的第一句子的前半部分都是一样的："能体验这些感觉是美好的……"而后半部分则是各不相同，比如"……因为我喜欢它带来的紧张感"或者是"……因为它会促使我想起自己"。参与者要指出这些陈述句在描述他们说到的观影体验时的作用到底如何。

对电影评价、元情感和情感满足等类目的反应，本文使用了 5 级李克特量表来记录，范围从 1（反对）到 5（强烈同意）。情感类目以 5 级量表来记录，范围从 1（一点儿也不）到 5（非常）。检验与唤醒使用"SAM"的 5 点直观绘图评级量表。在问卷的最后一部分，参与者被要求提供基本的人口学信息（年龄、性别与教育水平）。

4. 结果

为检测情感满足的基本维度，本文对最初类目库里的 84 个类目实施了探索性因子分析。在下面所有的分析中，采用了方差旋转的主成分分析法。研究 2、3、4 的结果都用因子分析法，总结可见表 1，表 1 包含了研究 2、3、4 中每个因子所解释的特征值和变量，以及为建构量表所选类目的信度和描述性统计。表 1 所展示的量表类目的因子载荷是基于研究 4 中最终的探索性与验证性因子分析得来的。

（三）探索性因子分析

1. 探索性因子分析（研究 2）

第一套分析是在回忆过电影并给电影评级的学生及学生亲属所得到的成套数据里实施的。初步分析显示：有 17 个因子的特征值大于 1，解释了 71% 的变量。前面 7 个因子是可以判断的，它们具有与大量类目相关的语义特征，而这些类目载荷都在每个因子之上。剩下的因子很难判断，不过，我们可以假定，不超过 1 个或者 2 个类目在这些较小的因子上有小于 2 的主载荷。除了理论预期因子之外，与日常生活中难得一见的间接情感释放相关的额外的因子浮现了。这 7 个因子可以理解为以下 7 句话（在括号里，每个因子都伴有最高的载荷类目）：

（1）沉思性情感体验（"……因为它会促使我想起自己。"）

（2）乐趣（"……因为它逗乐了我。"）

（3）惊悚（"……因为我享受它带来的刺激。"）

（4）对剧中人的情感投入（"……因为我喜欢感同身受。"）

（5）情感的替代性释放（"……因为我不能每天都以这些感情来行事。"）

（6）共情式悲伤（"……因为我想要大哭一场。"）

（7）情感的社会分享（"……因为它鼓励我和他人谈起电影。"）

为了遵循这些因子的稳定性，额外的分析要求 6、7 或者 8 个因子才能运行。这个 7 因子方案解释了 55% 的变量，重新产生了最初 17 个因子方案的前 7 个因子。当因子的数量限制到 6（也就是说，理论上预期维度的数字），"情感的替代性释放"这一非预期的因子保持稳定，而"情感的社会分享"这一预期因子减少了。因而，把因子的数目限制到少于 7 似乎与理论假设的背景并不相悖，而包含 7 个因子似乎也不相违背。在 8 因子方案中，上面所描述的第 7 个因子保持稳定不变，只有 2 个类目的载荷小于 0.60，并加载在第 8 个因子上。

2. 探索性因子分析（研究 3）

为了进一步评估研究 2 中所揭示的因子结构的稳健性，本文运用了第二套数据来实施额外的分析。第二套数据来自租用录像的消费者，他们在家里看完电影之后立刻进行了评级。在最初的分析中，浮现的特征值大于 1 的 17 个因子解释了 67% 的变量。当限定因子的数量后，相似的因子结构浮现在研究 2 中。不过，在 7 因子方案中，"情感的替代性释放"没有形成独立的因子，并且第 7 个因子只有一个类目，没有其他组成部分。包含了"沉思性体验""乐趣""惊悚""角色卷入""共情式悲伤"以及"情感的社会分享"的 6 因子方案解释了 50% 的变量。

3. 研究 2 和研究 3 的联合因子分析

研究 3 的结果对间接情感释放因子的稳健性提出了质疑，为遵循研究 3 的结果，我们对两套数据进行了联合因子分析。"情感的替代性释放"因子清晰地浮现在 7 因子方案中，而 7 因子方案解释了 51% 的变量。因此，为了开发量表，我们进一步考虑了这个因子。表 1 显示了由每一个因子所解释的特征值、变量的百分比，还有为了开发量表的信度估算、描述性统计所代表的这些因子。

表 1　修订过的"情感满足"量表的因子载荷（研究 4）

研究 2、3 以及研究 4 中的特征值、解释性变量、信度以及描述性统计

能体验这些感觉是美好的	EFA							CFA
	F1	F2	F3	F4	F5	F6	F7	
F1（因子 1）：沉思性体验								
……因为它鼓励我聚焦在对我而言重要的事情上。	**0.72**	0.12	0.20	0.19	0.15	0.12	0.06	0.72
……因为它激发我去思考对我有意义的议题。	**0.72**	0.08	0.09	0.02	0.21	0.07	0.27	0.71

（续上表）

能体验这些感觉是美好的	EFA							CFA
	F1	F2	F3	F4	F5	F6	F7	
……因为它会激发出新的感悟。	**0.72**	-0.10	0.05	0.12	0.11	0.08	0.10	0.57
……因为它会促使我想起自己。	**0.61**	0.09	0.04	0.18	0.23	0.31	0.06	0.68
F2（因子2）：乐趣								
……因为它会让我笑。	-0.03	**0.82**	-0.21	0.05	-0.04	0.06	0.12	0.90
……因为它让我心情好。	0.03	**0.78**	0.10	0.02	0.13	-0.02	0.03	0.61
……因为它让我开心。	-0.05	**0.77**	-0.08	-0.02	-0.04	-0.08	0.11	0.70
……因为它有趣。	0.21	**0.56**	-0.09	0.04	-0.12	-0.12	-0.08	0.55
F3（因子3）：惊悚								
……因为我喜欢自己从里面得到的刺激。	0.07	-0.08	**0.82**	0.15	0.18	0.13	0.08	0.83
……因为我享受它带来的刺激。	0.14	-0.18	**0.80**	0.14	0.10	0.08	0.11	0.78
……因为我享受它带来的兴奋。	0.06	0.05	**0.74**	0.16	0.13	0.26	0.20	0.76
……因为我喜欢它带来的紧张感。	0.07	-0.10	**0.71**	0.16	0.18	0.24	0.07	0.74
F4（因子4）：角色卷入								
……因为我喜欢感受人物的感受。	0.10	0.03	0.19	**0.80**	0.12	0.26	0.12	0.87
……因为我喜欢沉浸在人物的角色中。	0.07	-0.06	0.23	**0.78**	0.19	0.06	0.12	0.79
……因为我认同人物对生活的看法。	0.24	0.06	-0.02	**0.71**	0.12	0.01	0.07	0.80
……因为我喜欢理解并分析人物的经验。	0.11	0.08	0.34	**0.68**	0.14	0.22	0.08	0.79

（续上表）

能体验这些感觉是美好的	EFA							CFA
	F1	F2	F3	F4	F5	F6	F7	
F5（因子5）：情感的替代性释放								
……因为它让我可以体验到我在日常生活中无法实施的感情。	0.15	−0.07	0.23	0.14	**0.83**	0.12	0.01	0.87
……因为它让我体验到我在日常生活中逃避的感情。	0.16	−0.07	0.19	0.13	**0.82**	0.15	0.04	0.86
……因为我能体会到我在日常生活中难以体验到的感情。	0.16	−0.01	0.18	0.15	**0.81**	0.17	−0.02	0.81
……因为它让我体验到我在日常生活中那些一般来讲不得不隐藏的感情。	0.41	0.10	−0.01	0.19	**0.61**	0.13	0.01	0.62
F6（因子6）：共情式悲伤								
……因为我喜欢被感动得落泪。	0.08	−0.06	0.18	0.17	0.16	**0.86**	0.05	**0.90**
……因为我想要大哭一场。	0.11	−0.05	0.03	0.03	0.15	**0.85**	0.06	**0.76**
……因为我喜欢那些悲痛和心酸的时刻*。	0.15	−0.11	0.27	0.15	0.05	**0.78**	0.05	**0.80**
……因为我喜欢被巨大的情感所包围*。	0.15	0.00	0.24	0.13	0.14	**0.78**	0.05	**0.83**
F7（因子7）：情感的社会分享								
……因为它鼓励我和他人谈起电影（电视剧）。	0.02	0.06	0.09	0.11	−0.06	0.05	**0.84**	**0.79**
……因为它刺激我在看电影（电视剧）时与他们交流起对该剧的评论。	0.14	0.06	0.02	0.13	−0.08	0.03	**0.83**	**0.81**
……因为它让我鼓起勇气和其他人讨论问题。	0.23	−0.07	0.06	0.04	0.12	0.11	**0.81**	**0.76**

（续上表）

能体验这些感觉是美好的	EFA							CFA
	F1	F2	F3	F4	F5	F6	F7	
……因为它让我去发现其他人对于该电影（电视剧）有何体验。	0.04	0.11	0.23	0.04	0.07	0.01	**0.65**	**0.55**
研究 2/3：特征值的结合	23.35	6.40	3.81	2.97	2.15	1.85	1.70	
解释变量的百分比	27.80	8.81	4.54	3.54	2.56	2.20	1.99	
研究 2：特征值	23.97	7.17	2.71	2.97	4.62	2.71	1.76	
解释变量的百分比	28.53	9.18	2.50	3.54	5.50	3.24	1.99	
克朗巴哈系数（Cronbach's α）	0.85	0.88	0.78	0.81	0.82	0.76	0.71	
均值	2.90	3.47	2.67	3.08	2.37	2.12	3.17	
标准差	1.13	1.24	1.06	1.05	1.04	1.08	1.01	
研究 3：特征值	23.33	7.42	3.05	3.80	＊＊	2.16	1.99	
解释变量的百分比	27.78	8.84	3.63	4.53	＊＊	2.57	2.73	
克朗巴哈系数	0.84	0.84	0.81	0.80	0.73	0.74	0.80	
均值	2.91	3.03	2.69	2.97	2.03	2.38	3.10	
标准差	1.16	1.18	1.11	1.06	0.97	1.25	1.01	
研究 4：特征值	1.41	1.11	2.93	1.72	2.34	7.81	1.86	
解释变量的百分比	5.05	3.79	10.45	6.15	8.35	27.89	6.65	
克朗巴哈系数	0.76	0.76	0.86	0.82	0.88	0.89	0.81	
均值	3.01	4.35	3.51	3.63	2.57	2.81	3.46	
标准差	0.84	0.64	1.01	0.93	1.04	1.09	0.91	

注：①带有 1 个星号的类目被分配到研究 4 当中，以便补充少于 4 个类目的量表。

②带有两个星号的解释性特征值和变量没有在研究 3 "情感的替代性释放"类目当中报告出来，因为在该研究中，它没能够作为一个独立的因子浮现出来。

量表建构：对于这 7 个维度，我们为量表选择了 4 个类目。选择的标准是：在 7 因子方案中"高而明确"的因子载荷；在信度预测和跨类目相关系数方面利于量表统计，在类目的用词方面低度重复。在替代性释放因子的情况下，只有 3 个最高载荷的类目符合标准，而剩余的类目在我们使用克朗巴哈系数 α 时，降低了量表的信度预算。同理，在共情式悲伤方面，只有 2 个类目符合这一标准。

验证分析：为了对效能进行初步的评估，我们对研究 2 和研究 3 组成的数据库实施了一系列的回归分析。分析特别考虑了情感满足评级是如何由个体的情感体验和元情感所预测出来，以及它们是如何预测电影评价的不同面向的。评级任务、电影的风格、年龄、性别、教育水平被当作了控制变量。另外，我们还分析了量表的相关系数以及一整套更精致的情感自述的测试结果，包括"PANAS""MDS"量表。

数据准备：为了准备分析的数据，我们把下列变量进行了编码：性别是虚拟变量（男性，$N = 261$；女性，$N = 260$），评级任务变量（那些看 DVD 后给电影评级的人，$N = 294$；通过回忆给电影评级的人，$N = 231$）。两个群体编码为：年轻人（年龄从 18 到 25 岁的年轻人，$N = 245$），大龄成人组（50 岁及以上的，$N = 113$），还有一组是年龄 26 岁至 49 岁的参照组（$N = 161$）。关于教育组，我们给两个范畴进行了编码：基础教育组和高等教育组，其中，基础教育组指的是就读或毕业于义务教育学校的参与者，而高等教育组则是那些就读或毕业于非义务教育形式的学校，比如学院性质的高中、学院或者大学的参与者。研究 2 中学生和学生亲属的样本与基础教育组相比（$N = 116$），高等教育组（$N = 399$）的比例过高。

至于电影的风格，我们根据霍尔提出的三大电影类型创建了一个简化了的类型变量（Hall，2005）。霍尔提出的三大电影风格类型是：轻松类（喜剧）、严肃类（戏剧、纪录片）以及动作类（动作片、惊悚片、恐怖片）。这种简化了的类型变量只有在参与者把它们看的电影评定为三大风格类型之一时才能编码，如果参与者在给自己的电影评级时没有把电影归入这三大类中的任何一类就不进行编码。在 525 个参与者中，384 位符合这类标准，进行了简化的类型变量编码。其中只选一类的有：154 位轻松类（喜剧），115 位严肃类（戏剧、纪录片），154 位动作类（动作片、惊悚片、恐怖片）。剩下 141 位参与者选择了多种作品，在分析里，我们把 141 位参与者的结果作为参考类，假定对这个群体评级的考察揭示了一个分布相对平衡的类型（58 个参与者选了喜剧，62 位选了戏剧，12 位选了纪录片，37 位选了动作片，21 位选了惊悚片，7 位选了恐怖片）。

关于情感变量，信度评估显示：（以克朗巴哈系数 α 来看）用来接入情感与元情感的量表内部是一致的。"PANAS"（积极情感：$\alpha = 0.80$；负面情感：

$\alpha = 0.84$）；"MDS"（喜悦：$\alpha = 0.95$，乐趣：$\alpha = 0.81$，惊讶 $\alpha = 0.84$，入迷：$\alpha = 0.81$，心酸：$\alpha = 0.80$，悲伤：$\alpha = 0.72$，愤怒：$\alpha = 0.92$，恐惧：$\alpha = 0.82$，厌恶：$\alpha = 0.92$），以及元情感（$\alpha = 0.90$）。

预测情感满足评级的回归分析：首先，我们利用情感满足量表作为因变量和接下来的预测变量，实施了一系列的等级回归分析：第一步，把评级任务作为虚拟变量输入。第二步，作为虚拟变量输入的有：轻松类、严肃类以及动作类。第三步，把两个年龄组，性别以及教育组作为虚拟变量输入。在第四步及最后一步，输入"SAM"（情感体验的自我评估）、效能分数以及元情感。表2显示，每个变量在输入的那一步就被回归加权了。

电影风格的影响显示出了人们所期待的模式，该模式与早期研究（可参见Oliver 和 Bartsch 2010 年的研究）一致的是：轻松类电影与乐趣联系在一起；动作类电影与惊悚联系在一起；严肃类电影与悲伤以及沉思联系在一起。至于个体差别，女性报告的悲伤与情感的社会分享水平要高于男性，而年长的成人报告的乐趣、惊悚、共情悲伤（也就是说与三个情绪满足因子相关且有益的情感、情绪等诸如此类的情感）的水平较低。只有一个情感满足因子是由教育水平所影响的：有较高教育水平的参与者所报告的"情感的间接释放"水平较低。

回归方程的最后一步显示出，7 个情感满足量表可以由"SAM"情感唤醒或者由效价分数显著地预测，还可以被积极的元情感显著地预测。特别是"乐趣"一项可以由正效价所预测。所有的量表都可以被唤醒所预测。另外，沉思体验可以被负面效价所预测。还有，对所有情感满足的量表的评级都可以被积极的元情感所预测。

以情感满足回归分析作为电影评估的预测因子，为了评估情感满足量表预测的有效性，我们实行了第二个连续性分层回归分析。该情感满足量表是有关个体对电影的总的评估，这些个人对电影的评估包含了娱乐价值、感知到的艺术质量、持久的印象、一般性的积极评价。评级任务、电影风格，还有参与者的年龄、性别、教育水平再一次被当作控制变量来使用（见表2）。

表2　研究2与研究3：情感和元情感作为"情感满足评级"预测因子的分层回归分析
（"评级任务""电影风格""年龄""性别""教育水平"是控制变量）

	乐趣	惊悚	共情悲伤	沉思	角色卷入	社会分享	替代性释放
第一步							
评级任务	-0.17^{***}	0.00	0.11^*	0.02	-0.05	-0.06	-0.16^{***}
R^2	0.03	0.00	0.01	0.00	0.00	0.00	0.02
F	13.10^{***}	0.01	5.73^*	0.27	1.17	1.51	12.08^{**}
第二步							
轻松类	0.39^{***}	-0.02	0.00	-0.03	0.10	0.06	0.00
严肃类	-0.31^{***}	-0.08	12^*	0.20^{***}	0.06	-0.05	0.05
动作类	-0.06	0.23^{***}	-0.05	-0.15^{**}	-0.02	-0.11^*	0.06
R^2变化	0.33	0.07	0.02	0.08	0.01	0.02	0.00
F变化	78.41^{***}	11.74^{***}	3.16^*	13.53^{***}	2.17	2.97	0.62
第三步							
性别（男）	0.04	0.08	-0.11^*	-0.05	-0.09	-0.13^{**}	0.03
年龄$18\sim25$	-0.04	-0.04	-0.05	-0.10	0.07	0.01	-0.03
年龄$50+$	-0.12^*	-0.18^{***}	-0.13^*	0.11^*	0.01	0.11	-0.06
教育水平	0.02	0.00	0.00	0.05	0.01	0.08	-0.14^{**}
R^2变化*	0.01	0.03	0.02	0.03	0.01	0.03	0.02
F变化	2.17^*	3.59^{**}	2.60^*	3.58^{**}	1.64	3.16^*	2.25^*
第四步							
"SAM"唤醒	-0.04	0.24^{***}	0.10^*	15^{**}	0.15^{**}	0.13^{**}	0.12^{**}
"SAM"效价	0.29^{***}	-0.01	-0.08	-0.28^{***}	-0.03	-0.09	-0.11
元情感	0.36^{***}	0.36^{***}	0.24^{***}	0.25^{***}	0.40^{***}	0.19^{***}	0.14^*
R^2变化	0.24	0.16	0.05	0.08	0.14	0.04	0.03
F变化	95.73^{***}	31.81^{***}	7.78^{***}	15.24^{***}	26.56^{***}	6.64^{***}	4.69^{**}

注：分数是标准化回归模型加权的结果。＊表示 $p < 0.05$，＊＊表示 $p < 0.01$，＊＊＊表示 $p < 0.001$。

每一个情感满足量表都被输入到最后一步的单独回归方程中，以预测电影评价变量。最后一步中的每个方程式的回归加权和增值都展现在表3中。正如这一系列的分析所揭示的那样，所有的7个情感满足量表都预测到了个体对"这部电影真不错"这一陈述句的同意。另外，"乐趣""惊悚""角色卷入"与"这部电影有娱乐功能"的预测是一致的；"社会分享"与"我发现这部电影有艺术价值"的预测是一致的。最后，"沉思""角色卷入""社会分享""替代性释放"与"这部电影给我留下了不可磨灭的印象"的预测是一致的。

表3　研究2与研究3："情感满足评级"作为"电影评价"等方面预测因子的分层回归分析
（"评级任务""电影风格""年龄""性别""教育水平"是控制变量）

	好电影	娱乐的	艺术价值	永久的印象
乐趣				
Beta	0.28 ***	0.48 ***	0.10	0.08
R^2 变化	0.05	0.15	0.01	0.00
F 变化	31.69 ***	99.72 ***	3.61	2.18
惊悚				
Beta	0.18 ***	0.15 ***	0.07	0.17 ***
R^2 变化	0.03	0.02	0.00	0.03
F 变化	17.37 ***	33 ***	2.99	14.98 ***
共情式悲伤				
Beta	0.12 **	0.04	0.05	0.04
R^2 变化	0.01	0.00	0.00	0.00
F 变化	7.53 **	0.80	1.19	1.04
沉思				
Beta	0.29 ***	0.04	0.27 ***	0.27 ***
R^2 变化	0.07	0.00	0.06	0.06
F 变化	45.90 ***	0.84	39.73 ***	39.67 ***
角色卷入				
Beta	0.27 ***	0.21 ***	0.25 ***	0.23 ***
R^2 变化	0.07	0.04	0.06	0.05

（续上表）

	好电影	娱乐的	艺术价值	永久的印象
F 变化	42.24 ***	25.92 ***	38.81 ***	31.98 ***
社会分享				
Beta	0.14 **	0.04	0.15 ***	0.14 ***
R^2 变化	0.02	0.00	0.02	0.02
F 变化	10.70 **	0.74	12.80 ***	11.64 **
替代性释放				
Beta	0.10 *	0.05	0.04	0.11 **
R^2 变化	0.01	0.00	0.00	0.01
F 变化	5.97 *	1.59	0.92	6.69 **

注：分数是标准化回归模型加权后的结果。在最后一步的分层回归分析中，每一个情感量表都被输入以推测电影评价的变量。"评级任务""电影风格""年龄""性别""教育水平"是控制变量。$*p<0.05$，$**p<0.01$，$***p<0.001$。

情感满足评定与正负情感的相关关系：为了遵循情感满足评定和观众的情感，我们对一整套情感测试量表的相关性进行了分析，这一套量表对自我汇报的情感有着更精细的测试手段。第一个分析是考虑情感满足与"PANAS"量表的相关关系的（Waston et al.，1998）。"SAM"把正面和负面的情感当作连续体的两个终端，与之相反的是，"PANAS"量表把积极和负面的情感当作相互垂直的维度。这种额外的测试包含在研究2中，用来解释正面与负面的情感在娱乐体验中同时可以体验到的可能性（可以比较Oliver等人2009年的研究）。与理论建构一致的是，这些"PANAS"量表是互不相关的（$r=0.08$，$p>0.01$）。正如表4所显示的，除"替代性释放"之外，所有的情感满足量表都与正面情感相关。至于负面情感，"乐趣"是负相关的，而"共情式悲伤""沉思""替代性释放"是正相关的。值得注意的是，"共情式悲伤""沉思"与"PANAS"量表都是正相关的，这就显示出：这些满足与正面和负面的情感都是相关的。

离散的情感：在研究3中，我们使用了"MDS"（不同情感修订版量表）来评定受访者自我汇报的10种离散的情感（Renaud & Unz，2006），在之前的研究中，Bartsch、Appel和Storch（2010）利用这个量表，在个体汇报的"MDS"情感中发现了三个主要的因子：正面情感（快乐、喜悦）、负面情感

（悲伤、愤怒、恐惧、厌恶）以及矛盾情感（趣味、吃惊、入迷、心酸）。
"MDS"中这些宽泛的因子结构解释了数据中61%的变量。然而，为了探索更
精细模式的相关关系，我们把情感满足量表的相关性与"MDS"次级量表的相
关性分开进行分析。正如表4所显示的，所有的情感满足量表都与离散情感的
体验显著相关，"乐趣"量表与两个正面情感是正相关的，与4个负面情感是负
相关的，与"心酸"也是负相关的；"惊悚"与所有的积极和好恶相克的情感
是正相关的，但与"悲伤"负相关，"共情式悲伤"与"悲伤"和"心酸"是
正相关的；"沉思"与所有的负面和好恶相间的情感是正相关的；"角色卷入"
与所有的积极情感、好恶相间的情感、"悲伤"都是正相关的；"社会分享"与
所有的好恶相间的情感，以及"悲伤""愤怒""恐惧"是正相关的；最后，
"替代性释放"与"惊讶""入迷""心酸""悲伤""恐惧"厌恶是正相关的。

表4　研究2和研究3：情绪满足评级与电影观看中情绪的相关性

	乐趣	惊悚	共情式悲伤	沉思	角色卷入	社会分享	替代性释放
PANAS							
正面情感	0.25***	0.25***	0.26***	0.26***	0.39***	0.26***	0.10
负面情感	−0.57***	0.05	0.13*	0.36***	−0.04	−0.02	0.14*
MDS							
快乐	0.66***	0.13*	0.06	−0.07	0.19**	0.00	0.04
喜悦	0.75***	0.13*	0.02	−0.10	0.20**	0.00	0.01
趣味	0.05	0.24***	0.05	0.30***	0.33***	0.30***	0.09
惊讶	0.02	0.19**	0.04	0.18**	0.23***	0.26***	0.10
入迷	−0.01	0.22**	0.07	0.30**	0.30**	0.32**	0.12*
心酸	−0.15**	0.13*	0.17**	0.46***	0.31***	0.31***	0.17**
悲伤	−0.44***	−0.12*	0.13*	0.39***	0.15**	0.19**	0.12*
愤怒	−0.47***	−0.10	0.03	0.25***	0.03	0.22***	0.08
恐惧	−0.41***	0.07	0.08	0.23***	0.10	0.22***	0.13*
厌恶	−0.41***	−0.04	0.00	0.15*	−0.01	0.08	0.14*

注：分数是皮尔森相关系数，* 表示 $p < 0.05$，** 表示 $p < 0.01$，*** 表示
$p < 0.001$。

四、量表修订与验证（研究4）

为了把验证分析扩展到不同的娱乐媒介——电视剧，研究4是用来确认量表的结构维度的，使用的是验证性因子分析法。还有，研究4被用来修改一些量表，并用于补充那些包含了少于4个类目的次级量表。

（一）方法

1．参与者与步骤（研究4）

393位使用互联网作为德语电视剧收看渠道的观众参与了关于电视连续剧的线上调查（男性273人，女性120人；年龄：18～50岁；$M = 23.70$，$SD = 5.75$）。这些参与者被要求使用3个包含了不同电视剧频道新闻帖子的线上调查，那些完成了线上调查的参与者可以得到抽奖礼品的凭证。

2．测量

参与者被要求说出他们喜欢的电视剧名称并为其评级，为了指出电视剧的风格，参与者还被要求从以下种类中作出一到多个的选择：喜剧、剧情、肥皂类、动作、犯罪、科幻。我们使用了"SAM"验证与唤醒量表以及研究2和研究3中包含的元情感类目来评估参与者自我汇报的、特殊的观剧情感体验。接下来参与者使用了修订后的28个情感满足类目（见表1）来给自己的观剧体验评级。最后，我们评估了参与者基本的人口学信息（年龄、性别和教育水平）。对电视剧的评价不包含在本研究的评估中，因为评级任务已经要求参与者给他们的喜爱的电视剧排名了。因此，我们期待"积极评价"的天花板效应（ceiling effect）。

（二）结果

1．探索性与验证性因子分析

为验证研究2和研究3中所获取的量表的因子结构，本研究实施了探索性与验证性因子分析。首先，我们使用了极大方差旋转法，对修订过的28个测项做了主成分分析。有7个因子的特征值大于1，解释了该分析中68%的变量；所有量表测项的主荷载符合预期。接下来，我们使用最大似然估计的AMOS方法进行了验证性因子分析。分析结果显示了一个可以接受的拟合度，即Chi-square比值/自由度为2.14，CFI（比较拟合指数）为0.93，$RMSEA$（近似均方根误差）为0.05，90% 置信区间为RMSEA：0.05～0.06。

2. 回归分析

为了遵循研究 2 和研究 3 的结果，本文使用了一系列的分层回归分析来预测对情感满足量表的评级，本文使用了以下预测因子：第一步，我们把评级过的电视剧进行了虚拟编码输入。在样本群中，有两个连续剧特别受欢迎，有 94 位参与者为《越狱》评级，117 位为《辛普森一家》评级。其他剩下的 182 位参与者评定的结果均具有异质性，都是风格各异、内容不同的电视剧（82 个喜剧、90 个剧情、59 个科幻、38 个动作、19 个犯罪、15 个肥皂类）。鉴于该组内轻松、严肃、动作类分布相对均衡的情况，该组被用作参考组。第二步，我们输入了参与者的年龄及其性别、教育水平的虚拟变量（可以比较研究 2 和研究 3 的编码表）。第三步，我们输入了"SAM"唤醒与检验分数，同时还输入了元情感的均值分数。表 5 显示了每一个输入步骤里每一个预测变量的回归加权。

表 5 研究 4：电视剧、个体差异、情感作为情感满足评级预测因子的分层回归分析

	乐趣	惊悚	共情式悲伤	沉思	角色卷入	社会分享	替代性释放
第一步							
《越狱》	-0.29***	0.27***	0.17**	0.04	0.07	0.07	0.08
《辛普森一家》	0.24***	-0.40***	-0.33***	-0.07	-0.21***	0.02	-0.24***
R^2	0.19	0.31	0.17	0.01	0.06	0.00	0.08
F	44.44***	82.24***	38.77***	1.53	12.36***	0.77	16.14***
第二步							
年龄	0.02	-0.08	-0.07	0.13*	-0.05	-0.09	-0.13*
性别（男）	0.02	-0.06	-0.34***	-0.06	-0.08	0.03	-0.09
教育水平	0.00	-0.06	-0.02	0.01	-0.09	-0.03	-0.14**
R^2	0.00	0.01	0.09	0.02	0.01	0.01	0.03
F	0.09	2.04	15.54***	2.31	1.71	1.16	4.74**
第三步							
唤醒	-0.10	0.39***	0.15**	0.15*	0.24***	0.24***	0.23***
效能	0.28***	0.00	-0.06	0.00	0.01	0.06	-0.02
元情感	0.26***	0.15***	0.12**	0.16**	0.21***	0.07	0.10*
R^2 变化	0.17	0.14	0.04	0.04	0.09	0.05	0.05
F 变化	33.07***	30.53***	6.15***	5.64**	13.42***	6.68***	7.11***

注：分数是标准化回归模型加权后的结果。* 表示 $p < 0.05$，** 表示 $p < 0.01$，*** 表示 $p < 0.001$。

回归的结果揭示了对个体差异变量的影响模式如下：除了发现年长的参与者在沉思体验方面得分高之外，在研究 2 和研究 3 中观察到的年龄差异在此是不可复制的；这点根本不值得奇怪：一是样本群体本身比较年轻（年龄 18～50 岁，$M=23.70$，$SD=5.75$）；二是在研究 2 和研究 3 中年龄 50 岁以上的参与者根本没有在这个样本中得到体现。正如研究 2 和研究 3 所显示的：女性在感动体验方面得分要高于男性。至于教育方面，本次的教育水平分布相对均衡（基础教育：177 人；高等教育：208 人）。因此有一点是值得关注的：这次的影响模式与研究 2 和研究 3 中的模式是一模一样的：情感的替代性释放是唯一被教育所影响的满足因子。

回归方程的最后一步考虑的是情感唤醒、效能与元情感作为情感满足评级的预测因子的情况，这一步里，评级了的连续剧，个体在年龄、性别、教育水平等方面的差异为控制变量。结果的模型与研究 2 和研究 3 的模型相似，负效能没有预测出沉思体验。在本次研究中，除了情感的社会分享没有由元情感显著预测出来之外，各个量表与积极的元情感之间的关联是可以复制的。不过，考虑到趋势在预定的方向之内，而且，社会分享量表是由研究 2 和研究 3 中的积极的元情感预测的，因此在这种情况下，该因子被保留下来。

五、讨论

本研究实施了一系列的质化与量化研究来拓展情感在娱乐体验中的作用。本研究的特定目的是提供一个系统的研究工具，这个研究工具可以预估与情感体验相关联的两种类型的满足因素。一方面，情感体验本身可以是令人满足的；另一方面，媒介情感体验有助于满足个人的社会与认知需求。结果表明：在个人的电影和电视剧体验中，两类情感满足因素都是显著的，而且这两类情感满足因素可以分别使用一套简短的、可信的量表来评估。用来测验满足的这些量表与检验标准是系统性相关的，而这些检验标准则包含了情感和元情感体验，以及对内容的积极评价等。

本文对来自质化访谈中的大量陈述语句作了探索性因子分析，分析结果显示：在个体自我汇报的情感满足中，有一整套共计 7 个因子存在。在涉及个体对电视剧的体验的研究 4 中的验证性因子分析中，可以证明，这个因子结构是非常可靠的。从数据中浮现出来的7个因子中，有3个因子是与特定情感的吸引力相关的："乐趣""惊悚""共情式悲伤"。"乐趣"和"惊悚"因子似乎反映出，作为"情绪管理"（Zillmann，1988）、"感觉寻求"（Zuckerman，1979）的娱乐满足已经得到了很好的研究。不过，"共情式悲伤"因子使得本文更多地注意起情感调节，因为这些情感调节的形式更复杂，且无法仅仅用"积极效能和唤醒"来解释。相反，"共情悲伤"的吸引力似乎涉及了评价性的组成部分，比如对共情的态度或者元情感。其中，元情感值得在理论和经验上的进一步研究（Mills，1993；Oliver，1993；Oliver et al.，2009）。

目前研究结果显示出："感慨万千""想大哭一场"之类的体验本身就具有一定的满足性，是独立于"社会与认知"满足的，而"社会与认知"满足可以与那些悲伤的娱乐体验相关联，比如"沉思体验"。与本研究中"共情式悲伤"因素的鲜明个性一致的是，接下来的研究（Bartsch，2012）表明，"共情式悲伤"和"沉思"是"积极内容评价"的独立预测因子（predictor）。不过，还需要更多的研究来进一步探索与"共情式悲伤"相关的直接或间接的"满足"。

有4个额外的因子是与情感在"社会和认知需求"满足中的作用相关的，它们分别是：①沉思情感体验；②对角色的情感投入；③情感的社会分享；④情感的替代性释放。在娱乐的"社会与认知"功能研究不如"情感调节"功能研究完善的情况下，那么第二种类型的情感满足因素将是本次研究的主要关注点。

有一个需要注意的例外："角色卷入"因子已经获得广泛的研究，这些研究涉及"拟社会关系"（Rubin & Perse，1987），以及间接体验比如"传输"（Green & Brock，2000）、"认同"（Cohen，2006）、"卷入"（Vorderer，1993）和"叙事参与"（Busselle & Bilandzic，2009）等。Hoffner（1996）的研究主张，在解释与剧中人物的"认同"与"拟社会交往"的诸多因子中，实质性的重叠不少。这与本研究中浮现出的、与人物相关的单因子是一致的。不过，有一点非常重要，我们发现，为了区分"认同"和某些双重概念（比如"拟社会关系"）（Klimmt et al.，2010），这类更精致的理论框架和操作已经被开发出来了，因而，根据目前的研究结果，在与不同类型"角色卷入"相关联的情感满足方面，我们还需要进行更细致的研究。

相较于"角色卷入"研究的广泛性，人们对社会关系之于娱乐的功能这一问题还缺乏关注（参考 Lull，1990；Zillmann et al.，1986 的研究）。本研究中浮现出的"情感的社会分享"因子强调了"情感"在娱乐受众中激发出的有益体验——传播与社交能力的作用。因此，尽管娱乐研究中，"拟社会关系"以及其他形式的"角色卷入"等研究由来已久，社会关系功能，如与家庭、朋友或者浪漫的伴侣分享情感的好机会，作为娱乐使用的一种动机，是不应该被忽视的。特别是，娱乐研究可以从这一次的理论整合中获益，这次理论整合把出现在本研究中的主题和社会心理学中情感的社会分享联系起来（Hoffner et al.，2002；Ibrahim，Ye & Hoffner，2008）。这两条研究的路径都强调了情感在激发人际传播中的作用，把人们的注意力引到了情感调节，个人福祉，社会凝聚力等社会分享的积极成果方面。未来需要有能阐明娱乐对社会，对个人积极成果有潜在贡献的研究出现。

　　除了社交与拟社会关系功能之外，"沉思的情感体验"因子还强调了另一个研究主题的相关性，即娱乐在激发有益的认知体验这一方面的作用（可以参见：Cupchik，2011；Oliver & Bartsch，2010；Oliver & Raney，2011；Vorderer & Ritterfeld，2009）。该因子与 Oliver & Bartsch（2010）研究中的"欣赏"（appreciation）因子非常近似。在 Oliver & Bartsch 的研究中，欣赏因子是以有意义、动人、具启发性的体验为特点的，本研究结果提供了进一步洞察那些可以激发人们在观影过程中进行反思的情感类型的机会：沉思性娱乐体验与一系列宽泛的情感光谱是相关的，这些情感光谱有着正面与负面的，甚至混杂的情感效能，包含了趣味、惊讶、入迷、心酸、悲伤、愤怒、恐惧以及厌恶。这种发现模式与 Oliver 和 Bartsch（2010）研究中的观察是相符的。Oliver 和 Bartsch 观察到，欣赏体验并不局限于催泪型的电影或电视剧。轻松的、动作类的电影虽然在欣赏方面的排名要低于喜剧，但也并不缺乏欣赏。通过区分情感的满足和情感的认知激发功能，本研究结果提供了进一步的区分，前者衍生于特定的，与催泪型（比如悲哀的、心酸的感觉）相关联的满足，后者来自负面的、混合型的情感所激发的认知功能，这些负面的、混合型的情感还包含了悲伤、心酸以外的情感。

　　最后，情感的替代性释放作为一种非预期的因子浮现了，这个因子使人联想到了亚里士多德（Aristotle）的"净化说"（可以比较 Feshbach & Singer，1971），在诸多"过多曝光在媒介暴力情况下，有可能增加而非减少攻击型认知与行为"说法的证据面前，亚里士多德的净化说曾受到大规模的反对。然而有趣的是，情感的替代性释放因子与愤怒的体验并不相关。反而，替代性释放与一整套脆弱、虚弱的情感相关，比如悲伤、恐惧、厌恶、入迷以及心酸等。因此，情感的替代性释放因子没有发泄出攻击性行为或类似情感，反而，它有可能反映出，那些人愿意坦白他们的脆弱，而这种脆弱常常是他们在平日里刻意避开不愿承认的。因此，娱乐研究能够从重新研究净化说的概念中获益，考虑其他情感而非只是愤怒和挫折感。

这 4 个社会与认知满足因子之间除了存在实质性差异之外，还存在重要的相似之处。这些相似之处用个人在娱乐中寻求的"意义与社会联结感"来描述恐怕是最适合的了。通过把娱乐研究与心理幸福研究联系起来，最近的娱乐研究理论（Oliver & Raney, 2011; Reinecke et al., 2012; Tamborini et al., 2010; Vorderer & Ritterfeld, 2009）已经开始把这些类型的社会心理需求包含进来了。在这种语境下，人们采用了不同的概念：低等级的需求与高等级的需求（Maslow, 1943）；主观的幸福与心理的幸福（Keyes, Shmotkin & Ryff, 2002）；享乐的幸福与真正的幸福（Ryan, Huta & Deci, 2008; Waterman, 1993）。这些概念框架的相同之处是它们有着共同主张：很多复杂的心理需求并不能从享乐的情感调节中归纳出来。比如，自我决定论（Ryan et al., 2008）假定真正幸福的状态来自个人在自主、能力和关联需求方面的满足。还有，心理健康的概念（Keyes et al., 2002）提出了 6 个幸福的领域，这 6 个领域——"自主""环境掌控""与他人的良好关系""个人成长""生活目的""自我接受度"涵括并拓展了自我决定的需求。

对浮现在本研究中的社交与认知满足因子来说，以上的幸福与心理健康的框架提供了非常重要的阐释：情感的社会分享、对剧中角色的卷入是与需求相关联的；情感的替代性释放可以满足个人自主的需要；还有，娱乐的沉思体验可以用个人的自我接受、生活目的与个人发展等术语来阐释。在每种情况下，娱乐媒体似乎都为心理需求的满足提供了一个低风险的好机会。比如，对剧中角色的卷入可以培养出一种不会被社会排斥的关联感；同理，想到或者谈起某个电影角色，可以为个人提供一种挣面子的机会（当你自己想到自己或谈起自己时）。通过为心理需求提供满足的好机会，娱乐有助于建立一种超越短期情感调节的"实现论幸福"（eudaimonic well-being）。

六、不足与展望

幸福与心理健康的理论框架可以让人们注意到本研究的局限性，从整体来看，我们似乎还缺乏对能力和环境掌控的需求。沉思性娱乐体验有可能为如何掌控认知挑战提供部分解释，不过，在其他领域，比如从解决运动技巧（motor skills）或交互问题来看，这些量表还没有把能力和掌控的体验包含进来，这种局限性来自对非交互性的娱乐媒介，比如电影和电视剧的关注。交互性娱乐情境下的需求满足研究（Reinecke et al.，2012）已经发现，掌控电子游戏中呈现出的挑战可以满足个体对能力和自主的需求。反过来，这种满足又可以导致对该游戏较好的享受。因此，记住这点非常重要：交互性娱乐可以满足人们内在固有的需求，以各种方法来促进人们的心理健康，但本研究量表中没有包含这些。

另外的局限在于，本研究中的描述性和相关性路径不允许有偶然的结论，对于研究结果中关于情感的娱乐体验在情感调节、心理健康方面的双重功能，我们务必要小心谨慎。在包括了乐趣、惊悚、共情式悲伤和角色卷入等满足因子的情况下，解释性阐释是没有问题的，因为实验证据可以支持参与者对情感满足内省式的描述。至于其他剩余的社交与认知满足因子中，要么解释性证据很少（在社会分享一例中），要么解释性证据缺乏（在沉思性体验一例中），要么那些解释性证据看起来是自相矛盾的（在情感的替代性释放一例中）。考虑到这些因素，通过为有益的社会与认知体验提供描述性的证据，目前的研究发现可以为之后的解释性研究铺平道路，这些描述性证据详细说明了个人在娱乐中寻求体验的类型，详细说明了可能与刺激这些体验相关的情感的类型。不过，如果从以下陈述句中所暗示的偶然情感中得出结论的话，就过于草率了。类似的陈述有"体验到这种感觉是很好的，因为它让我想起了自己""因为它激励我和别人谈起这部电影"，在这点上，与之相反的、存在逆向因果关系的模型是无法测试出来的，也就是说，情感可能是结果而非有益的社会与认知过程的先行词，比如角色卷入、自我反思、健谈等（参见：Cohen，2006；Klimmt，Hartmann & Schramm，2006）。在决定情感对有益的"社会与认知过程"的影响是否与目前的模型一致，是相反或者是双向的问题上，本研究还缺乏更进一步的研究，值得重视的是：主张"在娱乐体验中，情感与认知会相互增强的双向模式"，与目前"情感对社会认知满足因子有刺激性影响"的论点将是完全可以兼容的。

最后一点需要警觉的是那些涉及"情感满足的内省式评估"问题。量表类目的构想应该遵循使用与满足路径的逻辑，而使用与满足路径则以个体对媒介使用的主观原因和动机为焦点——这就是情感的媒介体验看起来令人满足的原因。这种对主观原因的聚焦（正如连词"因为"所表达的）有着方法上的优势和缺陷。一方面，把情感与有着不同吸引力、不同功能的娱乐连接在一起，这对情感满足的概念至关重要，也因此，情感的媒介体验应该被内省式的测试所覆盖；另一方面，在目前本研究当中，使用与访谈句子相似的语义结构是有功能意义的，因为它可以提供一个后续的质性数据分析，这个质化的结果可以精选出可行的、有意义的陈述句范畴，这些语句范畴则是与理解大量的电影、电视观众的样本相关的。对于要达到一个更综合的，对个体寻求情感体验的主观原因的理解来说，这种分析是非常重要的。反过来，这种理解有助于我们分辨出那些在娱乐理论与研究中还没有得到充分覆盖的、可能存在的动机。

不过，有一点是我们必须记住的，主观理由与偶然证据不是一回事，而且，在每种情况下所需的测试类型都是不一样的。这些现有的量表类目中，合并了不同的概念组成部分，而这些概念组成共同构成了情感满足，包含了情感和对情感的积极评价，以及这些评估的特定理由（比如有益的情感、有益的社交与认知情感）。为了从考察这些概念组成部分相关关系的描述性研究路径转移到解释性路径，需要把这些量表打散开来，使其成为一套独立的量表。比如，为了遵循包含在沉思性娱乐体验中的过程，情感与反思性观点就需要估算分离（separate）的变量，同理，为了能够分析情感对反思性观点的影响，分析对内容评估或者选择性曝光这两个变量的影响，我们也需要这么做。其中，内容评估、选择性接触可以作为所获满足的独立指标。通过引用一个刺激因子来代替前半个句子（比如，用"这部电影让我想起我自己"来代替"体验这些感觉很好，因为它让我想起自己"），量表类目可以从这类研究来改编。除此之外，有些类目的第二个半句中所暗示的积极性评价应该删减，以避免情感满足测试层组与积极内容评价的混淆（比如，"我与电影中的人物感觉同在"，而非"因为我喜欢感受剧中人物的感受"）。还有，使用心理学检测和观察方法，比如认知列表（thought listing）、有声思维（think aloud protocols）或者录下研究中参与者的讨论，使用这些方法，对补充现有研究中提供的内省式检测都有一定的用处。

把这些局限记在心中，本文建议：娱乐研究可以从扩展其研究聚焦来获益，比如以前聚焦情绪与情感本身，现在可以聚焦情感、认知和人际传播的互相作用。对观众的社交与认知需求的更深层理解，将会有助于阐明娱乐研究对更多心理幸福的可持续形式而非短期的情感调节的贡献。逐步地，情感对心理需求的间接贡献将有利于解决娱乐研究中的一个难解之谜——为何娱乐受众自愿接触那些痛苦或者令人不快的情感呢？幸福这一概念，暗示个体可能情愿接受痛苦的感情，以此作为赢取其他形式的、非享乐形式的满足所必须付出的代价。不过这个概念没有解释为何接触令人不快的情感这样的代价应该是必要、首要的。在此，情感在刺激有益的社会和认知体验中的作用，有可能会提供一个可能的答案：如果情感，包含不愉快的情感在内，只要可以促进心理需求的满足（比如，刺激娱乐受众的洞察力、意义和人际间的亲密），那么它们不仅仅是娱乐消费中的一个偶然的副产品，而是一个偶然的因素。为了赢得我们所想要的满足结果，这个偶然的因素就需要被大家接受。正如我们已经注意到的，为了使这类偶然的解释有实质意义，我们仍然需要在这类研究方面更进一步。

在此，可以推断："社交与认知满足"在个体对娱乐体验的内省式的描述当中是显著的，远比它在娱乐研究中显著。比如，"沉思体验"和"社会分享"在所有满足中——不同性别、年龄群体、教育水平——排名最为显著（在年龄较大的成人中，沉思的水平要高一些）。这种模式的结果似乎质疑了一个广为人知的看法——流行文化作为一种"文化修养浅薄"的娱乐，不需要多少智力来理解。这种看法提示我们：除了在观看者心目中不是如此之外，娱乐或者艺术作品其实没有深刻的含义。因此，娱乐研究应该假定：个体对自我反思、洞见和意义的需求是独立于社会人口学因素之外的，除非有证据证明事实并非如此。

参考文献

［1］APPEL M. Fictional narratives cultivate just-world beliefs. Journal of communication，2008，58：62 -83.

［2］ARISTOTLE. Nicomachean ethics. ROSS W D. Trans. London，UK：Oxford University Press，1931.

［3］BARTSCH A. As time goes by：what changes and what remains the same in entertainment experience over the life span?. Journal of communication，2012，62：588 -608.

［4］BARTSCH A，APPEL M，STORCH D. Predicting emotions and meta-emotions at the movies: the role of the need for affect in audiences' experience of horror and drama. Communication research, 2010, 37: 167 – 190.

[5] BUSHMAN B J, HUESMANN L R. Effects of televised violence on aggression// SINGER D G, SINGER J L. Handbook of children and the media. Newbury Park, CA: Sage, 2000: 223 – 254.

[6] BUSSELLE R, BILANDZIC H. Measuring narrative engagement. Media psychology, 2009, 12: 321 – 347.

[7] COHEN J. Audience identification with media characters//BRYANT J, Vorderer P. Psychology of entertainment. Mahwah, NJ: Lawrence Erlbaum Associates, 2006: 183 – 197.

[8] CONWAY J C, RUBIN A M. Psychological predictors of television viewing motivation. Communication research, 1993, 18: 443 – 463.

[9] CSIKSZENTMIHALYI M. Flow: the psychology of optimal experience. New York, NY: Harper, 1990.

[10] CUPCHIK G C. Emotion in aesthetics: reactive and reflective models. Poetics, 1995, 23: 177 – 188.

[11] CUPCHIK G C. The role of feeling in the entertainment = emotion formula. Journal of media psychology, 2011, 23 (1): 6 – 11.

[12] DEY I. Qualitative data analysis: a user-friendly guide for social scientists. London: Routledge and Kegan Paul, 1993.

[13] FESHBACH S, SINGER R D. Television and aggression: an experimental field study. San Francisco, CA: Jossey-Bass, 1971.

[14] GILES D C. Parasocial interaction: a review of the literature and a model for future research. Media psychology, 2002, 4: 279 – 305.

[15] GREEN M C, BROCK T C. The role of transportation in the persuasiveness of public narratives. Journal of personality and social psychology, 2000, 79: 701 –721.

[16] HALL A. Audience personality and the selection of media and media genres. Media psychology, 2005, 7: 377 – 398.

[17] HOFFNER C. Children's wishful identification and parasocial interaction with favorite television characters. Journal of broadcasting and electronic media, 1996, 40: 389 – 402.

[18] HOFFNER C, FUJIOKA Y, IBRAHIM A, et al. Emotion and coping with terror// GREENBERG B S. Communication and terrorism. Cresskill, NJ: Hampton Press, 2002: 229 – 244.

［19］HOFFNER C A, LEVINE K J. Enjoyment of mediated fright and violence: a meta-analysis. Media psychology, 2005, 7: 207 – 237.

［20］IBRAHIM A, YE J, HOFFNER C. Diffusion of news of the shuttle Columbia disaster: the role of emotional responses and motives for interpersonal communication. Communication research reports, 2008, 25: 91 – 101.

［21］KATZ E, HAAS H, GUREVITCH M. On the use of the mass media for important things. American sociological review, 1973, 38: 164 – 181.

［22］KEYES C L M, SHMOTKIN D, RYFF C D. Optimizing well-being: the empirical encounter of two traditions. Journal of personality and social psychology, 2002, 82: 1007 – 1022.

［23］KLIMMT C, HARTMANN T, SCHRAMM H. Parasocial interactions and relationships//BRYANT J, VORDERER P. Psychology of entertainment. Mahwah, NJ: Lawrence Erlbaum Asociates, 2006: 291 – 313.

［24］KLIMMT C, HARTMANN T, SCHRAMM H, et al. The perception of avatars: parasocial interactions with digital characters. Paper presented at the annual meeting of the International Communication Association, San Diego, CA, May, 2003.

［25］KLIMMT C, HEFNER D, VORDERER P. The video game experience as "true" identification: a theory of enjoyable alterations of players' self-perception. Communication theory, 2009, 19: 351 – 373.

［26］KLIMMT C, HEFNER D, VORDERER P, et al. Identification with video game characters as automatic shift of self-perceptions. Media psychology, 2010, 13: 323 – 338.

［27］KNOBLOCH-WESTERWICK S. Mood management: theory, evidence, and advancements//BRYANT J, VORDERER P. Psychology of entertainment. Mahwah, NJ: Lawrence Erlbaum Associates, 2006: 239 – 254.

［28］LANG P J. Behavioral treatment and bio-behavioral treatment: computer applications//SIDOWSKI J B, JOHNSON J H, WILLIAMS T A. Technology in mental health care delivery systems. Norwood, NJ: Ablex, 1980: 119 – 137.

［29］LARSEN J T, MCGRAW A P, CACIOPPO J T. Can people feel happy and sad at the same time?. Journal of personality and social psychology, 2001, 81: 684 – 696.

［30］LULL J. Inside family viewing: ethnographic research on television's audiences. London, UK: Routledge, 1990.

［31］MARES M – L, CANTOR J. Elderly viewers' responses to televised portrayals of old age. Communication research, 1992, 19: 459 – 478.

［32］MASLOW A H. A theory of human motivation. Psychological review, 1943, 50:

370 – 396.

［33］ MILES M B, HUBERMAN A M. Qualitative data analysis: an expanded sourcebook. Thousand Oaks, CA: Sage, 1994.

［34］ MILLS J. The appeal of tragedy: an attitude interpretation. Basic and applied social psychology, 1993, 14: 255 – 271.

［35］ OLIVER M B. Exploring the paradox of the enjoyment of sad films. Human communication research, 1993, 19: 315 – 342.

［36］ OLIVER M B. Tender affective states as predictors of entertainment preference. Journal of communication, 2008, 58: 40 – 61.

［37］ OLIVER M B. Entertainment//NABI R L, OLIVER M B. The Sage handbook of media processes and effects. Thousand Oaks, CA: Sage, 2009: 161 – 174.

［38］ OLIVER M B, BARTSCH A. Appreciation as audience response: exploring entertainment gratifications beyond hedonism. Human communication research, 2010, 36: 53 – 81.

［39］ OLIVER M B, HARTMANN T. Exploring the role of meaningful experiences in users' appreciation of good movies. Projections, 2010, 4: 128 – 150.

［40］ OLIVER M B, LIMPAROS A, TAMUL D, et al. The role of mixed affect in the experience of meaningful entertainment. Paper presented at the annual meeting of the International Communication Association, Chicago, IL, May, 2009.

［41］ OLIVER M B, RANEY A A. Entertainment as pleasurable and meaningful: identifying hedonic and eudaimonic motivations for entertainment consumption. Journal of communication, 2011, 61: 984 – 1004.

［42］ PATTON M. Qualitative research and evaluation methods. 3rd ed. Thousand Oaks, CA: Sage, 2002.

［43］ RANEY A A, BRYANT J. Moral judgment and crime drama: an integrated theory of enjoyment. Journal of communication, 2002, 52: 402 – 415.

［44］ REINECKE L, TAMBORINI R, GRIZZARD M, et al. Characterizing mood management as need satisfaction: the effects of intrinsic needs on selective exposure and mood repair. Journal of communication, 2012, 62: 437 – 453.

［45］ REINECKE L, TREPTE S. In a working mood?: the effects of mood management processeson subsequent cognitive performance. Journal of media psychology, 2008, 20: 3 – 14.

［46］ RENAUD D, UNZ D. Die M-DAS – eine modifizierte Version der Differentiellen Affekt Skala zur Erfassung von Emotionen bei der Mediennutzung [The M-DAS – a modified version of the differential emotion scale for the assessment of emotions in media use]. Zeitschrift für Medienpsychologie, 2006, 18: 70 – 75.

[47] RIMÉ B. The social sharing of emotion as an interface between individual and collective processes in the construction of emotional climates. Journal of social issues, 2007, 63: 307 – 322.

[48] RUBIN A M. Television uses and gratifications: the interactions of viewing patterns and motivations. Journal of broadcasting, 1983, 27: 37 – 51.

[49] RUBIN A M, PERSE E M. Audienceactivity and soap opera involvement: a uses and effects investigation. Human communication research, 1987, 14: 246 – 268.

[50] RYAN R M, HUTA V, DECI E L. Living well: a self-determination theory perspective on eudaimonia. Journal of happiness studies, 2008, 9: 139 – 170.

[51] SHERRY J L. Flow and media enjoyment. Communication theory, 2004, 14: 328 – 347.

[52] TAMBORINI R, BOWMAN N D, EDEN A, et al. Defining media enjoyment as the satisfaction of intrinsic needs. Journal of communication, 2010, 60: 758 – 777.

[53] TESSER A, MILLAR K, WU C H. On the perceived functions of movies. Journal of psychology, 1988, 122: 441 – 449.

[54] VORDERER P. Audience involvement and program loyalty. Poetics, 1993, 22: 89 – 98.

[55] VORDERER P, KLIMMT C, RITTERFELD U. Enjoyment: at the heart of media entertainment. Communication theory, 2004, 14: 388 – 408.

[56] VORDERER P, RITTERFELD U. Digital games//NABI R L, OLIVER M B. Handbook of media processes and effects. Thousand Oaks, CA: Sage, 2009: 455 – 467.

[57] VORDERER P, STEEN F, CHAN E. Motivation//BRYANT J, VORDERER P. Psychology of entertainment. Mahwah, NJ: Lawrence Erlbaum Associates, 2006: 3 – 17.

[58] WATERMAN A S. Two conceptions of happiness: contrasts of personal expressiveness (eudaimonia) and hedonic enjoyment. Journal of personality and social psychology, 1993, 64: 678 – 691.

[59] WATSON D, CLARK L A, TELLEGEN A. Development and validation of brief measures of positive and negative affect: the PANAS scales. Journal of personality and social psychology, 1988, 54: 1063 – 1070.

[60] ZILLMANN D. Mood management through communication choices. American behavioral scientist, 1988, 31: 327 – 340.

［61］ ZILLMANN D. The psychology of suspense in dramatic exposition//VORDERER P, WULFF H J, FRIEDRICHSEN M. Suspense: conceptualizations, theoretical analyses, and empirical explorations. Mahwah, NJ: Lawrerce Erlbaum Associates, 1996: 199 – 231.

［62］ ZILLMANN D, CANTOR J R. Affective responses to the emotions of a protagonist. Journal of experimental social psychology, 1977, 13: 155 – 165.

［63］ ZILLMANN D, WEAVER J B, MUNDORF N, et al. Effects of an opposite-gender companion's affect to horror on distress, delight, and attraction. Journal of personality and social psychology, 1986, 51: 586 – 594.

［64］ ZUCKERMAN M. Sensation seeking: beyond the optimal level of arousal. Hillsdale, NJ: Lawrence Erlbaum Associates, 1979.

（原文刊载于 *Media Psychology*, Vol. 15, 2012）

净化：娱乐的伦理形式

碧姬·舍勒　弗莱彻·杜波依斯[*]

碧姬·舍勒　弗莱彻·杜波依斯[*]

江　凌　译

一、问题：娱乐是刺激而非净化吗？

先理解（媒介）心理学意义上的"净化"（Catharsis），这会对研究有所帮助。但遗憾的是这难以实现，因为目前人们对"净化"存在多种理解，反映了20世纪心理学领域发展而来的一些概念。在某些情况下，"净化"的意义不同，有时甚至相反。"净化"的原始出处似乎就是亚里士多德的悲剧理论，确实其他作者也常引述亚里士多德的作品，从而形成他们对"净化"的理解。但是，仅仅追溯亚里士多德，并不会为解决问题提供任何可行的方案，因为亚里士多德的"净化"并不存在唯一解释。这是因为，亚里士多德（或是我们的第一手资料）并未充分完整且准确清晰地阐明"净化"的含义。因此，亚里士多德希望通过"净化"传达——以及应该传达——何种意义，并没有形成统一的哲学共识。所以，重建意义的过程导致了在某些情况下形成截然相对的立场。有人将其理解为"心理疏泄"（psychic purgation），也有人将其理解为"心灵净化"（spiritual purification）。

"净化"没有一个原始的解释，这就要求研究者在实证研究一开始就需要解释"净化"的意义，但鲜有人为之。研究者通常忽略了阐明概念的核心特征，所以难以将亚里士多德和目前其他的理解方式区分开来。这不仅导致了截然相对的初步讨论的基础，更导致了在高度抽象的情况下形成两种不同的理论视角。行为主义视角以隐喻的方式表达了"净化"是"活泼热烈的"，但媒体

---

* 碧姬·舍勒（Brigitte Scheele），德国科隆大学人文科学学院教授；弗莱彻·杜波依斯（Fletcher DuBois），德国科隆大学人文科学学院教授。

接受相关视角却与之对立，从实证角度来看，它是"死气沉沉的"。

然而，在检视理论模型当中，尤其是通过比较之后，我们发现两种视角在截至目前的讨论中都显然不足。行为主义视角没有研究"净化"在美学领域的媒介接收效果，它的研究范畴完全不同，例如，研究因行为达成目标而造成的激励效用减弱。举例来说，这种研究传统不涉及看完一部跌宕起伏的电影而产生的潜在"净化"作用；相反，它的研究重点是，（采取行动的）机会出现，"回报"了原本沮丧之人，令其感受到轻松宽慰。然而以接受为导向的视角，关注的重点是如何处理媒介的陈述。前者仅用了哲学重构下两极概念中的一极，即"心理疏泄"来建构"净化"概念的模型，同时并不认为另一极的"心灵净化"与之相关，自然也就没有任何理论阐释和实证检验。

此外，在"心灵净化"视角下，所谓的"攻击性净化"是目前研究的主要关注点。即便亚里士多德并未明确解释净化变为愤怒和攻击的可能性，但它确实（可能）囊括所有令人感到负累的情绪。因为目前尚不清楚与愤怒和攻击相关的结果具有多大的普遍性。因此，即便是谈到"心理疏泄"这一点，也绝没有否定亚里士多德的假说。

因此，我们的主要目的是要重新获得（或许几乎已经失去的）"心灵净化"的概念，用以解释媒介娱乐。但是，这意味着我们不能将娱乐仅仅理解为愉快、悬疑或悲伤的体验，它也包括更复杂的过程。其中，情绪、认知、动机这三个维度联系在一起，处于创造性的张力关系中（参见 Maill & Kuiken，2002；Vorderer，2003）。这种更具包容性的娱乐概念不仅会因其方法论而受到青睐（关于主题在何种程度上已经包含在概念中），更重要的是，从人类学视角出发，它还会更受欢迎。人类是懂得反思、具有道德敏感性的主体。这种概念和人类模型是一致的，这也是将美与道德相结合的要求所在。这种结合恰恰就蕴藏在"心灵净化"的概念中，因而呈现出值得追求的价值，包括反思与道德的人类学指导理念。本文的目的是从理论和实证上，以"净化""心灵净化"为重点，阐释这一指导性理念。

这时，理论派的实验心理学家会惊恐地指出，我们的研究基础是建立在将价值判断作为科学命题的基础上的，而在主流的科学论述中，这是不合规矩的。读者很有可能感觉到他们不仅有权力，也有责任放下这篇文章，即停止阅读。为了鼓励尽可能多的读者继续读下去，在这里简要说明为何违背价值中立的基本公理，却不会造成任何不为人所接纳的非理性论述。我们的理由是，一方面，事实上，在研究实践中，这种对客体的理论价值判断是不可避免的；另一方面，与追随马克斯·韦伯的批判理性主义者们的观点不同，这种价值判断能经得起理性批判和正当性的检验。

在人类的意义模型范围内，这是不可避免的。在方法论上也是如此，隐藏的价值判断反过来会影响主体对客体的思考。例如，在我们的研究中，具有反思能力的主体相较于"心理疏泄"，更倾向于"心灵净化"。但是，实验方法导致了报复性行为，这在道德上很有问题。相反，"净化"概念应该蕴含积极的评价。将日常用语转化为科学概念时通常都是如此，这种评价无法消除，却在建构科学客体基本组成时起作用。以"创造力"为例，它被视为成为人类的一种能力，以产品的新颖和效用为评价标准。2001年"9·11"袭击的计划和执行显然符合这些标准。但在这种情况下，我们称之为犯罪，并非创新，因为这不满足该科学概念蕴含的正面价值。否定客体的理论价值含义只会降低对于价值转换的敏感度，就如同将报复性行为归入"净化"之中。相反，人应该也能够尽可能准确地阐明价值，并使其合理化。例如，这种合理化可以通过手段—目标的论证实现。这是一种描述性和规范性相结合的分析，开启了对标准命题的实证批判，以及至少是对相关（与所有价值陈述相关的）辩护的批判（Groeben & Scheele，1977；Groeben，1972）。

因此，我们将要分析的两条主线就显而易见了，即将价值表述与实证描述相结合。首先，如何解释"心灵净化"并使其合理化，使其成为迄今为止"净化"研究中更高阶的道德价值？其次，"净化"概念的道德价值是否与娱乐相关（如果相关，那又是如何相关）？下文所述将以此展开。

二、晦涩的"净化"：心理疏泄和心灵净化两个焦点

在谈到"净化"时，亚里士多德描述了悲剧和音乐带来的情绪舒缓效果。此后两千多年，人们一直在激烈地讨论他说的究竟是一种医学生理过程还是认识论过程（Flashar，1984）。或许可以间接地认为："亚里士多德总体上强烈反对生理简化论，这给了我们巨大的支持，即对认识论过程的支持。"（Nussbaum，2001：390）如此一来，可能会联系到两个核心概念："Phobos"和"Eleos"。据亚里士多德所说，两者与"净化"的理解都有关。但是，"净化"也没有得到清楚的阐释，因为"Phobos"和"Eleos"既可以被译为"恐惧"和

"怜悯",也可以被译为"凄惨"和"怖骇"。"恐惧"和"怜悯"(Nussbaum,2001)被视为道德意识和人性发展的必要条件,而"凄惨"和"怖骇"更像是无关紧要的条件。这意味着亚里士多德对文本的注释本身就已经将其分化为两种解释的途径,也就是"心理疏泄"和"心灵净化"(参见 Luserke,1991)。

这两条线对我们至关重要,因为目前为止,就"心理疏泄"和"心灵净化"的客体特征,哲学和文献学争论对"净化"的解释是否充足(参见如"关于阐释的历史",Gründer,1968/1991),涉及从心理学上阐释接收过程的起点的问题。

"心理疏泄"立场将"净化"理解为一种"享乐主义"原则(Schadewaldt,1955)。意思就是"Phobos"和"Eleos"的替代体验使得情绪得到排解,因而减少了过度的或者心理压迫带来的情绪刺激。这种净化效果随着情绪舒缓而出现,将人从令人反感的压力中解放出来,因而主观上感到健康。这种状态最容易通过本质上无目的、自动机械式的排解过程来实现,这种过程——视强度而定——以相对自发的行为和肉体反应向外表达。因此,这种方式的重点在于主观感受和行为的一致性。事实上,它的意思是:被压抑的愤怒是可以通过愤怒的反应排解的,无法言明的悲伤可以通过悲伤的反应驱逐,等等。这些不同形式的"攻击"和"悲伤"的净化就是"肉体—情绪"净化的典型(与 Nichols 和 Zax 的"认知—情绪"相反,1977:8)。在认知控制功能暂时失效的情况下,重新获得原本被情绪阻碍的健康,这是某些发泄疗法中的原则(参见《原始的尖叫疗法》,Janov,1970;《简介》,Möller,1981),也是虚构文学中确认身份的原则(参见 Scheff,1983)。因此,"净化",作为(发泄)治疗,是指在认知控制最大限度失效的情况下,重获情绪和行为的合一(参见 Scheele,2001;Scheff & Bushnell,1984)。

相反,"心灵净化"立场是从"道德"原则出发(Pohlenz,1956)。所以,它要求悲剧要能提高个人的道德标准,而不是像"心理疏泄"那样单纯地从过多的压迫性情绪刺激中获得解放(参见《剧院是道德机构》,Schiller,1801;或者《讽刺地说,是个矫正机构》,Bernays,1858/1970)。所以,净化效果应该是显而易见的,与表演前相比,表演后应产生质量更高的道德意识(Lessing,依据 Gründer,1968/1991)。为实现这一点,"心灵净化"立场要求观众必须对主人公的痛苦感同身受,并且具有同情心(但是,光有这一点还不够。参见 Nussbaum,2001)。因此,"心灵净化"效果包括主观体验的正向改变,这种改变是由"对（某种意义上更高尚的）更强的自我能力，更多可能的迫切需要"
决定的（Scheele，1999：20）。"心灵净化"过程（"净化"：Nussbaum，2001：
390）因而被视为情绪和认知的（更高）合一，即情绪和认知的整合。这是通
过"认知和情感的双重过程"实现的（Bohart，1980：192；参见 Nichols &
Efran，1985）。因此，这里不仅仅是单纯的认知过程（例如，不是完全从情绪
中解脱出来，这是一种常见的错误看法），更多是在情绪层面上，净化作用勾起
了主观情感，并使人期望拥有更强的个人身份。在动机层面上，净化作用使人
希望能建设性地解决道德冲突（通过自我或外界指示）。而在认知层面上，也
蕴含了更加清晰的观点，至少在问题是什么和为什么上比过去有了更清晰的认
知（Scheele，1999/2001）。因此"心灵净化"不会在释放情绪压力时出现，而
更多是在正面压力增加时显现出来。因而在过程中更倾向于情感参与，同时反
省和沉思，所以行为因素在这里并不起基础作用。表1展示了上述过程和效果
的特征，包括两者的简介和对比（与更早的版本相比。Scheele，2001：205）。

表1　心理疏泄对比心灵净化：核心特征

心理疏泄	心灵净化
净化过程	
通过发泄/行动整合情绪和行为 ·体验为导向（吸收自省） ·直接解决压力 ·强度通过肉体显现	通过重建/改变整合情绪和认知 ·过程为导向（涉及自省） ·延续解决压力
效果	
·即时舒缓压力 ·间接治愈，如良好情绪的重建（内衡模型）	·间接舒缓压力 ·即时治愈，如社会心理动机加强（发展模型）

　　对净化过程和效果的正面评价是这两极概念所共有的。因此，可以将两个
不同的概念作为单一、综合"净化"构想的两极焦点，对持续过程的再现，即
为"象征性"净化。因此，可以将象征性净化理解为一种拥有两极焦点的椭圆
形构想。除此之外，在对虚构作品的接受中，两种假设的核心就显而易见了：
持"心灵净化"立场者认为作品的影响带来了积极的变化，尤其是在社会心理

学的动机上，这是来自对于主人公痛苦的同理心。持"心理疏泄"的立场者则认为，通过代替和愉悦的体验实现了享乐主义，并且自动释放了多余的压迫性情绪（Scheele，2001：205）。上述何种假说是通过实证检验过的，并在何种程度上，是以何种有效的方式检验的？我们希望简要总结相关研究，探明上述问题。

三、心理疏泄行为实证研究的重点

从哲学和语言学上的"净化"概念到实证心理学研究都揭示了，事实上这两个焦点的研究只关注"心理疏泄"。研究的重点不是接受媒介再现的反应，而是个人行为的功效，最重要的是攻击性的个人行为。因此，研究的主题十分局限。对比"净化"的原始概念，可以说这是对原始概念的曲解和误读。但是，有趣的是，鲜有人注意到这一点。对这一问题缺乏认识的原因，可能是为了专注于这一观点而采取的概念上的简化步骤被认为在方法论上是可行的，甚至是必要的。

历史上，改变焦点的第一步是将"净化"概念纳入精神分析疗法的发展当中。在他们所谓的"净化"方法（Breuer & Freud，1893/1955）中，"净化疗法"取代了"剧院净化"——这意味着"净化"已经从接受美学的语境下摘除，并且被放入了主体（接受治疗者）的真正功用世界中。因为对于精神分析而言，所有的艺术内容——由于它们和梦的内容以及梦的运行保持着相似性——对于一般的人类过程和建构而言只是功能相近而已（参见 Groeben，1972；Leuzinger，1997）。同时，这种功能理论也与对"心理疏泄"的关注有关，因为在催眠的帮助下，"净化疗法"主要是为了达到两种效果：一是"唤醒记忆，清晰地唤醒对于事件的记忆"（Breuer & Freud，1893/1955：6）；二是"通过讲述，释放被扼杀的情感"（Breuer & Freud，1893/1955：17）。有趣的是，弗洛伊德很快试图将"心理疏泄"作为治疗的结果。他将治疗过程变为从情绪和认知上对相关冲突进行再次解读，逐渐放弃催眠疗法，但是在第二步的压缩版本中，并没有考虑"认知转向"。

第二步，将精神分析概念中的"心理疏泄"转变为行动主义概念中的挫折攻击论。这是由所谓的耶鲁学派推动的（Dollard et al.，1939）。这一研究学派的目的是要将目前与挫折攻击有关的各个学科中的方法和结果，用于建立实证心理学。他们热衷于将弗洛伊德的早期结果建构成经得起实证检验的形式。在他们的努力下，产生了大量实际上增加和减少了攻击的假说。他们的成果对于后来的研究具有深厚的影响，甚至持续到今天（参见 Baron Richardson，1994；Mummendey，1983）。这里，"净化"的概念是和压抑相对的。他们提出"压抑攻击性行为是一种挫折"，它会加大刺激，煽动攻击；相反，任何攻击行为的出现都应该会减少对攻击的煽动。用精神分析的术语来说，这种释放被称为"净化"（Dollard et al.，1939：50）。"净化"因而被定义为进一步攻击行为的动机暂时减少了，而这种减少是通过攻击行为来实现的。作为"净化"效果的先决条件，这种行为可以是公开的，也可以是隐蔽的。比如，可以是"幻想或梦境中甚至是深思熟虑的复仇计划"（Dollard et al.，1939：10）。但这不意味着他们认为存在两种不同特征的"净化"行为，而是恰恰相反——遵循方法论的行为主义立场，即公开的攻击行为被视为"净化"过程的典型表现。所有使得攻击失效的其他机会，包括内部行为，都是在此之上建立的。

据此，在攻击研究中只有两处需用"净化"。第一，概念上起决定作用的"直接攻击"，即带着伤害目的的行为；除此之外，所有带有攻击净化效果的间接（攻击）行为，如耗费体力的活动、幻想，遭受具有攻击性的玩笑，观看影片（或其他媒体），是代替攻击的行为方式（Mummendey，1983：399）。通过类似相关实证的检验，"净化"的意义从早期的以感受为导向变成了现在的以行为为导向，这在所难免，以至于很快这种行为净化、"转向净化"概念就被视为与弗洛伊德有关的典型，并且广为传播，而且还通过弗洛伊德，再连接到亚里士多德（如 Baron & Richardson，1994：24；同样，其他还有 Bierhoff & Wagner，1998；Heckhausen，1989；Herkner，1991；Mummendey & Otten，2002；Schneider & Schmalt，1994；Selg，Mees & Berg，1997）。

但是第三步，攻击研究的成功（Dollard 等）带来了更大的局限："净化"变成了敌对的攻击。"净化"中的这种局限几乎或根本就没有在其他情绪—动机压力的接受心理学领域被明确地研究过，比如"失望""内疚""羞耻""害怕""胆怯""屈辱""虚荣""嫉妒""羡慕"和"憎恶"（Scheele，2001）。相反，在 20 世纪后半叶，"净化"变得只局限于用敌对的攻击来宣泄情绪。关于它的主要的研究都与行为相关，在某些情况下也和接受有关（更多内容，请参见 Scheele，1999）。在行为理论框架下，成功实施了攻击行为以后，"净化"必然失效（参见 Kornadt，1974）。在相应的实验范式中，实验的主体，即一开始沮丧的人，有机会采取攻击行为进行报复。结果表明，只有在攻击目标达成，且主观上满意时，攻击动机才会失效（Zumkley，1978）；结果也表明（报复性的）不明确的宣泄，比如肌肉发泄不能消灭敌对的攻击动机（参见 Bushman，2002；Zillmann，Bryant & Sapolsky，1979；概述：Geen & Quanty，1977；Heckhausen，1989；Mummendey，1983）。

这些结果中蕴含的价值判断有力地说明了目前的"净化"概念与原初的意义相差甚远。行为心理学暗示了一种反社会倾向，因为"净化"是在复仇和反击刺激下达成的最终状态，这种报复是主体有意识的、渴望实现的，自行承担责任、实施并且最终成功了的。这必然具有反解放倾向，因为行为模型表明，"净化"是一个人解决心理压力的"办法"。依据科尔伯格（Kohlberg）的道德发展模型，这并没有突破传统（参见 Colby & Kohlberg，1978），因此也就失去了对报复刺激更高尚的应对策略，或者说至少这种策略不会主动归入模型中。

对"心理疏泄"进行行为理论上的概括，引出了导致"净化"概念被滥用的第四步，也是最后一步——意义完全流失。最核心的结果就是，报复行为成功后，侵略动机便下降了，这仅仅代表了一种普遍有效的刺激过程。实现目标之后，每一种行为动机都减少了。写完这篇文章之后，我们的动机理所当然会下降，但是，没有人会在这种情况下说这是写作"净化"。

所以，总体来说对"净化"概念的实证检验还没有被注意到。这一方面导致了"净化"狭隘地变成了心理疏泄，即情绪宣泄，因此变成了报复行为；另一方面，这说明了价值内涵存在极大问题，最终也导致了"净化"的滥用和意义的贬损。

四、通过实证理论重获心灵净化

虽然在很大程度上，在实证心理学研究中，行为理论的"净化"占了主导，但仍然有一些其他研究方向和结果，不仅仅澄清了心理疏泄的局限，也展示了塑造心灵净化概念的可能性。一个重要的基础是对"象征性净化"（symboris catharsis）的研究，从接受视角出发来看待心理疏泄。其开始于 20 世纪 60 年代，班杜拉（Bandura）的"观察学习"研究对它进行了提炼（参见 Bandura，1969）。

五、接受视角：心理疏泄是"象征性净化"吗？

对心理疏泄理论的接受心理学检验，始于费什巴赫（Feshbach，1961）的一项研究。研究中原本沮丧的个体观看了一段十分钟的影片，与一般影片相比，该影片带有一定的攻击性（拳击比赛），观看影片内容后，主体的攻击动机有所减少（但在观看一般影片后却没有）。这个"象征性净化"的结果，从感受视角而言，至少保持了传统"净化"概念的核心内涵。但是，在改进方法之后（治疗核查个体的沮丧，使观看的影片之间的区别更加合理，让攻击包括对底线的衡量更加有效），对费什巴赫的研究进行复制，却难以证实象征性净化的这种作用（参见 Bergler & Six，1979；Lukesch & Schauf，1990；Mummendey，1983）。相反，班杜拉的研究，尤其是关于观察学习的部分，研究结果支持的是替代学习，也就是攻击，而不是心理疏泄的减少。因此，我们论证的不就是刺激而非净化了吗？！

净化和刺激的对比表明：原则上不可接受——两者被简化到了同一层面，也即接受视角，而在其他层面上则有着本质不同。在这些基本要素中，相对于世界通用的净化认知（包括心理疏泄的假说），净化的核心内涵似乎是相反且不完整的。所以，伯克维茨（Berkowitz）推进了耶鲁学派的传统（以及 Feshbach 的设计），他也支持象征性净化，即在调查接受层面，在替代体验之前，个体必须处于沮丧的情绪之中，这样才能证明存在攻击性动机和（可能的）发泄。但在这里，与行为理论一样，简化了理论内容，同样也扭曲了原初的净化概念，失去了通过媒介感受到"怜悯和恐惧"这一层意义。因此，伯克维茨团队（参见 Berkowitz，1984；类似的有 Geen & Thomas，1986）对心灵净化的研究在理论层面上并不十分有意义，至多是对区分心灵净化有一些启发价值。

除上述之外，班杜拉的实验范式不包括观影者沮丧且"未净化的"前期状态。班杜拉主要研究对观察到的（攻击）行为方式的学习，而非通过这种观察来降低动机。班杜拉反对行为主义理论，在这其中或许可以找到原因。行为主义者认为，表现和强化是学习的必要条件（但不是充分条件）。班杜拉在"习得"模式中证明了两者与学习无关（参见 Bandura，1969）。观察习得行为的条件是充足的，然而，该模式至少在一开始会延续行为主义关注可观察行为的传统。相反，心灵净化的核心是对所观察到的事物进行复杂的认识—情感—动机处理。

因此，班杜拉的范式一开始并不与（心灵）净化相关，但是加工处理的社会认知方面却为建构更加复杂的内部流程奠定了基础，所以这种方式（不只是Berkowitz 的立场）适于理论解释和数据整合，自 20 世纪 80 年代以来，人们一直在尝试以此重构研究领域。对于个体发展的引入，来自信息心理学的脚本和模式起了关键作用，这些使得班杜拉的观察学习法成为首要的理论框架，原则上，短期、中期和长期的内在效果可以在与环境和人格变量的相互作用中建模（参见 Rule & Ferguson，1986；Eron & Huesmann，1980；Huesmann，1986；Vorderer，1992）。

这种整合后的象征性净化理论模型，指的是一个人通过（接受）观察进行学习的能力，而不仅仅是通过自己的行动获取直接体验（如条件所说主张。例如，Bandura，1974）。学习的内容可以是事实上任何可以被学习的事物——不仅仅是控制自己和他人的行为。班杜拉区分了不同的效果，每一种都有着不同的内在机制。其中，习得新行为、抑制和去抑制作用、反应促进作用、环境增强和唤醒效应都将被命名（参见如 Bandura，1976，1986，1994）。而且，对攻击性行为方式的关注吸引了理论和实证研究者的注意。鉴于媒介提供的内容会带有攻击性和暴力成分（见 Gleich 的暴力概述，2004），班杜拉学习理论的基本假说中暗含了通过观察学习攻击的论点，这是反净化的（Bandura，1973；Berkowitz，1993；Feshbach，1989；Goranson，1970；Huesmann & Malamuth，1986。从简单回应模仿到获取高度复杂的规则、道德态度等的更大范围的理论影响和效果，见 Bandura，1986）。

为了呈现与疏泄论（作为概念上划分的净化理论的一极）之间的差异，实际上，新的攻击行为还可以通过观察来学习和记忆，这并不那么重要。学习者观察到的景象与真实场景越相似，攻击行为越成功，这种效果就越强烈（见结果简述，Baron & Richardson，1994；Bergler & Six，1979；Berkowitz，1984，1993；Eron，1986；Geen & Quanty，1977；Geen & Thomas，1986；Mummendey，1983）。更重要的是刺激效应或去抑制效应，即替代性经历的暴力提高了观察者攻击的潜在可能性。这种反对净化论的经验证据，也没有因为抑制作用被证明是由替代惩罚引起的这一事实而被削弱。这意味着，如果观察者受到惩罚，就会增加观察者的攻击抑制，从而抑制攻击准备，但不会减少对攻击的煽动（Kornadt，1982）。因此，惩罚引起抑制效应的证据无法解释疏泄论。

这意味着就接受视角而言，刺激论比疏泄论有更充分的实证证据。当考虑到某些因素时，情况更是如此：首先，从攻击者视角来看，攻击是正面的或愉悦的——为了享乐本身或是有正当理由（参见 Kunczik，1982：6），似乎是一种道德正当且成功的手段（参见 Bandura，1989；Geen & Thomas，1986；Goranson，1970；Huesmann，1986；Rule & Ferguson，1986）。但是，如果从受害者角度看来，攻击是不正当的，那么就催生了报复的感受和动机（参见 Hartmann，1969）。因此，在敌对的攻击中，享乐主义的心理疏泄（借由愉快的替代体验）在很大程度上是被歪曲的。这就是本文开篇引用的内容所指的含义，净化最终被歪曲了。但是，这只适用于通过替代体验来净化攻击动机。

话虽如此，但是前文提到整合班杜拉的理念仍然不充分。一开始班杜拉确实在他的研究中运用了象征模型；但是象征性控制的概念不止如此，包含了可以为阐明完整的净化概念所用的内容。其中的一个问题是：象征性的概括，比如，正义的经验，在何种程度上即便偏离了行为的情境（如人物、行为等），仍然平衡了可能存在的攻击倾向？原则上讲，这类问题指出了高度复杂的内在过程，班杜拉在建立"抽象模型"时将这些过程聚集在了一起，用以描述"判断能力和可概括的规则是通过观察习得的"（Bandura，1986：100）。

我们并不一定要在此讨论是否因过度延伸而用尽了观察学习的内容，即通过观察获取替代体验。更重要的是，我们应该用这种视角及其复杂的认知、情感和刺激过程，从目前的实证结果获得启发，以此为出发点获得心灵净化的概念。

六、阐述心灵净化的起点

对于这种启发，我们如何区分净化心理疏泄的不同维度？应解读心理学内在结构的理论背景，我们可以将这种结构假设为心灵净化这一极。高度抽象时，这涉及敌对的攻击意愿转换为正向和积极的社交。这种对复仇、反击和更加复杂的破坏性冲动的自我克制，作为媒介接受的结果，"通过恐惧和怜悯"并"在恐惧和怜悯中"得以实现（Nussbaum，2001：393）。

一般来说，对媒介的呈现作出何种道德回应，这是重中之重。至于人，道德越发展，越有可能作出道德回应（Blasi，1983；Herzog，1991；Montada，2002）。至于内容呈现的情形和呈现的方式，主要是伯克维茨相关团队的刺激实验，在关注刺激情形的情况下，给予间接指示。有些情形展现了减少攻击的作用。例如，被实验员惹恼的参与者，观看"正当攻击"的影片后，相较于观看"非正当攻击"的参与者，对挑衅者采取更加敌对的反应（参见 Berkowitz，1984），在感受到不公或同情弱者时，攻击会减少。在实验室对学生做实验和对男性少年犯进行现场实验都得到相同的结果（Parke et al.，1977）。当对攻击反感或感到有悖于工具和价值理性时，攻击者会因受害者的痛苦而受到责备。所以，这里的攻击抑制有不同的性质，不同于害怕潜在的惩罚（或者复仇、回击等：参见 Bandura，1965；Berkowitz，1984；Selg，1992），班杜拉特别研究了这一点。这里讨论的是因道德感受而抑制了攻击，比如同情、内疚、羞耻、愤怒等（参见 Bandura，1994；Berkowitz，1984；Kornadt，1982）。在操作层面，这种对攻击的道德抑制应该是阐释心灵净化概念的起点。

邦克（Bönke，1989）对这种道德抑制展开了实证检验。研究针对三个剧目展开，主要处理亚里士多德净化概念中人类的痛苦、纠缠、攻击等。第一个主题是通过反派与结构之间的调整，建设性地解决了冲突（埃斯库罗斯的《奥瑞斯泰亚》）。第二个主题是"无法摆脱的无罪的内疚"（弗朗茨－哈维·克罗茨所创作的戏剧 Der Nusser——第二次世界大战后德国人的命运）。第三个主题是面对突如其来的暴力，个人和社会感到无助时难以消解的苦难（克劳斯·波尔所创的戏剧 Hunsrueck——疯狂杀害了 4 名外国人，以荒谬的戏剧形式呈现）。接受戏剧中的害怕和恐惧，使人们产生了对攻击意愿和道德抑制不同的预测。接受《奥瑞斯泰亚》（心灵净化的典型）直接减弱攻击意愿，增加攻击抑制。个人的害怕和恐惧无法解决，让人想起了 Der Nusser，结果是攻击意愿增强，攻击抑制不变。超个人（superindividual）的暴力袭来，则没有解决的可能性，攻击抑制将会减少，而攻击意愿可能会增加。在德国波鸿鲁尔大学进行的现场试验中，24 名学生为一组（男女人数相当）观看了相应的影片（还有控制组，他们去游览动物园或者去成人教育中心上课）。攻击主题测验用于测评攻击的意愿和攻击的道德抑制，在测验中，要求参与主体对标准图片作出回应，这些图片的主题内容都与攻击有关，然后研究者对回应的内容进行分析。前后的测试（观看表演一周前，表演即将开始前和结束后，观看表演一周后）结果与由"净化"概念推论而来的预测相符，测试的结果十分重要。因此，通过媒体的呈现，道德抑制了攻击性，实现了心灵净化，攻击意愿减少，这一点通过实证检验得以确认。阐释心灵净化最基本的是要将这一实证基础（已经是目前研究攻击意愿的基础）延伸到不同的媒介、媒介内容和媒介的正式结构中，以及不同的受众群体、研究方式中。如此一来，就可以阐明通过媒介沟通实现道德净化的理想中介和环境条件。一旦在攻击领域实现了这一点，传统的净化概念就蕴含许多的可能性，可用于研究与道德净化有关的其他问题领域。

由此发现，至少我们可以理解心灵净化的心理学框架。对于心灵净化，对他人的遭遇感同身受，进行道德上的反抗，这更加高尚。这与刺激理论下的享乐主义截然不同。抑制攻击并不是因为害怕受罚或报复（在心理疏泄中就是如此），从重估的意义上来说，变得更高尚——道德上更加成熟，早前缺少对攻击的研究，事实上启发了完整的净化概念。因此，心灵净化必须展现情绪—动机（再）学习，以价值导向为基础，随之改变自己的意愿和欲望，在道德上变得更加高尚。在比较前后，发展的质量体现在认知与情感的高度融合之中，也体现在希望改变体验自我与世界时的道德问题中。

这里包含的情绪学习，难以用心理—生理或生物学理论（参见如 Meyer & Reisenzein, 1996）解释。准确地说，这是"情绪的认知理论"或者近期所称的"认知评价理论"（参见 Scherer, Schorr & Johnstone, 2001），在重建信仰（持久的情感态度）、价值导向、情绪（自我指涉评价）和动机（欲望和意志）之间的关系时可以采用并且加以区分。只有如此复杂的情绪模型，才足以描绘心灵净化中将认知和情绪相结合的目标。临床心理学中相关的经历和结果表明，只有认知没有情绪，或者只有情绪没有认知都不能实现上述目标。要应对痛苦，两者缺一不可，包括对自己（情绪上）有意义，并且（认知上）可以理解的内容（参见 Bohart, 1980; Epstein, 1984; Nichols & Efran, 1985）。只有认知与情绪共同面对道德问题，才可能达到学习的效果，改变自我价值。这种改变包括解决经历的（道德）问题、个人主观价值的提升，实现了道德上更高的自我概念，使人感觉优于过去的状态——这种感觉就像是"人的整个精神存在都经历了持续的提升"（Schadewaldt, 1955: 148; Gründer, 1968/1991）。这种改变完全符合莱辛对亚里士多德心灵净化的重建（Lessing, 1768/1988: 74-78）。

七、心灵净化是贯穿娱乐研究的一项任务吗?

那么一个人如何才能将这种（道德）发展目标与（美学）娱乐过程结合起来? 在对治疗过程的实证研究中，认知—动机的发展目标同样起了重要作用，提供了可能的出发点。至关重要的是，理想自我与接受现实之间的联系，对重建自我批评是十分必要的（参见 Symonds，1954）。根据以客户为中心的心理治疗方式，这种自我批评的发展一方面需要在存在主义上接受自我，这能带来安全感，另一方面也需要疏离自我，使人能"重新评估，重新指导自己的行为"（Boesch，1976：408）。这种自我接受、自我疏离与"审美距离"是一致的（Bullough，1912），包括接受的参与和接受的距离（参见 Vorderer，1992：73）。舍夫（Scheff）（进一步发展了 Bullough 关于距离的概念）已清楚阐明了"最佳距离"是"深层情绪共鸣"和具有创造性的价值反思（Scheff，1983：66）。最佳审美具体需要满足两个条件：首先避免距离过近，因为过度参与会阻碍元层次的反思；同时，也应避免距离过远，那样（通常）只会以"麻木和/或困惑"来面对问题（Scheff，1983：69）。

　　这种审美距离显然会影响娱乐。就这一点而言，相应的娱乐概念不应狭隘地只专注于正面情绪。应看到问题的方方面面，齐尔曼有两个广受欢迎的概念解释：情绪管理理论和情感倾向理论（参见如 Zillmann，1994，1996）。情绪管理理论认为，实现媒介接受最主要是从目标视角出发，即尽可能获得愉快的体验。这种方法并不十分适用于解释接受过程，因为它的目标"只是"媒体作为娱乐的典型工具应该是舒适而有趣的。相反，第一眼看来，情感处理理论似乎更加适用。与前者不同的是，受众对媒体中所呈现人物的情感态度是建立在道德判断的基础之上的。根据该理论，道德接受是与主人公产生情感呼应的基础（对于人物的希望、欣喜、忧虑、悲伤等），而道德指责形成了反向的情感（因恶人遭到不幸而高兴，Zillmann，1994）。但是，在这里，道德判断只是作为工具，用来产生对人物的同情或反感，却不能明确问题。此外，这些也许对立（片面）的情感过程最终是由解决问题、进入愉悦的情绪状态而告终的。但是，完整的娱乐概念还应该包括复杂矛盾的情感，正面和负面的情绪不会很快消解，根据审美距离，接收者会持续忍耐这些，甚至细细品味，尽情享受，由此才形成了性格的长期作用。这才是性格的核心。

　　因此，这些复杂矛盾的情感状态和过程有助于完整地解释娱乐（参见 Vorderer & Weber，2003）。"人似乎矛盾地享受着娱乐中的悲伤"便是如此，这说明了对娱乐的作用进行了有效重建（参见 Maill & Kuiken，2002）。我们认为，在对娱乐进行全面研究时，更应该从心灵净化这一概念出发。这一概念包括了情绪和认知的加工，避免了对娱乐的狭隘化理解。换言之，复杂矛盾的情绪

（在理想情况下）不具有工具的功能性，但是能够呈现与自我相关的问题。因而，在接受的过程中，它们不会很快地被消解成最终的愉悦情绪。但它们能够带来长期的效果，改变人的自我、价值观和道德行动。这种全面的理解不仅克服了对娱乐狭隘的享乐主义阐释，也避免了与享乐主义相关的自平衡（homeostasis）观点。享乐主义中暗含了自平衡的反馈环路，其中，刺激过多和过少都被视为暂时性的，最终都将达成最适度的觉醒或情绪健康。但是，如此一来，就不可能实现心理成长。但是如果娱乐概念未被简化，那就可以实现。媒介的使用者并不一定只是为了实现愉悦的自平衡而寻求"重材料"；相反，通过（多层）反思也能够解决问题，对媒介呈现和真实自我世界关系作出道德比较。也就是说，在某些情况下，我们有意识地选择了（道德上）更加痛苦的媒介体验，以获得理解所带来的满足。刺激行为放在媒介的情境下，我们选择那些（可能有问题的）世界的方方面面，我们的反应能够使我们成长（Nussbaum，2003：244；Rorty，1989）。"那些能够塑造自我的情感重建了读者对于文本叙述的理解，同时，也重建了读者的自我感知。"（Maill & Kuiken，2002：223。阅读文献时也涉及自我塑造情感的实证证据）

　　因此，娱乐是美学和道德元素的结合。在这里，美不仅仅关乎形式，也关乎内容，这是媒体呈现与（日常）事实之间的转换距离。狭义的娱乐，关注轻松和乐趣，美学呈现的主要作用是享乐（愉悦），如果需要，同时消解感受到的负面情绪，这是唯一目标，因为这是内在要求。但是，如果这些"负面情绪"中含有道德压力，并且产生了能够塑造自我的情感，美学呈现就有了更深层的作用。当发现居间的审美（aesthetic medial）与纯粹的理论道德论述两者截然不同时，这种作用就很明显了。虽然这些论文在论证道德规范中必不可少，但是也需要生活经历来与日常世界中的行为相联系。努斯鲍姆（Nussbaum）在她的《新亚里士多德道德美学再现》中阐述了这种观点，她虽以古希腊悲剧为例，但认为这适用于所有的媒介呈现（Nussbaum，2001，2003；Rorty，1989）。这里，个人对于"好的、值得称赞的生活"（幸福）的观念和描述，不仅仅是通过认知和抽象的学习获取，更重要的是在体验（包括象征性的体验）的基础上通过情绪学习获得（Nussbaum，2001）。生动的媒体呈现近似于生活体验，可能会引起人们对于痛苦和孤独的共鸣（Nussbaum，2001，2003；Rorty，1989）。因此，所有（令人负累的）道德情感（如悲痛、绝望、内疚、后悔等：Nussbaum，2001，第三章）促进了自我的进一步发展（根据心灵净化），它们属于美学体验——至少有存在的可能性。对娱乐的总体性研究中，在理论建构时，应将美学的作用纳入其中，原因是：首先，它很可能作为媒介的一部分被某些用户接受；其次，它也有助于建构道德上（更）有价值的娱乐形式，其中包括识别和确认相关问题、受众的情况，还有媒介的内容和形式。这就是前文提到阐释净化概念时，我们希望做到的。

当人们把科学论述的价值中立暂时放在一边，建构净化、娱乐等概念的理论内涵时——如开篇时所言——其中蕴含了一个问题，即科学是否负有义不容辞的道德责任，来阐释娱乐的理论模型，认为道德净化完全可能通过媒介娱乐重建？

参考文献

［1］BANDURA A. Influence of models reinforcement contingencies on the acquisition of imitative responses. Journal of personality and social psychology, 1965, 1：589 – 595.

［2］BANDURA A. Principles of behavior modification. New York：Holt, Rinehart & Winston, 1969.

［3］BANDURA A. Aggression：a social learning analysis. Englewood Cliffs, NJ：Prentice Hall, 1973.

［4］BANDURA A. Behavior theory and the models of man. American psychologist, 1974, 29：859 – 869.

［5］BANDURA A. Die analyse von modellierungsprozessen ［Analysis of modeling processes］//BANDURA A. Lernen am modell. Stuttgart, Germany：Ernst Klett Verlag, 1976：9 – 67.

［6］BANDURA A. Social foundations of thought and action：a social cognitive theory. Englewood cliffs, NJ：Prentice Hall, 1986.

［7］BANDURA A. Die sozialkognitive Theorie der Massenkommunikation ［social cognitive theory of mass communication］//GROEBEL J, WINTERHOFF-SPURK P. Empirische Medienpsychologie. Munchen, Germany：Psychologie Verlags Union, 1989：7 – 32.

［8］BANDURA A. Social cognitive theory of mass communication//BRYANT J, ZILLMANN D. Media effects：advance in theory and research. Hillsdale, NJ：Lawrence Erlbaum Associates, 1994：61 – 90.

［9］BARON R A, Richardson D R. Human aggression. 2nd ed. New York：Plenum, 1994.

［10］BERKOWITZ L. Some effects of thoughts on anti-and prosocial influences of media events: a congnitive-neoassociation analysis. Psychological bulletin, 1984, 95: 410 - 427.

［11］BERKOWITZ L. Aggression. Its causes, consequences and control. New York: McGrawHill, 1993.

［12］BLASI A. Moral cognition and moral action: a theoretical perspective. Developmental review, 1983, 3: 178 - 210.

［13］BOHART A C. Toward a cognitive theory of catharsis. Psychotherapy: theory, research and practice, 1980, 17: 192 - 201.

［14］BREUER J, FREUD S. On the psychical mechanism of hysterical phenomena: preliminary communication//STRACHEY J. The standard edition of the complete psychological works of Sigmund Freud (Vol. 2). London: Hpgarth Press, 1955: 317.

［15］BULLOUGH E. "Psychical distance" as a factor in art and an aesthetic principle. British journal of psychology, 1912, 5: 87 - 118.

［16］BUSHMAN B J. Does venting anger feed or extinguish the flame? Catharsis, rumination, distraction, anger and aggressive responding. Personality and social psychology bulletin, 2002, 28: 724 - 731.

［17］DOLLARD J, DOOB L, MILLER N E, et al. Frustration and aggression. New Haven, CT: Yale University Press, 1939.

［18］EPSTEIN S. Controversial issues in emotion theory. Review of personality and social psychology, 1984, 5: 64 - 88.

［19］ERON L D. Interventions to mitigate the psychological effects of media violence on aggressive behavior journal of social issues, 1986, 42: 155 - 169.

［20］ERON L D, HUESMANN L R. Adolescent aggression and television. Annals of the New York Academy of Science, 1980, 347: 319 - 331.

［21］FESHBACH S. The stimulation versus cathartic effects of a vicarious aggressive activity. Journal of abnormal and social psychology, 1961, 63: 381 - 385.

［22］FESHBACH S. The function of aggression and the regulation of aggressive drive. Psychological review, 1964, 71: 257 - 272.

［23］FLASHAR H. Die Poetik des Aristoteles und die griechische tragodie [aristotles poetics and greek tragedy]. Poetica, 1984, 16: 1 - 23.

［24］GEEN R G, QUANTY M B. The catharsis of aggression: an evaluation of a hypothesis//BERKOWITZ L. Advances in experimental social psychology (Vol. 10). New York: Academic Press, 1977: 1 - 37.

［25］GEEN R G, THOMAS S L. The immediate effects of media violence on behavior. Journal of social issues, 1986, 42: 7 - 27.

[26] GLEICH U. Medien und gewalt [Media and violence] //MANGOLD R, VORDERER P, BENTE G. Lehrbuch der Medienpsychologie. Gottingen, Germany: Hogrefe, 2004: 587 – 618.

[27] GORANSON R E. Media violence and aggressive behavior: a review of experimental research//BERKWITZ L. Advances in experimental social psychology (Vol. 5). New York: Academic Press, 1970: 2 – 31.

[28] GRÜNDER K. Jacob Bernays und der Streit um die Katharsis [Jacob Bernays and the argument about catharsis] //LUSERKE M. Die Aristotelische Katharsis. Dokumente ihrer Deutung im 19. und 20. Jahrhundert. Hildesheim, Germany: Olms, 1968: 352 – 385. (Reprinted from BARION H, BÖCKENFÖRDE E – W, FORSTHOFF E, et al. Epirrhosis. Festgabe für Carl Schmitt (Vol. 2). Berlin, Germany: Duncker and Humblot, 1991: 495 – 528).

[29] GROEBEN N. Literaturpsychologie [Psychology of literature]. Stuttgart, Germany: Kohlhammer, 1972.

[30] GROEBEN N, SCHEELE B. Argumente fur eine psychologie des reflexiven subjects [Arguments for a psychology of the reflexive subject]. Darmstadt, Germany: Steinkopff, 1977.

[31] HANLY C M. Psychoanalytic aesthetics: a defense and an elaboration. Psychoanalytic quarterly, 1986, 55: 122.

[32] HARTMANN D P. Influence of symbolically modeled instrumental aggression and pain cues on aggressive behavior. Journal of personality and social psychology, 1969, 11: 280 – 288.

[33] HECKAUSEN H. Motivation und Handeln [Motivation and action]. 2nd ed. Berlin, Germany: Springer, 1989.

[34] HERKNER W. Lehrbuch sozialpsychologie [Textbook in social psychology]. 5th ed. Bern, Switzerland: Huber, 1991.

[35] HERZOG W. Das moralische subjekt: padagogische Intuition und Psychologische Theorie [The moral subject: educational intuition and psychological theory]. Bern, Switzerland: Huber, 1991.

[36] HUESMANN L R. Psychological processes promoting the relation between exposure to media violence and aggressive behavior by the viewer. Journal of social issues, 1986, 42: 125 – 139.

[37] HUESMANN L R, MALAMUTH N M. Media violence and antisocial behavior: an overview, Journal of social issues, 1986, 42: 1 – 6.

[38] JANOV A. The primal scream. New York: Putnam, 1970.

［39］KORNADT H J. Grundzuge einer motivationstheorie der aggression［Main features of a motivation theory of aggression］//HILKE R, KEMPF W. Aggression: naturwissenschaftkiche und Kulturwissenschaftkiche perspektiven der Aggressionsforschung. Bern. Switzerland: Huber, 1982: 86 – 111.

［40］KROETZ F X. Der Nusser. Urauffuhrung［World premiere］. ［s. l. ］: ［s. n. ］, 1986.

［41］LESSING G E. Gesammelte Werke in 5 Banden［Collected works in 5 volumes］, Bd. 4. Hamburgische Dramatugie. Berlin, Germany: Aufbau Verlag, 1768/1988.

［42］LORENZ K. Das sogenannte Bose: zur naturgeschichte der aggression［On aggression］. Vienna: Borotha Schoeler, 1963.

［43］LUKESCH H, SCHAUF M. Konnen Filme stellvertretende aggression skatharsis bewirken?［Can movies cause vicarious aggression catharsis?］. Psychologie in erziehung und unterricht, 1990, 37: 38 – 46.

［44］LUSERKE M. Die aristotelische katharsis: dokumente ihrer deutung im 19. Und 20. Jahrhundert［The peripatetic catharsis: documents of interpretation in the 19th and 20th century］. Hildesheim, Germany: Olms, 1991.

［45］MAILL D S, KUIKEN D. A feeling for fiction: becoming what we behold. Poetics, 2002, 30: 221 – 241.

［46］MEYER U W, REISENZEIN R. Emotion//STRUBE G, BECKER B, FREKSA C, et al. Worterbuch der Kognitionswissenschaft. Stuttgart: KlettCotta, 1996: 139 – 141.

［47］MÖLLER H-J. Katharsis［Catharsis］//MÖLLER H-J. Kritische Stichwörter zur Psychotherapie. München, Germany: Fink, 1981: 184 – 192.

［48］MUMMENDEY A, OTTEN S. Aggressives verhalten［Aggressive behavior］// STROEBE W, JONAS K, HEWSTONE M. Sozialpsychologie: eine einfuhrung. 4th ed. Berlin, Germany: Springer, 2002: 350 – 380.

［49］NICHOLS M P, EFRAN J S. Catharsis in psychotherapy: a new perspective. Pychotherapy, 1985, 22: 46 – 58.

［50］NICHOLS M P, ZAX M. Catharsis in psychotherapy. New York: Gardner, 1977.

［51］NUSSBAUM M. C. The fragility of goodness: luck and ethics in greek tragedy and philosophy. Rev. ed. Cambridge, UK: Cambridge University Press, 2001.

［52］NUSSBAUM M C. Upheavals of thought: the intelligence of emotions. Cambridge, UK: Cambridge University press, 2003.

［53］POHL K. Hunsruck, Uraugguhrung［World premiere］, ［s. l. ］: ［s. n. ］, 1987.

［54］POHLENZ M. Furcht und Mitleid?［Pity and fear?］. Hermes, 1956, 84: 49 – 74.

[55] RORTY R. Contingency, irony and solidarity. Cambridge, UK: Cambridge university press, 1989.

[56] RULE G B, FERGYSON T J. The effcts of media violence on attitudes, emotions, and congnitions. Journal of social issues, 1986, 42: 29 – 50.

[57] SCHADEWALDT W. Furcht und mitleid? Zur deutung des aristotelischen tragodienansatzes [Pity and fear? On the interpretation of the peripatetic approach to tragedy]. Hermes, 1955, 83: 129 – 171.

[58] SCHEELE B. Emotionen als bedurfnisrelevante Bewertungszustande Grundribeiner epistemologischen Emotionstheorie [Emotions as needrelevant appraisal states. Outline of an epistemological theory of emotions]. Tubingen, Germany: Francke, 1990.

[59] SCHEELE B. Theoriehistorische kontinuität: lernen von aggression oder möglichkeiten zur katharsis?! [Theoretical continuity: learning from aggression or possibilities for catharsis?!] //GROBEN N. Zur programmatik einer sozialwissenschaftlichen psychologie. Bd. I: 1. MetatheoretischePerspektiven. 2. Halbbd. : theoriehistorie, praxisrelevanz, interdisziplinarität, methodenintegration. Münster, Germany: Aschendorff, 1999: 1 – 83.

[60] SCHEELE B. Back from the grave: reinstating the catharsis concept in the psychology of reception//SCHRAM D, STEEN G. the psychology and sociology of literature: in honor of Elrud Ibsch. Amsterdam: Benjamins, 2001: 201 – 204.

[61] SCHEFF T J. Explosion der Gefuhle. Uber die kulturelle und therapeutische Bedeutung kathartischen Erlebens [Catharsis in healing, ritual, and drama]. Weinheim, Germany: Beltz, 1983.

[62] SCHEFF T J, BUSHNELL D D. A theory of catharsis. Journal of research in personality, 1984, 18: 238 – 264.

[63] SCHERER K R, SCHORR A, JOHNSTONE T. Appraisal processes in emotion. Theory, methods, research. New York: Oxford University Press, 2001.

[64] SCHNEIDER K, SCHMALT H D. Motivation. 2nd ed. Stuttgart, Germany: Kohlhammer, 1994.

[65] SELG H. Arger und Aggression [Anger and aggression] //MEES U. Psychologie des argers. Gottingen, Germany: Hogrefe, 1992: 190 – 205.

[66] SELG H, MEES U, BERG D. Psychologie der aggressivität [Psychology of aggression]. 2nd ed. Gottingen, Germany: Hogrefe, 1997.

[67] VORDERER P. Fernsehen als Handlung: Fernsehfilmrezeption aus motivationspsychologischer Perspektive [Television as action: watching TV movies from a motivational perspective]. Berlin, Germany: Edition Sigma, 1992.

[68] VORDERER P. Unterhaltung [entertainment] //MANGOLD R, VORDERER P, BENTE G. Lehrbuch der Medienpsychologie. Gottingen, Germany: Hogrefe, 2004: 543 – 564.

[69] ZILLMANN D. Mechanisms of emotional involvement with drama. Poetics, 1994, 23: 33 – 51.

[70] ZILLMANN D. BRYANT J, SAPOLSKY B S. The enjoyment of watching sport contests//GOLDSTEIN J H. Sports, games, and play. Hillsdale, NJ: Lawrence Erlbaum Associates, 1979: 297 – 335.

[71] ZUMKLEY H. Aggression, Katharsis [Aggression, catharsis]. Gottingen, Germany: Hogrefe, 1978.

[72] LEUZINGER P. Katharsis: zur vorgeschichte eines therapeutischen mechanismus und seiner weiterentwicklung bei J. Breuer und in S. Freuds Psychoanalyse [Catharsis: on the prehistory of a therapeutic mechanism and its advancement in J. Breuer and S. Freud's Psychoanalysis]. Opladen, Germany: Westdeutscher Verlag, 1997.

[73] BIERHOFF H W, WAGNER U. Aggression: definition, Theorie und Themen [Aggression: definition, theory, and subjects] //BIERHOFF H W, WAGNER U. Aggression und Gewalt. Phänomene, Ursachen und Interventionen. Stuttgart, Germany: Kohlhammer, 1998: 2 – 25.

[74] KORNADT H-J. Toward a motivational theory of aggression and aggression inhibition: some considerations about an aggression motive and their application to TAT and catharsis//DE WIT J, HARTUP W W. Determinants and origins of aggressive behavior. Den Haag, The Netherlands: Mouton, 1974: 567 – 577.

[75] KORNADT H-J, ZUMKLEY H. Ist die Katharsis-Hypothese endgültig widerlegt? [Has the catharsis theory been conclusively disproved?] //KORNADT H-J. Aggression und frustration als psychologisches problem (Vol. 2). Darmstadt, Germany: Wissenschaftliche Buchgesellschaft, 1992: 156 – 223.

[76] BERGLER R, SIX U. Psychologie des fernsehens: Wirkungsmodelle und wirkungseffekte unter besonderer berücksichtigung der wirkung auf kinder und jugendliche [Psychology of television: models and effects of impact, most notably on children and adolescents]. Bern, Switzerland: Huber, 1979.

[77] FESHBACH S. Fernsehen und antisoziales verhalten: perspektiven für Forschung und Gesellschaft [Watching television and antisocial behavior: perspectives of research and society] //GROEBEL J, WINTERHOFF-SPURK P. Empirische Medienpsychologie. München, Germany: Psychologie Verlags Union, 1989: 65 – 75.

［78］KORNADT H-J. Grundzüge einer Motivationstheorie der Aggression［Main features of a motivation theory of aggression］//HILKE R, KEMPF W. Aggression: Naturwissenschaftliche und kulturwissenschaftliche Perspektiven der Aggressionsforschung. Bern, Switzerland: Huber, 1982: 86 – 111.

［79］MONTADA L. Moralische entwicklung und moralische sozialisation［Moral development and moral socialization］//OERTER R, MONTADA L. Entwicklungspsychologie. 5th ed. Weinheim, Germany: Beltz, 2002: 619 – 647.

［80］BÖNKE H. Der kathartische effekt des antiken dramas auf den modernen menschen［The cathartic effect of ancient drama on the modern person］. Bochum, Germany: Ruhr-Universität Bochum, 1989.

［81］SCHILLER F. Die Schaubühne als eine moralische Anstalt betrachtet［The stage regarded as a moral institution］. Kleinereprosaische Schrifen, 1801, Teil4: 719 – 721.

［82］BERNAYS J. Grundzüge der verlorenen Abhandlung des Aristoteles über Wirkung der Tragodie［Main features of Aristotle's lost essay about the effect of tragedy］. Hildesheim, Germany: Olms, 1858/1970.

［83］MUMMENDEY A. Aggressives Verhalten［Aggressive behavior］//THOMAS H. Enzyklopadie der Psy-chologie, Themenbereich C: Theorie und Forschung, Serie IV: Motivation und Emotion, Band 2: Psychologie der Motive . Göttingen, Germany: Hogrefe, 1983: 321 – 439.

［84］COLBY A, KOHLBERG L. Das moralische Urteil: Der kognitionszentrierte entwicklungspsychologische Ansatz［Moral judgement: the cognitive developmental approach］//STEINER G. Die psychologie des 20. jahrhunderts . Zürich, Switzerland: Kindler, 1978: 348 – 365.

［85］KUNCZIK M. Aggression und Gewalt［Aggression and violence］//KAGELMANN H J, WENNINGER G. Medienpsychologie. Ein Handbuch in Schlüsselbegrifen. München, Germany: Urban and Schwarzenberg, 1982: 1 – 8.

［86］BANDURA A. Social foundations of thought and action: a social cognitive theory. Englewood Cliffs, NJ: Prentice-Hall, 1986.

［87］PARKE R D, BERKOWITZ L, LEYENS, J P, et al. Some effects of violent and nonviolent movies on the behavior of juvenile deliquents//BERKOWITZ L. Advancesin experimental social psychology (Vol. 10). NewYork: Academic Press, 1977: 135 – 172.

［88］SYMONDS P M. A comprehensive theory of psychotherapy. American journal of orthopsychiatry, 1954, 24 (4): 697 – 712.

［89］BOESCH E E. Psychopathologie des alltags: zur okopsychologie des handelns und seiner störungen ［Abnormal psychology of everydaylife： toward ecopsychology of action and its disruptions］. Bern, Switzerland： Huber, 1976.

［90］ ZILLMANN D. The psychology of suspense in dramatic exposition//VORDERER P, WULF H J, FRIEDRICHSEN M. Suspense： conceptualizations, theoretical analyses, and empirical explorations . Mahwah, NJ： Lawrence Erlbaum Associates, 1996： 199 – 231.

［91］ VORDERER P, WEBER R. Unterhaltung als kommunikationswissenschafliches Problem： ansätze einer kon-nektionistischen modellierung ［Entertainment as a problem for communications： towards a connectionist model］ //FRÜEH W, STIEHLER H-J. Theorie der Unterhaltung： ein interdisziplin? rer Diskurs. Köln, Germany： Halem, 2003： 136 – 159.

（原文刊载于 *Sychology of Entertainment*. Routledge, 2013）

时光荏苒，娱乐体验在不同人生阶段的变迁

安妮·巴茨奇[*]

刘　会　译

在所有年龄段中，娱乐被看作是人们使用媒介最重要的动机之一（Conway & Rubin，1991；Mundorf & Brownell，1990）。但是娱乐对年轻人和老年人到底意味着什么呢？对内容和体裁偏好的年龄差异研究引发了对一个适合所有娱乐公式的质疑。例如，面对年轻人的娱乐的典型内容特征对老年人来说往往是无礼的，诸如性、暴力。而测验表明，怀旧的以及信息含量大的内容则更受老年人欢迎（Mares & Sun，2010；van der Goot，Beentjes & van Selm，2006）。更进一步的测量显示，当被问及他们最喜爱的电影时，老年人更有可能倾向于剧情片或音乐剧，而不太可能是以恐怖或动作冒险，以及喜剧为主题的电影（Fischoff，Antonio & Lewis，1998）。

不同年龄段人们对于娱乐方式不同的受欢迎程度是有趣的理论问题，即人们的潜在需求的发展和观看动机是什么，是什么影响年轻人和老年人对不同娱乐日常精神食粮的选择？又是什么使得娱乐变得如此重要并且可以满足不同人生阶段的需求？在预期寿命的不断延长和人们随着年龄增长花费越来越多的时间在娱乐媒介的背景下（van der Goot et al.，2006），更好地理解这个年龄阶段群体的具体诉求和娱乐功能就显得尤为重要，当然还有阐明不同娱乐方式对促成个人一生中的满足感和幸福感的贡献。

一项新兴研究（Bartsch，2012；Mares，Oliver & Cantor，2008；Mares & Sun，2010）开始考察贯彻人生历程的娱乐体验发展问题，通过将成人情感发展理论（Carstensen，Fung & Charles，2003；Ersner-Hershfield et al.，2008）与娱乐满足及终极幸福感的概念（Oliver，2008；Oliver & Raney，2011）综合起来，这些框架表明，依据个人的目标改变情绪调节策略和情绪健康感的进化。媒介

---

[*]　安妮·巴茨奇（Anne Bartsch），马丁路德·哈勒维腾贝格大学媒体与传播系教授。

使用中的年龄差异在一定程度上可以理解。按照成人情感发展理论的一般进程，老年人看起来似乎对具有强烈感情色彩的娱乐体验越来越不感兴趣，例如充满惊悚的或是催人泪下的体验，他们对温馨的、沉思的或是有社会意义的娱乐体验产生了更多的兴趣。本研究旨在通过提供跨文化验证和在娱乐媒介实际接触中区分满足需求和满足获得来扩展这一研究领域。

一、理论背景和假设

（一）娱乐使用的情感调节动机

娱乐媒介的能力引起的情感反应（包括心情、唤起程度或激活论、离散情绪）常常被视为娱乐使用的关键动机。娱乐受众想要开怀大笑，他们希望坐在自己的位置上享受，或者被感动落泪（Oliver，1993；Zillmann，1988；Zuckerman，1979）。这种突出的情感因素刺激或导致了不同的研究路线，为情感反应导致媒介用户满意且认为其物有所值提供了理论解析，其中包括情绪管理（Zillmann，1988）、感觉寻求（Zuckerman，1979）、兴奋转移（Zillmann，1996）、态度倾向性（Zillman & Cantor，1977）、元情感（Oliver，1993）、社会比较（Mares & Cantor，1992）、拟社会关系（Rubin & Perse，1987）和幸福主义（例如，满足社会和情感意义的需求，Oliver，2008）的概念，详情请参见Bartsch等人（2008）的研究。

关于情感作用作为娱乐使用动机的多样性理论假设，同样也呼应了个人的自我报告的观点。Bartsch在个人的自我报告中发现了观看电影和电视剧带来的情感满足体验的七个因素。其中三个因素与具体感受相关：乐趣、激动、共情式悲伤，而剩下的四个因素则与个体的社会和认知需求的广泛背景下媒介的情感体验相关，分别是沉思、人物卷入、社会分享和替代性释放。

最近，形成一种把娱乐视作本质上有益的活动的概念，这种概念通过内源动机框架的视角（Csikszentmihalyi，1990；Ryan & Deci，2000），提供了一种有用且简单的方法，即同时包括各种类型的情感满足，丰富了情感，发挥了情感的社会心理功能。媒介体验的娱乐性实现情感、认知和社会方面的自我满足，获得了外在回报，这种外在回报应用在起源于被情感媒介体验刺激的社会回馈、在认知进程中的情感回馈和满足回馈（比如拟社会关系、自我反思、与他人对话）中。

　　总之，理论和实证表明娱乐媒介可以实现不同功能，就情感调节和情绪健康来说：一方面，媒介诱导情感可以使个人立即感觉更好（如在情感调节和唤醒方面）；另一方面，对媒介内容的情感反应可以服务于对社会回馈和认知体验的刺激，这样可以在更复杂和可持续的方式下促进情绪幸福感（如这样可以促进一种意义和社会联系）。情绪调节并不否认媒介使用中其他动机的作用。而是用情感因素聚焦娱乐研究中最重要的理论要素之一以及探讨这个理论要素是如何与成人情感发展的研究相关联的。

（二）成人情感发展理论

　　成人情感发展理论是一个崭新的课题，开始改变一些人对老年人的暗淡的刻板印象。根据 Charles 和 Carstensen（2010）最近的研究综述，从消极情绪的低水平、积极情绪的稳定水平和生活满意度的提高（生命的最后一年除外）得知，老年人与情感健康的整体增长有关。两条研究主线提出应对情感健康上积极的年龄趋势：消极情绪系统的生物衰退以及更强的调节情绪的能力和动机。

1. 消极情绪系统的生物衰退

　　有人提出在情绪敏感的大脑区域和生理系统中的生物衰退可以有选择地减少成人情感对负面刺激的反应（Cacioppo et al.，2011）。人对电影镜头的反应的研究（详情请参见 Kunzmann & Gruhn，2005）为这种假定提供了两种不同的结论，这表明生理系统对消极电影刺激的反应强度随着年龄降低，而主观上的反应强度不变。但是当接触到相似年龄的主题时比如对热爱的丧失，老年人显示出相似水平的生理反应，主观反应的水平则比年轻人高。因此，老年人对负面刺激较低的生理反应似乎并不能概括那些与他们最相关的主题，而是减弱了他们主观情感上对其他负面刺激的反应。

　　这些研究发现有点模棱两可。比如情绪管理（Zillmann，1988）和感觉寻求（Zuckerman，1979）唤醒调节框架，假定消极情绪在调节厌恶唤醒不足和乏味状态下扮演了一个重要角色。因此，消极情绪系统的生物衰退应该引导老年人去寻求更多强烈的娱乐刺激来弥补他们较低的反应，这看起来与研究证据涉及的老年人感觉寻求的低水平和温和的内容偏好的结论不相符（van der Goot et al.，2006；Zuckerman，1979）。据 Vorderer、Klimmt 和 Ritterfeld（2004）的说法，娱乐主要被定义为主观体验的问题，也就是生理变化可能离开了娱乐体验也不会变，只要他们不改变个人对媒介刺激的主观反应。为进一步探究生物衰退在主观情感上对娱乐刺激的反应，我们提出了以下问题：

问题1：老年人对电影刺激的反应强度是否比年轻人低？

2. 调节情绪的能力和动机

老年人情感健康的另一种解释是围绕情绪调节的概念展开的。一些理论坚称老年人是快乐的因为他们发展了强有力的动机和调节情绪的能力，这些理论都有不同的原因。有些模型是以补偿作为框架的（Heckhausen & Schulz, 1995；Labouvie-Vief, 2003）。例如动态整合理论（Labouvie-Vief, 2003）假设消极情绪的调节将老年人认知能力下降所带来的消极情绪整合到自我与现实的复杂客观表现中，从而起到补偿作用。

其他理论优先将注意力放在个人积极选择的情感目标和时长上（Baltes & Baltes, 1990；Carstensen et al., 2003）。例如，社会情感选择理论（Carstensen et al., 2003）认为当老年人意识到时间有限且珍贵时，他们为了长期目标会聚焦在实现情感平衡和在当下丰富的意义中，与接受消极体验相反。特别是，这个框架突出了亲密关系作为老年人的意义来源和情感满足的重要性。

根据补偿和选择性模型，越来越多的研究表明，老年人有更好的动力和能力调节情绪，特别是在亲密关系中（详见 Charles & Carstensen, 2010）。显然，老年人最有效地利用了先入为主的策略，比如避免和减少冲突，并且积极地重新评估。此外，他们在选择性注意和记忆中表现出积极性偏差。反应聚焦应对的有关证据包括对唤醒、感觉和表达的调节就没有那么肯定了，这表明老年人可以很好地调节低水平的消极情绪，但是在长期处于高程度痛苦时会遇到更大的困难。总而言之，先行关注情绪调节似乎是老年人特有的优势，尽管随着年龄的增长，老年人面临的身体和认知的挑战越来越多，但这些可以帮助他们保持高水平的情绪健康。

相比之下，年轻人被看作处于一个探索的阶段，当新奇而紧张的体验向个体敞开时，也产生了消极情绪。例如，Riediger 等人（2009）发现年轻人之间的反享乐情绪调节有加剧的倾向（例如导致或加剧消极情绪的行为）。根据社会情感选择理论（Carstensen et al., 2003），这种消极的开放性适用于年轻人，因为可以从消极体验中获取一些重要信息。然而，一旦学到这些经验教训，老年人再次做同样的消极体验时将会毫无意义。

年轻人对消极影响更大的参与，是不是一种目标或优先级（依据社会情感发展理论）或者是一种更好的认知功能，使他们在面对消极体验时保持客观性和情感复杂性（依据动态整合理论），这个话题还无定论。然而，似乎很可能得出结论，老年人相对年轻人有更好的动力和能力去关注情绪调节。

娱乐研究发现，与关注消极情绪调节一致，老年人倾向于避免暴力和惊悚的内容，尽管这种模式的研究并不会像我们期望的那样得到好的支持，因为据Hoffner 和 Levine（2005）的元分析发现，一些样本包括足够广泛的年龄范围。更罕见的是关于老年人对悲伤内容兴趣的研究。最近对 Mares 等人（2008）基于社会情感选择理论的研究预测并发现老年人对于年轻人喜欢的悲伤和惊悚的内容都不太感兴趣。在本研究中使用的恐惧、悲伤、令人不安的等消极情感的词汇，可能不算是娱乐体验最典型的描述，有趣的是注意到当更多的典型描述符被使用时，一个类似的研究模型出现了。Bartsch（出版中）发现当他们从最近看的电影中获得评分满意度时，老年人报告的恐惧相关满足（表达为"刺激""兴奋""紧张""激动"）和悲伤相关满足（表达为"心酸""感动落泪""激动得语无伦次""痛快地哭一场"）较低。总之，理论和新兴的实验证据引起了关于老年人在娱乐使用中的关注消极情绪调节的以下假设：

假设1：老年人比年轻人更不愿意寻求涉及消极情感的娱乐满足（具体来说，与恐惧、悲伤相关的满足）。

关于老年人在娱乐使用中先行关注积极情绪调节的理论总结不太明确。一方面，根据动态整合理论（Labouvie-Vief，2003），老年人应倾向更轻松和积极的娱乐体验，因为他们不太能够处理包含消极的复杂的经历。另一方面，社会情感选择理论（Carstensen et al.，2003；Ersner-Hershfield et al.，2008）认为老年人的情感调节聚焦在一种更复杂的积极体验，它以社会意义为特征，而不是享乐主义，而且也经常涉及混合情感效价的感觉。Oliver（2008）基于古代哲学中享乐主义和幸福实现论（Aristotle，Trans.，1931）的差别，概念化了一种符合社会和情感意义需要的娱乐体验。娱乐体验幸福论的特点是沉思、反思，并且和温暖、温柔以及混合情感相关，它不同于享乐情绪调节（Oliver，2008；Oliver & Bartsch，2010；Oliver & Raney，2011）。

最近的研究似乎支持社会情感选择理论观点，表明老年人相对于年轻人更加对温暖人心（Mares et al.，2008）和沉思类电影（Bartsch，2012）感兴趣，而对闹剧（Mares et al.，2008）和情景喜剧（Mares & Sun，2010）持相反态度。然而，鉴于只有少量发现，动态整合理论（假设2）和社会情感选择理论（假设3）的两种替代性假设被测验：

假设2：在寻求与积极情绪的娱乐满足时，老年人比年轻人的动机更高（更确切地说是乐趣）。

假设3：在寻求与社会和情感意义有关的娱乐满足时，老年人比年轻人的动机更高（更确切地说是沉思）。

除了在假定中讨论的四种娱乐满足（恐惧和悲伤相关满足、乐趣、沉思）之外，Bartsch（2012）报道的满足因素还包括三个附加维度：人物卷入、社会情感分享、替代性情绪释放。人物卷入可以被理解为具有社会意义的经验。然而，由于 Bleise（1986）发现大多数老年人对于媒体作为人际交往的替代品的角色并不满意，因此他们并不包括在假设3中，这表明他们对拟社会交往的满足感要比实际社会关系更低。社会情感分享也不包括在假设3中，因为一方面已经发现亲密关系在老年人中起到重要的意义来源和情感满足的作用，但另一方面，他们的情感投入变得更具选择性，导致社会网络规模下降（Carstensen et al.，2003）。也就是说，老年人与他人分享情绪的动机很可能取决于与谁分享经验。鉴于缺乏结论性的理论预测，以下研究问题已被纳入。

问题2：年轻人和老年人在寻求娱乐满足的不同，是否与人物卷入、社会情感分享和替代性情绪释放这几个因素相关？

进一步的研究问题关注两个年龄组内互相寻求的不同类型的娱乐满足的重要性。例如，假定年轻人对恐惧和悲伤相关满足比老年人更感兴趣，并不一定意味着悲伤和恐惧体验是年轻人最重要的满足寻求。鉴于缺乏现有证据，故提出问题3。

问题3：在寻求情感满足时，不同类型的情感满足对年轻人和老年人有多重要？

（三）满足寻求对比满足获取

以上讨论的假设和研究问题涉及娱乐满足寻求的年龄差异。迄今为止，研究文献尚未解决的一个问题涉及年龄对实际接触娱乐媒体所获得的满足感的影响。看起来不证自明的是，娱乐满足寻求决定了个人在使用娱乐媒体时的实际体验和鉴别这些满足感的能力。然而仔细观察发现，满足寻求和满足获得以不同的方式与情感调节过程相关，因此这个结论为时过早。通过 Gross（2002）情感调节模式的视角，满足寻求与某种特定类型的先行关注情绪调节相关，也就是情境选择（具体来说，选择性地接触适应个人情感需求的媒体内容）。然而，一旦个体处于接触情境，一些额外的过程可能有助于形成情感满足获取：a. 情绪反应；b. 先行关注情绪调节的其他方面（例如选择性注意和重新评估）；c. 反应关注情绪调节（例如生理、行为和经验反应调整）。

鉴于上述讨论的情绪反应，先行关注和反应关注情绪调节在不同年龄的轨迹，在单一的研究中去理清这些在娱乐满足获取中因素的影响看起来不再是微不足道。然而，重要的第一步是检验哪些类型的满足因素有助于年轻人和老年人在媒介刺激下的积极体验，假使他们获取了，这种激动的或是感动落泪的体验是否为老年人刻画了一个好的电影，就像它对年轻人的影响一样？这种沉思类的体验是否为年轻人贡献了良好的娱乐感，就像它对老年人一样？这些类型的问题需要在年龄差异在具体刺激下的满足获取水平可以以有意义的方式被检验前得到解答。例如，如果仍不清楚激动是否有助于老年人对娱乐体验有良好和值得的感觉，比较年轻人和老年人的激动体验的水平都将会获得很少的信息。

为了研究这个问题，本研究中包括了与假设 1 至假设 3 所述的情感满足因素相关的不同类型的电影场景。假设 4 对一般样本中典型类型的满足因素应该有助于个体对电影刺激的积极评价作一般假设，研究问题 4 考虑了年龄对这种关系可能的调节作用。

假设 4：类型典型满足获取的经验预测了个体在电影刺激中的积极评价（具体说，乐趣预测了喜剧评级，恐惧相关满足预测了惊悚片评级，悲伤相关满足和沉思预测了剧情片评级，沉思预测了纪录片评级）。

问题 4：在假设 4 关于类型典型满足获取和电影刺激的积极评级中，年龄是否有所影响？

二、方法

先前研究娱乐体验的时长主要集中在满足寻求，即使用由情绪词和内容特征（Mares et al., 2008）组成的特定量表，或者类型项目也被解释为满足寻求类型的样本（Mares & Sun, 2010）。Bartsch（2012）基于定性访谈的因子分析开发了一套量表，以更系统的方式用来评定情感娱乐满足。然而，鉴于在自主选择媒体使用（例如视频租赁用户评估他们租借的电影）的情况下评估情感满足，这项研究涉及满足寻求和满足获取的混淆。为了实现满足寻求和获取的独立评估，参与者被邀请到实验室观看不同电影类型的场景，并且评估每个场景之后的情感满足获取。在刺激接触之前评估满足寻求，以便能够将其作为不同的变量分析。

三、参与者和程序

本次研究有 164 人参与。这些参与者是在德国当地两家报纸使用广告招聘的，并为他们的参与支付了一些费用。样本从两个年龄组中取得：年轻人（18 ~ 25 岁）和老年人（50 岁及以上），因为这些年龄组已经关联到情感生命周期发展的理论重要阶段（Carstensen et al.，2003）。样本中包括 82 名年轻人（42 名男性，40 名女性，18 ~ 25 岁，平均值为 21.60，标准差为 2.66），以及 82 名老年人（39 名男性，43 名女性，50 ~ 80 岁，平均值为 63.10，标准差为 6.85）。本研究在一个配有大屏幕、投影仪、百叶窗和扬声器的房间内进行。参与者阅读并签署知情同意书，完成了情感满足寻求调查问卷的第一部分；接着观看了四个电影场景，并且完成了问卷调查的第二部分。

四、刺激

用作刺激的电影场景长达 7 分 30 秒至 10 分钟，并从大部分未知的电影中获取，从而避免以前的知识对参与者的场景体验产生混淆影响。注意选择了具有普遍年龄和性别综合兴趣的主题电影场景，对所有年龄和性别群体都有吸引力。场景一是关于一个人试图赢回自己爱情的喜剧场景。场景二是关于一个精神病患者跟踪一个年轻女子的心理惊悚片。场景三是关于一个母亲的剧情片，这个母亲被迫揭露令人痛心的秘密，即她儿子是她被强奸后所生。场景四是一个关于养鸡的纪录片。虽然所有的场景都在某种程度上涉及性或者暴力问题，但没有明确的性或暴力描写（有关场景的详细描述，见附录）。

五、前测

为了确保这些场景在很大程度上是未知的，并且它们代表了类型典型的电影体验，进行了前测。样本中来自不同年龄组的 18 名受访者（7 名男性，11 名女性，20 ~ 68 岁，平均值为 41.89，标准差为 13.94）观看了场景，以表明他们以前是否看过这些电影，并使用以下内容对场景进行评分："场景很有趣""场景激动人心""场景很悲伤""场景让我沉思"。结果表明，这些电影场景几乎都是未知的，并且似乎产生了预期的类型典型经验。在预测试样本中，一名参与者看到一个场景。在评级标准方面，两名参与者不认为场景一是有趣的，场景二是令人激动的，场景三是悲伤和让人沉思的，或场景三是让人沉思的。

六、测量

调查问卷的第一部分由参与者在观看之前完成。参与者被要求评估他们对情感满足寻求（Bartsch）的 28 条测项。所有项目的前半句都是相同的："当我看电影时我喜欢体验情感，因为……"每个项目的后半句是不同的，例如，乐趣："……因为它使我开心。"刺激："……因为我喜欢它的刺激。"共情式悲伤："……因为我想大哭一场。"沉思："……因为它让我想起了自己。"社会分享："……因为它激励我去和其他人讨论这部电影。"人物卷入："……因为我喜欢去体会这些人物的感觉。"替代性释放："……因为它让我体验到日常生活中避免的情感。"评分记录是 5 分的标准，分别从 1（反对）到 5（强烈同意）。此外，要求参与者提供基本的人口统计信息（年龄、性别和教育程度）。

调查问卷的第二部分由每位观看过电影场景的参与者完成，说明在这之前是否看过这些电影。然后参与者被要求表明他们对这些陈述的认同："这个电影场景真的很好。"使用情感体验的自我评价（SAM）（Lang，1980），评估主观水平上的唤醒和负效价。使用 Bartsch 的情感满足测量表来评估情感满足获得。由于方法考虑，从七个变量中选用五个：乐趣、刺激、共情式悲伤、沉思和人物卷入，因为剩余的两个因素，社会分享和替代性释放在实验室环境下不太可能体验到。除去先前知识以外的所有评分都是 5 分的标准，分别从 1（反对）到 5（强烈同意）。

七、结果

（一）探索性与验证性因素分析

为了证实情感满意度量表关于满足寻求的因素结构，进行了探索性与验证性因子分析。首先对 28 个量表测项进行了主成分因子提取法中的正交方差极大旋转。本分析中出现了特征值大于 1 的七个因子，解释了 66% 的方差。随后使用 AMOS 验证因素分析显示出可接受的拟合（绝对拟合指标 $\chi^2/df = 1.48$，比较拟合指数 $CFI = 0.90$，近似均方根误差 $RMSEA = 0.05$）。

（二）可靠性评估

可靠性评估使用克朗巴哈系数法计算采用的量表。所有的信度系数都在可接受范围内（$\alpha = 0.70 \sim 0.90$）。计算量表测项的平均分并用于后续分析。

（三）刺激检验

进行了两次分析，以确保样本中的场景基本未知，并对所有年龄和性别群体都有吸引力。关于先前知识的刺激检查显示，有 4% ～ 15% 的参与者曾经看过每个场景。为了控制对其他变量的混淆影响，在主要分析中将先前的知识也作为一个控制变量。通过对四个年龄层和性别群体对四个电影场景评分的重复测量方差分析，显示没有显著的交互作用 $[\text{Wilks'} \wedge = 0.90,\ F(9,\ 336) = 1.67,\ \eta p^2 = 0.03,\ p > 0.05]$。

（四）年龄差异报告的唤醒和消极效价

主要分析的第一部分解决了身心衰退对老年人对电影刺激的情绪反应的可能影响（问题 1）。两个重复测量方差分析比较了通过报告两个年龄组的唤醒和消极效价对四个电影场景的反应。第一份分析显示了年龄对报告唤醒的显著影响 $[\text{Wilks'} \wedge = 0.90,\ F(3,\ 137) = 5.03,\ \eta p^2 = 0.10,\ p < 0.01]$。老年人在报告中对场景四的回应有更多的唤醒（年轻人：$N = 3.13$，$SD = 1.29$；老年人：$N = 3.68$，$SD = 1.13$，推翻原假设），在其他三个场景中没有出现显著的年龄差异。通过报告这四个场景的效价，对年龄组进行的第二次分析显示没有显著的年龄

效应 [Wilks' $\wedge$ = 0.95, $F(3,137)$ = 2.60, ηp^2 = 0.05, $p > 0.05$]。也就是说，在主观经验层面上，没有发现与电影刺激情绪反应的有关年龄下降的证据。

（五）通过满足寻求的年龄组的方差分析

接下来的分析主要集中在年龄组之间娱乐满足寻求的差异（假设1—假设3，问题2），以及在年龄组中娱乐满足寻求的重要性（问题3）。对两个年龄组的情感满足寻求进行了混合模型方差分析（见表1）。

表1　在年龄组之间的情感满足寻求的方差分析

情感满足寻求	年龄组	
	年轻人（18~25岁）	老年人（50岁及以上）
乐趣	3.80Aa	3.83Aa
恐惧相关	3.34Abc	2.75Bc
悲伤相关	2.96Ad	2.63Bc
沉思	3.49Bb	3.84Aa
人物卷入	3.17Acd	3.11Ab
社会分享	3.81Aa	3.84Aa
替代性释放	2.44Ae	2.75Ac

注：在行内，普遍上没有大写下标的意义不同于 $p < 0.05$。在列内，普遍上在使用连续的多重比较程序时没有小写下标的价值不同于 $p < 0.05$。

表1显示了分析结果，Wilks' $\wedge$ = 0.28，$F(6,157)$ = 68.28，ηp^2 = 0.72，$p < 0.001$。正如预期的那样，年轻人比老年人更有兴趣追寻恐惧、悲伤相关的满足，而老年人在追寻沉思类的娱乐体验时显示出了比年轻人更大的兴趣。也就是，假设1被证实，假设2没有被证实，假设3被证实。在此分析中没有出现关于其他类型的满足寻求的显著的年龄差异。

年龄组之间的比较显示，对于年轻人来说，乐趣和社会分享是两个最重要的满足寻求。对于老年人而言，这三个满足寻求同样重要：沉思、社会分享、乐趣。而年轻人最不重要的满足则是替代性释放。对于老年人三个最不重要的满足是恐惧和悲伤相关的满足、替代性释放。因此，年轻人和老年人关于他们在社会分享和乐趣方面的兴趣是相似的，但老年人在对沉思方面（这一项被移到满足寻求的最高层）评级时相对恐惧、悲伤相关满足（这一项被移到满足寻求的最底层）更为明显。

（六）情感满足寻求作为刺激评估的预测因子

下一组分析年轻人和老年人对电影刺激评估中情感满足获得的作用。为了证实在一般样本中，电影场景的正面评价是由类型典型满足获得（假设4）所驱动的，进行了一系列回归分析。将年龄、性别、教育程度和对场景的先验知识以及从每个场景中获得的五种满足类型作为控制变量。如表2所示的分析结果表明，对类型典型的情感满足获得中场景的评级正如预期的一样被证实。喜剧场景的评估是通过乐趣预测的。惊悚恐怖片场景的评估由恐惧相关满足预测。通过悲伤相关满足和沉思预测剧情片场景的评估。通过沉思预测纪录片场景的评估。因此，假设4被证实。除此之外，年龄对场景一、二和三的评估的积极影响出现，这一点在刺激检查中，通过场景评分对年龄组进行比较发现并不明显。这种结果模式可能反映了老年人在场景评级中的积极性偏差，这种积极性偏差被类型典型满足获得方差所掩盖。

表2　情感满足获得作为对电影场景积极评价的预测因子

	电影场景			
	喜剧	恐怖片	剧情片	纪录片
控制变量				
先前知识	0.00	− 0.04	− 0.11	− 0.04
年龄	0.18**	0.18*	0.19*	− 0.03
性别（男）	0.04	0.00	0.14	0.15
教育程度				
情感满足获得	− 0.01	0.14	− 0.08	0.25**
乐趣	0.67**	− 0.07	− 0.09	0.03
恐惧相关	0.17	0.33**	0.03	0.06
悲伤相关	− 0.05	− 0.03	0.25**	0.02
沉思	− 0.02	0.11	0.25**	0.25**
人物卷入	0.10	0.16	0.08	0.12
R^2	0.64	0.20	0.24	0.24
F change	27.15**	3.98**	4.99**	4.66**

注：分数是标准化回归加权后的结果。* 表示 $p < 0.05$；** 表示 $p < 0.01$。

（七）年龄的调节作用

最后，一组调节回归分析验证了年龄对满意获得和刺激评估（问题4）之间联系的影响。进行层级回归分析来预测电影场景的积极评价。性别、教育程度和场景的先前知识作为控制变量首先输入。接着，年龄与各自类型的满足获得一起被输入，作为前面分析中积极评级的关键预测因子（例如喜剧场景的乐趣）。然后输入年龄的相互作用项和各自类型的满足获得。为了方便解释调节作用，在此分析中使用满足获得的中心平均值。控制变量的回归加权与表2相似。表3显示了后续步骤的方程式结果，包括年龄、满足获得及其相互作用。步骤2确认了对现场评估的满足获得的预期影响以及老年人的正向偏差。然而，步骤3显示在场景评估中年龄和满足获得没有相互作用。因此，乐趣、恐惧和悲伤相关满足和对个人对场景的积极评价的沉思的效果不依赖于年龄的调节作用，这表明，如果情感体验得到了满足，年轻人和老年人对这些类型的情感体验都会感到满意。

八、讨论

本研究旨在调查人生阶段中娱乐相关需求的发展情况和观看动机，并发现了惊人的相似之处，以及年轻人与老年人之间的差异。年轻人比老年人对寻求与恐惧和悲伤相关的满足感更感兴趣，如惊险刺激和催人泪下的体验，而老年人更有兴趣寻求沉思的娱乐体验。然而，两个年龄组在寻求其他类型的满足感时都是相似的，包括乐趣、社会分享、人物卷入以及替代性释放。此外，年轻人和老年人对不同类型的电影场景的评价表明，他们同样喜欢刺激带来的类型典型的满足获得。

表3　关于年龄对场景评估的满足获得的影响的调节回归分析

	电影场景（作为预测评估的满足类型）				
	喜剧 （乐趣）	恐怖片 （恐惧相关）	戏剧 （悲伤相关）	剧情片 （沉思）	纪录片 （沉思）
步骤2					
年龄	0.15^*	0.22^*	0.22^{**}	0.14^*	-0.03
满足获得	0.77^{**}	0.40^{**}	0.33^{**}	0.37^{**}	0.30^{**}

（续上表）

电影场景（作为预测评估的满足类型）				
喜剧 （乐趣）	恐怖片 （恐惧相关）	戏剧 （悲伤相关）	剧情片 （沉思）	纪录片 （沉思）
步骤 3				
年龄 × 满足获得 -0.09	0.06	-0.03	0.03	0.21

注：分数是标准回归加权后的结果。步骤 1 中的控制变量（先前知识、性别、教育程度）的回归加权与表 2 显示的分数相似，因此没有报告。* 表示 $p < 0.05$；** 表示 $p < 0.01$。

据不同的理论如成人发展理论包括社会情感选择理论（Carstensen et al., 2003）和动态整合理论（Labouvie-Vief, 2003）所述，老年人对恐惧悲伤相关的满足较小的兴趣与先行关注情绪调节的假定相一致。这两种理论都认为老年人在更大程度上有避免消极影响的动机。动态整合理论认为，一方面，认知能力的生物衰退使老年人更难以有意义的方式整合消极经验。另一方面，社会情感选择理论假定从消极经验中可以吸取的痛苦教训，对于老年人来说变得不那么有趣，因为他们已经在生活中经历并有了这些经验。为了测试这些其他解释，进一步的研究应该包括涉及年龄相关挑战的娱乐刺激，以便提供足够相关的消极体验来激发老年人的兴趣和认知渴望。此外，对未来时间洞察力（Carstensen & Lang, 1996）和认知功能（Labouvie-Vief, 2003）的测量将会有助于包括在这些其他解释间区分的一次尝试。

动态整合理论和社会情感选择理论也与老年人先行关注积极情绪的预测不符。动态整合理论认为老年人在追求纯粹的积极体验时变得更加享乐主义，这应该导致他们更倾向于休闲的娱乐。结果并不支持这一假定。个人寻求乐趣在年龄组之间没有差异但一致都很高。对于老年人越来越关注享乐主义的进一步假设是由其他研究结果提出的，表明这个年龄组对闹剧（Mares et al, 2008）和情景喜剧（Mares & Sun, 2010）兴致不高，并且据报告可知，他们从最近看的电影中获得的乐趣较少（Bartsch, 2012）。然而，在这项研究中有一个潜在的混淆变量也就是人物年龄没有控制，也与年龄别的主题相关（参见 Mares & Sun, 2010）。此外，嘲讽型幽默的喜剧可能不会被老年人视为明确的积极态度。鉴于喜剧的主流选择看起来似乎更适合年轻人，因此在研究老年人的享乐主义的娱乐满足时，控制人物年龄和嘲讽型幽默是至关重要的。

老年人先行关注积极情绪调节的结果更支持从社会情感选择理论（Carstensen et al.，2003）得出的预测。这个框架假定，老年人寻求情感满足时在具有社会和情感意义的成熟的积极体验的复杂形式上变得更加专注。Oliver和Raney（2011）在实现主义幸福方面概念化了一类娱乐满足，它被描述为沉思、反思以及与温暖、温柔和混合情感相关的娱乐满足。本研究的结果表明老年人更容易被沉思类的娱乐所吸引，这与之前的研究一致（Bartsch，2012；Mares et al.，2008）。除了乐趣和社会情感分享外，沉思也成为老年人最重要的满足寻求之一。因此，看起来享乐主义的娱乐研究的主要焦点倾向于忽视幸福实现论的娱乐满足，而这一点尤其对于老年人来说，是同样重要的个人和情感幸福的来源。

也许在这个研究中出现的比差异更重要的是共性。例如，年轻人和老年人对使用娱乐作为与他人分享情感的机会的兴趣一致都很高。在娱乐文献中，与他人分享情感的动机显然仍被低估。在这方面值得注意的是，对于两个年龄组而言，与人物角色的情感参与远不如与真实的人物分享情感重要。因此，尽管长期以来对娱乐研究的拟社会关系（Rubin & Perse，1987）和人物的情感倾向（Zillman & Cantor，1977）有理论魅力，人际关系中作为娱乐使用的动机的情感分享仍不应被忽视。需要进一步的研究来指定年轻人和老年人感兴趣分享的情感体验类型（如激动与沉思的体验），以及分享娱乐情感体验的关系类型。

关于年轻人和老年人的主观情感反应以及他们对电影刺激的满足获得的感激也出现了进一步的相似之处。唤醒和负效价的主观层面是有可比性的，除了其中一个场景被评为更能唤醒老年人。与先前的研究相一致，在主观体验的层次上没有发现与年龄相关的情绪反应下降的证据（参见 Kunzmann & Gruhn，2005）。因此，情感体验本身的差异似乎不可能解释娱乐偏好的年龄相关变化。

相反，这个问题似乎在于老年人从媒体刺激引起的情感反应中获得满足感的能力。本研究就探索这个问题，首先考虑了不同类型的情感体验，包括恐惧和悲伤相关的满足、乐趣和沉思类满足是怎样有助于个人随着年龄对电影场景作出积极评价。研究结果表明，一般情况下，年轻人和老年人在这种经历中获得满足感的能力没有差异。那些报告显示，获得了这些满足的人对电影场景的评价更高，与年龄无关。因此，个人从情感体验中获得满足的一般能力似乎也没有为娱乐偏好中的年龄差异提供充分的解释。

• • • • • •

九、局限和展望

本研究还没有解决的下一个重要问题是：随着年龄的变化从典型的娱乐类型可以获得情感满足的容易程度。为了一次性研究多种类型的满足因素，本研究包括了不同类型的电影刺激。这个程序难以比较年轻人和老年人从电影场景中获得的绝对满足，因为从单一刺激中获得的满足不能被推广到整体类型（与可以在获得的不同程度的满足下观察到的积极评价的相关性对立）。为了比较年轻人和老年人从特定类型获得的绝对满足，需要使用更广泛和更有代表性的娱乐刺激的数组来进行进一步研究。

如理论部分所述，在媒体接触期间对情感调节过程进行更深入的探究，可能有助于阐明和预测从特定刺激中获得的娱乐满足水平的年龄差异。例如，老年人可能会更容易地从媒体内容中获得满足感，以适应先行关注的应对策略如积极重新评估（如促进理解和宽恕的内容）的偏好——尽管在使用反应关注应对过程中，可能在处理情绪刺激中的激烈和明显无意义的形式时会遇到更大的困难（如无端暴力）。这项研究的局限性是没有考虑到一个系统的变化的内容特征，可能限制了在媒体接触期间情绪调节策略的有效性，使得这个问题得不到解答。

本研究的另一个重要局限在于样本的非代表性和片面性。为了解决群组差异的发展变化，需要进行纵向研究。例如，没有纵向数据就不能排除老年人更喜欢沉思电影体验以及对兴奋和感动落泪的兴趣不大，这可能反映了他们对年轻时流行的不同类型电影的偏好，而非发展变化。因此，需要考虑不断变化的娱乐格局与个人不断变化的需求和有关的娱乐期望之间的相互作用。

本结果也会受到娱乐媒体的具体类型和参与者的文化背景的限制。有关娱乐满足寻求在年龄差异中的现有证据表明电影和电视受众的结果模式类似（Bartsch，2012；Mares et al.，2008；Mares & Sun，2010），本研究结果增加了由美国和德国的样本带来的普适性。然而，还需要更多的研究，不只是视听媒介，还有平面、互动媒介以及更多元文化背景的参与者。

另一个局限涉及用于评估娱乐满足的自我报告测量的概念。这种新近开发的测量的因子结构已经在少量研究中得到验证，并且与娱乐研究的理论概念（Bartsch，2012）有关。然而，个人自我报告中维度的经验特殊性并不一定说明潜在满足因素概念的独特性。例如，乐趣和刺激动机可能反映情绪管理的不同方面（即情感效价调节和唤醒的对比）。同样，同情的悲伤和沉思可能反映了终极满足的不同方面，因为这两者往往与悲剧的经历有关。在满足寻求中这两个因素（乐趣对刺激，悲伤对沉思）的不同年龄的轨迹和在预测电影评价中的不同角色为将其视为不同变量的有用性提供了支持（关于悲伤和幸福动机的区别的相关争议，参见 Oliver，2008；Oliver & Raney，2011）。然而，还需要进一步的研究来确认这些因子在概念上的特殊性，并阐明它们与激励一般媒体使用的满足因素研究的关系。（Conway & Rubin，1991；Rubin & Perse，1987），需进一步研究。特别是，老年人对沉思体验兴趣的高涨和对信息内容的偏好之间的联系值得进一步关注（参见 Mares & Sun，2010）。在这种情况下，需要把比如寻求沉思的内在动机（作为终极满足）从寻求有用信息的工具性动机中区分开来。

本研究结果有助于了解不断变化的需求和观看动机。这体现了个人在人生阶段中不断变化的娱乐偏好。虽然娱乐研究长期以来困惑于年轻人的娱乐日常，更被令人恐惧和感人泪下的体验的矛盾吸引，但研究倾向于忽视对老年人最有吸引力的社会和认知满足感。更深入地考虑娱乐满足如沉思和社会情感分享，不仅可以进一步促进我们对老年人娱乐的吸引力和功能的理解，还可以进行年轻成人和青少年中仍被低估的观看动机的研究。考虑到这个年龄组在可持续情绪调节和情绪健康方面的特殊体验，研究他们的娱乐使用可能会教导我们明智地进行娱乐。

参考文献

[1] ARISTOTLE. Nicomachean ethics. ROSS W D（Trans.）London，England：Oxford University Press，1931.

[2] BALTES P B, BALTES M M. Psychological perspectives on successful aging：the model of selective optimization with compensation//BALTES P B, BALTES M M. Successful aging：perspectives from the behavioral sciences. Cambridge，MA：Cambridge University Press，1990：1 –34.

[3] BARTSCH A. Emotional gratification in entertainment experience. Why viewers of movies and TV series find it rewarding to experience emotions. Media psychology，2012，15（3）：267 –302.

［4］BARTSCH A, VORDERER P, MANGOLD R, et al. Appraisal of emotions in media use: toward a process model of meta-emotion and emotion regulation. Media psychology, 2008, 11: 7 – 27.

［5］BLEISE N W. Media in the rocking chair: media uses and functions among the elderly// GUMPERT G, CATHCART R. Intermedia: interpersonal communication in a media world. New York, NY: Oxford University Press, 1986: 573 – 582.

［6］CACIOPPO J T, BERNTSON G G, BECHARA A, et al. Could an aging brain contribute to subjective well-being? The value added by a social neuroscience perspective// TADOROV A, FISKE S T, PRENTICE D. Social neuroscience: toward understanding the underpinnings of the social mind. New York, NY: Oxford University Press, 2011: 249 – 262.

［7］CARSTENSEN L, FUNG H, CHARLES S. Socioemotional selectivity theory and the regulation of emotion in the second half of life. Motivation and emotion, 2003, 27: 103 – 123.

［8］CARSTENSEN L L, LANG F R. Future time perspective scale. Unpublished manuscript. Stanford, CA: Stanford University, 1996.

［9］CHARLES S T, CARSTENSEN L L. Social and emotional aging. Annual review of psychology, 2010, 61: 383 – 409.

［10］CONWAY J C, RUBIN A M. Psychological predictors of television viewing motivation. Communication research, 1991, 18 (4): 443 – 463.

［11］CSIKSZENTMIHALYI M. Flow: the psychology of optimal experience. New York, NY: Harper Collins, 1990.

［12］ERSNER-HERSHFIELD H, MIKELS J A, SULLIVAN S J, et al. Poignancy: mixed emotional experience in the face of meaningful endings. Journal of personality and social psychology, 2008, 94: 158 – 167.

［13］FISCHOFF S, ANTONIO J, LEWIS D. Favorite films and film genres as a function of race, age and gender. Journal of media psychology, 1998, 3 (1): 1 – 9.

［14］GROSS J J. Emotion regulation: affective, cognitive, and social consequences. Psychophysiology, 2002, 39: 281 – 291.

［15］HECKHAUSEN J, SCHULZ R. A life-span theory of control. Psychological review, 1995, 102: 284 – 304.

［16］HOFFNER C A, LEVINE K J. Enjoyment of mediated fright and violence: a meta analysis. Media psychology, 2005, 7 (2): 207 – 237.

［17］KUNZMANN U, GRUBN D. Age differences in emotional reactivity: the sample case of sadness. Psychology and aging, 2005, 20: 47 – 59.

[18] LABOUVIE-VIEF, G. Dynamic integration: affect, cognition, and the self in adulthood. Current directions in psychological science, 2003, 12: 201 – 206.

[19] LANG P J. Behavioral treatment and biobehavioral assessment: computer applications//SIDOWSKI J B, JOHNSON J H, WILLIAMS T A (Eds.). Technology in mental health care delivery systems. Norwood, NJ: Ablex, 1980: 119 – 137.

[20] MARES M L, CANTOR J. Elderly viewers responses to televised portrayals of old age: empathy and mood management versus social comparison. Communication research, 1992, 19: 459 – 478.

[21] MARES M L, OLIVER M B, CANTOR J. Age differences in adults emotional motivations for exposure to films. Media psychology, 2008, 11: 488 – 511.

[22] MARES M, SUN Y. The multiple meanings of age for television content preferences. Human communication research, 2010, 36: 372 – 396.

[23] MUNDORF N, BROWNELL W. Media preferences of older and younger adults. The gerontologist, 1990, 30: 685 – 691.

[24] OLIVER M B. Exploring the paradox of the enjoyment of sad films. Human communication research, 1993, 19: 315 – 342.

[25] OLIVER M B. Tender affective states as predictors of entertainment preference. Journal of communication, 2008, 58: 40 – 61.

[26] OLIVER M B, BARTSCH A. Appreciation as audience response: exploring entertainment gratifications beyond hedonism. Human communication research, 2010, 36: 53 – 81.

[27] OLIVER M B, RANEY A A. Entertainment as pleasurable and meaningful: differentiating hedonic and eudaimonic motivations for entertainment consumption. Journal of communication, 2011, 64: 984 – 1004.

[28] RIEDIGER M, SCHMIEDEK F, WAGNER G G, et al. Seeking pleasure and seeking pain: differences in pro and contrahedonic motivation from adolescence to old age. Psychological science, 2009, 20: 1529 – 1535.

[29] RUBIN A M, PERSE E M. Audience activity and soap opera involvement: a uses and effects investigation. Human communication research, 1987, 14: 246 – 268.

[30] RYAN R M, DECI E L. Self determination theory and the facilitation of intrinsic motivation, social development, and well-being. American psychologist, 2000, 55: 68 – 78.

[31] SHERRY J L. Flow and media enjoyment. Communication theory, 2004, 14 (4): 328 – 347.

［32］TAMBORINI R，BOWMAN N D，EDEN A，et al. Defining media enjoyment as the satisfaction of intrinsic needs. Journal of communication，2010，60：758 - 777.

［33］VAN DER GOOT M，BEENTJES J W J，VAN SELM M. Older adults television viewing from a life span perspective：past research and future challenges//BECK C S. Communication yearbook. Mahwah，NJ：Erlbaum，2006，30：431 - 469.

［34］VORDERER P，KLIMMT C，RITTERFELD U. Enjoyment：at the heart of media entertainment. Communication theory，2004，14：388 - 408.

［35］VORDERER P，STEEN F，CHAN E. Motivation//BRYANT J，VORDERER P. Psychology of entertainment. Mahwah，NJ：Erlbaum，2006：3 - 17.

［36］ZILLMANN D. Mood management through communication choices. American behavioral scientist，1998，31：327 - 340.

［37］ZILLMANN D. The psychology of suspense in dramatic exposition//VORDERER P，WULFF H J，FRIEDRICHSEN M. Suspense：conceptualizations，theoretical analyses，and empirical explorations. Mahwah，NJ：Erlbaum，1996：199 - 231.

［38］ZILLMAN D，CANTOR J R. Affective responses to the emotions of a protagonist. Journal of experimental social psychology，1977，13：155 - 165.

［39］ZUCKERMAN M. Sensation seeking：beyond the optimal level of arousal. New York，NY：Wiley，1979.

附录：电影刺激的描述

场景一（喜剧，时长：10 分钟）：场景一来自喜剧《与魔鬼共枕》（*In Bed with the Devil*）（德国，2002）。Frank 是一个可爱的失败者，他与魔鬼制定了一个契约来赢回他的爱。这个魔鬼有着转变成德国体育和电影明星（由真实明星扮演）的能力，并利用这种能力去给 Frank 的女友留下印象并使她嫉妒。最终，这个女朋友回到了 Frank 的身边并道歉。午夜后，钟声响起，女朋友第二次回来并道歉。这时 Frank 才意识到第一次回来的与他度过夜晚的女朋友是魔鬼。

场景二（悬疑，时长：7 分 30 秒）：场景二是来自心理恐怖小说改编的电影《自由意志》（*The Free Will*）（德国，2006）。一个以前被定罪的强奸犯最近从监狱释放出来，并监视了一个在百货公司工作的未知女人。在营业时间结束后，他跟踪她到她家，并闯入她的公寓。他看着她入睡，并小心翼翼地把她的毯子拉开，而不把她吵醒。在盯了她一会儿并即将碰到她后，他另有决定并溜走了。

场景三（剧情片，时长：9 分钟）：场景三来自剧情片《北方风云》（*North Country*）

（美国，2005）。Josey Aimes 起诉了她的雇主，一个矿业公司，因为该公司拒绝反对对女性工人的性骚扰。在诉讼中，她被对方的律师强迫透露了一个痛苦的秘密：她在少年时曾被她的高中老师强奸。当与她关系紧张的孩子得知真相后便离家出走。在场景中最终这个母亲和孩子的关系和解。

场景四（纪录片，时长：8 分 50 秒）：场景四来自纪录片《我们喂养世界》（*We Feed the World*）（奥地利，2005）。这个场景是关于养鸡厂。纪录片对奥地利的养鸡户进行了访谈，鸡的生命周期从繁殖室通过桅杆设施到鸡的屠宰场，屠宰本身不是现场的一部分。

（原文刊载于 *Journal of Communication*，Vol. 62，2012）

非享乐娱乐体验的年龄差异

马蒂亚斯·霍费尔　马蒂亚斯·阿莱曼德　麦克·马丁[*]

刘　颖　译

在生活中，老年人往往比年轻人更注重情感诉求、情感意义关联和意义诉求（Carstensen, Fung & Charles, 2003；Carstensen, Isaacowitz & Charles, 1999；Charles & Carstensen, 2010）。在整个生命历程中，情感、认知和动机的发展还体现在媒体的选择和影响上（Mares, Oliver & Cantor, 2008；Mares & Sun, 2010；Mares & Woodard, 2006）。因此，最近的研究已经开始考察在整个生命历程中娱乐动机的发展（Bartsch, 2012；Mares & Sun, 2010；Mares et al., 2008）。例如，老年人比年轻人更喜欢沉思和进行情感上有意义的娱乐活动。然而，媒体偏好不仅会伴随一生改变，也是老年人经历介导情节的方式。可是，只有很少的研究考察电影感受过程中体验的年龄差异（参见 Bartsch, 2012；Charles, 2005）。Bartsch（2012）强调理解老年人娱乐满足的重要性，因为这一群体很可能会在娱乐媒体上花费越来越多的时间（Mares & Woodard, 2006）。另外，研究倾向于忽视与有意义的观念，如对存在问题的思考、生命有价值和重要的方面或与人类条件相联系的非享乐（所谓的幸福实现论）类型的娱乐体验（参见 Oliver & Bartsch, 2010；Oliver & Hartmann, 2010；Wirth, Hofer & Schramm, 2012）。这种经历和可能产生这种感觉的媒体产品是情绪和个人意义的来源，这对于老年人来说极有价值，因为它们可以帮助应对即将来临的生命终结，从而增加幸福感。在两项研究中，Wirth 等（2012）概括性地介绍并经验性地测量了实现主义娱乐（eudaimonic entertainment）体验的概念。作者指出，需要进一步的研究来检验调节变量在实现主义娱乐中的作用，诸如年龄。继Oliver 和 Hartmann（2010）之后，他们提出幸福体验的强度是否会在一生中发

---

* 马蒂亚斯·霍费尔（Matthias Hofer），苏黎世大学大众传播与媒体研究学院高级讲师；马蒂亚斯·阿莱曼德（Mathias Allemand），苏黎世大学心理学院讲师；麦克·马丁（Mike Martin），苏黎世大学心理学院博士候选人。

生变化。同样地，Bartsch（2012）也要求更深入地考虑年轻人和老年人的娱乐满足度（第605页），以便更好地了解娱乐媒体的功能。因此，本研究旨在通过检验年龄对这些更复杂的、非享乐娱乐体验的影响，即在实现主义娱乐体验方面来扩展最近的研究。这项研究涉及成人情绪和社会发展理论（Arnett，2007；Carstensen，et al.，1999；Labouvie-Vief，2003）以及幸福实现论（Ryan & Deci，2001；Ryff & Singer，2008；Waterman，2008）。

一、幸福实现论和幸福的娱乐体验

"eudaimonia"一词源于亚里士多德哲学，根据人的价值观和真实潜能，涉及人类的潜力、美德和生命（Aristotle，Rowe & Broadie，2002；对概念进行全面的回顾，参见 Ryff & Singer，2008）。积极的心理学应用这些概念来了解最佳的人类心理功能（参见 Kashdan，Biswas-Diener & King，2008）。为了获取人类福祉的关键特征，Ryff（1989；另见 Ryff & Keyes，1995）提出了一种关于幸福（或心理）健康的多维模型。每一个维度都会影响到积极心理功能的不同方面，例如包含与他人密切联系产生的优势和乐趣（Ryff & Singer，2008）。

幸福实现论的概念也在娱乐研究中得到应用。Oliver 和 Raney（2011）提出证据表明，电影选择不仅仅是寻求快乐的关注（或享乐动机），而且也是对深入了解人类生存和意义（或幸福动机）的渴望。从过程的角度来看，Oliver 和 Bartsch（2010）引入了鉴赏的概念，它被认为是"更深层意义的感知、感动的感觉，以及受体验所激发的阐述思想、情感的动机"（Oliver & Bartsch，2010：76）。这种非享乐满足在认知和混合情感方面被概念化了，并且与沉思和反思相关联。同样，Oliver 和 Hartmann（2010）更仔细地观察有意义的电影体验，鼓励密切关注人类生存价值、人际关系和美德。最后，Wirth 等人介绍了实现主义娱乐体验的概念——这是一个与欣赏和有意义的电影体验高度相似的概念。然而，考虑到前述的多维度的终极幸福感（如 Ryan & Deci，2001；Ryff & Singer，2006），Wirth 等人（2012）将终极幸福感的概念应用于娱乐体验，而不仅仅是乐趣。他们发现了实现主义娱乐体验是一个多维结构，包括 5 个方面：关联性、激活核心价值观、能力/个人成长、生活目的/自我接纳、自主。

在观看描绘人生凄凉的电影时，人们可能会感受到与电影人物的一些相关性。也就是说，当人们感觉与所描绘的人物有联系时可以令人满意。这种状态与 Oliver（2008）所称的"与人类联系密切"的温柔情感状态（第44页）相当，尽管这些关系没有特定的目标。根据 Wirth 等人（2012）的说法，与他人的关系是认知和情感上的亲密，最终，这是一种令人满足的体验。

第二个维度，即核心价值观的激活，被描述为一种积极的状态，当描述的故事或人物的行为符合旁观者的价值观时，就会出现这种状态。实现主义娱乐的这个维度与情绪状态的升高密切相关——对"人的卓越"的积极情感反应（Algoe & Haidt，2009：107）。这种情绪反应可以基于所谓的道德模式（伤害/关怀、公平、忠诚、权威和纯洁，参考 Tamborini，2011）的评估。

除了激活核心价值观，悲伤但有意义的电影也引发了能力/个人成长感（Tamborini et al.，2011；Wirth et al.，2012）。这些状态发生在成功应对了媒体提供的认知或情感挑战之时（Grodal，2007）。除了能力/个人成长被认为是一个相当于对观看过程进行评估的过程，还有一种额外的经验，即自主权被认为是实现主义娱乐的一部分。自主是对自己生活与人物生活的关系反思的结果（Wirth et al.，2012）。也就是说，一个人可以体验到他或她自己生活的意志和意愿，而不是一个人的艰难甚至危及生命的处境。

同样，生活/自我接受的维度目标也更接近旁观者的生活，尽管它是由相关的有意义的电影引发的。更准确地说，有意义的电影可以让人相信自己的生活（与电影中的人物的生活相比）或一般的生活都有价值；这种观点反过来可能会导致对自我接受程度的提高（关于五个维度的讨论，参见 Wirth et al.，2012）。

必须指出，实现主义娱乐被认为是一种由媒体提供的体验，以及与旁观者的互动。它包括对所描绘的角色生活评估和与人物的生活相关的自我生活评估（Wirth et al.，2012）。因此，刺激属性和观察者属性都在决定体验方面起主要作用。

二、情感体验和娱乐的年龄差异

理论和研究不一致的是，在幸福主义和享乐主义相对的情感体验方面的年龄差异。对与年龄相关的幸福情感体验增加的支持来自社会情绪选择理论（SST；Carstensen et al.，1999，2003；Charles & Carstensen，2010）。简而言之，这个理论假设年龄的增长与人们对情感目标和信息的持续关注密不可分

（Carstensen et al.，2003）。随着年龄的增长，更多当下导向的目标（如情感意义和先行关注的情绪调节）变得更加重要，因为评估过程的结论是：时间是有限的（Carstensen et al.，1999）。走向消亡（即死亡）的人正在寻找生活中的存在意义，并且更多地关注复杂而有意义的积极体验（Carstensen et al.，2000）。此外，SST 还表明，随着年龄的增长，对生命的赞赏就像一份脆弱的馈赠，人们对生活的重视程度也会增加，这也会增加社交关系和生活满意度的重要性（Carstensen et al.，1999）。同时，老年人对积极信息的关注多于对负面信息的关注，要么是事后的，要么是现在的（所谓的积极效应；Mather & Carstensen，2005；Urry & Gross，2010）。相比之下，在年轻人中，他们的未来是相对广阔的、有更多的面向未来的目标，如信息寻求是很重要的。因此，年轻人显示出更多的探索性行为，这也可能导致消极情绪甚至冒险行为（Arnett，2007）。

相比之下，动态整合理论（DIT；Labouvie-Vief & Medler，2002；Labouvie-Vief，2003）预测了与年龄有关的享乐情绪体验的增加。这个理论表明，老年人尽管自我适应能力下降，如健康状况恶化或认知能力下降，但能够更好地优化其影响力，即增强积极情绪，抑制消极情绪。结果，老年人保持了与年轻人相似或甚至更高的享乐状态。因此，DIT 认为老年人是快乐、积极情绪的优化器（Labouvie-Vief & Medler，2002）。

总而言之，社会情绪选择理论和动态整合理论分别在预测老年人的情感复杂性、幸福实现论以及享乐主义体验上有些矛盾。前者将年老视为一种幸福实现论的动机，后者认为老年人是享乐主义的。然而，对娱乐偏好的研究似乎赞成 SST 的观点。如 Oliver 和 Raney（2011）确实发现，随着年龄的增长，幸福的动机有所增加。同样，Mares 等人（2008）发现，与中年和年轻的参与者相比，老年人对表达温暖和情感影片的偏好程度明显较高，而年轻人喜欢滑稽（喜剧）、悲伤和黑暗的电影。在 Bartsch（2012）最近的一项研究中，与年轻人相比，老年人更积极地寻求与社会、情感意义和沉思相关的娱乐节目。在老年观众中，沉思的满足最重要，而与恐惧和悲伤相关的满足最不重要。

三、有意义的电影体验

电影的一个核心特点是提供上述的沉思满足，这里面具有意义提供和单纯的意义体验的潜力。然而，有人可能会说，在娱乐研究中，术语的含义和意义尚未明确。"意义"一词有几个定义（Park & Folkman，1996）。在最基本的层面上，意义是至少两个实体之间的联系，这两个实体不是基于实体本身，而是由感知的心灵所建立的（Baumeister & Vohs，2002）。但是，当一个人认为有意义的时候，这一基本的定义并不一定会引起注意。Park 和 Folkman（1996）在压力和应对的背景下使用了意义的概念：根据作者的观点，意思是指对意义的认知（第116页）。他们区分两个层次的意义：世界意义，被定义为一个人的"基本目标和基本假设、信仰和对世界的期望"（第116页）；情境意义，这是"在一个人的世界意义与特定的人与环境交易的情况之间产生的相互作用中所形成的意义"（第116页）。根据 Baumeister（1991；也见 Baumeister & Vohs，2002），意义取决于满足四个需求：一是目标需求，人们想将事件解释为有目的性；二是对价值和正当理由的需求；三是效率需求；四是对自我价值的需求。为扩展这一框架，Baumeister 和 Leary（1995）提到了归属感。这五项需求与上述的实现主义娱乐的维度相当吻合。满足所有这些需求最终得到感知的意义，也可以通过观看有意义的电影来实现，如果电影"……在更大程度上聚焦关于人类伦理德性的问题，它展示了这样的美德（或缺乏这样的美德），它教导或启发观众对这些美德的洞察，或使观众思考这些美德，以及'公正'或'真实'的生活意味着什么"（Oliver & Bartsch，2011：31）。从而，有意义的娱乐服务可以围绕文化成长的价值观，关于人际关系或内在美丽的重要性，以及最终关于生活的意义来教导旁观者。因此，观众会经历所谓的有意义的电影体验（Oliver & Hartmann，2010）。当旁观者可以在他们自己的生活和被描绘的人物的生活或者被描绘的场景之间建立联系时，这些体验就会发生。这些连接可以在多个维度上进行。例如，观看者可以将自己的自主生活与某个角色的生活进行比较，或者与这个角色有某种联系。对实现主义娱乐的多维概念化以一种详细的方式掌握这些联系。考虑到这些因素，以及以上所提到的生命发展研究的结果，人们可能会认为，因为老年人对有意义的经历比年轻人更感兴趣（参见Bartsch，2012；Mares et al.，2008），相比年轻人，老年人也会体验到更高层次的实现主义娱乐感受。因此，我们假设在一部有意义的电影中，老年人比年轻人会经历更高层次的实现主义娱乐体验（假设1）。

（一）多维的实现主义娱乐的年龄差异

关联性是与其他人有联系和被爱的需要及感觉（Baumeister & Leary，

1995）。根据 SST，社会关系的需要随着年龄的增长而增加。因此，老年人与他们对情感意义目标的关注相一致，优先维持高质量的关系（Carstensen et al.，2003）。应用于媒体接触时，关联性意味着与电影角色相关联的感觉经常伴随着所谓的温柔情感状态感觉（Oliver，2008；Wirth et al.，2012）。因此在一个有意义的电影中，老年人比年轻人更有可能体验到这个实现主义娱乐的维度。也就是说，老年人对有意义的联系的更高需求也可以在一个中介的环境中体现出来。此外，有证据表明，年龄越大，情绪波动越大，对他人的关注也就越多（Richter & Kunzmann，2011；Sze，et al.，2012）。所以，我们假设老年人与一个有意义的电影的角色有更多的联系。那么，与年轻人相比，该角色对于老年人而言，其关联度更高（假设2）。根据 Oliver 和 Hartmann（2010）的研究，有意义的电影经常描绘出生命的核心价值，或者根据自己的价值观来表现，最终如何来实现美好生活的意义（Waterman，2008）。这样的价值观可能包括由电影的性质所产生的道德行为，从而激励旁观者的某些价值。Tamborini（2011）提出了一个类似的想法，认为角色行为是对五种不同的道德模式进行评估（伤害/关怀、公平、忠诚、权威和纯洁）。这些模式被认为是"先天的，突触的连接"和"结合了过去的经历和情感"（第40页）。因此，在大多数情况下，这些模式是自动和直观的，而不是以一种理性和努力的方式被激活（Haidt，2001）。描绘道德行为的人物或故事可能会激活这些道德模式，最终鼓励观众考虑生活的意义并激发其洞察力（参见 Tamborini，2011）。此外，研究表明，价值观和取向（如家庭价值观），在老年时更加稳定和显著（如 Blanchard-Fields et al.，2001）。

另一组研究反复表明，流体智力（即解决新情况下的问题或逻辑思考的能力）往往随着年龄的增长而降低，晶体智力（即在整个生命周期中获得的知识结构）往往随年龄的增长而增加（如 Lindenberger，Mayr & Kliegl，1993）。因此，人们可能会认为，在老年人中，道德模式的发展也是知识结构的一部分，并且比年轻人更为明显、更加稳定。所以，我们假设，在电影情节中提供的核心人物价值，如公平、忠诚或纯洁，老年观众比年轻观众在更大程度上体验了核心价值观的激活（假设3）。

实现主义娱乐的维度能力/个人成长结合了幸福实现论的两个维度，即能力和个人成长。幸福实现论的研究表明，随着年龄的增长，个人成长的经验减少（Ryff，1989；Ryff & Singer，2008）。还有证据表明，与老龄化有关的精神和身

体变化导致了无能为力的感觉和自我决定的减少（Vallerand，O'Connor &
Hamel，1995）。另外，考虑到老年人适应目标的能力越来越强，老年人的感知
能力可能会比年轻人更高（Carstensen et al.，2003）。此外，就实现主义娱乐而
言，必须考虑到这一体验的介导性质。例如，Vorderer（2001）认为，娱乐可以
被认为是为观众提供最终帮助他们应对自己生活中的困难和挑战的经验（参见
Bauer，McAdams & Pals，2008）。结果，媒体接触已被证明具有情绪修复和娱乐
效果（Reinecke et al.，2012）。因此，我们认为，与年轻人相比，老年人的能
力/个人成长水平更高（假设4）。

　　与悲伤的人物性格相比较，生命/自我接受的维度目的被认为是一种信念的
激活，但在有意义的电影中，人的生命更有价值。已经多次表明，自我接受度
随着年龄的增长而增加（Erikson，1980；Ryff & Singer，2008）。同时，SST认
为，有限的时间感会导致老年人生活中更深层意义的需要（Charles &
Carstensen，2010），并且老年人比年轻人更倾向于记住生活中比消极更有意义
的事件（Carstensen et al.，2003；Mather & Carstensen，2005）。因此，这表明我
们假设给出了一部深刻而有意义的电影，在实现主义娱乐的这一维度中老年人
比年轻人更明显。此外，它也可以被解释为一个与各自电影角色相关的社会的
向下比较（Mares & Cantor，1992；Wirth et al.，2012）。据Carstensen等人
（2003）的研究，老年人与向上的社会比较更倾向于向下比较。因此，我们假设
老年观众比年轻观众在生活/自我接受方面更有经验（假设5）。

　　最后，类似的论证适用于自主的实现主义娱乐层面：在动机方面，自主性
的需要是人们幸福的核心方面（Kasser & Ryan，1999；Ryan & Deci，2001；
Ryff，1989）。满足这一需求对于老年人来说尤为突出（Kasser & Ryan，1999；
Langer & Rodin，1976）。然而，就实现主义娱乐而言，自主性被认为是一种对
自己的生活负责的感觉，而不是一部辛酸的电影（Wirth et al.，2012）。考虑到
积极效应（即这是一个引导老年人体验或关注比年轻人更积极、更少的负面情绪
和记忆的战略过程，Mather & Carstensen，2005），我们认为，这种积极的偏见也
存在于媒体接触期间或之后。换句话说，在看了一部主人公经历不好的电影之后，
老年人应该比一个年轻人小组报告更多的自主性。这个论点与事实相符，即老年
人更倾向于向下而不是向上的比较，而这反过来又有利于情绪调节，最终是一种
控制感（Heckhausen & Schulz，1995）。因此，我们假设，在一个悲伤但有意义的
电影中主人公遭受了痛苦，老年人比年轻人拥有更高的自主性（假设6）。

悲伤但有意义的电影经常引起悲伤，但也有混合情感体验（Ersner-Hershfield et al.，2008：159）。这种混合情感的一个例子就是强烈的情绪状态——"由于欣赏生命的脆弱性"。Oliver 和 Raney（2011）可以证明，幸福的电影偏好包含了更深层次的洞察力和对生活沉思的动机，这与心酸有关。随着老年人对有意义的情感体验的需求增加以及他们将消极和积极经历融入生活的能力的提高（在观看情境下也是如此），这种关系应该随着年龄的增长而更强。因此，与年轻人相比，老年人娱乐与混合情感之间的联系更为强烈（假设7）。

（二）电影结局里的角色

如上所述，实现主义娱乐被认为是刺激的属性和旁观者与之互动造成的，因此刺激性质也可能导致实现主义娱乐的增加或减少。然而，Wirth 等人（2012）发现刺激的结局（幸福结局与悲伤结局）之间没有任何差异。其中一个原因可能是这两个实验组在年龄上是相当一致的。电影的结局可能对不同年龄组的实现主义娱乐有不同的影响。

叙述的欣赏通过其解决的可取性和正确性而增加。情绪倾向理论（ADT）指出，如果喜欢的角色在道德上是受益的，积极情绪就会增加。相反，如果喜欢的角色受到惩罚，而像悲伤或痛苦这样的消极情绪也会增加（Zillmann & Cantor，1977）。因此，有几项研究表明，当电影有消极结局（如 Hofer & Wirth，2012；Zillmann & Cantor，1977）时，悲伤最为明显。如上所述，老年人比年轻人更大程度地追求情感上的有意义的目标，他们与年轻人相比，不太喜欢寻求流泪的娱乐（参见 Bartsch，2012；Mares et al.，2008）。此外，已经显示，老年人对体验正面而不是负面的情绪更感兴趣。因此，可以得出结论，相对于年轻观众而言，悲伤与快乐的结局对老年人的实现主义娱乐体验有着不同的影响。关于核心价值的维度激活，对于老年参与者可以假设以下效果：有意义和痛苦的电影经常描绘悲伤的故事，人物在整个情节中遭受烦琐的生活。幸福的结局，人物没有受到任何影响，与老年人的价值观尤其相符，因此与悲伤的结局相比，会导致更高的实现主义娱乐。同样，一个幸福的结局也可能被认为对老年人更有意义。例如，一个角色死亡的结尾使得即将来临的死亡对老年人来说更加突出。因此，我们假设电影结局对老年人活动中所有的实现主义娱乐维度都有影响，而不是年轻人（假设8）。

四、方法

（一）参与者

84 名年轻的参与者（66 名女性、18 名男性），年龄 18 ~ 28 岁（$M = 20.96$，$SD = 1.96$），以及 65 名老年参与者（30 名女性、35 名男性），年龄 62 ~ 87 岁（$M = 72.52$，$SD = 6.90$）参与了研究。年轻的参与者是瑞士大学的传播系本科学生。他们获得参与的课程学分。老年参与者的样本来自当地社区。这些参与者是从参与者队伍中招募的。大多数老年人经常访问高级大学的课程。因此，两个样本在教育程度，或者更准确地说，是他们在对科学知识的普遍兴趣上是相当一致的。

（二）设计和刺激材料

研究采用 a2（年龄组）×2（悲伤结局与快乐结局）受试者之间的设计。电影《黑暗中的舞者》（美国，2000，由 Lars von Trier 执导，评为 PG-13）的压缩版被用作刺激材料。这部电影的情节设立在 1964 年的华盛顿州，其主角为捷克移民 Selma Jezkova（由冰岛歌手 Björk 饰演）。Selma 和她的儿子 Gene 一起搬到了美国。她在当地一个工厂工作，车还是城里警察 Bill 夫妇的，可以说她过着一贫如洗的日子。她患有遗传性退行性疾病，她的视力逐渐和不可避免地衰退了。Gene 也患有这种疾病。为了支付让他儿子免受痛苦的手术费。她可以节省她赚到的每一分钱。有一天，Bill 向她透露，他破产了，没有勇气告诉他的妻子。此外，Bill 窃取了 Selma 的毕生积蓄，这是为 Gene 做手术的钱。当 Selma 发现盗窃时，她面对 Bill 时情绪失控并射击了他。因此，Selma 被审判。她被判处绞刑。然而，Selma 拒绝援助，因为这将导致她的生活储蓄花在她的律师身上，而不是 Gene 的手术。选这部电影作为刺激物，因为它的主演是一个非常讨人喜欢的角色，以一种示范的方式行事，并且可能希望获得积极的结局。

事先告诉参与者情节，其中还以主角照片的形式说明故事情节。电影刺激持续了 30 分钟。创建了两个结尾。还以电影方式（黑色背景上的白色字符）引入了屏幕上呈现的文本信息。文字信息丰富了各自人物的形象。

（三）实验操作

幸福结局组（老年人 = 30，年轻人 = 43）被告知，Selma 最后并未被绞死，她的儿子得到应有治疗。悲伤结局组（老年人 = 35，年轻人 = 41）被告知她被绞死了，她的儿子已经失明了（见附录）。参与者被随机分配到以上两个实验条件之一。

（四）程序

每位参与者被护送到 21 英尺 × 15 英尺的实验室。首先要求参与者完成包括人口统计学问题在内的基础人格问卷。调查问卷完成后，参与者被随机分配到实验组。然后，他们在单次会议中观看了刺激电影。观看电影后，他们填写了第二个含有因变量的问卷。最后，参与者被问及他们是否已经看过这部电影。没有一个参与者曾经看过这部电影或者是熟悉了情节。

（五）测量

实现主义娱乐体验用幸福体验测量表（EES；Wirth et al.，2012）的测项进行了测量。幸福输入的每个维度都用三个测项来测量。参与者可以指出每个声明是怎样在电影中反映了他们的经验，使用李克特 5 级量表从 1（反对）到 5（强烈同意）：关联性（例如"感觉很容易被事件所吸引"），激活核心价值观（如"正是因为这部电影令人痛心，我才觉得这部电影以真实的方式呈现了生命的核心价值"），能力/个人成长（如"我有一种很好的感觉，因为我在电影中感受到的情绪以积极的方式挑战我"），生活目标/自我接受（如"我觉得很好，因为现在我已经看过这部电影，我认识到我的生活是充实和有意义的"）和自主（例如，"很高兴认识到我的生活不会受不利环境的影响"）。

为了评估电影中的悲伤和喜悦，使用分化情绪量表（DES；Izard et al.，1974），即悲伤、沮丧、灰心、喜悦、乐观和快乐。参与者回应了使用李克特 5 级量表来表明该测项描述了他们在电影中的感受，从 1（一点也不）到 5（非常强）。使用最优斜交转轴法（$k = 4$）进行探索性因子分析，将项目减少为分量表。提取了两个因子，解释了 72.11% 的方差，每个测项在一个因素（> 0.50）和低负荷（< 0.30）的另一个因子上具有高负荷。第一个因子，标记为"欢乐"，包括测项的喜悦、乐观和快乐；第二个因子，标记为"悲伤"，包括测项

的悲伤、沮丧和灰心。为了评估混合情绪反应，我们采用了 Ersner-Hershfield 等人（2008）的程序（另见 Oliver & Raney，2011）。也就是说，根据他们的欢乐和悲伤得分的最小值，计算每个参与者的混合影响分数（公式：Min［joy，sadness］）。因此，如果一个人报告高水平的欢乐和悲伤（例如4），混合影响分数也很高（即4）；如果一个人报告程度较低的悲伤（例如2）和高水平的欢乐（如4），则混合影响分数将为2。分数范围为1~5。

五、结果

因变量、均值和标准偏差之间的相关性如表1所示。

表1　依赖变量之间的描述和零级相关性

	1	2	3	4	5	6	7	8
1. 关联性								
2. 激活核心价值观	0.68**							
3. 能力/个人成长	0.69**	0.56**						
4. 生活目标/自我接受	0.41**	0.49**	0.58**					
5. 自主	0.43**	0.43**	0.56**	0.74**				
6. 欢乐	0.11	0.11	0.25**	0.21*	0.17*			
7. 悲伤	0.05	0.07	0.06	0.09	0.03	0.15		
8. 混合影响	0.02	0.05	0.19*	0.22**	0.14	0.92**	0.02	
M	3.28	3.13	2.80	2.76	2.62	1.41	3.23	1.34
SD	0.97	1.08	1.09	1.05	1.13	0.67	0.98	0.56

注：＊表示 $p < 0.05$；＊＊表示 $p < 0.01$。

在两项研究中，Wirth 等人（2012）确认了实现主义娱乐体验量表的因子结构。使用验证性因子分析（CFA），他们发现实现主义娱乐是从理论考虑推断的五维构念。因此，CFA 估计使用 AMOS 20.0.0 的五个因子模型。分析显示 $\chi^2(135, N=149)=155.15$，$\chi^2/df = 1.94$ 的可接受的拟合；$RMSEA = 0.079$；$CFI = 0.950$；$SRMR = 0.064$（参见 Hu & Bentler，1999；Schermelleh-Engel，Moosbrugger & Müller，2003）。所有分量表具有良好的信度（$\alpha = 0.78 \sim 0.86$）。

（一）检验

通过以下项目进行检验以确定实验操作是否成功："电影结束时您的体验如何?"参与者可以回答李克特 5 级量表，范围从 1（非常负）至 5（非常正），$M = 2.93$，$SD = 1.62$。方差分析揭示了实验操作的一个重要的主要影响，$F(1, 145) = 448.39$，$p < 0.001$，$\eta^2 = 0.76$。在悲伤结局组中，参与者比快乐结局组（$M = 4.34$，$SD = 0.87$）的参与者更有消极的感觉（$M = 1.54$，$SD = 0.72$）。年龄组没有作用：$F(1, 145) = 0.281$，ns。因此，对于老年人和年轻的参与者来说，电影结局的操纵是成功的。年龄组 × 实验条件相互作用不显著。老年人和年轻的参与者经历了悲伤的结局，而不是快乐的结局。

（二）假设检验

为了测试这些假设，采用年龄组和实验操作（悲伤结局与快乐结局）作为受试者之间的因素进行多变量方差分析。分析揭示了一个重要而又大的年龄效应，Wilks' $\wedge = 0.76$，$F(5, 141) = 8.90$，$p < 0.001$，$\eta^2 = 0.24$。在幸福感娱乐的五个维度上，老年人的得分高于年轻人。就影片结尾而言，影片结尾也有一个重大的主要影响，幸福结局一般而言有更高的价值，Wilks' $\wedge = 0.92$，$F(5, 141) = 2.39$，$p < 0.05$，$\eta^2 = 0.08$。电影结局 × 年龄组交互作用并不显著，Wilks' $\wedge = 0.96$，$F(5, 141) = 1.18$，ns。因此，可以证实实现主义娱乐的年龄差异的一般假设（假设 1）。为了处理性别可能带来的影响，我们在分析中控制了性别。性别不会影响幸福感娱乐的任何一个维度。

为了进一步研究年龄和电影结局对实现主义娱乐的每个维度的影响，对这两个因子进行了 5 个方差分析的研究。两个年龄组的平均值和标准差如表 2 所示。老年人比年轻人经历了更高水平的相互关系，$F(1, 145) = 31.82$，$p < 0.001$，$\eta^2 = 0.18$。实验操作的主要效果和交互影响都不显著。因此，可以证实假设 2。

表 2　实现主义娱乐体验作为一个年龄的功能

观众反应	年龄组	
	年轻的成年人（18 ~ 28 岁）	年长的成年人（62 ~ 87 岁）
关联性	2.92a（0.85）	3.74b（0.92）
激活核心价值观	2.81a（1.02）	3.54b（1.03）
能力/个人成长	2.62a（1.03）	3.03b（1.12）
生活目标/自我接受	2.46a（0.99）	2.82b（1.26）
自主	2.51a（0.94）	3.08b（1.11）
欢乐	1.48a（0.60）	1.31a（0.74）
悲伤	3.34a（0.81）	3.09a（1.15）
混合影响	1.44a（0.55）	1.22b（0.56）

注：括号中的数字是标准差。

在核心价值观激活方面，分析揭示年龄有显著的主要影响，$F(1, 145) = 22.06$，$p < 0.001$，$\eta^2 = 0.12$。老年人经历了比年轻人更高程度的实现主义娱乐活动。假设 3 可以确认。

确认假设 4—假设 6，发现与能力/个人成长有相同的年龄效应，$F(1, 145) = 5.86$，$p < 0.05$，$\eta^2 = 0.04$；$F(1, 145) = 4.33$，$p < 0.05$，$\eta^2 = 0.03$；和自主，$F(1, 145) = 11.81$，$p < 0.01$，$\eta^2 = 0.08$。

为了测试假设 7，混合情感的分数与这两组的每一组的实现主义娱乐的五个维度相关联。如表 3 所示，在老年参与者中，混合情感与实现主义娱乐的所有维度相关。在年轻人中，这些相关性都不显著。因此，假设 7 可以确认。我们也将欢乐、悲伤与实现主义娱乐体验联系起来。在年轻的参与者中，没有一个实现主义娱乐维度与悲伤或欢乐相关。在老年参与者中，欢乐与实现主义娱乐的所有维度相关（见表 3）。

表 3　实现主义娱乐体验与年龄情感反应之间的零阶相关

	年龄组					
	年轻者（18 ~ 28 岁）			年长者（62 ~ 87 岁）		
	悲伤	欢乐	混合影响	悲伤	欢乐	混合影响
关联性	0.16	0.01	0.03	0.07	0.33**	0.30*
激活核心价值观	0.17	0.05	0.09	0.09	0.38**	0.38**
能力/个人成长	0.08	0.12	0.10	0.09	0.42**	0.41**

（续上表）

	年龄组					
	年轻者（18~28 岁）			年长者（62~87 岁）		
	悲伤	欢乐	混合影响	悲伤	欢乐	混合影响
生活目标/自我接受	0.14	0.06	0.08	0.09	0.37**	0.45**
自主	0.14	0.04	0.05	0.00	0.36**	0.37**

注：* 表示 $p < 0.05$；** 表示 $p < 0.01$。

为了测试假设 8，表明电影的结局将在老年人而不是年轻人之间产生影响，两个年龄组在实验因子的两个水平上（快乐结局与悲伤结局）进行比较。没有一个相互作用的影响是显著的。

鉴于实现主义娱乐体验的多维度，我们必须进行 10 次单独的分析，以测试假设 2 到假设 6 和假设 8。有人可能会说，在实现主义娱乐的每一个维度上分别测试假设，可能会导致 α 错误。为此，我们构建了一个结构方程模型，将五个潜在的幸福因子作为内生变量和实验操作，以中心年龄变量以及年龄×实验操作相互作用作为外生变量。该模型具有可接受的 $\chi^2 (108, N = 149) = 184.937$，$\chi^2/df = 1.71$；$RMSEA = 0.069$；$CFI = 0.951$；$SRMR = 0.068$。结构路径如表 4 所示。由表 4 可以看出，年龄对实现主义娱乐的各个方面都有影响。然而，实验操作对核心价值的激活有重要的影响。也就是说，因为悲伤的结局，老年人和年轻的参与者对核心价值的激活较少，交互作用项并没有显著影响到实现主义娱乐的维度。

表 4　年龄组的影响、实验条件、年龄和实验操作的相互作用对实现主义娱乐维度的影响

因变量 预测	关联性	激活核心 价值观	能力/ 个人成长	生活目标/ 自我接受	自主
	b(SE)	b(SE)	b(SE)	b(SE)	b(SE)
实验情境	-0.237	-0.374	0.132	-0.295	0.130
(0 = happy end)	(0.165)	(0.119)***	(0.173)	(0.194)	(0.169)
年龄（居中）	0.025	0.015	0.011	0.015	0.019
	(0.005)***	(0.003)***	(0.005)*	(0.005)**	(0.005)***
年龄×实验情境	-0.006	-0.007	-0.006	-0.014	-0.012
	(0.006)	(0.004)	(0.007)	(0.007)	(0.007)

注：分数是非标准化回归系数，括号中为标准误差。* 表示 $p < 0.05$；** 表示 $p < 0.01$；*** 表示 $p < 0.001$。

六、讨论

这项研究的目的是检验娱乐体验中的年龄差异，这些差异不仅仅在于快乐（pleasure）。基于成人情感发展理论和幸福实现论，我们预测，在观看有意义的电影之后，老年人在实现主义娱乐的各个方面水平更高。Bartsch（2012）和 Mares 等人（2008）表明，与年轻人相比，老年人对沉思式娱乐的兴趣更大，让旁观者思考生活的意义，也提供情感的稳定性。此外，随着年龄的增长，沉思类的剧情片会得到更高的评价。由这项研究可以看出，在观看有意义的电影之后，老年人在五个不同的维度上经历了更高水平的实现主义娱乐。一生的意识是有限的——SST 的一个关键前提（Carstensen et al.，1999）——似乎增加了更复杂的、社会的和情感上有意义的电影体验，最终导致对自己的能力和自己的生活进行更有利的评估。因此，本研究的结果有利于 SST。也就是说，老年人似乎并不像 DIT 所提出的是享乐主义优化者，而是幸福论面向"意义寻求者"。然而，严格地说，这个结论可能是片面的，因为我们在这项研究中不考虑享乐性娱乐（即享受）。在表 1 中可以找到关于年龄群之间的快乐体验差异的第一个问题的答案。两个年龄组的喜悦与悲伤之间没有差异。这个结果与以前的研究一致（Kunzmann & Grühn，2005；Tsai，Levenson & Carstensen，2000）。然而，未来的研究还应该整合享乐娱乐的测量，以便更充分地理解老年人和年轻观众的娱乐体验。

无论电影是以积极还是负面的方式结束，都对实现主义娱乐有影响。然而，检验单变量结果和结构方程模型的结果表明，只有一个次中心值的激活——受影片的影响。对于两个年龄段的人来说，随着一个快乐的结局，他们的核心价值的激活程度更高。主角活着的事实似乎符合参与者的核心价值。鉴于悲伤的结局，主角拒绝法律援助，尽管她和她的儿子都以死亡告终。看来这一目标并没有达到参与者的核心价值。

与假设 8 相比，年龄和实验操作在影响实现主义娱乐方面没有影响。只发现年龄起主要影响。似乎与电影的角色联系在一起的满足感是否存在并不取决于这部电影是否有积极的或消极的结局。这个结果是有意义的，因为与一个感觉真实和支持的角色的联系感是在观看过程中逐渐发展起来的，因此不关注电影的结尾。同样的解释适用于能力/个人成长和自主。而前者是一种积极的感觉，当情绪或认知上的挑战在观看过程中被成功控制时就产生了；后者是一种积极的感觉，当人们觉得自己能够掌控自己的生活，而不是一部阴郁的电影中的角色。然而，尽管前一个维度侧重于观看过程，而后者则侧重于旁观者的生活，但两者都把整个故事考虑进去，而不仅仅是结局。在非中介背景中，关联性以及能力和自主性的感觉在老年人中尤其明显（Carstensen et al.，1999；Kasser & Ryan，1999）。当经验被介导时，情况似乎也是如此。

此外，还发现混合情感涉及实现主义娱乐的所有维度，但只有老年参与者。换句话说，对于较老的观众来说，更复杂的娱乐体验伴随更复杂的情绪状态。有趣的是，在老年人中，实现主义娱乐体验与快乐也有很大的关联。因此，对于老年参与者来说，实现主义娱乐体验似乎特别积极。这个发现可以解释如下：实现主义娱乐的不同维度也可以被看作一种不同生活领域的情感调节，这在老年人中比在年轻人中更明显（Carstensen et al.，1999）。Gross（1999）将情感调节描述为人们为改变情绪反应而进行的尝试。他发现了两种广泛的情绪调节策略：先行关注和反应关注的情绪调节。前者被认为是对输入系统的操作（Gross，1999）。也就是说，你可以选择他或她所处的情境或者他或她想要付出的注意力。先行关注的情绪调节也需要监测自己的情绪状态。或者，也可以重新评估他或她的处境。这样会加剧、减弱或延长情绪反应（Gross，1999）。实现主义娱乐的不同维度可能是某种形式的先行关注的调节，因为在悲伤和令人惋惜的电影中，人们的注意力被转移到其他事情上，而不是被描述的悲伤的本质（例如：与人物的相关性，与性格相比，一种普遍的自主感、一种积极的能力感，或一种对生活的普遍积极评价）。因此，幸福的娱乐体验可以被认为是一种重新评估的形式，最终会带来积极的情绪和福祉（参见 Fredrickson，2001）。研究表明，之前的情绪调节在老年人中比在年轻人中更为明显（Carstensen et al.，2003）。本研究表明，这也是实现主义娱乐体验细化的情况。然而，未来的研究应该考察年龄、情绪调节策略与实现主义娱乐体验之间的联系。

这项研究的结果可能会超出娱乐研究的范围。例如，从功能生命周期开发的角度来看（例如，Martin，Jäncke & Röcke，2012），有意义的电影可以作为一种稳定的手段（即一个动态过程，它允许在环境需求方面有灵活性），因为它们可能会帮助（年长的）个体更好地接受他们的生活或发展一种关联性以及能力和自主权的感觉。我们在这项工作中使用的一种多维度的娱乐体验，可能有助于理解有意义的电影的有益效果，并让娱乐媒体的娱乐或治疗效果更好（参见 Reinecke et al.，2012）。特别是对于那些自主、竞争力或关系上有缺陷的人来说，娱乐媒体是一种寻找意义的有用手段。例如，可以在观看某部电影之后，更好地接受自己的生活，享受成就感，应对了深刻的故事和与之相关的情绪的挑战，或意识到他或她可以使他或她用一种（与电影的角色相比）相对自主的方式生活。相应地，Wirth 等人（2012）不仅提及娱乐性，还提及娱乐媒体接触的治疗效果。将实现主义娱乐作为一个多维的概念，可以对有益的媒体效应产生深入的理解。将其作为一个宽泛的概念来对待，将会掩盖这种差异化的利益图景。然而，由于这些考虑是相当有推测性的，因此需要进一步的研究（例如，临床样本或有一定缺陷的人），以经验的方式检验媒体服务的疗愈效果。

最后，从方法学的角度来看，本文不仅考虑了大学生在媒体效应研究中的价值，而且还考虑了其他年龄群体的因素。

尽管研究结果很有前景，但这项研究也有其局限性。首先，很重要的一点是，考虑到它的横截面，这项研究混淆了年龄和群体效应。也就是说，这项研究只在发展阶段，而不是以世代为对象（Mares & Woodard，2006；Mares et al.，2008）。其次，可能这个研究的结果，是基于一个单一的电影。如上所述，实现主义娱乐体验受到了观众的刺激和属性的特性的影响。鉴于电影的故事，对结果的另一种解释是可能的。例如，两个年龄组之间的相关性差异，可能是由于年龄较大的参与者能够更好地与主角扮演的角色联系在一起。因此，在一部单独的电影中，这项研究的结果很难被转移到一般的电影中去。因此，未来的研究应该将目前的发现与其他类型的电影进行复制。

不过，我们相信这项研究进一步提高了我们对更复杂的娱乐满足度的理解。发展差异似乎在实现主义娱乐体验中发挥着重要作用。当时间有限时，情感上有意义的目标的重要性，以及对脆弱和生命价值的欣赏增加。老年人普遍倾向于建立意义，即维持亲密的社会关系，以及一种能力和自主性的感觉，似乎这也出现在电影观看的场景中。因此，把年长的观众考虑进去，不仅仅依靠大学生样本，提供了一种更详细的、非享乐娱乐体验的画面。

参考文献

[1] ALGOE S B，HAIDT J. Witnessing excellence in action：the "otherpraising" emotions of elevation，gratitude，and admiration. The journal of positive psychology，2009，4：105 - 127.

[2] ARISTOTLE，ROWE C，BROADIE S. Nicomachean ethics. Oxford，UK：Oxford

University Press, 2002.

[3] ARNETT J J. Emerging adulthood: what is it, and what is it good for?. Child development perspectives, 2007, 1: 68 – 73.

[4] BARTSCH A. As time goes by: what changes and what remains the same in entertainment experiences over the life span. Journal of communication, 2012, 62: 588 – 608.

[5] BAUER J J, MCADAMS D P, PALS J L. Narrative identity and eudaimonic well-being. Journal of happiness studies, 2008, 9: 81 – 104.

[6] BAUMEISTER R F. Meanings of life. New York: Guilford Press, 1991.

[7] BAUMEISTER R F, LEARY M R. The need to belong: desire for interpersonal attachments as a fundamental human motivation. Psychological bulletin, 1995, 117: 497 – 529.

[8] BAUMEISTER R F, VOHS K D. The pursuit of meaningfulness in life//SNYDER C R, LOPEZ S J. Handbook of positive psychology. Oxford: Oxford University Press, 2002: 608 – 618.

[9] BLANCHARD-FIELDS F, HERTZOG C, STEIN R, et al. Beyond a stereotyped view of older adults traditional family values. Psychology and aging, 2001, 16: 483 – 496.

[10] CARSTENSEN L L, FUNG H H, CHARLES S T. Socioemotional selectivity theory and the regulation of emotion in the second half of life. Motivation and emotion, 2003, 27: 103 – 123.

[11] CARSTENSEN L L, ISAACOWITZ D M, CHARLES S T. Taking time seriously: a theory of socioemotional selectivity. American psychologist, 1999, 54: 165 – 181.

[12] CARSTENSETN L L, PASUPATHI M, MAYR U, et al. Emotional experience in everyday life across the adult life span. Journal of personality and social psychology, 2000, 70: 644 – 655.

[13] CHARLES S T. Viewing injustice: greater emotion heterogeneity with age. Psychology and aging, 2005, 20: 159 – 164.

[14] CHARLES S T, CARSTENSEN L L. Social and emotional aging. Annual review of psychology, 2010, 61: 383 – 409.

[15] ERIKSON E H. Identity and the life cycle. New ed. New York, NY: Norton, 1980.

[16] ERSNER-HERSHFIELD H, MIKELS J A, SULLIVAN S J, et al. Poignancy: mixed emotional experience in the face of meaningful endings. Journal of personality and social psychology, 2008, 54: 158 – 167.

[17] FREDRICKSON B L. The role of positive emotions in positive psychology: the

broaden and build theory of positive emotions. American psychologist, 2001, 56: 218 – 226.

[18] GRODAL T. Pain, sadness, aggression, and joy: an evolutionary approach to film emotions. Projections, 2007, 1: 91 – 107.

[19] GROSS J J. Emotion regulation: past, present, future. Cognition and emotion, 1999, 13: 551 – 573.

[20] HAIDT J. The emotional dog and its rational tail: a social intuitionist approach to moral judgment. Psychological review, 2001, 108: 814 – 834.

[21] HECKAUSEN J, SCHULZ R. A life span theory of control. Psychological review, 1995, 102: 284 – 304.

[22] HOFER M, WITTH W. Its right to be sad: the role of metaappraisals in the sadfilm paradox: a multiple mediator model. Journal of media psychology: theories, methods, and applications, 2012, 24: 43 – 54.

[23] HU L, BENTLER P M. Cutoff criteria for fit indexes in covariance structure analysis: conventional criteria versus new alternatives. Structural equation modeling: a multidisciplinary journal, 1999, 6: 155.

[24] IZARD C E, DOUGHERTY F E, BLOXOM B M, et al. The differential emotions scale: a method of measuring the subjective experience of discrete emotions. Unpublished manuscript, Vanderbilt University, 1974.

[25] KASHDAN T B, BISWAS-DIENER R, KING L A. Reconsidering happiness: the costs of distinguishing between hedonics and eudaimonia. The journal of positive psychology, 2008, 3: 219 – 233.

[26] KASSER V G, RYAN R M. The relation of psychological needs for autonomy and relatedness to vitality, well-being, and mortality in a nursing home. Journal of applied social psychology, 1999, 29 (5): 935 – 954.

[27] KUMZMANN U, GRÜHN D. Age differences in emotional reactivity: the sample case of sadness. Psychology and aging, 2005, 20: 47 – 59.

[28] LABOUVIE-VIEF G. Dynamic integration: affect, cognition, and the self in adulthood. Current directions in psychological science, 2003, 12: 201 – 206.

[29] LABOUVIE-VIEF G, MEDLER M. Affect optimization and affect complexity: modes and styles of regulation in adulthood. Psychology and aging, 2002, 17: 571 – 588.

[30] LANGER E J, RODIN J. The effects of choice and enhanced personal responsibility for the aged: a field experiment in an institutional setting. Journal of personality and social psychology, 1976, 34: 191 – 198.

［31］LINDENBERGER U, MAYR U, KLIEGL R. Speed and intelligence in old age. Psychology and aging, 1993, 8（2）：207 - 220.

［32］MARES M-L, CANTOR J. Elderly viewers responses to televised portrayals of old age：empathy and mood management versus social comparison. Communication research, 1992, 19：459 - 478.

［33］MARES M L, OLIVER M, CANTOR J. Age differences in adults emotional motivation for exposure to films. Media psychology, 2008, 11：488 - 511.

［34］MARES M L, SUN Y. The multiple meanings of age for television content preferences. Human communication research, 2010, 36：372 - 396.

［35］MARES M L, WOODARD IV E H. In search for the older audience：adult age differences in television viewing. Journal of broadcasting & electronic media, 2006, 50：595 - 614.

［36］MARTIN M, JÄNCKE L, RÖCKE C. Functional approaches to lifespan development. The journal of gerontopsychology and geriatric psychiatry, 2012, 25：185 - 188.

［37］MATHER M, CARSTENSEN L L. Aging and motivated cognition：the positivity effect in attention and memory. Trends in cognitive sciences, 2005, 9：496 - 502.

［38］OLIVER M B. Tender affective states as predictors of entertainment preference. Journal of communication, 2008, 58：40 - 61.

［39］OLIVER M B, BARTSCH A. Appreciation as audience response：exploring entertainment gratifications beyond hedonism. Human communication research, 2010, 36：53 - 81.

［40］OLIVER M B, BARTSCH A. Appreciation of entertainment：the importance of meaningfulness via virtue and wisdom. Journal of media psychology, 2011, 23：29 - 33.

［41］OLIVER M B, HARTMANN T. Exploring the role of meaningful experiences in users appreciation of "good movies". Projections, 2010, 4：128 - 150.

［42］OLIVER M B, RANEY A A. Entertainment as pleasurable and meaningful：differentiating hedonic and eudaimonic motivations for entertainment consumption. Journal of communication, 2011, 61：984 - 1004.

［43］PARK C L, FOLKMAN S. Meaning in the context of stress and coping. Review of general psychology, 1996, 1：115 - 144.

［44］REINECKE L, TAMBORINI R, GRIZZARD M, et al. Characterizing mood management as need satisfaction：the effects of intrinsic needs on selective exposure and mood repair. Journal of communication, 2012, 62：437 - 453.

［45］ RICHTER D, KUNZMANN U. Age differences in three facets of empathy: performance based evidence. Psychology and aging, 2011, 26: 60 – 70.

［46］ RYAN R M, DECI E L. On happiness and human potentials: a review of research on hedonic and eudaimonic well-being. Annual review of psychology, 2001, 52: 141 – 160.

［47］ RYFF C D, KEYES C L M. The structure of psychological well-being revisited. Journal of personality and social psychology, 1995, 69（4）: 719 – 727.

［48］ RYFF C D, SINGER B H. Best news yet on the six factor model of well-being. Social science research, 2006, 35: 1103 – 1119.

［49］ RYFF C D, SINGER B H. Know thyself and become what you are: a eudaimonic approach to psychological well-being. Journal of happiness studies, 2008, 9: 13 – 39.

［50］ RYFF C D. Happiness is everything, or is it explorations on the meaning of psychological well-being. Journal of personality and social psychology, 1989, 57（6）: 10 – 69.

［51］ SCHERMELLEH-ENGEL K, MOOSBRUGGER H, MÜLLER H. Evaluating the fit of structural equation models: tests of significance and descriptive goodnessoffit measures. Methods of psychological research online, 2003, 8: 23 – 74.

［52］ SZE J A, GYURK A, GOODKIND M S, et al. Greater emotional empathy and prosocial behavior in late life. Emotion, 2012, 12（5）: 1129 – 1140.

［53］ TAMBORINI R. Moral intuition and media entertainment. Journal of media psychology: theories, methods, and applications, 2001, 23: 39 – 45.

［54］ TSAI J L, LEVENSON R W, CARSTENSEN L L. Autonomic, subjective, and expressive responses to emotional films in older and younger Chinese Americans and European Americans. Psychology and aging, 2000, 15: 684 – 693.

［55］ TAMBORINI R, GRIZZARD M, BOWMAN N D, et al. Media enjoyment as need satisfaction: the contribution of hedonic and nonhedonic needs. Journal of communication, 2011, 61（6）, 1025 – 1042.

［56］ URRY H L, GROSS J J. Emotion regulation in older age. Current directions in psychological science, 2010, 19: 352 – 357.

［57］ VALLERAND R J, O'CONNOR B P, HAMEL M. Motivation in later life: theory and assessment. International journal of aging and human development, 1995, 41: 221 – 238.

［58］ VORDERER P. Its all entertainment—sure. But what exactly is entertainment: communication research, media psychology, and the explanation of entertainment experiences. Poetics, 2001, 29: 247 – 261.

［59］ WATERMAN A S. Reconsidering happiness: a eudaimonists perspective. The journal of positive psychology, 2008, 3：234 – 252.

［60］ WIRTH W, HOFER M, SCHRAMM H. Beyond pleasure：exploring the eudaimonic entertainment experience. Human communication research, 2012, 38：406 – 428.

［61］ ZILLMANN D, CANTOR J. Affective responses to the emotions of a protagonist. Journal of experimental social psychology, 1977, 13：155 – 165.

附录：用于电影结局的片段

幸福结局：

Selma 没有被施以绞刑。Luke 对 Selma 和 Gene 表示同情。他免费为 Selma 提供辩护，以便 Gene 可以接受手术。Selma 分期付款。在法庭上，Luke 可以证明这笔钱属于 Selma。他还说服陪审团，Selma 杀了 Bill 是因为 Bill 要求她这样做。最后，Selma 被认定是无罪的。Gene 经过手术，免于失明。Selma 和 Gene 搬到了 Jeff 家。后来，Jeff 和 Selma 结婚了。

悲伤结局：

第二天，Selma 被施以绞刑。Jeff、Kathy，还有 Gene 出席了绞刑行刑现场。法庭裁定，这笔钱是 Bill 的钱，而且必须退回。Linda 因痛苦和遭遇获得赔偿。Gene 因为没有剩余的钱做手术而失明。Jeff 从他生活中驱逐了 Gene，因为 Gene 让他想起了 Selma。Kathy 试图照顾 Gene，但他不允许任何人靠近他。

（原文刊载于 *Journal of Communication*, Vol. 64, 2014）

作为"真实"身份认同的视频游戏体验：
玩家自我感知快乐变化理论

克里斯托弗·克林特　多萝特·海夫纳　彼得·沃德勒[*]

赖黎捷　译

当代传播研究较多地关注观众对媒体中人物的反应。新闻广播、脱口秀、电影、视频游戏等日益增多的大众媒介产品出现在人们面前，这些产品依赖演员或以人物为核心，这种状况使上述问题得以持续。特别是娱乐研究者时常探讨人们对媒体人物反应的方式，并发现这些反应是娱乐体验的关键驱动因素（如 Cohen，2006；Klimmt，Hartmann & Schramm，2006；Zillmann，2006）。在本文中，我们回顾了基于人物的媒介娱乐机制，并将其运用于视频游戏玩家。显然，在今天的媒体娱乐领域中，视频游戏已经占据了核心位置，而其属性表明——最重要的是交互性——已有的关于媒体娱乐的理论阐释将被重新思考（Sherry，2004；Vorderer & Bryant，2006）。本文提出在非交互式娱乐如小说或电视等的研究中基于观察的观众—人物关系模型的另一种选择。这一命题的提出是为了使之在理论上更好地适用于视频游戏体验。我们认为，游戏者在视频游戏中处理人物或社会角色的方式是对身份认同最好的理解。我们阐明了基于自我感知和自我概念的社会—心理模式的视频游戏身份认同的一种新提议。随后，我们探讨了视频游戏身份认同对视频游戏享乐和游戏效果各个领域研究的启示。

一、作为观察者的媒体用户：观众对非交互式媒体人物反应理论的简要回顾

对那些不可避免地观看电视的人们的观察使我们作出如下描述：观众见证了荧屏中的事件，包括观众对电视人物的主观反应。早期关于拟社会交往

---

[*] 多萝特·海夫纳（Dorothee Hefner），德国汉诺威音乐和戏剧学院新闻与传播研究系。

（Horton & Wohl，1956）的解释断言，观众对媒体人物的直观反应展现了其对现实生活社会互动的模拟，就好像他们在真实的社会环境中（Giles，2002）。对荧屏中展现的媒体人物的观察给观众带来了巨大的满足，这种满足使其获得虚拟社会体验，如作为克服现实生活孤独的工具（Chory-Assad & Yanen，2005；Rubin，Perse & Powell，1985）。

同样，齐尔曼关于观众对以人为中心的媒介信息的反应的探讨表明了一个"目击者"（2006：220）的视角。他主张以倾向理论来判断观众对媒体人物的特性和行动（Raney，2006）。在犯罪片中，道德是这些判断的首要维度（Raney，2005）。观众对媒体人物表现出特定的情绪反应，这取决于他们作出的道德判断。被积极评价的人物得到观众的共情（Zillmann，1991，2006）；相反，如果观众从道德上将一个人物判断为"坏的"，齐尔曼的理论认为，反共情将会发生。也就是说，观众希望消极事件发生在媒体人物身上（比如惩罚、羞辱）。强有力的实验证据表明，齐尔曼描述的观众情感反应模式揭示，电视剧具有使人愉悦的效果（Zillmann，1996）。在当下语境下，这项研究的一个重要论点是基于观察模式的观众—人物关系的有效性：观众观察人物，继而评价他们，并以特定的情感（愉快）方式作出回应。

第三种近来关于观众对媒体人物的反应的探讨是察觉并且经历虚构人物（Konijn & Hoorn，2005），这种模式以艺术知觉、美学、社会和情感心理学为基点。作为积极和消极相分离的基底而非一个双极系统，这种关于影响系统的模型构想假设，参与和与人物保持距离两种方式可能会同时出现。因此，察觉并且经历虚构人物类似于前面提到的观众对媒体人物的二元的反应（或态度）模式。也就是说，观众或媒体用户感知到了一种介于他们自己（观众）与媒体人物之间的社会差别。

最后，传输理论（Green，Brock & Kaufman，2004：319）提出，随着时间的推移，或对反复出现的人物的熟悉，沉浸在媒介叙事中的媒体用户可能形成一种强烈的连接感。聚焦观众—人物关系的理论要素也认为，媒体用户被"传输"到故事以及"已经在故事中"的人物中，他们彼此之间保持了感知差异。

总之，上面回顾的概念方法描述了媒体用户作为目击者、观察者以及媒体人物的形象、言行评估者的作用。这种理解也允许作为观众的媒体用户和媒体人物在感知距离上有所变化：上面回顾的概念或隐或显地预见了媒体用户积极的"距离管理"（如他们可能不允许自我共情于人物，参见"察觉并且经历虚构人物"；Konijn & Hoorn，2005）。此外，人物塑造的媒介技法可能影响受众和人物之间的感知距离（如 Horton 和 Wohl 于 1956 年探讨的"寂寞女孩"的语言策略）。然而从整体上看，上面回顾的关于用户—人物关系的公认的理论，作为与媒体人物不同的个体，媒体用户在被构建为保持他或她自己时是趋同的（也适用于他或她与媒体接触时自己的心理表征）。

二、作为中介的媒介用户：介于用户对媒介角色的交互式与非交互式娱乐反应间的结构性差异的讨论

前面回顾的关于观众对媒体人物反应的二元概念得到了大量实证支撑，特别是来自电视研究（如 Chory-Assad & Yanen，2005；Rubin et al.，1985）。然而，视频游戏的极大普及（Vorderer & Bryant，2006）及其与"传统的娱乐媒体"之间的结构性差异验证了一种对基于观察（或一元）的观众—人物关系在互动娱乐语境中的模式的可行性的批判性反思。

与诸如小说或电影的非交互式娱乐媒体相比，视频游戏在角色扮演环境下并不仅仅发挥了媒介的作用，它们还激发并邀请用户在环境中付诸行动，并成为媒介世界中不可或缺的一部分。许多视频游戏包含大量叙事元素，给玩家分配一个特定的角色（Klimmt，2003），比如运动员、军事指挥官，或者像 Lara Croft 一样的女冒险家。玩家"卷入"提供给他们的角色的方式，形成了游戏的特性和过程，这暗示了当其处于电视场景中时，玩家不仅仅是媒体环境的观察者（和游戏中媒体人物的观察者），还是荧屏上展现的故事的积极参与者（Vorderer，2000）。于是，借助交互作用，视频游戏（部分地）超越了媒体用户和媒体人物之间的距离：玩家也直接控制了某个特定的人物或扮演了一个游戏世界中的社会角色（Klimmt，2003）。在两种情形下，玩家并不是观看自主社会实体在荧屏上表演，而是他们使人物表演或实际上表演自己。存在的概念（比如 Wirth et al.，2007），即浸入媒介环境的感知空间，已被应用于视频游戏（Tamborini & Skalski，2006），已经与玩家同游戏元素的交互连接，以及游戏世界的多渠道展示相连接。这些理论思路支持这样的论点：交互式游戏经验从根本上区别于传统游戏——非交互式媒体经验。从这个意义上说，仅仅观察人物或事件并不是一种对游戏玩家"观众角色"的令人信服的描述。

玩视频游戏并非为追随自主角色的行为提供机会，而是模拟了成为一个媒

体人物（或者担任一种社会角色）的情形，成为战争英雄，或警官。在玩家不是将游戏（主要）人物感知为一个有别于他们自己的社会实体，而是经历了一个将他们自己与游戏主角合一的情形下，视频游戏似乎促成了一种非二元或一元用户—人物关系，这种对一元用户—人物关系的理解与身份认同的概念趋同。因此，在阐明一种交互式视频游戏语境下身份认同的特定概念之前，我们对相关文献作简要回顾。

非二元用户—人物关系：关于身份认同理论的回顾

若干理论思路和实证研究都已经论及观众和读者对媒体人物的身份认同。由于研究方法不同，在"身份认同"的使用上存在大量术语和概念的不统一。Oatley（1994，1999）讨论了读者对小说主角的身份认同。在这个意义上，读者以他们自身的情感和认知的处理系统"经历"了发生在主角身上（正如小说中描述的那样）的情感和认知（"模拟理论"）。Oatley 关于身份认同的隐喻性解释表明，读者借助想象将主角的状况内化了。这些与小说中描述的主角的内在状况相类似的，来自读者真实生活的认知和情感经验帮助读者进入了主角的认知—情感状态（"情感记忆"）。Oatley 认为，由于作者掌握了使读者清晰地辨认出主角的内在状态的工具，读者在文学文本中产生了一种"心灵邂逅"（比如，在 James Joyce 的《尤利西斯》里运用"意识流"风格写作）。然而，由于电视不像文学文本那样适合揭示角色的内在状态，把身份认同视作主角内在状态的精神类似物的这种理解应用到电视观众对荧屏表演者的反应上似乎是困难的。

Cohen（2001）提出了一个类似身份认同的概念，详细说明了一元用户—人物关系，将媒体用户置入人物状态的富有想象力的过程：在与人物产生身份认同的同时，观众借助文本中人物的身份和角色想象他或她自己成为那个人物，并取代了他或她自己的身份和角色。当（与人物）强烈认同时，观众忘记了他或她作为观众成员的社会角色，暂时（但常常是反复地）采纳了他或她所认同的人物的观点（Cohen，2001：251）。

然而，当 Cohen（2001）试图通过问卷调查测量身份认同时，却发现了一个更为宽泛的而非严格的一元概念。例如，这个问题"当角色×成功了，我感到快乐，但是他或她却失败了，我感到悲伤"折射了共情的二元概念，而非用户与人物身份的感知合一（Zillmann，1991，见上文）。

另一种关于身份认同的研究由 Hoffner（1996）和 Hoffner、Buchanan（2005）建立，其阐明了"期待的身份认同"（von Feilitzen & Linne，1975），特

别是当年轻观众"渴望成为或像角色一样"时，这可以被解读为观众克服在他们自己与他们（所仰慕的）媒体人物之间的社会差异的动机。这项基于调查的关于身份认同的理论探讨也讨论了作为一种过程的期待的身份认同，即在（不与媒介）接触的条件下，观众的行为也部分地显示了这种身份认同。比如，在一项 Hoffner、Buchanan 对期待的身份认同阅读的调查中，"有时候我希望我更像他或她"，指向了调查的目标人物。关于期待的身份认同的研究于是和人际关系的概念上的相似性联系起来了（Giles，2002；Klimmt et al.，2006b），也与明星崇拜相联系（Brown，Basil & Bocarnea，2003；McCutcheon et al.，2003）。

总之，关于身份认同概念的解释存在一定的差异。Oatley 和 Cohen 以及 Hoffner 和 Buchanan 都以不同的方式界定身份认同。然而，至少 Oatley 和 Cohen 都认为，身份认同作为非二元的可替换物，然而进一步地作为一种非二元概念的身份认同的理论阐述似乎是必要的，因为：①Oatley 的模拟隐喻（simulation metaphor，1994）、Cohen 关于身份认同的界定的阐释还存在一定的空间（也包括诸如共情和观点采纳等二元过程。Cohen，2001：252）；②已有的身份认同理论思路还不能处理交互媒体使用的问题，比如在视频游戏中。于是我们介绍一种关于身份认同的概念的新的阐释，它特别适用于视频游戏经验。我们试图通过建立一种概念来解决科学使用"身份认同"的易变性问题，这种概念只限于运用到视频游戏这种特定的媒介中。确定概念的边界这种方式将变得更加明确（比如，观众对媒体人物的二元模式的理论区别）。在传播中作为一种变量的视频游戏身份认同的测量研究（参见本章最后部分）也变得更加容易和精确。

我们的概念是指在媒介接触条件下用户与人物的感知"合一"的一种心理重构。为了与关于用户—人物关系的二元理论形成清晰的、充分的概念区分，这一概念建立在关于自我和认同过程的社会心理学研究基础上。

三、基于身份的身份认同阐释

（一）社会心理基础

我们的身份认同的阐释是指社会心理学中发展而来的"自我"的概念化（比如 Bracken，1995）。继 Cohen 的界定（2001）以来，我们认为，在媒介接触过程中，用户（部分地）采纳了目标人物的感知身份。他们将自己感知或想象成实际的媒体人物。身份认同"被标记为观点的内化而不是将一个人自己的身份投射到另一个人或物上"（Cohen，2001：252）。我们认为这种对身份认同过程的描述应被解释为与媒体用户自我认知和身份相关联的一种社会心理现象。

从社会心理学的视角，身份认同被界定为一种媒体用户通过采纳媒体人物的感知特征来实现自我概念的临时转换（temporary alteration）。比如，与 James Bond 相认同的游戏玩家在冒险时刻体验了他们就是 James Bond，这意味着他们把 James Bond 的显著个性，比如身体的吸引力、力量、勇气、魅力、幽默、社会影响以及政治上的重要性都投注到他们自己身上。对大多数人来说，在与 James Bond 身份认同的条件下，他们自己的形象会与他们日常的自我形象大不相同。在游戏开始后，内在的过程（比如，关于工作日的认知）和外在的因素（比如，以他的或她的真实姓名而不是"007"注册为媒体用户的朋友）将迅速以情境性自我概念取代起初的状态。

随着媒体用户自我感知的变化，与媒体人物身份认同的转化意味着需要引入关于自我的社会心理学研究，以获取一种合理的、建设性的阐述。在社会心理学中，"身份和自我"已经发展为一个巨大的领域（比如，Leary & Price，2003）。这项研究揭示了人们的自我感知是高度复杂的、多维的和动态的。不同的研究思路描述了情景因素对人们短期自我构念的影响。比如，人们已经发现，情绪影响人们感知他们自身的方式，以及这些感知特性凸显的方式（比如，Sedikides，1992）。DeMarree、Wheeler 和 Petty（2005）报道称，启动过程影响了受访者的自我感知和相关行为，特别是那些自我监控较低的个体。从这些论证中我们得出这样的假设：媒体（或尤其是视频游戏）人物将自我相关信息传达给接收者，这意味着，在与游戏角色身份认同的情形下，媒体人物的显著特性能够被整合到媒体用户的瞬间自我感知中。在这方面，DeMarree 等人报告了这一发现：有趣的是，由于 Cohen 关于身份认同的解释包括媒体用户的"失去自我意识"，这种身份特性的启动在低自我监控水平（Cohen，2001：251）的人们身上表现得更强烈。在这种意义上，即媒体用户关注媒体人物，而不关注他们的瞬间自我（低自我监控），这一论点与 DeMarree 等人关于身份启动的结论是兼容的。在玩游戏期间把媒体人物特性包含进自我感知，这将成为前提。因此，作为被感知的玩家与游戏角色"合一"的身份认同的隐喻，从概念上可以通过采纳游戏角色的显著性能完成玩家自我感知的临时转换而得到解决。

Goldstein 和 Cialdini（2007）为这种来自社会心理学研究的临时身份转换的假设提供了概念性的和经验主义的支持。他们提到，"多项研究的发现支持这种假设，即感到与他人分享、合并或相互联系的个人身份的个体认为自己拥有许多其他人所拥有的稳定的人格特质"（Goldstein & Cialdini，2007：403）。此外，他们证明了自我感知在人们了解一个人时发生了变化，并被引导接受这个人的观点。特别是，与控制组相比，带着目标人物阅读一则报道的参与者描述他们自己更像这个目标人物。于是这种研究理论支持一般见解，即自我知觉可以（在特定情境下）包含（接近）他人感知到的属性，这对我们将身份认同视作媒体用户自我感知中的一种转换的观点而言，是一个强有力的实证论证。

作为游戏玩家自我感知的改变，这种被建议的身份认同重构可以通过运用作为一种命题网络组织的（比如，Strack & Deutsch，2004）、心理的社会心理学术语被进一步论证。从这个角度，自我概念的变化意味着随着概念结构的变化，自我也发生了相应改变：身份认同可以被表述为玩家的"自我"概念和目标人物（媒体人物）的概念之间的、临时增强的联系的激活。例如，当一位（女性）玩家与富有身体魅力的女性角色产生认同时，"我—美丽的"这种联系将被激活。于是，与游戏主人公的身份认同意味着媒体用户的自我概念与目标人物属性之间的联系被激活和增强了，而媒体用户的自我和常常与之紧密联系的概念之间的联系并没有被激活（或仅仅在更低程度上被激活）。这种激活过程可以在没有刻意控制或被玩家意识到的情形下发生，这对身份认同的测量产生了有趣的影响。

（二）应用于视频游戏经验

作为玩家自我概念与目标人物感知属性的合一，身份认同的概念与 Oatley（1999）关于身份认同的理解是兼容的，因此，可能对故事阅读经验也具有实验相关性。然而，我们发现，作为用户自我概念的一种临时转换，身份认同特别有可能发生在交互式娱乐用户身上，特别是叙事驱动的视频游戏（也见于 Klimmt，2003），因此将我们的概念阐释限制在了视频游戏经验上。

大多数当代游戏分别在玩家试图控制或占有的人物或角色上提供丰富的信息。例如，在第一人称射击游戏中（FPS；Schneider et al.，2004），叙事与视觉细节都用来描述一位战争英雄抗击敌军或部落的场景。由于玩家通过他们的角色的眼睛观察游戏世界，在这些游戏中，与人物或角色的身份认同从视觉上得以提示（以及在其他以第一人称视角的游戏世界里）。然而，更为重要的是，游戏角色的交互控制（或者在这些没有独立人物可控制的情形下的游戏性能）

在玩家和他或她的人物或扮演的角色之间建立了一种强有力的联系（Klimmt，2003；Klimmt，Hartmann & Frey，2007；Vorderer，2000）。由此我们得出结论，与游戏人物或指定动作角色的身份认同在视频游戏玩家身上很有可能发生。

如果上述被列出的身份认同的理解被用于视频游戏玩家，游戏经验将诱导玩家向着他们控制的人物特性，或者向着游戏期间他们进入的动作角色，改变他们的自我概念。比如，FPS 玩家将他们在游戏世界里"扮演"的战士特性纳入他们的即时自我感知。结果，他们将感到他们自己正在变得更勇敢、更紧张、更谨慎、更富侵略性、更加暴力、更尽职等，而不会认为自己处于"正常"环境下，即没有 FPS 视频游戏经验。由于视频游戏的互动性促成了玩家和人物之间的直接联系，通过身份认同，玩家的自我感知发生迅速而深刻的变化，就成为合理的假设。随着游戏的进行，当自我关联的信息不断被经历，这一过程可能会通过对游戏情景的无意识反应而发生，并且在游戏过程中保持可持续性。

通过讨论某些"认同"的过程特点，我们扩展关于视频游戏身份认同的理解，检验概念边界和与可替换的术语和概念的重叠之处（我们感谢三位匿名评论家在这方面的建议）。首先，重要的是要澄清视频游戏身份认同作为一个高度选择性的过程。即便玩家和人物身份经验合一迅速而直观地发生，我们也会认为，身份认同只是掩盖了一些个性特点，但并不意味着，在此意义上的完全的身份置换，即当与一个游戏主角身份认同时，玩家忘记他们真实的自我的一切。

最重要的是，玩家能将角色特性输入到他们的即时自我感知的尺度受到媒介技术的限制。例如，在游戏世界里，全身触觉反馈的缺乏降低了完整的"存在（感）"（Wirth et al.，2007），于是在玩家的实际自我与游戏主角之间留下了一些分离的迹象。活跃的思维（"怀疑"）可能使这种差异不那么重要（Wirth et al.，2007），但玩家采纳不通过游戏技术传播的游戏角色的状态变量，这仍然不太可能。身体的疼痛、饥饿和疲劳因此被认为不是玩家自我个性合成的维度。这将随着未来娱乐系统（Murray，1997）的到来而改变，但关于过去和现在的几代视频游戏技术，我们认为身份认同过程将受到符号，而不是被游戏角色和玩家的身体联系约束。

反过来，这提出了基于认知的自我感知维度，如目标（Cohen，2001）、态度和评价，以及社会维度，如吸引力、成功和受他人尊重等作为玩家和游戏主角身份合并的关键因素。玩家通过观看、收听以及扮演游戏世界中的角色行为，持续不断地接收和生产关于人物属性维度的信息。举个例子，在某一时间，一个玩家控制动作英雄"Max Payne"打败了一群敌对的城市黑帮代表，为玩家在诸如勇气、敏捷、道德诚信和成功等特性的自我感知变化上提供了素材（这些是我们身份认同理解的核心）。这样的经验也可以将玩家的情感，如渴望、紧张和愤怒，改变到正在扮演（或由玩家假设持有的）的游戏玩家在那种情形下的水平，但身份认同不太可能覆盖生理维度，诸如疼痛或呼吸困难。因此，从这个角度看，身份认同是一种游戏角色和玩家的自我感知并不完全均衡的选择性现象。

身份认同维度的选择性也与游戏经验的真实性有关。有人可能会说，当这些属性反映了玩家的现实生活经验并由此可以更容易地连接到玩家的自我时，仿真的游戏环境和人物更可能促进玩家自我感知的改变。反过来，虚幻奇妙的人物（可能在流行的视频游戏中的大多数人物）将不太可能促进玩家的临时身份转换（我们感谢匿名评论家对此作出评论）。然而，我们认为玩家也能在身份认同及其娱乐价值方面（参见下一部分），从像《魔兽世界》里的小矮人那样非常难以置信的、不切实际的人物中"受益"。在这种情形下，自我感知的改变可能只发生在一个狭义定义的维度上（如力量或完整性），即便难以置信的人物也能以一种突出而一致的方式显示。而在当下背景下，感知现实主义问题（perceived realism；Shapiro，Penã-Herborn & Hancock，2006）值得（我们做）更多概念的和实证的调查。我们认为，身份认同过程的选择性、合理性和虚构性与产生身份认同的可能性不太相关。

其次，随着时间的推移，视频游戏身份认同被认为是不稳定的。Cohen（2001）一直主张身份认同是短暂的体验，而 Vorderer（1993）曾发现，媒体用户能够动态地（有益地）改变涉入程度。也就是说，强烈认同的时刻和通过采纳角色特性而实现自我感知的大量变化之后，紧接着可能就是玩家与人物之间更大感知距离的一段插曲。举个例子，在一个第一人称射击（FPS）游戏中，角色可能会死亡。在这种情形下，身份认同过程的目标暂时是不可得的，这必然会让玩家回归真实世界的自我感知（如 Ravaja et al.，2008）。玩家会注意到其性能不足使角色死于敌人的子弹，并对其自我感知维度的能力进行反思。一旦人物复活，玩家再一次尝试，强烈的身份认同可能在下一次游戏中再次发生。由此我们认为，尽管视频游戏身份认同可以达到深刻的即时身份转换的水平，身份认同的强度在整个游戏中也决不是稳定的或独立于玩家主动距离管理（参见基于观察的方法部分的介绍）。在这个意义上，我们的身份认同概念与那些关于存在的、强调即时动态和经验的强度变化的解释是一致的（如 Wirth et al.，2007）。

身份认同的选择性和易变性不仅仅受到媒介技术和条件变化的影响，也受到玩家动机的影响。玩家能够影响他们想要认同的游戏人物的维度。一个人想要体验不同寻常的条件，其专注于一个或几个人格维度的动机，主要服务于最大限度地享受这一目的（参见下一部分）。玩家也可能想要限制身份认同（在影响自我方面或在身份认同强度方面）以避免不期望的经验。例如，《侠盗猎车手》的游戏玩家几乎不可避免地面临此种情形：道德上的不当行为服务于成功或生存等游戏目标。当视频游戏玩家被发现创造性地完成了道德关怀时（Klimmt et al.，2006a），不道德行为的消极经验的风险依然存在。为了避免这类消极经验，维护媒体享受，玩家在其自我感知的临时转换中可能关注人物维度而非道德（如灵巧、自信）。然而，这并不意味着，自我感知中非预期的变化能被抑制，即使玩家试图避免某些品质或强度的身份转换，诸如认同启动这类自动信息处理也可能会发生。这种控制多少身份认同可能发生的能力或许取决于发展因素和媒介素养（也与发展相关联）。在自我经验（例如，从元认知的角度诸如对他们当下自我感知的评估）转换的精神控制上，成年玩家应该能比儿童进行更多的训练（Flavell，1979）。

再次，我们关于视频游戏身份认同的解释显示出与角色扮演共识的相似之处，所以我们通过讨论视频游戏身份认同与角色扮演间的关系来寻求进一步的概念澄清。当一种重要的游戏类型被用来促进与人物或角色的强烈身份认同，被称为"角色扮演游戏"时，这场讨论与视频游戏身份认同特别相关（RPG；如 Yee，2007）。与身份认同的概念相类似，关于可获得的角色扮演，存在不同的视角和界定。心理学观点强调，模拟某人（或某物）的行为与一个人的日常的身份是不同的。例如，根据 Curry 和 Arnaud（1974：274）的观点，"当儿童通过扮演他或她所感知到的角色的言语和/或运动，把自己扮演成除他或她以外的某个人或对象时，'角色扮演'就发生了"。同样，Hamilton（1976）区分了与身份模拟（如，扮演另一个人的角色 *vs.* 在不同条件下扮演他或她自己的角色）相关的角色扮演的尺度和模拟模式（如仅仅是想象 *vs.* 实际行为）。相反，一种社会学视角强调通过角色扮演满足社会需求的元素。角色扮演被理解为是在一种给定社会语境下"适当的"行为采纳，而且它对实现社会利益相关者的预期（如 Kelley，Osborne & Hendrick，1974）来说，也是有效的。例如，课堂教师的社会情境要求执行一组特定的行为（包括抑制替代行为）。这种观点意味着，角色扮演是一种对社会力量的自我调整行为，而不是模拟行为。

随着作为主动身份模拟的角色扮演界定，我们关于视频游戏身份认同的解释似乎是可交换的。这主要因为，通过他或她是如何扮演角色或角色分配给他或她，游戏互动性使玩家保留了自由度。由于游戏提供了对玩家行为的即时反馈（Klimmt et al.，2007），玩视频游戏也是关于对社会力量的自我调整：如果玩家不采纳与游戏世界期待他们相一致的行为，他们将得到消极反馈，诸如失败或无聊。显然，作为视频游戏经验的理论建构，身份认同和角色扮演的概念是一致的。

我们提出了一个介于关于视频游戏身份认同与（数字的）角色扮演间的概念上的区别。这种区别是指个体自我改变活动中的自由度问题：

那些与故事角色"认同"（"心灵的聚会"；参见 Oatley，1999）的读者可获得的自由度是最小的。因为读者不能影响目标角色的任何属性或行为，目标角色作为一个他或她自己权利的完整的社会实体出现，这最有可能导致基于观察的受众反应，如共情和/或拟社会互动。

相反，视频游戏人物或角色代表了一种能够被玩家个人决定所影响的、被媒介指定的固定属性与灵活属性的混合。如在 FPS 系列《使命召唤》中，游戏主角的固定属性是士兵的职业，他或她被卷入故事和冲突，以及分配给他或她的军事目标。在其他属性中，玩家影响的属性是自信、悔恨（通常是由于某种罪行）、精确以及主角在游戏中通过战争故事讲述的战术情报。由于玩家对目标人物的属性和行为影响有限，因此，与游戏人物的身份认同是一个积极的过程。不过，玩视频游戏意味着遵守既定的规则、目标和规范。玩家在其关于目标角色和其情况的决定中并非完全自由，而是取决于游戏开发者关于角色的设定。于是，视频游戏身份认同既意味着采纳目标角色的固定属性，也意味着通过个人决定创造这些属性的一部分。因此，视频游戏身份认同中玩家改变自我经验的自由度比故事阅读高。

最后，在自由的角色扮演中，由于目标人物的边界，他或她的属性和行为，不是由作者或开发者明确的，代理人持有最大的自由度。这些边界仅仅取决于玩家关于目标角色（如，一个警官的角色）如何被满足的决定。角色扮演者不需要考虑任何作者的决定或游戏规则，他们全靠自己作出所有决定和制定规则。于是，来自自由角色扮演的自我感知的转换是完全由代理人的幻想导致的、充

满想象力和建设性的行为。（Curry & Arnaud，1974）

　　从这种自由度的角度看，身份认同这一术语最适合视频游戏经验，因为它将玩家为其自我感知所采纳，预定的人物属性同玩家在游戏时刻对人物/自我属性的个体建构相结合。相反，非交互式媒介经验仅仅提供了充分预定的目标人物（因此，无法通过相应的用户决策促成用户—人物连接）。自由的角色扮演根本就没有提供预先定义的人物属性，而是将关于目标人物的所有重要决策留给了玩家。

　　关于角色扮演更宽泛的理解（如 Hamilton，1976）则质疑这种自我改变行为中的连续的自由度。从这个角度，所有在此区分的模式（与一个小说或电视人物的身份认同，在视频游戏中和自由角色扮演中的身份认同）都将成为角色扮演的表现形式。然而，从传播学角度看，由于玩视频游戏是个体玩乐行为和大众传播接受的经验综合，这种区分有助于解释游戏愉悦的具体诉求（Klimmt，2001；Murray，1997；Sherry，2004）。

　　支持我们关于视频游戏身份认同解释的实证研究较少。然而，现有的研究仍然支持我们的假设。McDonald 和 Kim（2001）研究了青年玩家，发现他们对游戏人物（"当我死的时候，我感到很渺小"）的一种强烈的身份认同感（然而，也伴随着二元和一元视角的一些概念重叠）。Hefner、Klimmt 和 Vorderer（2007）对视频游戏中游戏互动性对角色认同的重要性进行了一项直接测试：在他们的实验里，参与者玩第一人称射击（FPS）或者只观看同一游戏的视频记录，由此操控互动性；后来，自己玩游戏的参与者产生的认同分数明显高于那些只是观看了游戏事件而没有进行互动参与的受访者。因此，这里有一些初步的实验证据支持视频游戏引起玩家身份认同过程的特定能力的论点。

　　总之，作为一种身份认同过程，我们关于玩家对游戏主角反应的观点很好地反映了这一术语的词源。在拉丁语中，"身份认同"可以被译作"将自己视作某人或某物"；德国 Duden 词典将"身份认同"解释为"在情感上将自己等同于另一个人或团体，并将她的/他的/他们的动机和理想运用于其自我"（Drosdowski，1982：327）。当玩家将人物属性运用于他们的即时自我感知，视频游戏身份认同的阐述体现了某人自己与"他人"的合一。鉴于身份认同这一术语已经被用于区分过去的媒介经验，我们认为，互动视频游戏经验模式可以通过特别强烈的合法化断言"身份认同"的效用：当玩家积极与人物连接（通过控制和要求），在我们看来，玩家自我与人物的联系比其他媒介形态如观看电

视人物更直接、接近和明显。因此，我们建议将视频游戏经验视作身份认同的
"真实"发生。

四、身份认同和媒体娱乐：改变自我感知，减少自我差异

我们研究视频游戏角色身份认同的方法可以解释为什么身份认同对很多玩
家来说是愉快的。回到逃避现实的研究（Katz & Foulkes，1962），作为玩家自
我感知的即时变化，身份认同被假定为满足逃避现实生活环境的欲望。类似的
问题时常来自人们将他们自己视作与他们理想化或试图成为的那个自我不同的
这种认识（自我差异；参见 Higgins，1987）。例如，一个人理想自我的概念可
能包括勇敢的概念，然而这个人在同监护人冲突的条件下的现实行为却并不是
很勇敢。实际的自我与渴望（理想）的自我的差异检测导致消极情绪，诸如羞
耻或内疚（Gonnerman et al.，2000；Higgins，1987）。

因此，从理论上讲，与游戏角色认同的愉悦可以以游戏期间自我差异的减
少为基础。一个认为自己不如他或她希望的那样勇敢的玩家可以（在高自我差
异的勇气维度）通过与一个像 James Bond 那样勇敢的游戏角色认同来减少其自
我差异，也就是说，采纳其突出特性。在与 James Bond 产生身份认同期间，媒
体用户的自我感知向 James Bond 的特性转变，包括提升的勇气。与 James Bond
的身份认同导致了暂时更高的自我归因的勇气水平，从而减少甚至消除了自我
差异（在这个维度）。伴随这种自我差异的减少或完全分解而来的是由增长的
自尊带来的积极经验（Higgins，1987；Moretti & Higgins，1990），这将有助于提
升视频游戏的乐趣。因此，在 Katz 和 Foulkes（1962）看来，通过与更接近理想
自我的游戏人物认同获得自我差异的减少，成为一种逃避现实的"路径"。有
趣的是，Katz Foulkes 已经将"身份认同"作为一种逃避性的媒介使用的潜在过
程。这种方法是符合 Markus 和 Nurius（1986）介绍的"可能的自我"的概念
的。"可能的自我代表个体关于他们可能成为什么和害怕成为什么的想法。"
（Markus & Nurius，1986：954）举个例子，如果一个男性青少年的可能的自我
包含了成为一个勇敢坚强的人的想法，如果他把这种特定的可能的自我作为可
取的（这是可能的情况下），他可能会愿意在其瞬时自我表征中采纳力量和勇
气的属性。因此，一个创造机会激活"勇气和坚强"的可能自我的视频游戏可
能会唤起一种"成为一个想成为的人"的愉快经历。

　　与非交互式媒介的使用相比，通过视频游戏身份认同减少自我差异在娱乐价值上占据明显优势。首先，当视频游戏身份认同为玩家自我感知和玩家可以个性化的灵活元素的整合提供一种固定元素的混合物时，涉及自我感知（Boldero & Francis，2000）相关领域的自我差异减少的概率高于这样的情形，即当电视观众与一个纯粹电视主角认同，（而这个主角）在自我感知方面却没有给个性化留下空间时。其次，由于游戏的交互性，在它们是玩家在模拟世界中自己的行动而不是单纯的想象（自由的角色扮演时）或者只是一个电视角色行为的观察（当看电视时）这个意义上说，玩家的自我经验是"很有说服力的"。如果玩家通过视频游戏身份认同暂时减少自我差异，与非交互式媒体娱乐模式相比，这种愉快的自我体验就被认为变得更加深刻和可持续。

　　作为一种对视频游戏身份认同乐趣的解释，减少自我差异很好地与 Jansz 关于暴力对男性青少年的吸引力的理论阐释结合起来。Jansz 认为，男性身份的模拟情感体验是男性青少年玩视频暴力游戏的一个主要目标。我们的身份认同阐释非常适合这种理解，作为认同，青少年玩暴力视频游戏可以被解释为在（超）男子气概方面管理自我差异。玩暴力游戏允许他们沿着男子气概这一维度临时转换自我感知，以及尝试"感觉如何"接近或远离理想的超级男性身份（见 Kirsh，2003）。

　　一些研究为身份认同、自我差异减少与媒体娱乐之间的虚拟连接提供了实证支持。关于期待的身份认同的研究（见 Hoffner & Buchanan 最近的一个总结，2005）已经发现，借助媒体人物的一般价值属性，诸如成功和受到其他人物的社会支持等，与媒体人物相似或类似的渴望增加了。像成功和受到其他人物的社会支持等价值属性在媒体用户的自我感知与被设定有吸引力的媒体人物之间有可能会不同，这一发现与这样一种假设有联系，即在一个人的自我概念（即如上所述之身份认同）里采纳媒体人物属性减少了自我差异。Sherry、Lucas、Greenberg 和 Lachlan（2006）的报告得出的结论可以用类似的方式来解释：他们发现了"幻想"（如"我玩视频游戏是因为在现实生活中它们让我做我不能做的事情"）成为一个玩视频游戏的相关动力（见 Malone，1981）。

　　娱乐使用与减少自我差异之间联系的更多具体的证据来自社会心理学。Moskalenko 和 Heine（2003）发现，看电视减少了自我差异的感知，从而也减少了消极的自我评价。他们的解释关注注意力分散过程而不是我们意义上的认同，然而，根据作者的观点，观看电视帮助人们避免对其自我差异进行反思，从而有利于促进主观自我意识的积极条件（见 Henning & Vorderer，2001）。

在 Bessiere、Seay 和 Kiesler（2007）的论著里，对已提出的视频游戏身份认同、自我差异的减少和游戏乐趣之间的关系予以最直接的实证支持。他们询问受访者有关他们真实自我、他们的理想自我和他们的《魔兽世界》视频游戏人物在每一种情况下的同一组人格维度。研究结果表明，游戏人物更加类似于玩家的理想自我而不是他们的真实自我。这表明，与游戏人物的身份认同确实减少了自我差异。

然而，尽管关于视频游戏身份认同、自我差异减少和游戏娱乐之间关系的最初证据是可获得的，游戏成绩、身份认同与游戏乐趣之间的相互作用却不太好理解。成功的游戏被认为激发了游戏乐趣（Sherry，2004；Klimmt & Hartmann，2006）。然而，到目前为止，还没有发表任何实证结果声称这种可能性，即：①玩家在成功时刻达到最强烈的身份认同（即当他们的英雄游戏人物的"力量"维度最突出时）；②身份认同伴随着游戏成功，在这个意义上，玩家承认他们自我感知的改变主要是当他们玩游戏能掌握到满意程度时。这个假设的正当理由是缺乏精通导致玩家自我与游戏人物的永久分离（如角色会经常"死去"并终止身份认同），从而消除游戏的乐趣。没有精通，无论是基于成就还是基于身份认同的游戏乐趣都不会产生。

五、结论

为了得到身份认同的解释，本文将与媒体人物身份认同的概念及社会心理学关于自我感知的解释相联系，这种身份认同显然是为了反映视频游戏玩家在互动游戏情况下的认知和情感反应。作为一个改变自我知觉的过程，视频游戏身份认同建构允许我们使用和调查作为用户对媒体人物反应的二元概念的替代的身份认同，如共情（Zillmann，1991）、拟社会互动（Horton & Wohl，1956）以及 PeFIC 模型（Konijn & Hoorn，2005）等。此外，它是一个解决过去术语和有关"身份认同"的概念混淆的机会，这种身份认同作为心理过程在我们的解释中从词源学上与"身份认同"是兼容的，关于视频游戏体验身份认同的概念边界被明确设定。类似的解释可能是力求检验在其他方面如电视欣赏中的"身份认同"的理论合理性和提高概念精确度（Cohen，2001）。这样，传播理论可能会进一步梳理出那些属于媒体人物一元和二元经验范畴的媒体娱乐模式，也会解决诸如视频游戏身份认同与视频游戏中的"存在"的关系等概念趋向问题（Tamborini & Skalski, 2006）。虽然有一些初步的证据支持我们关于视频游戏身份认同的主张，一种严谨的实证研究思路也需要用来支撑概念整合和引导未来模式增强。因此，我们得出余下的结论，首先是对视频游戏身份认同的实证研究；其次是一般来说关于娱乐媒体效应和社会的概念启迪。

视频游戏中，身份识别的解释对玩家自我认知的改变，允许我们利用来自社会心理学的方法论去检验由此产生的假设。如果玩家将他们自己感知为暂时"变成"一个媒体人物，这些过程对自我描述方法而言是可理解的（如通过影响特性的类似自我报告的属性列表，参见 Watson, Clark & Tellegen, 1988, 或被 Goldstein & Cialdini 使用的一般属性列表, 2007）。

社会心理学领域的学者或许已经有对测量身份认同更有用的、先进的社会认知过程的替代量表。所谓的内隐测量（de Houwer, 2006；Greenwald, McGhee & Schwartz, 1998）是指可以评估（临时激活）"自我"与适用于某人正在或曾经认同的游戏人物显著属性的其他概念的相关性。因此，虽然相关属性和内隐测量的能力仍在研究中（de Houwer, 2006；Hofmann et al., 2005），但是这些方法可能会成为自我感知变化的身份认同评估的有价值的工具。总的来说，给定多个相关变量（玩家的真实自我、玩家的理想自我、通过身份认同感知的自我转换、自我差异和游戏乐趣），以多方法（和多研究）为目的，获取本文概述的概念命题的更进一步的实证固化是合理的。Bessiere 等人（2007）对复制和扩展基于问卷调查的方法的研究，以及对在不同游戏类型中视频游戏身份认同的检验（比如，第一人称射击与策略游戏），将对实证研究计划作出重要贡献。

除了测量玩家自我感知的实际转变，也有必要对玩家是否能意识到他们的视频游戏身份认同和/或作为一种自动的甚至无意识的过程进行实证探索（如Bargh, 1994）。这一问题与玩家影响身份认同过程的能力问题相关，诸如在他们承认其自我感知将通过与一个游戏人物的身份认同被改变的这些维度上。它也与游戏选择的解释相关（如 Hartmann & Klimmt, 2006；Lucas & Sherry, 2004）：玩家积极寻求特定的身份认同体验和根据预期自我感知变化寻找他们的游戏吗？或者身份认同是一种受诸如赶时髦或精通等其他动机驱动的玩游戏的（受欢迎的）副产品吗？最后，关注力问题和玩家关于身份认同的反思也与身份认同的暂时变化相关：改变了的自我感知可能会在玩家们意识到自我感知转变的时刻与未被注意的自动认知阶段之间徘徊。如果这种暂时的变化确实发生了，关注力的不同程度又是怎样影响游戏乐趣的？经验丰富的玩家与新手玩家是否显示了身份认同的模式的不同？成功的游戏玩耍（如，通过杀死一个"终极 BOSS"完成一个级别）是否影响身份认同的强度和/或关注力？作为改变了的自我感知，一旦视频游戏身份认同的可靠的量表被构建出来，这些相关问题也能够并应该被实验证明。

当这里阐释的身份认同过程的实验检验需要持续和扩展时，我们的思考已经建议对超越实际的娱乐体验的游戏效果的影响和玩视频游戏的相关动机进行反思（Vorderer & Bryant，2006）。两种游戏影响的视频游戏身份认同概念关联的路径似乎是有趣的。一种是（频繁）游戏玩家身份认同短期或长期改变自我建构的态度和行为影响。另一种是视频游戏身份认同可能会影响玩家一系列可能的自我（Markus & Nurius，1986），以及在特定概念与"我"之间相联系意义上的、"正常的"自我建构。

最近的一次实验（Cin et al.，2007）揭示了与吸烟的电影主角"认同"的观众显示了"吸烟"和"自我"的更强烈的内在联系，这引发了一个更强的短期吸烟动机。类似的身份认同的影响在视频游戏影响背景下似乎是合理的（如游戏暴力的影响；Konijn，Bijvank & Bushman，2007）。因此，作为自我认知的变化，身份认同的短期和长期影响值得我们在理论和实证的研究上努力。Hoffner（1996）及 Hoffner 和 Buchanan（2005）"预期的身份认同"方法在这方面是一个有趣的基础。通过第二种路径，基于身份认同的游戏影响可能与游戏后增长的自我差异激励后果相关联。如果游戏乐趣得益于游戏期间减少的自我差异（Higgins，1987；见上文），游戏结束就有可能直接将玩家的注意力转回到伴随着更高自我差异出现的"正常的"自我感知。游戏玩家应该能够管理游戏语境和社会现实之间的差异（如 Klimmt et al.，2006a），因此，重新进入正常的自我状态将不一定会导致高自我差异的不良情绪体验。然而，游戏期间积极的自我体验可能会增加部分玩家减少具有更高可持续性的相关维度的自我差异的动机。例如，在健康传播方面，自我感知已经在媒介接触和身体形象的背景下被检验（如 Heinberg & Thompson，1995；Stice & Shaw，1994；Groesz, Levine & Murnen，2001）。与一个（瘦）游戏角色身份认同（伴随在瘦这个维度自我差异的暂时减少）可能加剧了玩家在游戏环境外对身体的不满（即与身体特性相关的自我差异变成了一个更有压力的问题），这于是反馈到了有问题的饮食行为。因此，通过身份认同促进的、游戏使用过程中愉快的自我体验可能会通过与游戏后"正常的"自我体验的负效价对比影响游戏效果过程（McDonald & Kim，2001）。在这个意义上，玩家在身份管理上的效能将成为影响游戏乐趣和（长期）游戏效果的关键因素。另一种预测可能基于游戏期间持续超越游戏体验的减少的自我差异。如果视频游戏身份认同能够缩小游戏后几个小时的理想自我和现实自我（如在成功这个维度上）的感知差距，当一种对技能和能力的普遍的自我感知出现在游戏使用中时，这种视频游戏乐趣的模式能够直接转移到生活满意度和有助于积极的自我发展中（即 Durkin & Barber，2002）。显然，当与游戏角色的身份认同结束时，游戏后自我差异是怎样被影响的这一问题值得更多的实证探讨。超越身体形象和能力的认同形成的其他领域当然也是积极或消极的，基于身份认同的游戏效果的候选域，因此也应被考虑到效果研究专题里。

最后，如果在工业化国家和发展中国家，视频游戏作为"身份实验室"越来越多地蔓延到家庭，会对社会产生怎样的影响？人们总是使用各种技术来模拟替代或改变身份，特别是各种类型的游戏（Sutton-Smith，1997）。大众传播从一开始就一直致力于替代身份或可能的自我的阐述（如像"寂寞的女孩"这样的电台节目为听众提供了模拟情人的身份；Horton & Wohl，1956）。当他们帮助人们想象自己正在接近（以及如何成为）他们想要成为的那样时（Katz & Foulkes，1962），在这个意义上来说，现代大众传媒一直受欢迎。视频游戏和他们进行身份认同的过程，持续了传统媒体的这种逃避功能，其互动性看似将这种功能的有效性提升到了一个新水平。对于年青一代而言，这种身份扮演的娱乐模式已经比传统媒体更具有吸引力。因此，视频游戏身份认同的一般社会意义是双重的。首先，诸如娱乐、缓解压力和幸福（Klimmt，2008）等媒体逃避现实的积极影响可能会在更多情形下和以更令人满意的强度在更多的用户那里产生。其次，逃避现实等消极社会影响，包括游戏成瘾、身份错乱及加剧诸如身体不满等非预期的游戏影响同样可能是真的。传播理论可以描述和解释这些功能和潜在过程。随后的实证研究必须证明有效性和记录这些现象的频率及大小。从社会转型的角度看，只有当视频游戏作为个人身份实验室的短期和长期的影响被更深入且广泛地研究，才有可能得出高水平的结论。

参考文献

［1］BARGH J A. The four horsemen of automaticity：awareness, efficiency, intention, and control in social cognition//WYER JR R S, SRULL T K. Handbook of social cognition. 2nd ed. Hillsdale, NJ：Erlbaum, 1994：1 – 40.

［2］BESSIERE K, SEAY A F, KIESLER S. The ideal elf：identity exploration in World of Warcraft. Cyber psychology and behavior, 2007, 10（4）：530 – 535.

［3］BOLDERO J, FRANCIS J. The relation between self-discrepancies and emotion：the moderating roles of self-guide importance, location relevance, and social self-domain centrality. Journal of pensonality and social psychology, 2000, 78（1）：38 – 52.

［4］BRACKEN B. Handbook of selfconcept：developmental, social, and clinicalconsiderations. Hoboken, NJ：Wiley, 1995.

［5］BROWN W J, BASIL M D, BOCARNEA M C. Social influence of an international celebrity：responses to the death of Princess Diana. Journal of communication, 2003, 53（4）：587 – 605.

［6］CHORY-ASSAD R, YANEN A. Hopelessness and loneliness as predictors of older adults involvement with favorite television performers. Journal of broadcasting and electronic media, 2005, 49（2）：182 – 201.

［7］CIN S, GIBSON B, ZANNA M, et al. Smoking in movies, implicit associations of smoking with the self, and intentions to smoke. Psychological science, 2007, 18（7）：559 – 563.

［8］COHEN J. Defining identification：a theoretical look at the identification of audiences with media characters. Mass communication and society, 2001, 4（3）：245 – 264.

［9］COHEN J. Audience identification with media characters//BRYANT J, VORDERER P. Psychology of entertainment. Mahwah, NJ：Lawrence Erlbaum Associates, 2006：183 – 198.

［10］CURRY N E, ARNAUD S H. Cognitive implications in children's spontaneous roleplay. Theory into practice, 1974, 13（4）：273 – 277.

［11］DE HOUWER J. What are implicit measures and why are we using them？// WIERS R W, STACY A W. The handbook of implicit cognition and addiction. Thousand Oaks, CA：Sage Publishers, 2006：11 – 28.

［12］DeMarree K G, WHEELER S C, PETTY R E. Priming a new identity：effects of nonself stereotype primes and selfmonitoring on the selfconcept. Journal of personality and social psychology, 2005, 89: 657 – 671.

[13] DROSDOWSKI G. Duden in ten volumes: Volume 5, "Fremdwoerterbuch." Mannheim: Bibliographic Institute, 1982.

[14] DURKIN K, BARBER B. Not so doomed: computer game play and positive adolescent development. Applied developmental psychology, 2002, 23: 373 – 392.

[15] FLAVELL J. Metacognition and cognitive monitoring: a new area of cognitivedevelopmental inquiry. American behavioral scientist, 1979, 34 (10): 906 – 911.

[16] GILES D. Parasocial interaction: a review of the literature and a model for future research. Media psychology, 2002, 4: 279 – 305.

[17] GOLDSTEIN N J, CIALDINI R B. The spyglass self: a model of vicarious selfperception. Journal of personality and social psychology, 2007, 92 (3): 402 – 417.

[18] GONNERMAN M E J, PARKER C P, LAVINE H, et al. The relationship between self-discrepancies and affective states: the moderating roles of self-monitoring and standpoints on the self. Personality and social psychology bulletin, 2000, 26 (7): 810 – 819.

[19] GREEN M C, BROCKT C, KAUFMAN G. Understanding media enjoyment: the role of transportation into narrative worlds. Communication theory, 2004, 14: 311 – 327.

[20] GREEWALD A G, MCGHEE D E, SCHWARTZ J L K. Measuring individual differences in implicit cognition: the Implicit Association Test. Journal of personality and social psychology, 1998, 74: 1464 – 1480.

[21] GROESZ L M, LEVINE M P, MURNEN S K. The effect of experimental presentation of thin media images on body satisfaction: a metaanalytic review. International journal of eating disorders, 2001, 31 (1): 1 – 16.

[22] HAMILTON V L. Role play and deception: a reexamination of the controversy. Journal for the theory of social behaviour, 1976, 6: 233 – 250.

[23] HARTMANN T, KLIMMT C. Gender and computer games: exploring females dislikes. Journal of computer mediated communication, 2006, 11 (4).

[24] HEFNER D, KLIMMT C, VORDERER P. Identification with the player character as determinant of video game enjoyment//NAKATSU L M R, RAUTERBERG M. International conference on entertainment computing 2007, lecture notes in computer science 4740. Berlin: Springer, 2007: 39 – 48.

[25] HEINBERG L J, THOMPSON J K. Body image and televised images of thinness and attractiveness: a controlled laboratory investigation. Journal of social and clinical psychology, 1995, 14 (4): 325 – 338.

［26］ HENNING B, VORDERER P. Psychological escapism: predicting the amount of television viewing by need for cognition. Journal of communication, 2001, 51: 100 – 120.

［27］ HIGGINS E T. Self discrepancy: a theory relating self and affect. Psychological review, 1987, 94 (3): 319 – 340.

［28］ HOFFNER C. Children's wishful identification and parasocial interaction with favorite television characters. Journal of broadcasting and electronic media, 1996, 40: 389 – 402.

［29］ HOFFNER C, BUCHANAN M. Young adults wishful identification with television characters: the role of perceived similarity and character attributes. Media psychology, 2005, 7: 325 – 351.

［30］ HOFMANN W, GSCHWENDNBER T, NOSEK B A, et al. What moderates implicit-explicit consistency?. European review of social psychology, 2005, 16: 335 – 390.

［31］ HORTON D, WOHL R R. Mass communication and parasocial interaction: observation on intimacy at a distance. Psychiatry, 1956, 19: 185 – 206.

［32］ JANSZ J. The emotional appeal ofviolent video games for adolescent males. Communication theory, 2005, 15 (3): 219 – 241.

［33］ KATZ E, FOULKES D. On the use of mass media for escape: clarification of a concept. Public opinion quarterly, 1962, 26: 377 – 388.

［34］ KELLEY R L, OSBORNE W J, HENDRICK C. Role-taking and role-playing in human communication. Human communication research, 1974, 1: 62 – 74.

［35］ KIRSH S J. The effects of violent video games on adolescents: the overlooked influence of development. Aggression and violent behavior, 2003, 8: 377 – 389.

［36］ KLIMMT C. Computer Spiel: Interaktive Unterhaltungsangebote als Synthese aus Medium und Spielzeug ［Computergames: interactive entertainment as synthesis of medium and toy］. Zeitschrift fur medienpsychologie, 2001, 13 (1): 22 – 32.

［37］ KLIMMT C. Dimensions and determinants of the enjoyment of playing digital games: a three level model//COPIER M, RAESSENS J. Level up: digital games research conference. Utrecht: Faculty of Arts, Utrecht University, 2003: 246 – 257.

［38］ KLIMMT C. Enjoyment/entertainment seeking//DONSBACH W. The international encyclopedia of communication (Vol. IV.). London: Blackwell, 2008: 1539 – 1543.

［39］ KLIMMT C, HARTMANN T. Effectance, self-efficacy, and the motivation to play video games//VORDERER P, BRYANT J. Playing video games: motives, responses, and consequences. Mahwah, NJ: Lawrence Erlbaum Associates, 2006: 132 – 145.

［40］ KLIMMT C, HARTMANN T, FREY A. Effectance and control as determinants of video game enjoyment. Cyber psychology and behavior, 2007, 10 (6): 845 – 847.

[41] KLIMMT C, HARTMAN T, SCHRAMM H. Parasocial interactions and relationships//BRYANT J, VORDERER P. Psychology of entertainment. Mahwah, NJ: Lawrence Erlbaum Associates, 2006a: 291 – 313.

[42] KLIMMT C, SCHMID H, NOSPER A, et al. How players manage moral concerns to make video game violence enjoyable. Communications—The European journal of communication research, 2006b, 31 (3): 309 – 328.

[43] KONIJN E, BIJVANK M N, BUSHMAN B J. I wish I were a warrior: the role of wishful identification in the effects of violent video games on aggression in adolescent boys. Developmental psychology, 2007, 43: 1038 – 1044.

[44] KONIJN E A, HOORN J F. Some like it bad: testing a model for perceiving and experiencing fictional characters. Media psychology, 2005, 7 (2): 107 – 144.

[45] LEARY M R, PRICE J. Handbook of self and identity. New York: Guilford Press, 2003.

[46] LUCAS K, SHERRY J L. Sex differences in video game play: a communication-based explanation. Communication research, 2004, 31 (5): 499 – 523.

[47] MALONE T W. Toward a theory of intrinsically motivating instruction. Cognitive science, 1981, 4: 333 – 369.

[48] MARKUS H, NURIUS P. Possible selves. American psychologist, 1986, 41 (9): 954 – 969.

[49] MCCUTCHEON L E, ASHE D D, HOURAN J, et al. A cognitive profile of individuals who tend to worship celebrities. Journal of psychology, 2003, 137: 309 – 322.

[50] MCCUTCHEON D G, KIM H. When I die, I feel small: electronic game characters and the social self. Journal of broadcasting and electronic media, 2001, 45 (2): 241 – 258.

[51] MORETTI M M, HIGGINS E T. Relating self-discrepancy to self-esteem: the contribution of discrepancy beyond actual-self ratings. Journal of experimental social psychology, 1990, 26: 108 – 123.

[52] MOSKALENKO S, HEINE S J. Watching your troubles away: television as a stimulus for subjective selfawareness. Personality and social psychology bulletin, 2003, 29 (1): 76 – 85.

[53] MURRAY J. Hamlet on the holodeck: the future of narrative in cyberspace. Boston, MA: MIT Press, 1997.

［54］OATLEY K. A taxonomy of the emotions of literary response and a theory of identification in fictional narrative. Poetics, 1994, 23: 53 – 74.

［55］OATLEY K. Meetings of minds: dialogue, sympathy, and identi fication in reading fiction. Poetics, 1999, 26: 439 – 454.

［56］RANEY A A. Punishing media criminals and moral judgment: the impact on enjoyment. Media psychology, 2005, 7 (2): 145 – 163.

［57］RANEY A A. The psychology of dispositionbased theories of media enjoyment// BRYANT J, VORDERER P. The psychology of entertainment. Mahwah, NJ: Erlbaum, 2006: 137 – 150.

［58］RAVAJA N, TURPEINEN M, SAARI T, et al. The psychophysiology of James Bond: phasic emotional responses to violent video game events. Emotion, 2008, 8: 114 – 120.

［59］RUBIN A M, PERSE E M, POWELL R A. Loneliness, parasocial interaction, and local television news viewing. Human communication research, 1985, 12 (2): 155 – 180.

［60］SCHNEIDER E F, LANG A, SHIN M, et al. Death with a story: how story impacts emotional, motivational, and physiological responses to first-person shooter video games. Human communication research, 2004, 30 (3): 361 – 375.

［61］SEDIKIDES C. Changes in the valence of the self as a function of mood. Review of personality and social psychology, 1992, 14: 271 – 311.

［62］SHAPIRO M A, PENĀ-HERBORN J, HANCOCK J. Realism, imagination, and narrative video games//VORDERER P, BRYANT J. Playing video games: motives, responses, and consequences. Mahwah, NJ: Erlbaum, 2006: 275 – 289.

［63］SHERRY J L. Flow and media enjoyment. Communication theory, 2004, 14 (4): 328 – 347.

［64］SHERRY J L, LUCAS K, GREEBERG B, et al. Video game uses and gratifications as predictors of use and game preference//VORDERER P, BRYANT J. Playing computer games: motives, responses, and consequences. Mahwah, NJ: Erlbaum, 2006.

［65］STICE E, SHAW H E. Adverse effects of the media portrayed thinideal on women and linkages to bulimic symptomatology. Journal of social and clinical psychology, 1994, 13 (3): 288 – 308.

［66］STRACK F, DEUTSCH R. Reflective and impulsive determinants of social behavior. Personality and social psychology review, 2004, 8 (3): 220 – 247.

［67］SUTTON-SMITH B. The ambiguity of play. Cambridge, MA: Harvard University Press, 1997.

[68] TAMBORINI R , SKALSKI P. The role of presence in the experience of electronic games//VORDERER P, BRYANT J. Playing video games: motives, responses, and consequences. Mahwah, NJ: Lawrence Erlbaum Associates, 2006: 225 – 240.

[69] VON FEILIZEN C, LINNE O. Identifying with television characters. Journal of communication, 1975, 25 (4): 51 – 55.

[70] VORDERER P. Audience involvement and program loyalty. Poetics, 1993, 22: 89 – 98.

[71] VORDERER P. Toward a psychological theory of suspense//VORDERER P, WULFF H J, FRIEDRICHSEN M. Suspense: conceptualizations, theoretical analyses, and empirical explorations. Mahwah, NJ: Lawrence Erlbaum Associates, 1996: 233 – 254.

[72] VORDERER P. Interactive entertainment and beyond//ZILLMANN D, VORDERER P. Media entertainment: the psychology of its appeal. Mahwah, NJ: Lawrence Erlbaum Associates, 2000: 21 – 36.

[73] VORDERER P, BRYANT J. Playing video games: motives, responses, and consequences. Mahwah, NJ: Lawrence Erlbaum Associates, 2006.

[74] WATSON D, CLARK L A, TELLEGEN A. Development and validation of brief measures of positive and negative affect: the PANAS scales. Journal of personality and social psychology, 1988, 54: 1063 – 1070.

[75] WIRTH W, HARTMANN T, BOECKING S, et al. A process model of the formation of spatial presence experiences. Media psychology, 2007, 9: 493 – 525.

[76] YEE N. Motivations of play in online games. Cyber psychology and behavior, 2007, 9: 772 – 775.

[77] ZILLMANN D. Empathy: affect from bearing witness to the emotions of others//BRYANT J, ZILLMANN D. Responding to the screen: reception and reaction processes. Hillsdale, NJ: Lawrence Erlbaum Associates, 1991: 135 – 168.

[78] ZILLMANN D. The psychology of suspense in dramatic exposition//VORDERER P, WULFF H J, FRIEDRICHSEN M. Suspense: conceptualizations, theoretical, and empirical explorations. Mahwah, NJ: Lawrence Erlbaum Associates, 1996: 199 – 231.

[79] ZILLMANN D. Empathy: affective reactivity to others emotional experiences//BRYANT J, VORDERER P. Psychology of entertainment. Mahwah, NJ: Lawrence Erlbaum Associates, 2006: 151 – 181.

(原文刊载于 *Communication Theory*, Vol. 19, 2009)

第三部分

作为效果的娱乐：
认知、行为与观念

…… ……

有意义的娱乐对利他行为的影响：探究潜在中介变量

艾瑞卡·贝尔莉　巴特兹·沃卓尼斯克[*]

高海龙　译

　　娱乐媒体在我们的生活及流行文化中扮演着重要角色。虽然在传统意义上娱乐和快乐的概念紧密相关，但最近有学者研究了那些似乎并没有引起传统意义上"快乐感"的媒体作品的流行性（如 Oliver & Bartsch，2010；Oliver，Hartmann & Woolley，2012；Oliver & Raney，2011；Tamborini et al.，2011）。很多悲伤或充满戏剧性的电影否定了媒体消费纯粹是为了享乐这个假设，像《卢旺达饭店》和《百万宝贝》这样的电影都是带给观众更多的眼泪，而非笑声，却赢得了评论家和观众的好评。那些唤起情感而非纯粹"快乐感"的媒体作品的流行，已经拓宽了研究者对媒体有关"享乐"概念的界定，转而专注于以满足需求为目的的享乐（Tamborini et al.，2010）。

　　除研究使用者为何及何时寻求这些形式的娱乐之外（Oliver，2008；Oliver & Raney，2011），学者们也力图找到收看这些娱乐作品产生的影响。研究发现，观看带有描述心灵美内容的娱乐作品会导致利他主义意图以及助人行为的产生（Oliver et al.，2012；Schnall & Roper，2012；Schnall，Roper & Fessler，2010）。体现心灵美的典型人物行为包含慈善、慷慨、奉献（Oliver et al.，2012）。因此，民众似乎会模仿他们所看到的利他主义精神行为。人们为什么消费并欣赏更加严肃的娱乐节目？通过检验作为潜在满足的升华的情绪状态，并从非传统的快乐的故事中获得。海特（Haidt，2000）把升华描述为"当人们看到意料之外的善良、仁慈、同情的举动而经历的一种温暖、引人向上的情感"（第1页）。奥丽弗等（2012）把升华定义为"见到心灵美典范时的一种混合的情感反应"（第362页）。研究发现，升华的情感反应会导致亲社会行为（Algoe &

---

　　* 艾瑞卡·贝尔莉（Erica Bailey），宾夕法尼亚州立大学传媒学院博士候选人；巴特兹·沃卓尼斯克（Bartosz W. Wojdynski），佐治亚大学格雷迪新闻与大众传播学院副教授。

Haidt，2009；Freeman，Aquino & McFerran，2009；Schnall et al.，2010；Schnall & Roper，2012）。

本研究旨在进一步拓展我们对媒体中呈现道德美内容的作用，以及理解这种暴露的情感后果，在影响利他行为方面所起的作用。具体而言，本研究探讨了共情、升华和混合情感，作为暴露于描绘道德美的电视短片对利他行为产生影响的潜在中介因素，并且这些影响是否会因为观看者帮助内群体成员还是外群体成员而有所不同。在接下来的章节中，我们将通过审视其特征和用途、情感和行为效果，以及相关的个体差异的文献，来探讨何为描绘道德美的媒体。

一、文献综述

（一）消费非享乐主义娱乐媒体的动机

追求享乐主义娱乐或被认为本质上更加轻松的娱乐，通常是为了寻求消遣或愉悦感（Oliver & Raney，2011）。然而，寻求消遣或愉悦感并非观看者所要实现的唯一的满足，他们的观看模式反映出他们所寻求的特定的满足类型（Barton，2013；Brown et al.，2012；Papacharissi & Mendelson，2007；Rubin，1983）。很多这种满足都是来自消费者的情感需求（Bartsch，2012；Oliver & Bartsch，2010）。传媒学者通过情绪管理理论检验了这些需求的满足情况（Zillmann，2000）。情绪管理理论一般预测媒体的选择，而媒体的选择可能会保持人的积极情绪或引起人的消极情绪。然而，在有些电影、电视节目中，如《老黄狗》《权力的游戏》，会有不幸的事降临到主角身上，这类节目的流行似乎否定了这种简单的解释。

有几个理论基础可以解释为什么消费者会选择观看带来负面情绪的节目。其中一个解释是社会对比，引起悲伤情绪的娱乐也可能会给观看者带来某种快乐。具体而言，观看者可能从看到节目中角色处在比自己更加不幸的处境中而得到安慰（Mares & Cantor，1992）。其他理论解释，悲伤情感本身可能具有情感奖赏（Oliver，1993；Zillmann，1998），观看带来更少愉悦感的媒体可以让观看者了解他们自己的问题（Nabi et al.，2006；Oliver，2008）。

为了回答为什么观看者可能会观看引起负面情绪的娱乐媒体这个问题，奥丽弗和雷尼（Oliver & Raney，2011）提出，不仅在"舒适"维度考虑观众的情感满足，还要在"意义"维度加以考量。他们认为，人们常常追求娱乐以满足诸如享乐和消遣的享乐主义动机，而且有时也会为了"实现"动机或需求以"寻找并思考生命的意义、真理及目的"（Oliver & Raney，2011：985）。这些动机可能因情形而异，也可能由于其他心理特征因人而异。研究表明，具有反思倾向、认知需要、理智主义、情感需要以及寻求生命意义的人倾向于在娱乐消费中表现出实现动机而不是享乐主义动机（Oliver & Raney，2011）。Oliver 和Raney（2011）发现，娱乐消费的实现动机跟选择产生正面或负面情绪的媒体的更大倾向相关。按照以往研究，我们预测，特征偏好将获得更多的乐趣，有意义和无意义的媒体内容皆如此。

*H*1*a*：实现主义偏好特征会导致一部描述心灵美的短片比幽默短片得到更多的欣赏。

*H*1*b*：享乐主义偏好特征会导致幽默短片比描述心灵美的短片得到更多的欣赏。

（二）对有意义媒体作品的情感和行为上反应

在非享乐主义娱乐媒体消费的研究中已经发现一种被称为"意义媒体"的媒体子集，这个类别标签主要指对于意义的寻求以及内容实现的满足。有几项研究发现了意义媒体的特定特征，而有些特征差异是类型上的。Oliver 及同事（2012）发现，让人们举出一部有意义的电影时，人们举出的悲伤电影或剧情片比愉悦的电影要多。不过，并非所有的悲伤电影或剧情片在意义的提供上都是相同的。更有意义的娱乐比愉悦的娱乐更多地描述有关促进和平和社会正义、为所爱的人提供安全感、协助培养自律的能力，以及对他人形成影响（Oliver et al.，2012）。这些价值观跟心理学家 Algoe 和 Haidt（2009）所定义的"心灵美"是相似的。"心灵美"是指在性格中体现"仁慈、感恩、忠诚及慷慨"（第206页）。

观看心灵美描述的情感反应可以帮助研究者理解为什么使用者寻求这种内容，这种情感反应在塑造这种消费中也起到一定作用。观看有意义的媒体所产生的一种情感是升华。这一术语已有几种不同的定义。Haidt 等人（2000）把升华定义为"当人们看到意料之外的善良、仁慈、同情的举动而获得的一种温暖、引人向上的情感"。该定义后来包含了不仅仅是积极的体验。Oliver 及同事（2012：362）将升华定义为"见到心灵美典范时的一种混合的情感反应"，包括快乐及悲伤的情感。Oliver 及同事（2012）研究发现，在观看过一部被称为

"有意义的"的电影之后，被试的混合情感反应以及负面情感和有意义情感比
观看过一部"令人愉快的"电影之后有显著提高。

除了引起情感升华之外，研究还发现，娱乐媒体中对心灵美的描述提高了
对道德高尚行为的积极态度以及真实利他行为的参与程度（Algoe & Haidt，
2009；Freeman et al.，2009；Schnall et al.，2010；Schnall & Roper，2012）。
Silvers 和 Haidt（2008）发现，观看过道德升华的影片后的妈妈们比观看了同样
有趣但没有道德升华作用的电影后的妈妈们能更好地照顾自己的孩子。研究者
承认，与信任相关的激素催产素在研究发现中只起到了间接调和的作用。然而，
该研究支持了以往的研究结论，即情感升华与心理和身体反应均相关。

Schnall 及其同事（2010）的研究中，被试被要求观看一段奥普拉脱口秀中
一位音乐家感谢其老师改变他人生的节目（见 Silvers & Haidt，2008）或一段自
然纪录片作为对比。观看有情感升华作用视频的被试更多参加了亲社会行为，
其中一个证明就是他们在并未要求他们去填写的一份调查问卷上花时间。
Freeman 及其同事（2009）发现，在社会支配倾向方面得分高的白人参加者中，
体验过情感升华的人增加了他们对联合黑人学院基金会（UNCF）的慈善捐赠。
这些发现表明，亲社会行为，作为一种情感升华的结果，延伸到了各种行为和
目标中，甚至是一些不大可能的行为。为了了解这些影响的范围，我们想要检
验，在受助者与他们的情形比较类似的情况下，被试是否更有可能参与到助人
行为中。

*H*2：观看描述心灵美的电视片段的被试比观看幽默、无关道德的电视片段
的被试更经常参加助人行为。

RQ1：受助者的相似性与被试参与助人行为的可能性之间的关系如何？

（三）心灵美——利他主义联系背后的机制

虽然研究者已就观看有意义的媒体与利他主义行为之间建立了关联
（Freeman et al.，2009；Schnall et al.，2010），但这些影响发挥作用的真实过程
还不甚明朗；有些研究将助人行为归因于观看媒体所带来的情感升华（如
Schnall et al.，2010），其因果途径尚未建立。Algoe 和 Haidt（2009）发现，观
看过心灵美媒体后体验情感升华的人更可能待人友善。对于人性感到乐观的人
更有可能愿意通过帮助他人来延长或保持这种感觉，此观点与情绪管理理论一
致（Zillmann，1988）。类似地，利他主义对于成年人情绪的影响已经是公认的

（例如，Cialdini，Baumann & Kenrick，1981），研究者们执着的是利他主义是直接还是间接通过媒体体验到的。基于这一点，我们将检验以下假说：

H3a：观看描述心灵美的传媒内容对于助人行为的影响将以情感升华作为介导。

观看描写心灵美的媒体的反应不仅被看作是导致温暖善良的情感，还导致低效价情感。虽然 Haidt（2000）对情感升华的反应描述为一种"开放、温暖、激励"的情感，但其他学者认为，观看有意义的媒体的情感体现是一种积极和消极情感的混合体（Larsen，McGraw & Cacioppo，2001；Oliver et al.，2012）。研究发现，倾向于自我实现娱乐的娱乐消费者更喜欢能引起复合情感类的娱乐（Oliver & Raney，2011）。温暖、开放的情感与积极消极的混合情感之间的关系会随着他们自身研究的深入而更加明朗化。但是 Oliver 和 Raney 的研究提出了一个新的问题：在非享乐型的娱乐中有些夹杂着悲伤的幸福感会不会给观看者提供情感激励。根据这个研究，我们预测在观看媒体短片时获得更多混合情感的参与者将更有可能参与助人行为。

H3b：观看描述心灵美的短片对于助人行为的主要影响（正如假设 2 所预测的那样）受混合情感反应的调节。

另一个可能会在支配个人对有意义和无意义媒体的反应中起重要作用的变量是共情。关于娱乐媒体中的角色共情这一现象，已经有研究者从观看者在认知和情感上被虚拟人物吸引的倾向方面进行了研究，也有学者从观看者的情景共情反应方面做了研究。有研究者认为，那些具有更高特质共情能力的人会产生更多的对媒体的情感强烈的反应，一般在这样的节目中的角色会经受苦难（Krakowiak & Oliver，2012）。Hoffner（2009）发现，与角色共情跟观看恐怖电影的关系是多样的，其差别在于所描述的苦难程度、危险兴奋感以及结尾类型，当剧中角色受伤或受苦时这种共情性关怀与享受没有多大关系。对于某些媒体，观看者的性别可能也会影响共情反应。研究发现，女性比男性更容易与暴力形象（Kobach & Weaver，2012）和电影中的暴力受害者（Oliver，Sargent & Weaver，1998）产生共情。

共情特质倾向的差异也对媒体体验有影响。虽然专注于意义媒体对于助人行为影响的研究中尚没有对于角色的共情的量化研究，我们相信共情在这一过程中可能起着重要作用。如果人们想要通过观看影片来体会情感升华从而寻求道德行为的模范的话，那人们对于一个行为符合道德的角色共情越多，观看者所体会到的情感升华会越多，这是一个合理的推断。

H3c：观看描述心灵美的传媒内容对于助人行为的影响，受到与媒体短片中角色共情的调节。

在测量观看有意义媒体影响的情感调节因素时容易混淆的一点是，询问观看者他们在多大程度上感觉到某种情感可能改变他们的情感状态（如Tourangeau & Rasinski，1988）。这些问题效应可能会通过任何机制发生，如情绪的启动考虑，或观看过程中根本就没有觉察到的思想，或通过延长感觉到了的情绪的影响。如果助人行为中某些变化受到回答问题而不仅仅是短片内容的差异的影响，这将影响到研究结果的外部信度。为了检验询问参与者的情感状态是否会影响到他们的反应，我们让一半参与者回答问卷的部分问题，包括积极情感、消极情感、情感升华、对升华的身体反应、有意义的情感，以及与剧中角色的共情等；另一半参与者则在观看短片后直接回答问题。

RQ2：娱乐媒体的情感反应与参与者观看短片之后的助人行为之间有何关系？

二、研究方法

为检验电视媒体对参与者产生的情感升华的影响，我们对106名学生参与者做了组间实验，这些参与者被随机分配到实验组或控制组。我们安排参与者填写调查问卷并为参与者提供机会去帮助另外一名组内或组外研究人员。在此之前，参与者先观看了一个短片以产生或不产生兴趣。

（一）参与者

本研究所招募的参与者（$n = 106$）均可以得到课程学分。参与者年龄在18~26岁，平均年龄19.88岁。50名参与者（46.7%）是女性，还有3名参与者拒绝提供性别信息。77%的参与者报告称自己为白人，10%报告称自己是亚洲人，5%西班牙裔，3%黑人，5%的参与者报告称自己为"其他"种族。

（二）刺激材料

在多个从电视剧中选取的短片的前测的基础上，我们从电视剧《救救我》（*Rescue Me*）中选取了两个短片。两种条件下使用同一部电视剧（《救救我》），以引起与节目有关的（如对演员的熟悉程度、内容等）混杂变量。

（三）自变量

1. 描述心灵美

在实验条件下，参与者观看一个短片。短片中的主角 Tommy 是一名纽约市消防员，他在婚姻破裂和对 "9·11" 的痛苦回忆中挣扎。他的表弟在 "9·11" 事件中丧生。剧中 Tommy 追忆起他的英勇事迹，伤感不已。在对比条件下，参与者观看一部更为轻松的短片。在这部短片中，Tommy 和他的消防队友们互相搞恶作剧。两部短片都是基于前测（$n = 90$）的情况选定的，在前测中，用于实验条件短片产生了比对比组更高显著水平的有意义情感，$t(85) = -8.627$，$p < 0.001$，并且表现出情感升华的身体反应，$t(85) = -5.60$，$p < 0.001$。另外，实验组和对比组被试在正向和负面情感水平方面表现出显著差异。

2. 情感反应测量的存在

是否存在情感反应测量作为一个独立变量用于确定其引发参与者回忆情感升华的潜在效果？在因变量问卷开始时，50 名参与者（46.7%）在观看完短片之后，马上进行一系列的情感反应（情感升华、积极情感、负面情感以及混合情感）测量。

3. 帮助受助者相似性

在观看短片之后，参与者可以选择帮助一名组内研究人员或组外研究人员。随机分配决定参与者将看到哪一位研究人员。为控制组外人员的地位，我们调换了虚假研究者的年龄和大学归属以区别于参与者的年龄。另外，由于大学里大部分学生（70%多）是白人，只有 3.6% 的学生是黑人，研究者的种族外表也通过组内/组外条件进行了变更。组内研究者是一个年轻的男性白人大学教授，这所大学就是该研究开展地；组外研究者是一位任职于本州的另外一所大学的年龄更大的黑人教授。

（四）潜在的个人差异调整

1. 特质媒体偏好

在刺激之前，先测量了特质媒体偏好。这种测量是采用 Oliver 和 Raney（2011）的量表。Oliver 和 Raney（2011）测量的是观众在多大程度上寻求媒体用于享乐主义或个人实现满足感（如 "我喜欢具有深刻意义或信息的电影" "我发现，只要内容好玩，简单的电影也很有意思"）。子量表中的条目被合并以形成两个特质享乐主义偏好和特质个人现实偏好（$\alpha = 0.89$，$M = 5.06$，$SD = 1.08$；$\alpha = 0.73$，$M = 5.06$，$SD = 1.08$）。

2. 实验前观看过该电视剧

询问参与者是否在本实验之前观看过《救救我》。

（五）因变量测量

1. 享乐

享乐采用改编自 Krcmar 和 Renfro（2005）的 16 个测项量表测量，在 Krcmar 和 Renfro（2005）量表中享乐的情感、认知和行为成分都包括在内（如"我讨厌在我观看这个节目时受到打扰""我不喜欢这个节目的话题"）。经过检验，这些条目信度都很高（Cronbach's $\alpha = 0.86$），这些测项合并成一个单独的享乐量表（$M = 4.82$，$SD = 0.86$）。

2. 升华

升华是采用由 Schnall 及其同事（2010）的测量工具改编而来的 6 个测项测量工具进行测量。测量工具询问参与者在多大程度上同意有关观看了短片之后的感受，如观看短片后他们觉得"感动""受到激励""对人性充满乐观""胸中有温暖的感觉""想要帮助别人""想要成为一个更好的人"。经过检验，这 6 个测项具有较高的内部一致性（$\alpha = 0.73$），并被合并成一个单独的升华指数（$M = 3.59$，$SD = 1.01$）。

3. 积极情感

积极情感采用 Oliver 及其同事（2012）的测量工具中的 4 个测项进行测量。利用 7 级李克特量表测量参与者同意程度，如观看了电视短片之后他们感到积极向上、高兴、快乐、喜悦。经检验，这 4 个测项具有高度的一致性（$\alpha = 0.93$），被平均之后形成了一个单独的积极情感测量工具（$M = 3.15$，$SD = 1.69$）。

4. 负面情感

负面情感采用 Oliver 及其同事（2012）的测量工具的 4 个测项来测量。利用 7 级李克特量表测量参与者同意程度，包括观看了电视短片之后他们感到悲伤、悲观、抑郁、忧郁。经过检验，这 4 个测项具有高度一致性（$\alpha = 0.90$），并被平均形成一个单独的负面形象测量工具（$M = 3.88$，$SD = 1.72$）。

5. 混合情感

参与者对观看媒体的混合情感反应的测量是采用 Ersner-Hershfield 等人

（2008）基于 Kaplan 早期的公式提出的程序。该公式能得出参与者的积极情感和负面情感之间得分的最低值。因此，在这两个量表得分较高的参与者就会具有更高的混合情感，至少在一个量表得分较低的参与者就会在混合情感上得分较低。参与者的混合情感得分在 1 ~ 4 分之间（$M = 2.06$，$SD = 0.91$）。

6. 共情

共情采用改编自 Davis（1983）的两个包含 7 个测项的子量表来测量个人观看短片后的痛苦和同理心（如"我对剧中角色怀有温柔、关心的感情，因为他们不如我幸运"）。检验一致性（$\alpha = 0.85$）之后，这些条目合并为一个单独的共情量表（$M = 5.05$，$SD = 0.91$）。

7. 意义

参与者被要求在一个 7 级李克特量表（$M = 4.14$，$SD = 1.86$）上评价所观看的短片的意义的程度。

8. 助人行为的实施

参与者采用一个他们是否完成可选调查的两分变量来测量参与道德行为的意愿。

三、研究过程

参与者以 10 ~ 16 人的小组参加本研究。每组被随机分配 8 种情况之一。在填写知情同意书后，参与者被简单告知该研究的目的以及由于本研究不会占用完整一个小时，研究者将把她同事的一份调查问卷拿来请参与者填写。研究者表明，这份调查问卷的填写是完全自愿的，并且该自愿问卷将与本研究部分的必填问卷之间有明确的区分标记。之后参与者观看《救救我》短片。参与者在笔记本电脑上完成问卷调查后即可离开。

四、研究结果

在对假设进行测试之前，我们先进行了多变量分析以检验参与者之前所观看的电视剧是否对因变量结果具有显著影响。结果显示，不存在显著影响，$F = 1.33$，ns，于是所有参与者都参加了后续的分析。

为验证所选择的两个短片只是在心灵美描述上，而不在整体欣赏性上具有差异，研究者在假设测试之前进行了两项分析。独立样本检验显示，参与者认为用于实验条件的短片（$M = 4.83$，$SD = 0.95$）比用于对比条件的短片（$M = 3.11$，$SD = 1.06$）更有意义，$t(48) = -6.06$，$p < 0.001$（见表1）。然而，参与者对于用于实验条件的短片（$M = 4.81$，$SD = 0.78$）、用于对比条件的短片（$M = 4.82$，$SD = 0.91$）两种短片的欣赏并没有显著差异。

表1 对不同电视短片的情感反应差异（$n = 50$）

| | 短片类型 | | | | 变量 $F(1, 48)$ | η^2 |
| | 有意义 | | 无意义 | | | |
	均值	标准差	均值	标准差		
积极情感	1.80	0.69	4.49	1.26	87.24 ***	0.65
消极情感	5.12	0.92	2.63	1.40	54.78 ***	0.53
混合情感	1.80	0.69	2.33	1.04	4.40 *	0.08
有意义情感	4.83	0.95	3.11	1.06	36.68 ***	0.43
共情	5.32	0.64	4.58	0.89	11.42 **	0.19
情感升华	3.99	0.76	3.41	1.12	4.61 *	0.09
欣赏	4.66	0.85	4.77	0.90	0.22	Ns

注：均值报告了50名接受了一系列情感反应测量的参与者。其余的参与者没有进行情感反应测量，以实验控制完成这些测量对于助人行为的因测量的潜在影响。

$H1a$ 和 $H1b$ 预测，享乐主义娱乐偏好特质将意味着更欣赏短片。研究者以两个娱乐偏好特质变量作为每一项分析中的预测工具，对观看每一部短片的参与者进行了单独的多元回归分析。对于观看对比短片的参与者（$n = 55$）来说，享乐主义偏好特质预测了欣赏情况，$b = 0.41$，$t(53) = 2.80$，$p < 0.01$；与之相对比，自我实现偏好特质并不是显著的预测工具，$b = 0.03$，$t(53) = 0.31$，ns；model $R^2 = 0.13$。对于观看了实验短片的参与者（$n = 49$）来说，自我实现偏好特质预测了欣赏情况，$b = 0.36$，$t(47) = 3.52$，$p < 0.01$；而偏好特质并不是一个显著预测工具，$b = -0.09$，$t(47) = -0.89$，ns；model $R^2 = 0.25$。因此 $H1a$ 和 $H1b$ 都得到了支持。

$H2$ 预测观看描述心灵美短片的参与者将比观看对比短片的参与者更有可能帮助完成前文提到的额外调查问卷。卡方检验发现不同短片条件下参与者助人行为上存在显著差异，$\chi^2(1) = 22.04$，$p < 0.001$，98% 实验条件下的参与者填

写了额外调查问卷，而对比条件下只有61%（$n = 34$）填写了额外调查，因此为假设2提供了支持。

$H3a$ 预测在所有被要求在观看短片之后评价自己情感的参与者（$n = 50$）中，观看心灵美短片对于助人行为的影响将受到情感升华的调节。使用中介效应检验（Sobel test）的中介分析显示，虽然观看实验短片（$M = 4.00$，$SD = 0.79$）比观看对比短片（$M = 3.17$，$SD = 1.05$）引起了更高的情感升华，$t(48) = -3.14$，$p < 0.001$，当控制短片条件时情感升华对于助人行为并不具有显著影响。因此，$H3a$ 没有得到支持。

$H3b$ 预测观看描述心灵美的短片对于助人行为的主要影响将通过混合情感得到调节。一项检验意义是否预测混合情感的分析显示出显著影响，$b = -0.29$，$t(48) = -2.10$，$p < 0.05$，$R^2 = 0.08$。第二个检验两种短片条件和混合情感对于助人行为的影响的回归分析发现，短片意义（$b = 3.00$，$s.e. = 1.13$，$p < 0.01$）和混合情感（$b = -4.03$，$s.e. = 1.76$，$p < 0.01$）对于助人行为的显著影响（见图1）。短片意义通过混合情感对于助人行为的间接影响是0.5185。中介效应检验（$z = 2.65$，$p < 0.05$）和置信区间（Preacher & Hayes，2008；95% CI：0.03 ~ 2.27）确认了间接影响的显著性。因此，$H3b$ 所预测的介导效果得到证实，虽然是相反方向的证据。

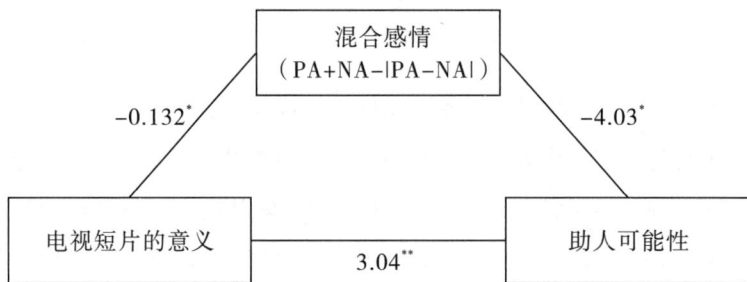

图1　短片意义经混合情感调节后对助人行为的影响（$n = 50$）

注：所有短片的直接影响 = 3.00（$LLCI = 0.78$，$ULCI = 5.22$）；所有经混合情感调节的间接影响 = 0.53（$LLCI = 0.01$，$ULCI = 2.00$）。

$H3c$ 预测描述心灵美的短片对于助人行为的影响将被与剧中角色的共情所调节。相似的过程已经在 $H3a$ 和 $H3b$ 中提到。结果显示，观看实验短片（$M = 5.45$，$SD = 0.62$）比观看对比短片（$M = 4.68$，$SD = 0.98$）引起对剧中角色更高的共情水平，$F = 23.6$，$p < 0.001$，$R^2 = 0.18$。然而，在控制短片条件下，共

情对于助人行为并没有显著影响。因此，*H3c* 没有得到支持。

RQ1 要检验的是帮助对象的组外身份，是否影响参与者在观看有意义媒体后施行助人行为的可能性。为了检验这个问题，研究者以助人行为作为结果变量，以心灵美短片/控制组短片、研究者组外身份状态以及两者之间的交互作用作为调节工具，进行多项式逻辑回归分析。

结果显示，两种短片气氛，$b = 3.59$，$Wald = 10.82$，$p < 0.01$，以及组外研究者身份 $b = 1.56$，$Wald = 8.64$，$p < 0.01$，都是助人行为的显著预测工具。参与者更有可能在实验条件下产生助人行为（对数发生比 = 36.4），当研究者是组外人员时（对数发生比 = 6.4）两个变量之间没有发现显著相互作用。根据模型卡方统计（$\chi^2 = 36.40$），整体模型在 1.001 水平上是显著的。该模型成功预测了 87% 的反应，Nagelkerke R^2 为 0.460，意味着模型可以解释目标变量的变异性 46%。

RQ2 要检验的是观看短片之后要说出自己感受的参与者比不用说出自己感受的参与者更有可能参与助人行为。结果显示，被要求说出自己感受的参与者（72.5%）跟不被要求说出自己感受的参与者（83.9%），在助人行为的可能性方面不存在显著差异，$\chi^2 = 2.15$，*ns*。

五、讨论

（一）本研究的贡献

由于先前研究已经建立了心灵美和利他主义行为之间的关系，本研究试图通过调查潜在中介变量，检验这些心灵美通过哪些方式影响助人行为。另外，本研究检验当帮助对象是组内或组外人员时施行助人行为的差异。

与 Oliver 和 Raney（2011）研究发现一致的是，*H1a* 和 *H1b* 都被支持，自我实现偏好特质引起对于描述心灵美电影短片的更多的欣赏，而享乐主义偏好特质则引起对轻松话题的电影短片的更多的欣赏。按照以往研究，*H2* 观看实验短片的参与者比观看了对比短片的参与者更有可能参与助人行为。对于这个假说的确认巩固了该话题以往研究结论，也显示出本研究对短片处理是有效的。为了解描述心灵美的媒体引起助人行为的过程，*H3a* 预测该媒体对于助人行为的影响受到情感升华的调节。这一假设没有得到支持。这就需要进一步探讨媒体信息的什么特质引起情感和认知反应，而这些反应又反过来影响观看者后续的助人行为。

虽然传统的"温暖的"升华情感不会调节短片气氛对于助人行为的影响，混合情感反应却可以如此。跟 Oliver 及其同事（2012）研究发现不同的是，本研究中实验条件下观看者对于媒体短片的情感反应混合程度更低。如表 1 中组间均差所示，实验条件下的观看者具有相同的混合情感分数和积极情感分数。这就意味着每个观看者在实验条件下对负面情感的反应都大于积极反应。这种更为清晰的负面情感反应导致观看者更有可能去帮助虚拟的第二个研究者——也许是作为一个改善他们负面情绪的方式。这些发现也意味着，根据单一情感反应去定义有意义媒体可能过于轻率；参与者可以在让他们伤感的短片或者让他们既悲伤又快乐的短片中找出哪一部短片更有意义。

RQ1 要检验的是组外身份的帮助对象是否影响参与者在观看描述心灵美的短片后参与助人行为的可能性。不论在哪种短片气氛条件下参与者都更可能帮助组外研究人员，这一发现应引起针对观看有意义娱乐对帮助特定的人的意愿影响的进一步研究。鉴于学术条件，可能的情况是，参与者发现组外研究人员因年龄更大而显得更加可信。或者是，学生们更愿意帮助本校之外的研究人员，因为他们已经参加了本大学的研究人员的一项研究了。

RQ2 要检验的是在观看了短片之后被要求说出自己感受的参与者是否比没有被要求说出自己感受的参与者更有可能施行助人行为。鉴于被询问情感升华问题并不影响助人行为，后续研究者可以确信的是，询问参与者相关问题不会影响到刺激材料和助人行为的关系。

（二）研究不足及后续研究

虽然本研究发现对于本研究领域具有些许贡献，但也应看到这些研究的局限性。本研究的参与者被划分为 10 ~ 15 人的小组。存在的可能情况是，参与者根据本组其他参与者是否填写额外调查问卷而决定自己是否填写。虽然他们看不到彼此的电脑，大家都可以看到的是某个参与者可能不愿意第一个离开实验房间，这就意味着参与者没有填写额外问卷。

进一步研究应重复本研究，不过要缩小组外、组内特征以找出组外研究人员的哪些特点引起参与者更愿意帮助他。另外，作为潜在预测参与者愿意帮助的研究人员类型的工具，检验个体差异将是一个值得研究的方面。告知参与者相似研究的目的并询问他们是否愿意帮助研究人员，也许会有一些作用，这样可以了解参与者帮助组内和组外成员的原因上的差异。本研究在参与者接受刺激后立即为参与者提供了一个参与助人行为的机会。后续研究还应检验观看描述心灵美的媒体的亲社会影响能持续多久。能够确定这种额外的助人本能多久会消失，对于理解真实世界中观看这种媒体的结果将会有所帮助，可以让慈善机构（或其他广告商）利用播出演出和电影以引导观众采取行动或进行捐助。

前文已经指出，进一步研究媒体所认为的心灵美引起利他主义行为的潜在过程很有意义。一些预测了对更有意义的媒体（如情感需求、理智主义）的欣赏的性格特征也许在预测利他主义行为上发挥着作用。另外一种有道理的解释说法是，媒体相关经历如识别或传播会在后续的行为中起到一定的作用，虽然这有可能是个人特质差异和临时情感状态的结合。

六、结论

本研究的发现有助于证实前人有关描述心灵美的媒体可以预测利他主义行为的研究（如 Freeman et al.，2009；Schnall et al.，2010），并且为进一步探究两者之间的关系打开一扇门。具体而言，虽然情感升华引起助人行为，但在观看者观看媒体后作出利他主义行为时也有其他情感和认知在起作用。观看者更倾向于帮助组外人员，这一点更凸显了进一步研究其他可能的情感和认知的必要性。总体而言，本研究为心灵美描述、共情、情感升华和利他主义行为之间的关系提供了更好的解释。利他主义行为可以通过描述心灵美的媒体得到鼓励，在这样的节目中可以实现共情和情感升华。这也是研究如何将媒体运用于积极目的的一大进步。

参考文献

［1］ALGOE S B，HAIDT J. Witnessing excellence in action：the "otherpraising" emotions of elevation，gratitude，and admiration. The journal of positive psychology，2009，4（2）：105 – 127.

［2］BARTON K M. Why we watch them sing and dance：the uses and gratifications of talent-based reality television. Communication quarterly，2013，61（2）：217 –235.

［3］BARTSCH A. Emotional gratification in entertainment experience. Why viewers of movies and television series find it rewarding to experience emotions. Media psychology，2012，

15 （3）: 267 - 302.

　　［4］ BROWN D, LAURICELLA S, DOUAI A, et al. Consuming television crime drama: a uses and gratifications approach. American communication journal, 2012, 14 （1）: 47 - 61.

　　［5］ CIALDINI R B, BAUMANN D J, KENRICK D T. Insights from sadness: a three-step model of the development of altruism as hedonism. Developmental review, 1981, 1 （3）: 207 - 223.

　　［6］ DAVIS M H. Measuring individual differences in empathy: evidence for a multidimensional approach. Journal of personality and social psychology, 1983, 44 （1）: 113 - 126.

　　［7］ ERSNER-HERSHFIELD H, MIKELS J A, SULLIVAN S, et al. Poignancy: mixed emotional experience in the face of meaningful endings. Journal of personality and social psychology, 2008, 94 （1）: 158 - 67.

　　［8］ FREEMAN D, AQQUINO K, MCFERRAN B. Overcoming beneficiary race as an impediment to charitable donations: social dominance orientation, the experience of moral elevation, and donation behavior. Personality and social psychology bulletin, 2009, 35 （1）: 72 - 84.

　　［9］ HAIDT J. The positive emotion of elevation. Prevention and treatment, 2000, 3 （1）: 1 - 5.

　　［10］ HAIDT J, ALGOE S, MEIJER Z, et al. The elevation-altruism hypothesis: evidence for a new prosocial emotion. Unpublished manuscript. University of Virginia, Charlottesville. 2000.

　　［11］ HOFFNER C. Affective responses and exposure to frightening films: the role of empathy and different types of content. Communication research reports, 2009, 26 （4）: 285 - 296.

　　［12］ KAPLAN K J. On the ambivalence indifference problem in attitude theory and measurement: a suggested modification of the semantic differential technique. Psychological bulletin, 1972, 77 （5）: 361 - 372.

　　［13］ KOBACH M J, WEAVER A J. Gender and empathy differences in negative reactions to fictionalized and real violent images. Communication reports, 2012, 25 （2）: 51 - 61.

　　［14］ KRAKOWIAK K M, OLIVER M B. When good characters do bad things: examining the effect of moral ambiguity on enjoyment. Journal of communication, 2012, 62 （1）: 117 - 135.

［15］KRCMAR M, RENFRO S. Developing a scale to assess media enjoyment. Paper presented at the annual conference of the International Communication Association, New York, May, 2005.

［16］LARSEN J T, MCGRAW A P, CACIOPPO J T. Can people feel happy and sad at the same time?. Journal of personality and social psychology, 2001, 81 (4): 684 – 696.

［17］MARES M L, CANTOR J. Elderly viewers responses to televised portrayals of old age. Communication research, 1992, 19 (4): 459 – 478.

［18］NABI R L, FINNERTY K, DOMSCHKE T, et al. Does misery love company? Exploring the therapeutic effects of TV viewing on regretted experiences. Journal of communication, 2006, 56 (4): 689 – 706.

［19］OLIVER M B. Exploring the paradox of the enjoyment of sad films. Human communication research, 1993, 19 (3): 315 – 342.

［20］OLIVER M B. Tender affective states as predictors of entertainment preference. Journal of communication, 2008, 58 (1): 40 – 61.

［21］OLIVER M B, BARTSCH A. Appreciation as audience response: exploring entertainment gratifications beyond hedonism. Human communication research, 2010, 36 (1): 53 – 81.

［22］OLIVER M B, HARTMANN T, WOOLLEY J K. Elevation in response to entertainment portrayals of moral virtue. Human communication research, 2012, 38 (3): 360 – 378.

［23］OLIVER M B, RANEY A A. Entertainment as pleasurable and meaningful: identifying hedonic and eudaimonic motivations for entertainment consumption. Journal of communication, 2011, 61 (5): 984 – 1004.

［24］OLIVER M B, SARGENT S L, WEAVER J B. The impact of sex and gender role self-perception on affective reactions to different types of film. Sex roles, 1998, 38 (1 – 2): 45 – 62.

［25］PAPACHARISSI Z, MENDELSON A L. An exploratory study of reality appeal: uses and gratifications of reality TV shows. Journal of broadcasting and electronic media, 2007, 51 (2): 355 – 370.

［26］PREACHER K J, HAYES A F. Asymptotic and resampling strategies for assessing and comparing indirect effects in multiple mediator models. Behavior research methods, 2008, 40 (3): 879 – 891.

［27］RUBINA M. Television uses and gratifications: the interactions of viewing patterns and motivations. Journal of broadcasting and electronic media, 1983, 27 (1): 37 – 51.

[28] SCHNALL S, ROPER J. Elevation puts moral values into action. Social psychological and personality science, 2012, 3 (3): 373 – 378.

[29] SCHNALL S, ROPER J, FESSLER D M T. Elevation leads to altruistic behavior. Psychological science, 2010, 21 (3): 315 – 320.

[30] SILVERS J A, HAIDT J. Moral elevation can induce nursing. Emotion, 2008, 8 (2): 291 – 295.

[31] TAMBORINI R, BOWMAN N D, EDEN A, et al. Defining media enjoyment as the satisfaction of intrinsic needs. Journal of communication, 2010, 60 (4): 758 – 777.

[32] TAMBORINI R, GRIZZARD M, BOWMAN N D, et al. Media enjoyment as need satisfaction: the contribution of hedonic and nonhedonic needs. Journal of communication, 2011, 61 (6): 1025 – 1042.

[33] TOURANGEAU R, RASINSKI K A. Cognitive processes underlying context effects in attitude measurement. Psychological bulletin, 1988, 103 (3): 299 – 314.

[34] ZILLMANN D. Mood management: using entertainment to full advantage// DONOHEW L, SYPHER H E, HIGGINS E T. Communication, social cognition, and affect. Hillsdale, NJ: Lawrence Erlbaum Associates, 1998: 147 – 171.

[35] ZILLMANN D. Mood management in the context of selective exposure theory. Communication yearbook, 2000, 23 (1): 103 – 123.

(原文刊载于 *Journal of Broadcasting & Electronic Media*, Vol. 59, 2015)

媒介娱乐与幸福：连接媒介引发的情绪恢复和享乐主义、实现主义的娱乐体验

戴安娜·瑞格　莱娜·福瑞斯乔治　加里·本特[*]　伦纳德·赖内克

范　谨　译

几十年来，传播领域在"究竟是什么在驱使着人们体验娱乐媒介"这一问题上取得丰硕的研究成果（Vorderer，2011）。如今，美国人平均每个月花145个小时看电视，花29个小时上网，花7个小时玩游戏（Perez，2013）。这些数据表明，人们把大量的时间消耗在使用媒介上，这就引发了研究者对闲暇时间的消遣活动究竟给人们带来积极还是消极影响这一问题的关注。本研究的目的是探索媒介娱乐的不同模式会对心理幸福感带来怎样的促进作用。过去大量研究都从享乐主义的视角研究娱乐，其基本假设是，娱乐媒介的消费最终可以使人们体验到快乐（Vorderer，Klimmt & Ritterfeld，2004）。因此，娱乐体验常常被概念化为享乐，以及由媒介内容引发的积极情感（Oliver & Raney，2011），而媒介使用者则被描述为是"享乐主义的"，他们总是寻求积极作用最大化（Knobloch-Westerwick，2006；Zillmann，1988）。

最近，娱乐研究发生了一些变化，比如从享乐主义的视角提出的娱乐的"双因素模型"（Vorderer，2011），该理论认为，娱乐不仅仅是纯粹的快乐（pleasure），它还包含其他的混合体验，比如说感受到鼓舞、受到触动或是"有意义"的感动（Oliver，Hartmann & Woolley，2012：366）。这些新的理论模型从实现主义的角度对原先的享乐主义体验（hedonic experience）作了进一步补充，包括有意义的感觉，以及道德和理性的体验（Oliver & Bartsch，2010；Oliver & Raney，2011）。

娱乐体验的第二个维度是与基于实现主义的幸福感紧密相关的（Ryan &

---

[*] 戴安娜·瑞格（Diana Rieger），德国科隆大学心理学系助理教授；莱娜·福瑞斯乔治（Lena Frischlich），德国科隆大学心理学系助理教授；加里·本特（Gary Bente），德国科隆大学心理学系副教授。

Deci, 2001; Ryff & Keyes, 1995)。基于实现主义的幸福感是一个关于心理幸福感的概念化框架，它不仅是积极情绪的呈现和负面情绪的消退（Ryan & Deci, 2001），它还强调自主行为和精神成长的重要性。尽管最近的娱乐研究已经清晰地表明，使用娱乐媒介在引发实现主义的体验方面具有巨大的潜力（Oliver & Raney, 2011; Wirth, Hofer & Schramm, 2012），但是，至于隐含哪些潜力，目前还有待研究。换句话说，尽管研究者们都认为媒介娱乐为增加个人幸福感提供了重要的前提条件，但是还没有系统研究证明，在使用媒介后，究竟在多大程度上可以直接为人们的幸福感带来实现主义的娱乐体验。

本研究的目的在于填补先前研究的空白，我们将结合娱乐双因素模型（Oliver & Raney, 2011; Vorderer, 2011）和媒介诱导性恢复的研究。恢复被定义为"补充消耗掉的能量或从次优系统重新获得平衡的过程"（Sonnentag & Zijlstra, 2006, p. 311）。在这个过程中，由于紧张事件或经历所消耗的精力和体力恢复到其原先的水平（Meijman & Mulder, 1998）。大量研究（Reinecke, 2009a, 2009b; Reinecke, Klatt & Krmer, 2011; Rieger et al., 2013）把娱乐媒介的使用与情绪恢复的成效联系起来思考，比如它能够增加活力、提高认知绩效。我们提出，媒介诱导的情绪恢复为娱乐的双因素模型和媒介使用后的幸福感之间搭建实证桥梁提供了理论性的概念框架。

我们相信，本研究从两个主要方面对先前的娱乐研究作出有价值的贡献：①加深了近期提出的娱乐体验的双因素模型（Oliver & Raney, 2011; Vorderer, 2011）的研究。研究表明，受众接触媒介内容后在享乐主义和实现主义方面的反应对于他们的幸福感有着重要的影响。②丰富了媒介诱导恢复理论，即探索人们在受到媒介内容的刺激后，享乐主义和实现主义的娱乐体验是如何在媒介刺激过程中推动情绪恢复的。

一、娱乐的双因素模型

以往有关娱乐媒介好处的研究主要聚焦在媒介接触产生愉悦感的方面。在这种情况下，使用娱乐媒介受到寻求欢乐和摆脱不愉快情绪的驱动（Zillmann, 1988），如快乐的电影能够给人们带来欢乐（Oliver et al., 2012）。相应地，对于娱乐媒介的一般消费动机都是"好玩""打发时间"或"放松"（Bente & Feist, 2000; Rubin, 1983）。传统的研究，如情绪管理理论框架（MMT;

Zillmann，1988）指出的，娱乐媒介的使用可以导致兴奋心情的调整。相应地，当人们情绪不愉快时，倾向于选择偏积极、娱乐的媒介内容，如喜剧。这种倾向简称"娱乐消费的享乐动机"（Oliver & Raney，2011：987）。在这一点上，人们是为了调整不良状态而去选择接触媒介，如人们为了逃避现实生活中的问题或者从消极的自我认知转移注意力而选择去看电视（Henning & Vorderer，2001；Moskalenko & Heine，2003）。

除了这些传统的媒介娱乐和媒介选择的途径以外，最近出现了一些新的理论方法，尝试解释人们为什么会被吸引到那些悲伤的、心酸的，或者是戏剧性的娱乐媒介中——接触这类型媒介时看上去并不享受。这些理论方法的核心观点在于仅仅从寻找愉悦感的角度来看待受众未免太狭隘了，不能把握媒介娱乐的复杂性。这一基本观点是由 Vorderer（2011：60）提出的，他说：现如今，"感到娱乐"不仅仅是一种消遣，或者仅仅是一般意义上的感觉良好，而是一种开始介入到某一重要的话题的感觉，一种能够阐释当下思想和信念的感觉，一种感到快乐、悲伤、有趣、忧郁及情绪上的冲击，一种更深入思考的感觉。

为了对"娱乐媒介可以引发不同情绪"这一更广泛的观点作出回应，也为了使看待娱乐的视角更综合，Vorderer（2011）提出了一个包含两个核心维度的娱乐模型：一是"享受主义"维度（比如快乐）；二是脱离了纯粹快乐的"实现主义"维度——Vorderer（2011：60）和 Oliver 与 Bartsch（2010：57）称之为"欣赏"。第一个维度代表了快乐的传统观点，即享乐，并总结了传统理论方法（如 MMT）的假设，这一理论认为使用娱乐媒介的主要目的在于调节情绪状态（Oliver & Raney，2011；Vorderer et al.，2004）。娱乐的第二个维度，即欣赏，代表了一系列的研究，主要观点是，人们除了寻求快乐和消遣以外，还会追寻生活的意义，因而选择一些悲伤的媒体节目（Oliver & Bartsch，2011；Oliver & Raney，2011）。

越来越多的研究支持娱乐体验多维度的存在。Oliver 和 Bartsch（2010）的一系列研究表明，对电影刺激产生的反应呈现两个单独的维度：不仅包括代表了经验现象学的趣味和唤醒——这与传统意义上的纯粹媒介娱乐相关；同时，作者发现，是那些带来感动和娱乐体验中发人深省的东西，代表了对媒介内容的现实的升华。另一项由 Oliver 等人（2012）开展的实证研究也证明了实现主义的娱乐体验，指出有意义的娱乐刺激，如悲伤或刺激的电影，可以引起伦理道德的思考和提升。与以积极情绪为代表的享乐主义娱乐相对，实现主义的娱乐体验可以给受众带来混合的情绪和有意义的情感（Oliver et al.，2012：362）。Oliver 等人（2012）发现，沉浸在一次有意义的娱乐体验中可以带来更高级的多种情感（同时有积极和消极的），以及有意义的情绪反应（如受到激励或触动）。

同样地，Wirth 等（2012）发现，有意义的电影可以带来不同方面的实现论娱乐体验，比如对于能力、自主和放松的内在需求，以及对核心价值、生活意义的激发和唤醒。最后，Oliver 和 Raney（2011）的研究表明，在选择媒体内容时就已经体现了享乐主义和实现论这两个维度：根据他们的研究，对享乐的追求和对实现主义经验的渴望是驱使个体作出媒介内容偏好选择的两种不同的潜在动力。

二、娱乐与幸福感

一项关于娱乐媒介有益结果的相关研究表明，媒介有娱乐功能（Bryant & Zillmann，1984）。例如，一项采用经验取样方法的研究表明，通过媒体接触——其中最重要的是看电视——能够有助于负面情绪的排解（Kubey，1986），从现实生活问题中逃避（Kubey & Csikszentmihalyi，1990），并可以作为日常的消遣方式（Kubey & Larson，1990；Robinson，1981）。在情绪管理框架（MMT）中，电视扮演着"放松器"的角色（Zillmann，1991：106），它能够缓解紧张情绪，提供放松。这些结论都表明了，媒介使用的积极效应与主观幸福感的概念有着紧密的理论联系。主观幸福感是指一般的生活满意感、积极情绪的呈现，以及负面情绪的消退（Ryan & Deci，2001）。除了主观幸福感，心理学研究还提出了另一个理论框架，即心理幸福感。它把幸福感界定为个人的自我实现和心理成长（Ryan & Deci，2001）。心理幸福感的概念框架与娱乐的实现主义维度紧密相关，它把对媒介内容的欣赏界定为人类对生活意义和伦理道德的追求（Oliver & Bartsch，2010，2011；Oliver & Raney，2011）。

尽管先前的研究已经证明使用娱乐媒介可以带来幸福感（Oliver & Bartsch，2010，2011），但还没有研究表明，使用媒介后的实现主义快乐对于心理幸福感的影响。本研究把活力（vitality）作为幸福感的指标，探索享乐主义娱乐和实现主义娱乐对活力的影响。活力指的是"充满能力和生机的积极感受"，以及"拥有热情和鼓舞的心理经历"（Ryan & Frederick，1997：530）。

我们认为，"媒介诱导恢复"（mediainduced recovery）的概念提供了一个很好的理论连接，它可以帮助我们更好地理解享乐主义和实现主义娱乐使用媒介后获得幸福感的效应。

三、媒介诱导恢复

恢复的概念主要用于组织心理学研究个体如何解决压力和工作带来的紧张感。在这一类型的研究中，把工作的阶段与非工作的次数相对比，来确定在空余时间的活动对于精神恢复、获得生机和一般幸福感的影响（Ryan & Frederick，1997）。每天的工作和工作以外的活动都会消耗大量的脑力和体力，阶段性的休息可以重新积蓄能量，这是身心健康的前提（Craig & Cooper，1992）。在这一点上，增加能量的活动（比如社会活动、运动），以及低消耗的活动（比如在沙发上放松）对于恢复过程起到积极作用，然而，消耗能量的活动（比如工作）对于恢复过程起到的是负面效果（Sonnentag & Zijlstra，2006）。

Sonnentag 和 Fritz（2007）提出了一个关于恢复经历的多维度模型，包括恢复过程的四个不同的方面，每一方面都从不同层面解决了对已耗尽能量的补充问题：①心理拒斥，即将个体从影响能量补充和成功恢复状态的工作或压力的思考中抽离出来（Sonnentag & Bayer，2005）。②放松，使生理和心理能够在有压力的事件或紧张的工作后恢复到基准水平的过程，放松与积极情绪的重建相关（Sonnentag & Fritz，2007），个体最好能够稍微投入一些社交、健身或智力活动中。③控制，即拥有对空余时间进行自主支配的自由，自主行为有助于体验自主权和促进恢复（Sonnentag & Fritz，2007）。对某种情境的控制能够对潜在的压力情境作出积极的重新评估，并与悲伤的消除、心理幸福感的提升相关（Lazarus，1966）。④对空余时间的控制体验，它与学习机会和富有挑战性的休闲活动相关，这些活动有助于弥补积极情绪的不足，并加强工作期间和压力阶段的体验，因为它们提供了一些内部的能量，比如自信、自我效能感，以及促进恢复和解决压力的专业知识（Hobfoll，1998）。

最近的研究表明，娱乐媒介的使用与恢复需求的满意感强烈相关（Reinecke et al.，2011；Reinecke，2009a，2009b）。Reinecke（2009a，2009b）通过对两个游戏玩家进行调查，发现恢复经历的四个维度已经内化到了游戏经历中。Reinecke 等人（2011）进一步拓展了这个研究结果，他们把媒介诱导恢复经历的客观自我报告与后续的恢复结果相关联，比如活力和认知绩效。然而，关于媒介诱导恢复过程的研究则相对缺乏。最近，Rieger 等人（2013）开展了一项研究，比较积极刺激和消极刺激的恢复效果。研究表明，在导致主观上的心理拒斥方面，消极的媒介刺激和积极的媒介内容同样有效；而且，与积极的媒介刺激相比，消极的刺激能够使人感知到更高水平的能量唤醒（Rieger et al.，2013）。然而，与无媒介控制组相比，只有积极的媒介刺激能够带来更高水平的放松。因此，他们的研究结论指出了积极和消极特征的媒介内容在促使人的情绪恢复的过程和机制方面有着潜在的区别。这些结论则为后续观点的提出打下了基础，即享乐主义和实现主义的娱乐可能会与不同的恢复结果相关联——尽管 Rieger 等人（2013）在研究中使用了电影《我为玛莉狂》（Farrely & Farrely，1998）作为积极的刺激，发现媒介内容可以带来快乐的情绪；但是，使用《辛德勒的名单》（Spielberg，1993）作为负面媒介刺激，发现意义深刻的媒介内容形式很可能会带来实现主义的体验（Oliver & Bartsch，2010）。然而，Rieger 等人（2013）仅仅对比了媒介刺激和不同的情绪水平，没有测量享乐主义和实现主义的娱乐体验，他们的结论并没有涉及恢复过程中任何关于娱乐两个方面所扮演角色的具体信息。

下面我们将提出一个理论模型，通过媒介诱导恢复过程把享乐主义、实现主义娱乐和活力连接起来，以便探索在使用媒介后，娱乐的两个方面对于增强幸福感的作用。

四、享乐主义和实现主义娱乐体验

对于恢复对幸福感的影响，前文提出的模型表明了享乐主义与实现主义的娱乐体验对于恢复过程的不同方面会产生不同的影响（见图1）。恢复的第一个方面——心理拒斥，与过去关于享乐主义效果的研究是相契合的。大量的研究表明，对于娱乐的享乐形态而言，逃避主义是一种重要的动机（Henning & Vorderer，2001；Katz & Foulkes，1962；Rubin，1983）。Kubey 和 Csikszentmihalyi（1990）提出，人们情绪不佳时往往会在夜晚花很多时间看电视，电视能够帮助人们从焦虑的状态中逃避出来。同样的道理，Henning 和 Vorderer（2001）解释电视消费时说，那些不愿意考虑现实问题的人们为了避免思考这些问题，往往会花更多的时间看电视。

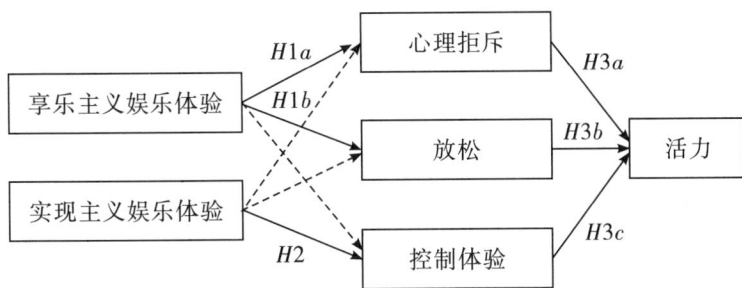

图1　假设的预测模型（虚线代表 RQ1 和 RQ2）

在 MMT 中，同样可以发现关于娱乐媒介使用和心理拒斥之间的理论连接，它把媒介刺激的专注潜能（Zillmann，1988）定义为情感调适的关键要素。专注潜能描述了媒介刺激能够瓦解现有认知，并把注意力从压力本身转移开来。一些情绪管理领域的研究也认为媒介接触是分散注意力的强有力资源（Knobloch-Westerwick，2006）。另外，先前关于媒介诱导恢复过程的研究也证明了娱乐媒介内容具有增加心理拒斥的潜能（Reinecke et al.，2011；Rieger et al.，2013），并能够将注意力从消极的状态中转移开来（Rieger，Frischlich，Wulf et al.，2014）。因此，我们假设，享乐主义的娱乐媒介体验与心理拒斥的恢复过程具有正向联系（H1a）。

作为恢复的第二个维度，MMT 同样为享乐主义的娱乐和放松提供了理论联系。MMT 认为，人们转向娱乐媒介是为了减轻压力：当人们带着压力回到家时，那种想要看电视节目来喘口气的需求是如此的真切（Bryant & Zillmann，1984：5）。MMT 认为，参与到娱乐媒介的刺激中对于情感的调适是有好处的，因为它可以把受众的注意力从与压力有关的思考与认知中解脱出来（Zillmann，1991）。因此，MMT 提供了一种关于享乐主义娱乐体验和放松恢复方面的理论联系，即令人愉悦的媒介内容对受众产生的积极情绪能够使其情绪回升到基准水平并产生正向影响，进而有利于恢复。先前关于媒介诱导恢复过程的研究也支持这种理念，它认为积极情绪的媒介刺激能够比无媒介控制条件下带来更高水平的放松（Rieger et al.，2013），并且，通过娱乐媒介刺激实现的恢复是由增加的积极情绪所引发的（Rieger et al.，2014）。因此，我们提出，通过媒介刺激产生的享乐性娱乐体验将会对放松的恢复产生积极作用（H1b）。

除了这种成熟的媒体娱乐享乐模型，享乐主义娱乐体验研究证明了有意义的电影刺激可以引发人们的深入思考这一观点，并对此作了深入阐述（Oliver &

Bartsch，2010，2011）。例如，Oliver（2008）认为，悲剧的主题特征往往能够引发人们思考生命的目标。因此，对于"其他人如何生活"这一问题的关心并由此反观自己的生活，构成了媒介娱乐的实现主义维度。同理，Tesser，Millar和Wu（1988）对于电影满意度的研究认为，除了享乐动机（如自我逃避或娱乐）以外，还有其他的动机，他们称之为"自我发展"（第443页）。一些研究表明，个人看电影是一种发展并对个体角色产生作用的方式。"自我发展"理论作为一种期望结果，也与这一研究相关联（Vorderer，Steen & Chan，2006）。因此，实现主义娱乐体验的一个重要方面就是要观察、学习，或经历"挑战和困难是如何被控制、应对、处理和转化"（Ryff & singer，2004：279）。Wirth 等人（2012）把这样的挑战和困难运用到娱乐媒体的消费：他们可以通过悲剧电影所引起的情感挑战的形式，或者，比如当一个电影的情节很复杂因此很难理解的时候，也可以是一种自然的认知形态（Wirth et al.，2012）。在媒介接触过程中解决这些挑战可以给人带来成长感和成就感。在"恢复"的概念中，这些感觉是控制体验的关键（Hobfoll，1998）。通过媒体刺激获得的感觉将有助于控制体验的恢复（Sonnentag，Binnewies & Mojza，2008）。

因此，我们提出，实现主义的娱乐似乎是通过控制体验来实现媒介诱导恢复过程的一个来源。因此，我们希望找到实现主义的娱乐体验和控制体验的恢复过程之间的正向联系（$H2$）。

到目前为止，我们预测享乐主义的娱乐体验与心理拒斥及放松的恢复之间具有正向的联系（分别是 $H1a$ 和 $H1b$），同时，也预测实现主义的娱乐体验和掌控体验之间的联系（$H2$）。但是，关于两种娱乐体验形式之间的其他联系，先前关于享乐主义和娱乐实现论的研究是不多的。因此，关于享乐主义的娱乐和控制体验之间，或者实现主义的娱乐与心理拒斥及放松之间的联系，就很难提出具体的假定。但是，似乎也可以作出假定，这两种娱乐体验有助于其他的恢复过程。

首先，享乐主义的娱乐体验主要与愉快的娱乐有关，并且表现出与心理拒斥（$H1a$）及放松（$H1b$）之间的强关联性。但是，要说享乐主义的娱乐有助于掌控经历也无妨。例如，脱口秀显然是与放松和消遣的享乐动机相关的（Bente & Feist，2000：120），但它们也会为了对不同人进行比较和找到解决个人问题的方法而进行观察（Bente & Feist，2000）。因此，看上去，享乐主义娱乐形式的特征尽管是以愉悦为主，但也能提供控制体验。因此，对于享乐主义的娱乐是否可以解释控制体验仍持开放态度（RQ1）。

其次，虽然我们期待实现论的娱乐体验能够通过控制体验来促进恢复（假设2），但是也并不排除实现主义娱乐对于心理拒斥和放松带来的积极效果。Bartsch、Kalch 和 Oliver 最近表明，令人感动的电影音乐可以带来反省。类似地，Oliver 和 Bartsch（2010）发现，现实的媒介内容（比如电视剧）要比喜剧更能带来反思，后者是最不能引起反思的。实现论的娱乐体验由于具有强大的吸引注意潜能，是特别需要认知参与的，因此有助于心理拒斥和放松（参考Zillmann，1991）。但是，实现主义娱乐也因为涵盖了不愉悦和情绪性的挑战主题而饱受争议，毕竟这种形式的娱乐阻碍了放松的过程，并且还有可能带来新的压力和紧张。因此，实现主义娱乐对于心理拒斥和放松的效果就不太明确。本章将对此进行研究（RQ2）。

我们模型的第二部分将把享乐主义和实现主义的娱乐所引发的恢复过程与媒介接触后产生的心理的幸福感相联系。先前的研究（Reinecke et al.，2011；Rieger et al.，2013）表明，媒介诱导的恢复经历对于不同的恢复结果都能够产生积极影响，包括活力和认知表现。在这项研究中，活力用能量唤醒度（energetic arousal）来衡量（Thayer，1989）。能量唤醒度指的是"个体对于能量、精力或生机的主观感受"（Thayer，1989：6），因此它反映了个体主观可感知的能量。正如延长工作时间和能量的消耗会导致疲惫的感觉（Craig &Cooper，1992），能量唤醒也可以作为一种成功从不良状态中恢复的指标，并且和幸福感相关（Ryan & Frederick，1997）。在先前媒介诱导恢复研究的基础上，本研究同样将依赖于能量唤醒的可操作性，以便说明媒体对于幸福感在提供能量和快乐上的影响。与能量唤醒相对应的，不良的唤醒形式被称为"紧张唤醒"，比如压力和紧张（Thayer，1989：6），这对于活力的感觉是有害的："最终，唤醒的感觉或者不直接与个人控制相关的能量（比如敏感、焦虑和压力），便是与活力的感觉是没有关联的，或是有负面关联的。"（Ryan & Frederick，1997：531）因此，心理拒斥的恢复能够通过减少压力而为个体带来活力。多项研究都已经表明心理拒斥的积极影响。基于日记的研究表明，当人从工作中进行成功的心理拒斥后，晚上就没那么疲劳（Sonnentag & Bayer，2005）；反之，持续深陷痛苦无法自拔会延长压力反应（Brosschot、Pieper & Thayer，2005）。相应地，在夜晚低水平的心理拒斥与第二天高水平的消极情绪和疲惫相关联。因此，我们提出，高水平的心理拒斥将会对活力的感觉产生积极影响（*H3a*）。

前文提到，心理拒斥能够降低负面情绪的水平。与上述观点相近，放松的恢复指的是成功地减少与压力相关的抱怨（van der Klink et al.，2001），并通过改善与压力相关的负面情绪来帮助恢复。成功的状态恢复主要归功于允许个体回到紧张和负面情绪前的压力水平。因此，我们希望找到放松和活力之间的积极联系（$H3b$）。

在假设 2 中，我们认为实现主义的娱乐体验可以通过提供个人挑战引发控制体验和学习的机会，还有可能实现自我发展（Sonnentag & Fritz，2007）。谈到活力——幸福的指标，其实更强的主观活力是伴随着自我实现的经验的（Sheldon & Kasser，1995）。控制体验代表着成功应对挑战，进而产生激活效应。例如，Sonnentag 等人（2008）发现，前一天晚上对情绪的处理会对翌日早上产生积极影响。也就是说，对控制的感觉有助于激发个人的活力。因此，我们假定在控制体验和活力之间存在积极联系（$H3c$）。

五、方法

（一）程序

模型已经在一个实验中进行了检验。参与者知晓本研究的目的是调查他们对于不同电影的评价。在到达实验室后，参与者需完成一个工作记忆任务，以便进入紧张工作状态。为了对本实验中的享乐主义娱乐和实现主义娱乐经历进行操控，参与者被随机地安排到 4 个小组：①会带来积极情绪的电影片段（$n = 29$）；②会带来消极情绪的电影片段（$n = 29$）；③富有意义的电影片段（$n = 30$）；④控制（$n = 32$）。控制组的参与者不会接触到任何的媒体刺激，直到继续研究才可以休息（见 Reinecke et al.，2011），单纯的休息被视为基准状态，以便比较媒体介入的恢复和无媒体介入的恢复的体验。

这三个电影片段，以及线下休息，大概持续 5 分钟。4 个实验组都将用来测试我们假定的模型。在实验操作之后，对参与者的娱乐体验、恢复体验、活力，以及人口统计资料进行分析。在实验结束后，对参与者的付出和配合表示感谢。

（二）样本

总共有 120 人参加本项研究，其中 72 人为女性。他们是通过在读大学生和一所德国大学心理学专业校友的邮件来招募的。参与者的年龄范围从16岁到65岁不等（平均年龄为27.03岁，标准差为9.84），而且没有条件上的差异，$F < 1$。各实验组的性别分布也基本均衡，$\chi^2(3) = 1.26$，$p = 0.74$。参与者中包括56%的在校生和44%的毕业校友（其中25%是在职的，19%是自由职业者）。

六、刺激材料

（一）工作任务

工作压力测量是通过研究开始时的两个工作记忆任务完成的。这些任务基于阅读广度任务（Daneman & Carpenter，1980）和操作广度任务（Turner & Engle，1989）。之所以选择这些任务，是因为它们被视为复杂的工作记忆任务，并且很容易带来疲劳。阅读广度任务中，参与者需要判断68个句子的正误，比如"每种动物都是鸟类"。在操作广度任务中，参与者需要判断72个数学等式正确与否，比如"$2 + 6/2 = 5$？"之类的。参与者需要在题目呈现之后马上判断每个句子或数学等式是否正确，每个句子/等式最多呈现4秒。

（二）媒介刺激

为了选择刺激材料，我们做了前测，确保选择的视频片段在积极、消极和意义水平程度上具有显著差异。我们把情感反应作为操控娱乐体验的方法，因为先前的研究已经证明享乐主义和实现主义的娱乐在引发情绪反映方面是可以区分的（Oliver et al.，2012；Wirth et al.，2012）。我们总共选择了16个片段进行前测，制作了4个在线调查，每个都随机从16个剪辑中选择4个，共有57个被试参与了前测（其中有36位女性，平均年龄为28.16岁，标准差为9.44）。当每一部电影剪辑结束后，参与者对积极的、消极的、有意义的情绪量表（Oliver et al.，2012）从1到7进行打分，1表示"一点都不符合"，7表示"非常符合"。在分量表中，某一项反映中得分最高，但在另外两项中得分都最低的三个场景将会被选择出来，以便为每个情感维度（积极的、消极的、有意义的）提供原型案例。最终，我们把"Along Came Polly"中的片段（长度5′08″，Hamburg，2004）用于引发积极情绪（$M = 4.08$，$SD = 1.62$），"Dawn of the Dead"中的片段（长度5′09″，Snyder，2004）用于引发消极情绪（$M = 2.23$，

$SD = 1.67$），"Big Fish"（长度 $5'13''$，Burton，2003）用于引发有意义的感受（$M = 4.78$，$SD = 1.50$）。

七、测量

（一）享乐主义和实现主义的娱乐体验

娱乐体验是通过享乐主义和实现主义的娱乐体验量表（Wirth et al.，2012）来测量的。这个量表包括 18 个测项，分为 6 个维度（生活目标、自主权、效能感、关联性、核心价值观的激活以及快乐感）。项目是在一个 5 级量表上作答的，从 1 代表非常不同意到 5 代表非常同意。

我们之前提出，享乐主义和实现主义的娱乐可以导致不同的恢复效果。为了验证这一假设，我们把量表分成 2 个维度：第一个维度是呈现实现主义的娱乐体验（子维度：生活目标、自主权、效能感、关联性、核心价值观的激活）；第二个维度是关于享乐主义的娱乐体验（子维度：享乐主义的娱乐）。这两个子维度有着较高的内部效度（实现主义娱乐：$\alpha = 0.92$；享乐主义娱乐：$\alpha = 0.95$）。

（二）恢复体验

恢复体验中，关于"放松、心理拒斥以及控制体验"的方面是通过"恢复体验问卷"（Sonnentag & Fritz，2007）中的 4 个独立的子维度来进行测量的。当呈现某种相关体验时使用某个词汇（如"当我看电视或休息时，我在利用这段时间放松"，这相当于"放松"；或者"当我看电视或休息时，我使自己远离工作"，这相当于"心理拒斥"；或者，"当我看电视或休息时，我可以拓展我的视野"，这相当于"控制体验"）。这些项目被分为 5 级量表，从 1 代表完全不同意到 5 代表完全同意。这三个维度的信度都很高（放松，$\alpha = 0.81$；心理拒斥，$\alpha = 0.87$；控制体验，$\alpha = 0.84$）。

（三）活力

关于疲劳的分量表"激活—抑制手册"（Activation-Deactivation-Checklist）（Thayer，1989）被用来测量活力。受试者需要在一个 4 级李克特量表上作答（如"非常清醒""昏昏欲睡的"），从 1"我一点都不觉得"到 4"我非常确切地能够感觉到"。负向题目被反向编码，并且5个题目被平均为一个活力唤醒的分数，呈现了更高水平的能量和唤醒。这个量表呈现出符合要求的内部一致性（Cronbach's $\alpha = 0.74$）。

八、结果

（一）操作检验

在这项研究中，参与者面对不同的媒体刺激或媒体不中断的条件，以诱发系统性变化的享乐和有意义娱乐的体验水平。在检验假设模型（$H1 - H3$）之前，我们实施了一个操作检查，以检验这种实验操作是否成功。因此，进行了两个方差分析（ANOVA），并将享乐主义和实现主义体验分别作为因变量进行了分析（参见表1中的平均值、标准差和分差分析结果）。结果表明，积极情绪电影条件诱导了最高水平的享乐体验，并与消极情绪电影（$p < 0.05$）和非媒体控制情境（$p < 0.001$）显著不同，但与有意义情绪电影情境（$p = 0.98$）无显著差异。事后检验进一步确认，有意义情绪电影诱导了最高水平的实现主义体验（$M = 3.14$，$SD = 0.79$），并与所有其他条件显著不同（所有 $p < 0.01$）。积极情绪电影条件与有意义情绪电影条件之间的非显著差异阐明了两种电影条件引发了类似水平的享乐体验。这种模式类似于有意义的内在特征，从而引发混合情绪："意义性情绪似乎最好用混合价值来描述"（Oliver & Bartsch，2011：32）。因此，有意义的媒体刺激引发了实现主义和积极情绪。然而，积极和有意义的视频剪辑条件在体验到的实现主义娱乐方面存在差异。因此，对不同水平的幸福娱乐体验的实验诱发是成功的。

表 1   平均数和标准差

变量	实验条件				F (3, 116)	p	$\eta^2 p$
	富有意义的电影片段	带来积极情绪的电影片段	带来消极情绪的电影片段	控制组			
享乐主义娱乐	3.77[a] (0.94)	3.89[a] (0.93)	3.02[b] (1.35)	2.30[c] (1.02)	14.54	0.001	0.27
实现主义娱乐	3.14[a] (0.79)	2.36[b] (0.73)	2.29[b] (0.74)	2.47[b] (0.75)	7.93	0.001	0.17
心理拒斥	4.13[a] (0.72)	3.91[a,b] (0.91)	3.64[b] (0.95)	2.71[c] (0.89)	15.86	0.001	0.29
放松	3.87[a] (0.85)	3.96[a] (0.73)	3.88[a] (0.76)	3.41[b] (0.79)	3.20	0.03	0.08
控制体验	2.95[a] (0.79)	2.69[a] (0.77)	2.66[a] (0.88)	2.66[a] (0.89)	0.87	0.46	0.02
活力	2.97[a,b] (0.75)	3.06[a] (0.57)	2.83[a,b] (0.74)	2.63[b] (0.74)	2.10	0.10	0.05

注：最小显著性差异在 $p < 0.05$ 水平时，同一行内不同的下标表示实验条件之间的显著差异。

（二）假设模型检验

不同情境下的均值和标准差如表 1 所示；假设 1 到假设 2 中，所有变量中的零阶相关系数如表 2 所示。为了检验这些假设，我们用 AMOS 21.0 统计软件来推算路径模式。该假设模型的拟合检验通过基于 χ 测试和 $CMIN/df$ 的统计，以及结合的 Hu 和 Bentler（1999）推荐的三个额外的拟合指数：比较拟合指数（CFI）、近似误差均方根（$RMSEA$），以及标准化残差的平方根（$SRMR$）。在最小差异统计低于 2（Byrne，1989）、接近或低于 0.06、一个 CFI 高于 0.95，以及一个 $SRMR$ 为 0.09 或更低（Hu 和 Bentler，1999）时，模型的拟合度是可以接受的。第一个模型检验了享乐主义和实现主义的娱乐体验、三个恢复的维度，以及将三个恢复维度联系起来的路径的差异。考虑到大量在三个恢复体验维度的零阶相关（见表 2），应允许这三个变量的误差项在模型中共变。

表2　均值、标准差和相关性

编号	均值	标准差	1	2	3	4	5
1. 享乐主义娱乐	3.23	1.24	—				
2. 实现主义娱乐	2.57	0.82	0.44**	—			
3. 放松	3.77	0.80	0.29**	0.23*	—		
4. 心理拒斥	3.58	1.02	0.47**	0.30**	0.62**	—	
5. 控制体验	2.74	0.83	0.05	0.20*	0.13	0.25**	—
6. 活力	2.87	0.71	0.24**	0.26**	0.26**	0.27**	0.23*

注：$*$ 表示 $p < 0.05$，$**$ 表示 $p < 0.01$。

当 $\chi^2(2) = 4.691$，$p = 0.10$，$CMIN/df = 2.34$，$CFI = 0.979$，$RMSEA = 0.106$，90% 的置信区间（CI）[0.000, 0.235]，以及 $SRMR = 0.043$ 时，模型表现出不匹配。模型的第一部分检验了享乐主义和实现主义娱乐体验的路线和三个恢复的维度。正如假设 1a 和 1b，享乐的娱乐体验与放松（$\beta = 0.23$。$p < 0.05$）和心理拒斥（$\beta = 0.42$，$p < 0.001$）呈显著相关。但是，享乐体验与控制体验之间的路径（path）（问题1）并不显著相关（$\beta = -0.05$，$p = 0.646$）。问题2中提到的娱乐体验与放松（$\beta = 0.13$，$p = 0.198$）以及心理拒斥（$\beta = 0.11$，$p = 0.219$）之间的路径没有达到显著意义。虽然这三个变量与零阶相关系数显示相关（见表2），但是这些变量在享乐娱乐体验这一控制变量下呈现低相关。

模型的第二部分测试了三个恢复维度与活力之间的路径。与预期相反，无论是心理拒斥（$H3a$；$\beta = 0.16$，$p = 0.157$）还是放松（$H3b$；$\beta = 0.13$，$p = 0.259$）与活力没有显著的统计学关系。由于两个恢复维度显示了相当大的零阶相关性（$r = 0.62$，$p > 0.01$；见表2），与活力的统计关系缺乏可能是多重共线性造成的。与 $H3c$ 的预测一样，控制体验与活力正相关（$\beta = 0.16$，$p < 0.05$）。

为了提高模型的拟合度，我们对初始模型进行了修正。删除享乐娱乐和控制体验之间，以及享乐主义娱乐、放松和心理拒斥之间的不显著路径。此外，为了避免多重共线性的问题，放松和活力之间的路径也被删除。心理拒斥与活力之间的路径得以保留，因为心理拒斥与活力的零阶相关性高于放松。对于 $\chi^2(6) = 8.808$、$p = 0.19$、$CMIN/df = 1.47$、$CFI = 0.979$、$RMSEA = 0.063$、90% CI [0.000, 0.145] 和 $SRMR = 0.060$，修正后的模型显示出足够的模型拟合。在修正后的模型中，$H1a$、$H1b$、$H2$ 和 $H3c$ 中预测的路径仍然显著。此外，在删掉放松与活力之间的路径后,心理拒斥与活力呈正相关($H3a$;$\beta = 0.22$,$p < 0.05$)。最终的模型如图2所示。

九、讨论

本研究的目的是:①通过探索享乐主义娱乐和实现主义娱乐的效果,拓展近期提出的娱乐体验的双因素模型;②区分在观看媒体节目时诱导恢复的潜在机制。我们的研究结果表明,尽管享乐主义娱乐和实现主义的娱乐都和幸福感相关,但两种模式的恢复过程是有差异的。

研究结论与我们的假设模型基本吻合。模型的第一部分,娱乐产品及其相关的娱乐体验的机制,在于享乐主义和实现主义的娱乐体验都与恢复体验有着不同的关联。正如之前所预测的,享乐主义娱乐体验导致更高水平的心理拒斥($H1a$)。这个发现与之前 Rieger 等(2013)的结论相吻合,他们也发现媒介消费后会产生更高水平的心理拒斥,并且与 MMT 情境下发现高水平的心理拒斥具有积极影响的研究结果相一致(Zillmann,1988)。同样与我们的预测相一致,享乐主义娱乐体验会带来更高水平的放松($H1b$)。这个发现与先前的研究一致,表明个体使用享乐主义娱乐媒介是为了调整他们的压力水平,并且从压力中解脱出来(Bryant & Zillmann,1984)。

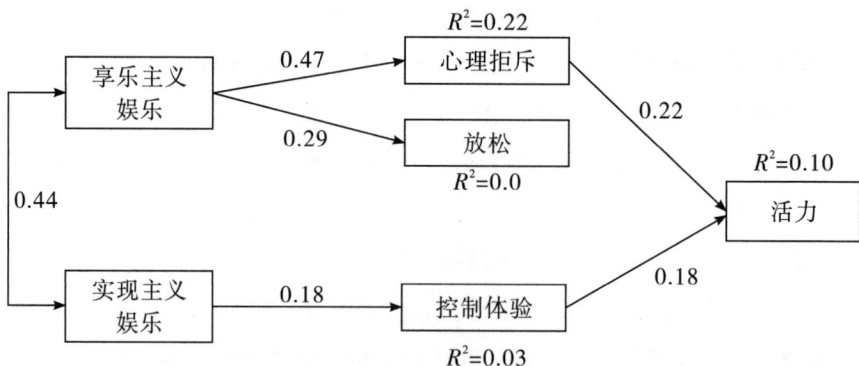

图2 最终的模型

相应地,实现主义的娱乐体验与自我发展、学习机会、拓宽视野和处理挑战相关(Wirth et al.,2012),可以带来更高水平的掌控体验(假设2)。这个结果与先前关于"电影有助于自我发展"的结论相一致(Tesser et al.,1988)。

这进一步与先前的研究相联系，即有意义的幸福感和对挑战的处理之间存在积极的关系（Ryff & Singer，2004）。并且，媒介心理学的研究表明，有意义的媒介内容可以提供这样的挑战给观众（Wirth et al.，2012）。

假设模型的第二部分讨论媒体引发的恢复体验对随后的幸福感的影响（H3）。据预测，显著的零相关（见表2）表明，这三个维度的恢复经验（放松、心理拒斥、控制体验）与媒体使用后的活力增加有关。然而，放松和心理拒斥没有表现出与活力的增强显著相关，可能是由于其较强的多重共线性。当去除放松与活力之间的连接以后，心理拒斥与生命活力呈显著正相关。这些结果建立在原先发现媒体引发恢复的有益结果的基础上（如活力；Reinecke et al.，2011；Rieger et al.，2013），并且通过一项实证研究，发展了原先关于使用媒介以后，享乐主义和实现主义的娱乐所能提供的娱乐和心理健康观点。

这项研究的结果对于娱乐双因素模型的概念化、娱乐与扩大的幸福感之间的联系以及媒介诱导恢复的研究有着重要意义。首先，这项研究为享乐主义和实现主义娱乐的产出提供了证据：以前的研究主要解决享乐主义和实现主义的娱乐体验之间的理论分歧（Oliver & Raney，2011；Vorderer，2011；Wirth et al.，2012）。它已经表明，享乐主义娱乐会引起享乐快感形式的享受；而实现主义的经历，比如对生命的意义和个人价值的激活，则与对媒体内容的欣赏和感受等反应相关（Oliver & Bartsch，2010；Oliver et al.，2012；Vorderer，2011）。我们的研究结果支持这一区别，证据进一步表明，享乐主义和实现主义的娱乐相关的经历带来了不同的幸福感。

这项研究表明，在接触媒介期间，娱乐体验的两个维度都能够在促进恢复方面产生有益成果。对于更全面地了解娱乐媒体的积极作用，最重要的是，这两个方面的娱乐体验促成活力这一幸福的核心指标。我们的研究结果表明了连接媒介使用和心理幸福感的两种模型的存在：一种是享乐主义的娱乐模型，通过促进心理拒斥和放松来促进恢复；另一种是实现主义的娱乐模型，通过提供控制体验来培养幸福感。据预测，媒介诱导的恢复提供了一个关于"享乐主义和实现主义的娱乐、媒介使用的积极效应（例如幸福感）"之间的理论和实证联系。然而，必须注意的是，两种娱乐体验模式并不是完全分开的。在我们的研究中，享乐主义和实现主义的娱乐体验呈显著正相关（$r = 0.44$，$p < 0.01$）。显然，同样的媒介刺激能够导致娱乐体验，但是在不同的程度上实现。

关于RQ2，零阶相关系数表明，实现主义的娱乐经历同样与放松和心理拒斥相关，因此它也有助于这两种恢复。然而，当我们控制路径模型中享乐主义娱乐的影响时，实现主义娱乐不再是放松和分离的显著预测因子。这表明，虽然这两种模式的娱乐体验都可以单独促进恢复过程，但不代表两条通往幸福的明确和独立的路径。

十、研究局限及未来研究展望

虽然我们的研究结果提供了新的视角，并拓展了最近关于双因素模型及媒介诱导的复苏的研究，但这项研究仍然存在一些不足。

一是实验设计中只有三个不同的媒体刺激被用来创建不同层次的享乐主义和实现主义的娱乐体验。虽然媒体刺激的选择是基于前测的，足以支持我们研究的内部效度，但不能排除其研究结果可能已经受我们实验刺激的选择影响的可能性。我们的操作检查表明积极的电影以及有意义的电影条件引起类似的享乐娱乐体验水平。为了能够概括这一结果，未来的研究应从以下两个方面拓展本研究：应用不同的媒体刺激集；更清晰地区分两者娱乐体验。

二是关于本研究中所用的媒体刺激的时间长度。这三个视频片段长度相近，持续了大约 5 分钟。因此，这项研究中的媒体接触限制在很短的时间内。为了增加外部效度，未来的研究应该重复使用更长的时间片段。这是特别重要的概念，如"意义"带来了有意义的娱乐体验或个人成长的感受（Oliver & Raney，2011）可能是在观看一个很短的电影时的程度有限的经历，并且可以随着时间的推移和通过反射更有效地展开（如 Leontiev，2013）。

三是幸福只以感知的形式来衡量"主观活力感受"。然而，幸福是一个多维结构，由多种元素构成（Ryff & Keyes，1995）。未来的研究在检测娱乐媒介的优势，以及与媒介引发的恢复之间的联系时，应该丰富和拓展幸福感的测试维度。这也是目前媒介心理学关于"幸福"的概念化的重要研究（Oliver & Raney，2011）。以往的研究主要是提出实现主义的娱乐形式对于安慰（Klimmt，2011）或升华（Oliver et al.，2012）的影响。因此，下一步研究中，要能够建立一个与有意义的幸福感相联系的框架。

未来研究还应该继续之前关于媒体诱导的恢复的研究，研究在交互式与非交互式媒体情境下，享乐主义和实现主义的娱乐体验的恢复效果。Reinecke 等人（2011）的研究结果表明，使用交互式和非交互式的不同媒体会遵循不同的恢复模式。未来的研究应把享乐主义和实现主义的娱乐体验作为潜在的实验机制。

　　总体而言，这项研究对于使用媒介后享乐主义和实现主义的娱乐体验对幸福产生的效果提供了重要的视角。我们的研究结果表明，两种媒体娱乐都可以对受众产生积极效果。因此，享乐主义的媒介娱乐形式以及更具挑战性和有意义的媒体内容都可以有助于提升幸福感。我们的研究结果强调了近期提出的娱乐体验的双因素模型的有用性，以及在未来研究中需进一步探索娱乐媒体使用对恢复、活力和心理健康的好处。

参考文献

[1] BARTSCH A, KALCH A, OLIVER M B. Moved to think: the role of emotional media experiences in stimulating reflective thoughts. Journal of media psychology: theories, methods, and applications. 2014, 26 (3): 125 - 140

[2] BENTE G, FEIST A. Affecttalk and its kin//ZILLMANN D, VORDERER P. Media entertainment: the psychology of its appeal. Mahwah, NJ: Erlbaum, 2000: 113 - 134.

[3] BROSSCHOT J F, PIEPER S, THAYER J F. Expanding stress theory: prolonged activation and perseverative cognition. Psychoneuroendocrinology, 2005, 30 (10): 1043 - 1049.

[4] BRYANT J, ZILLMANN D. Using television to alleviate boredom and stress: selective exposure as a function of induced excitational states. Journal of broadcasting, 1984, 28 (1): 1 - 20.

[5] BURTON T. Big fish. Culver City, CA: Sony Pictures Home Entertainment, 2003.

[6] BYRNE B M. A primer of LISREL: basic applications and programming for confirmatory factor analytic models. New York, NY: Springer Verlag, 1989.

[7] CRAIG A, COOPER R E. Symptoms of acute and chronic fatigue//SMITH A P, JONES D M. Handbook of human performance. London, England: Academic Press, 1992: 289 - 339.

[8] DANEMAN M, CARPENTER P A. Individual differences in working memory and reading. Journal of verbal learning and verbal behavior, 1980, 19 (4): 450 - 466.

[9] FARRELY B, FARRELY P. There's something about Mary. Los Angeles, CA: 20th Century Fox, 1998.

[10] HAMBURG J. Along came Polly. Universal City, CA: UCA, 2004.

[11] HENNING B, VORDERER P. Psychological escapism: predicting the amount of television viewing by need for cognition. Journal of communication, 2001, 51 (1): 100 - 120.

[12] HOBFOLL S E. Stress, culture, and community: the psychology and physiology of stress. New York, NY: Plenum Press, 1998.

[13] HU L T, BENTLER P M. Cutoff criteria for fit indexes in covariance structure analysis: conventional criteria versus new alternatives. Structural equation modeling, 1990, 6 (1): 1 - 55.

[14] KATZ B Y E, FOULKES D. On the use of the mass media as "escape": clarification of a concept. The public opinion quarterly, 1962, 26 (3): 377 - 388.

[15] KLIMMT C. Media psychology and complex modes of entertainment experiences. Journal of media psychology: theories, methods, and applications, 2011, 23 (1): 34 - 38.

[16] KNOBLOCH-WESTERWICK S. Mood management: theory, evidence, and advancements//BRYANT J, VORDERER P. Psychology of entertainment. Mahwah, NJ: Erlbaum, 2006: 239 - 254.

[17] KUBEY R W. Television use in everyday life: coping with unstructured time. Journal of communication, 1986, 36 (6): 108 - 123.

[18] KUBEY R W, CSIKSZENTMIHALYI M. Television as escape: subjective experience before an evening of heavy viewing. Communication reports, 1990, 3 (2): 92: 100.

[19] KUBEY R W, LARSON R. The use and experience of the new video media among children and young adolescents. Communication research, 1990, 17 (1): 107 - 130.

[20] LAZARUS R S. Psychological stress and the coping process. New York, NY: Mc Graw Hill, 1966.

[21] LEONTIEV D A. Personal meaning: a challenge for psychology. The journal of positive psychology, 2013, 8 (6): 459 - 470.

[22] MEIJMAN T F, MULDER G. Psychological aspects of workload//DRENTH P J D, THIERRY H, DE WOLFF C J. Handbook of work and organizational psychology (Vol. 2). Hove, England: Psychology Press, 1998: 5 - 33.

[23] MOSKALENKO S, HEINE S J. Watching your troubles away: television viewing as a stimulus for subjective selfawareness. Personality and Social Psychology Bulletin, 2003, 29 (1): 76 - 85.

[24] OLIVER M B. Tender affective states as predictors of entertainment preference. Journal of communication, 2008, 58 (1): 40 - 61.

［25］ OLIVER M B, BARTSCH A. Appreciation as audience response: exploring entertainment gratifications beyond hedonism. Human communication research, 2010, 36 (1): 53 – 81.

［26］ OLIVER M B, BARTSCH A. Appreciation of entertainment. Journal of media psychology: theories, methods, and applications, 2011, 23 (1): 29 – 33.

［27］ OLIVER M B, RANEY A A. Entertainment as pleasurable and meaningful: identifying hedonic and eudaimonic motivations for entertainment consumption. Journal of communication, 2011, 61 (5): 984 – 1004.

［28］ OLIVER M B, HARTMANN T, WOOLEY J K. Elevation in response to entertainmentportrayals of moral virtue. Human communication research, 2012, 38: 360 – 378.

［29］ PEREZ S. Nielsen: TV still king in media consumption; only 16 percent of TV homes have tablets. (2013 – 01 – 07). ［2014 – 06 – 15］. http://techcrunch. com/2013/01/ 07/nielsentvstillkin ginmediaconsumptiononly16percentoftvhomeshavetablets/.

［30］ REINECKE L. Games and recovery: the use of video and computer games to recuperate from stress and strain. Journal of media psychology, 2009a, 21 (3): 126 – 142.

［31］ REINECKE L. Games at work: the recreational use of computer games during working hours. Cyberpsychology and behavior, 2009b, 12 (4): 461 – 465.

［32］ REINECKE L, KLATT J, KRMER N C. Entertaining media use and the satisfaction of recovery needs: recovery outcomes associated with the use of interactive and noninteractive entertaining media. Media psychology, 2011, 14 (2): 192 – 215.

［33］ RIEGER D, BOWMAN N D, FRISCHLICH L, et al. "I'm pumped, but I don't feel like it!": the differential effects of affect and arousal regulation on mood repair and recovery. Paper presented at the 64th conference of the International Communication Association (ICA), USA, May 22 – 26, 2014.

［34］ RIEGER D, FRISCHLICH L, WULF T, et al. Eating ghosts: the underlying mechanisms of mood repair via interactive and noninteractive media. Psychology of popular media culture (Online First), 2014.

［35］ RIEGER D, REINECKE L, KNEER J, et al. Media induced recovery: the effects of positive versus negative media stimuli on recovery experience, cognitive performance, and vitality. Paper presented at the 63rd conference of the International Communication Association (ICA), London, June 17 – 21, 2013.

［36］ ROBINSON J. Television and leisure time: a new scenario. Journal of communication, 1981, 31 (1): 120 – 130.

［37］RUBIN A M. Television uses and gratifications: the interactions of viewing patterns and motivations. Journal of broadcasting, 1983, 27（1）: 37-51.

［38］RYAN R M, DECI E. On happiness and human potentials: a review of research on hedonic and eudaimonic well-being. Annual review of psychology, 2001, 52: 141-166.

［39］RYAN R M, FREDERICK C. On energy, personality, and health: subjective vitality as a dynamic reflection of well-being. Journal of personality, 1997, 65（3）: 529-565.

［40］RYFF C D, KEYES C L M. The structure of psychological well-being revisited. Journal of personality and social psychology, 1995, 69: 719-727.

［41］RYFF C D, SINGER B. Ironies of the human condition: well-being and health on the way to mortality//ASPINWALL L G, STAUDINER U M. A psychology of human strengths. Fundamental questions and future directions for a positive psychology. 3rd ed. Washington, DC: American Psychological Association, 2004: 271-287.

［42］SHELDON K M, KASSER T. Coherence and congruence: two aspects of personalityintegration. Journal of personality and social psychology, 1995, 68（3）: 531-543.

［43］SNYDER Z. Dawn of the dead. Universal City, CA: Universal, 2004.

［44］SONNENTAG S, BAYER U V. Switching off mentally: predictors and consequences of psychological detachment from work during off-job time. Journal of occupational health psychology, 2005, 10（4）, 393-414.

［45］SONNENTAG S, BINNEWIES C, MOJZA E J. "Did you have a nice evening?" A day-level study on recovery experiences, sleep, and affect. Journal of applied psychology, 2008, 93（3）: 674-684.

［46］SONNENTAG S, FRITZ C. The Recovery experience questionnaire: development and validation of a measure for assessing recuperation and unwinding from work. Journal of occupational health psychology, 2007, 65（3）: 204-221.

［47］SONNENTAG S, ZIJLSTRA F R H. Job characteristics and off-job activities as predictors of need for recovery, well-being, and fatigue. Journal of applied psychology, 2006, 91（2）: 330-350.

［48］SPIELBERG S. Schindlers list. Universal City, CA: Universal, 1993.

［49］TESSER A, MILLAR K, WU C H. On the perceived functions of movies. Journal of psychology: interdisciplinary and applied, 1988, 122（5）, 441-449.

［50］THAYER R E. The biopsychology of mood and arousal. New York, NY: Oxford University Press, 1989.

［51］TURNER M L, ENGLE R W. Is working memory capacity task dependent?.

Journal of memory and language, 1989, 28（2）: 127 – 154.

［52］ VAN DER KLINK J J, BLONK R W, SCHENE A H, et al. The benefits of interventions for work related stress. American journal of public health, 2001, 91（2）: 270 – 276.

［53］ VORDERER P. What's next? Remarks on the current vitalization of entertainment theory. Journal of media psychology, 2011, 23: 60 – 63.

［54］ VORDERER P, KLIMMT C, RITTERFELD U. Enjoyment: at the heart of media entertainment. Communication theory, 2004, 14（4）: 388 – 408.

［55］ VORDERER P, STEEN F F, CHAN E. Motivation//BRYANT J, VORDERER P. Psychology of entertainment. Mahwah, NJ: Erlbaum, 2006: 3 – 17.

［56］ WIRTH W, HOFER M, SCHRAMM H. Beyond pleasure: exploring the eudaimonic entertainment experience. Human communication research, 2012, 38（4）: 406 – 428.

［57］ ZILLMANN D. Mood management through communication choices. American behavioral scientist, 1988, 31（3）: 327 – 340.

［58］ ZILLMANN D. Television viewing and physiological arousal//BRYANT J, ZILLMANN D. Responding to the screen: reception and reaction processes. Hillsdale, NJ: Erlbaum, 1991: 103 – 134.

（原文刊载于 *Journal of Communication*, Vol. 64, 2014）

我们是否创造我们所观看的：创造性与娱乐偏好

涂翠平　安娜·E. 迪利　詹姆斯·C. 考夫曼[*]

高海龙　译

大众媒体娱乐的发展开辟了一个新兴的研究领域（Gentile & Bushman，2012；Ivcevic & Ambady，2012；Johnson，Buchanan & Jordan，2014；Kaufman & Simonton，2014）。虽然与特定媒体相关的创造力如电子游戏的分析（比如Green & Kaufman，2015）以及创造性与大众媒体娱乐的众多领域之间的相关性的研究还是一个新课题，但是创造性与美学研究一直是传统艺术研究的焦点（如创造性写作、绘画、文学、艺术鉴赏）。

然而，与传统艺术相比，人们更加普通地从大众媒体（从电视到杂志）中获得乐趣。Tinio（2013）认为，要联通艺术欣赏和艺术创造，还需要做更多的工作。目前存在很多美学欣赏的模式，如 Leder 等人的模型（2004），Locher 等人的模型（2010）。Tinio（2013）的美学处理镜像模型认为，美学体验反映艺术创作的过程。美学处理的早期阶段与艺术创作相符合，反之亦然。这个模型表明，在欣赏美术作品时，艺术赏析者应切实体验艺术家的思想和创造过程，赏析者与艺术品交流得越多，就越能够理解艺术家的创造意图。这个模型对于非美术类的艺术也同样适用吗？

一、媒体娱乐的力量

在现代社会，我们被媒体和大众娱乐所包围。下班或放学后，大家就成了媒体和大众娱乐的消费者。美国人平均每天花 5 个小时收听背景音乐或主动收听音乐（McCormick，2009），5 个小时看电视（Nielsen，2013）。另外，娱乐也

---

　*　涂翠平，清华大学心理学系教授；安娜·E. 迪利（Anna E. Dilley）、詹姆斯·C. 考夫曼（James C. Kaufman），康涅狄格大学教育心理学系博士研究生。

具有巨大的经济和文化价值。2010 年全球媒体娱乐产值达到 1.8 万亿美元（Sayre & King，2010）。随着娱乐的角色在现代社会的拓展，娱乐已经不可避免地发生了变化（Zillmann，2000）。

大众媒体娱乐可以满足特定的心理需求。齐尔曼及其同事重点研究了媒体娱乐用于情绪调控的可能性。Zillmann（2000）基于娱乐消费情绪管理视角认为，不论是有意识还是无意识，每个人对娱乐都有特定的偏好。以最大程度上获得愉悦并将痛苦降到最低，以便更好地管理情绪状态（Bryant & Miron，2002；Bryant & Zillmann，2009）。Strizhakova 和 Krcmar（2007）的研究发现，愤怒和无聊的参与者更少地选择剧情片，平静的参与者更多地选择喜剧，精力充沛的参与者更多地选择动作片但不选择犯罪戏剧及喜剧，紧张的参与者更多地选择恐怖电影。这些关联与情绪管理视角是一致的。Vorderer（2001）的研究验证了媒体如何被用于寻求满足感、补偿感以及自我实现。

以往研究还探讨了娱乐在智力发展与动机激励方面的作用。娱乐的沉浸式体验被比作创造的心流体验。心流理论在被契克森米哈（1996）提出后，已经被认为是创作者的体验，在这种过程中创作者沉浸于创造活动而忘记外部世界。据说，心流发送的最佳时刻是创作者的技术能够与问题的难度相匹配之时。Sherry（2004）也在打游戏的人群中发现了类似的现象，当在认知能力上的个体差异与媒体挑战性相匹配时会发生心流状态。

二、娱乐偏好中的个体差异

人们在娱乐的偏好方面存在差异。早期对这个问题展开研究的是 Rentfrow 和 Gosling（2003），他们研究了个体在音乐偏好方面的差异。Rentfrow 等人（2011）随后扩大了研究范围，将其他类型的娱乐也纳入调查范围，分析了针对近 2000 名调查对象对 108 种类型的娱乐的反馈，包括书籍/杂志、电影/电视及音乐。研究者发现了两种高阶因素（高雅因子与低俗因子）以及五个维度（公共维度、美学维度、黑暗维度、惊险维度、智力维度）。高雅因子（包含美学维度和智力维度）更多地跟音乐和书籍的偏好相关，而低俗因子（包含公共维度、黑暗维度、惊险维度）更多地跟电影和电视相关。

其中一个研究领域是性别差异，比如如何通过一个人的性别预测不同类型的娱乐对需求的满足情况。男性更有可能喜欢悲伤的音乐，并且比女性更倾向于以音乐作为认知手段（Chamorro-Premuzic，Fagan & Furnham，2010）。在媒体中，男性更偏爱黑暗、惊险和智力型娱乐，而女性更偏好公共的和美学类娱乐（Rentfrow et al.，2011；Greenwood，2010）。

另一个话题是娱乐偏好与性格之间的相互关系。Rentfrow 等人（2011）研究了 1932—2008 年间 15 000 篇媒体领域的论文，他们惊奇地发现专注性格研究的文章非常少。但在这方面，也还有一些比较重要的研究存在。Chamorro-Premuzic 和 Furnham（2007）的研究发现，对于经历开放度高的人来说，相较于活泼欢快的和传统的音乐，倾向于偏好沉思型、复杂的音乐。另外，经历开放度高的人通常以理性的而不是情绪化的方式欣赏音乐，因此复杂古典音乐或爵士乐更适合他们智力的需要；而神经过敏、内向、不认真的人则更有可能将音乐用作情绪管理。其他研究者也发现了类似的结果，特别是性格的开发程度对于复杂音乐的偏好的预测在西方研究对象（Chamorro-Premuzic et al.，2010；Chamorro-Premuzic et al.，2009a）以及跨文化研究对象中都有同样的发现（Chamorro-Premuzic et al.，2009b）。

Rentfrow 等人（2011）也检验了性格与娱乐偏好的交集，发现性格的开发程度与他们研究中所提到的全部维度（除惊险维度外）呈正相关；高度随和导致公共维度偏好和美学维度偏好，随和与认真和黑暗维度呈负相关，高度外向型性格导致黑暗与智力维度偏好。

三、娱乐偏好与创造性

虽然在创造性语境下大众媒体娱乐方面的研究还很少，但已有文献探究了一般意义上的娱乐与媒体跟创造性的关系。一个早期研究发现，具有高度及中等创造性的孩子倾向于多读书且比创造性差的孩子更加喜欢读书（Roderick，1968）。阅读内容偏好虽然与性别有关，却跟创造性无关。其他研究者也发现了具有可比性的领域所特有的结果。作词家的创造性选择的能力受限于他/她在该领域的知识的积淀（McIntyre，2008）。Furnham 和 Chamorro-Premuzic（2004）也发现美学偏好与教育程度及经历相关。这些发现都与许多创造性理论中的一个概念相一致，即领域知识是领域特有创造性的核心成分（Amabile，1996；Baer & Kaufman，2005；Kaufman & Baer，2004，2006；Sternberg & Lubart，1996）。

也有其他研究者对接触/使用媒体对创造性的影响作了深入研究。如Subbotsky、Hysted 和 Jones（2010）开展了两个实验以对比观看魔幻电影与非魔幻电影的影响。研究发现孩子们的魔幻思维与创造性之间有正向联系，观看魔幻电影的孩子在创造性测试中得分显著高于观看非魔幻电影的孩子。

目前还不确定，高雅娱乐是否跟创造性关联度更高。来自不同背景的人在文化消费上具有不同的品味。如教育水平高的人更有可能收听高雅音乐（van Eijck，2001）。Katz-Gerro（2002）发现在以色列、美国、瑞典，高雅文化的消费者集中在社会阶层的顶端，而在意大利和德国，高雅文化的消费者却集中在社会阶层的底端。高雅文化包括美学、智力偏好，强调更多的是智力和信息，因此可能比低俗文化（公共的、黑暗的、惊险的）跟创造性有更多的关联。然而，这一关联还需要实证研究来检验。

很少有人使用 Rentfrow 等人（2011）的娱乐偏好维度作为起点来研究娱乐偏好。人们是否更有可能在反映其选择消费的娱乐类型方面具有创造性？本研究的目的是检验娱乐偏好［根据 Rentfrow 等人（2011）的框架］与自我报告的领域特定创造性之间的关系，需控制性别和性格两个变量。

四、研究方法

（一）被试者

1 943 名参与者中，1 786 名有效被试完成了所有问题。其中 288 名为男性、1 490 名为女性，还有 8 名被试没有标明性别。被试的平均年龄为 23.11 岁，标准差 6.13 岁（年龄区间为 18 ~ 69 岁），189 名被试没有标明年龄或给出的年龄信息不可用（即输入"1"）。一半被试是拉丁美洲人或西班牙裔美国人（50.1%），其次是欧洲裔美国人/白人/高加索人（21.1%），再次是美国黑人（8.8%）、亚洲人/亚裔美国人/太平洋岛居民（7.8%）、双种族/多种族人（5.8%）、中东/阿拉伯人（1.5%）、印第安人（0.4%）、其他（1.7%）。

（二）测量

（1）社会经济地位。三个问题用于衡量社会经济地位：你妈妈或女性监护人的最高教育水平、你父亲或男性监护人的最高教育水平、家庭收入。内部一致性系数为 0.60。

（2）娱乐偏好问卷。娱乐偏好问卷根据大样本开发而成，用于评价人们的娱乐偏好（Rentfrow et al.，2011）。该问卷包括 108 个测项（22 个有关音乐、34 个有关书籍/杂志、18 个有关电影、34 个有关电视节目）。每个测项都从不同娱乐领域详述不同休闲领域的某个特定类型（如音乐领域中的蓝调、古典音乐、流行音乐等，书籍和杂志领域中的学术、动作、冒险类等，电影领域中的喜剧、剧情片等，电视领域中的喜剧、游戏节目、晚间脱口秀等），并让参与者说出自己对该类型/领域的喜欢程度（1 讨厌，7 非常喜欢）。层级结构分析将其分为 5 个领域（88 个测项）：公共的、美学的、黑暗的、惊险的、智力的。该样本的信度系数为：公共的（0.88）、美学的（0.92）、黑暗的（0.80）、惊险的（0.90）、智力的（0.90）。

（3）人格评价。国际人格题库（IPIP；Goldberg，1999；Goldberg et al.，2006）用于评估人格特质。它是一个包含 50 个题目的衡量标度，用于测量五大人格：外向型（extra version）、随和型（agreeableness）、责任型（conscientiousness）、神经质型（neuroticism）、开放型（openness）。该题库要求被试对一个 5 级（1 反对，5 强烈同意）评价量表作出回答。在我们的研究中，信度系数为：外向型（0.88）、随和型（0.81）、责任型（0.77）、神经质型（0.85）、开放型（0.79）。

（4）创造性行为自传式量表（BICB）。该量表（Batey，2007）用于评估一般创造性/创造性成就。该量表要求被试按照量表中所列举的 34 种行为报告他们在过去 12 个月内所参与的活动。本研究中创造性行为自传式量表的信度系数为 0.75。

（5）考夫曼创造力量表（KDOCS）。该量表（Kaufman，2012）用于测量一个人在某一特定行为上的创造力或在不同领域的创造性潜力：自我/日常的、学术的、表现（包含写作和音乐）的、机械的/科学的、艺术的。要求被试将自己与自己同龄以及有相似生活经历的人相对比，并对一个 5 分量表（1 更少创造性，5 更多创造性）中的大约 50 个问题作出回答。本研究的样本的信度系数：自我/日常的（0.87）、学术的（0.87）、表现的（0.89）、机械的/科学的（0.88）、艺术的（0.85）。

（三）步骤

所有被试都是通过网络参加测量，完成后可获得一门课程的额外加分。测量随机分派给每位被试。

五、结果

（一）娱乐偏好中的个人差异

本研究的其中一个目的是测试人们欣赏不同类型娱乐时的个体差异。初步测试主要关注性别和人格。

1. 性别差异

本研究用单因素方差分析测试娱乐偏好的性别差异，结果显示女性只是在公共领域显著高于男性；男性则在其他三个领域都高于女性（智力领域、黑暗领域、惊险领域）。这与 Rentfrow 等（2011）的研究结果一致。本研究与 Rentfrow 等（2011）的研究结果的细微差别是，本研究发现，在美学领域虽然男性平均得分高于女性，但这种差别并不显著；而以往研究则发现性别组群差异，即女性更可能表现出对美学作品的偏好。与以往只使用相关分析不同的是，本研究报告了 5 种娱乐领域的平均分以表达性别差异，如表 1 所示。

表 1　娱乐偏好的性别差异（$n = 1\,778$）

	公共偏好		美学偏好		黑暗偏好		惊险偏好		智力偏好	
	N	SD	N	SD	N	SD	N	SD	N	SD
男	4.56	1.06	4.28	1.19	4.50	1.05	5.21	1.06	4.56	1.22
女	5.11	0.84	4.15	1.10	4.16	0.99	4.93	1.06	4.35	1.07
	94.70***		3.50		28.63***		16.87***		8.45**	

注：** 表示 $p < 0.01$；*** 表示 $p < 0.001$。

2. 人格差异

本研究在两个方面不同于 Rentfrow 等（2011）的研究，即样本和量表。本研究使用本科生样本，而以往研究只使用了网络和社区样本；另外，本研究使用了简化版的国际人格题库（IPIP）而不是 IPIP-AB5C，以保测量一致性，因为两份量表有相似的维度。研究所得出的结果将与 Rentfrow 等（2011）的研究结果作对比。首先进行双变量相关分析，外向型和开放型人格与所有 5 个娱乐偏好类型相关，其他人格维度只跟娱乐偏好部分相关。为了辨别哪种人格类型与特定娱乐偏好相关度更高，研究者使用了路径分析的方法，建立了一个初步路径模型，如图 1 所示；通过计算和修改获得最终路径模型，如图 2 所示。

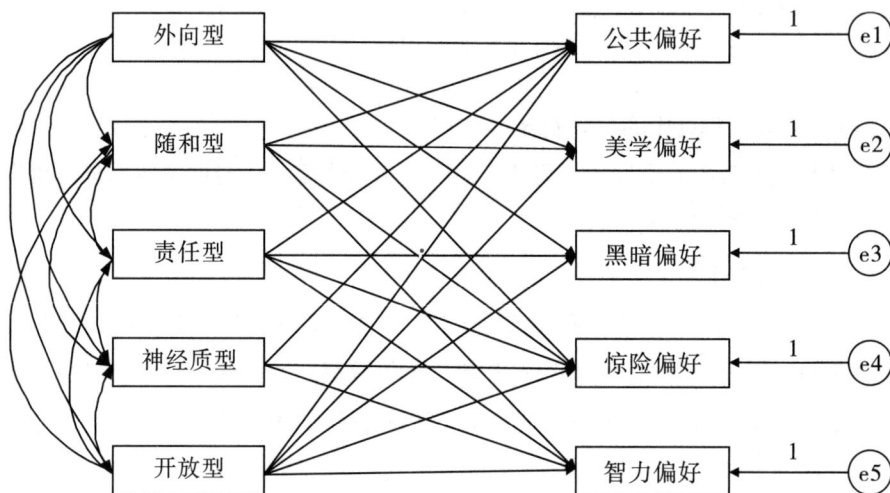

图 1　人格与娱乐偏好的初始路径模型

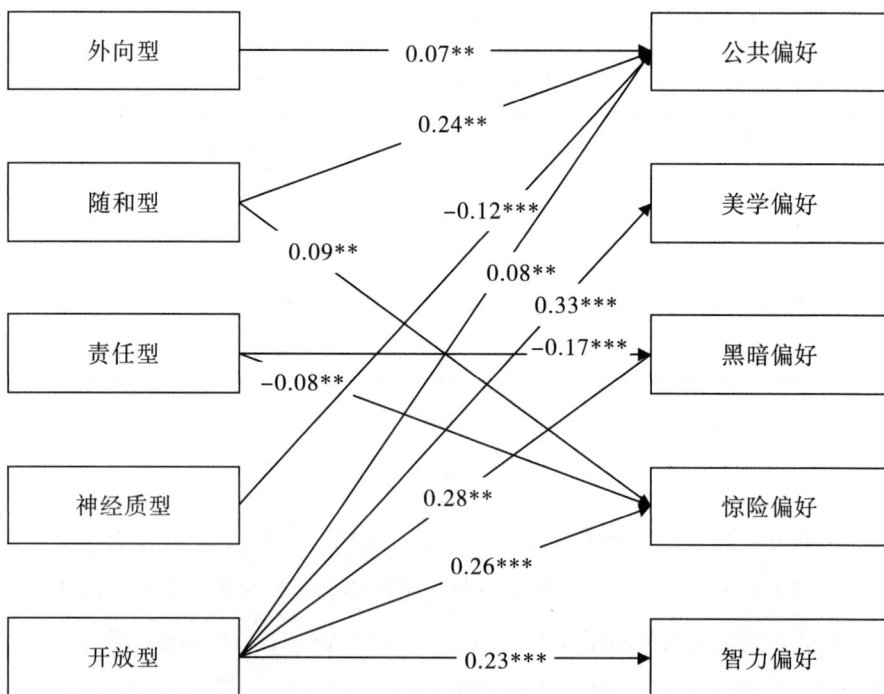

图 2　人格与娱乐偏好的最终路径模型

注：为清楚起见，本模型只呈现了重要路径。** 表示 $p < 0.01$；*** 表示 $p < 0.001$。

初步路径模型并不拟合数据，于是研究者主要基于修改指数（为模型拟合的改进的主要统计指标）或理论缩减做了修改。模型生成与理论缩减在 AMOS 中继续，以便找出更多最优拟合并确保每个参数都具有实际意义（本程序与其他模型相同）。最终路径模型与数据拟合很好：$\chi^2(df=3)=12.46$，$p=0.006$，$\chi^2/df=4.15$，拟合度指标（GFI）$=0.999$，调整后的拟合度指标 $AGFI=0.974$，塔克尔勒威斯指数（Tucker-Lewis index，TLI）$=0.978$，比较拟合指数（comparative fit index，CFI）$=0.999$，根平均剩余（root mean residual，RMR）$=0.010$，近似误差均方根（root mean square error of approximation，$RMSEA$）$=0.042$，$90\% CI [0.020, 0.068]$。为简化起见，图 1 中只列出了显著结果。在表 2 中列出所有结果。

表 2　人格与娱乐偏好的最终路径模型结果

路径	B	SE	β	$CR(t)$
外向型人格				
公共偏好	0.080	0.030	0.065	2.677
美学偏好	−0.043	0.036	−0.028	−1.179
黑暗偏好	0.055	0.033	0.041	1.675
惊险偏好	−0.022	0.035	−0.015	−0.614
智力偏好	0.072	0.037	0.048	1.960
随和型人格				
公共偏好	0.378	0.037	0.236	10.141
美学偏好	−0.016	0.041	−0.008	−0.392
惊险偏好	0.169	0.038	0.090	4.407
智力偏好	−0.007	0.046	−0.004	−0.161
责任型人格				
公共偏好	−0.022	0.040	−0.014	−0.559
黑暗偏好	−0.298	0.043	−0.168	−6.984
惊险偏好	−0.146	0.047	−0.078	−3.130
智力偏好	−0.072	0.049	−0.037	−1.463
神经质型人格				
公共偏好	−0.150	0.026	−0.120	−5.810
惊险偏好	0.060	0.026	0.041	2.279

（续上表）

路径	B	SE	β	$CR(t)$
智力偏好	0.044	0.026	0.029	1.724
开放型人格				
公共偏好	0.135	0.044	0.082	3.064
美学偏好	0.667	0.051	0.330	12.970
黑暗偏好	0.502	0.046	0.255	10.825
惊险偏好	0.492	0.051	0.277	9.637
智力偏好	0.460	0.054	0.231	8.539

开放型人格正向预测了所有偏好：美学偏好（$\beta = 0.33$，$p < 0.001$）、智力偏好（$\beta = 0.23$，$p < 0.001$）、公共偏好（$\beta = 0.08$，$p < 0.01$）、黑暗偏好（$\beta = 0.28$，$p < 0.01$）、惊险偏好（$\beta = 0.26$，$p < 0.001$）。这些结果与过往研究结果一致；惊险偏好的结果跟网络样本的结果相似，但与社区样本的结果不同。这意味着大学生与网络群体之间存在更多的同质性。

随和型人格正向预测了公共偏好（$\beta = 0.24$，$p < 0.01$），这一结果跟过往研究发现非常相似，但是本研究无法显示随和型人格与美学偏好之间存在任何关系（过往研究发现两者之间存在正向关联）。本研究发现随和型人格与惊险偏好之间存在正向预测关系，但正向预测关系微小（$\beta = 0.09$，$p < 0.01$）。外向型人格正向预测公共偏好（$\beta = 0.07$，$p < 0.01$），这与过往研究中所发现的外向型人格对于大多数偏好的广泛影响有些许不同。

责任型人格与黑暗偏好（$\beta = -0.17$，$p < 0.001$）和惊险偏好（$\beta = -0.08$，$p < 0.01$）因素都负相关。两者都属于叛逆型类型，具有相同的人格形态。这是第一次在责任型人格与惊险偏好之间发现存在负相关，且仅存在于本科生群体与社区和网络样本相对比时。另外一个与以往研究不一致的发现是，神经质型人格反向预测了公共偏好（$\beta = -0.12$，$p < 0.001$）。

（二）娱乐偏好、人格、一般创造性

本研究两次使用路径分析测试在控制性别与社会经济地位情况下娱乐偏好、人格与一般创造性之间的关系。第一个路径模型针对的是高雅娱乐和低俗娱乐，最终路径模型很好地拟合了实验数据，$\chi^2 (df = 28) = 45.45$，$p = 0.020$，$\chi^2/df = 1.62$，$GFI = 0.996$，$AGFI = 0.988$，$TLI = 0.990$，$CFI = 0.996$，$RMR = 0.037$，

$RMSEA = 0.019$，90% CI $[0.008，0.028]$。只有高雅娱乐（$\beta = 0.13$，$p < 0.001$）这一维度正向预测了一般创造性，没有发现低俗娱乐的显著影响。第二次路径分析针对5种娱乐偏好，最终路径模型很好地拟合了实验数据，χ^2（$df = 29$）$= 47.51$，$p = 0.017$，$\chi^2/df = 1.64$，$GFI = 0.996$，$AGFI = 0.985$，$TLI = 0.992$，$CFI = 0.998$，$RMR = 0.044$，$RMSEA = 0.027$，90% CI $[0.002，0.023]$。只有美学偏好（$\beta = 0.18$，$p < 0.001$）这一维度正向预测了一般创造性；社会经济地位（$\beta = 0.10$，$p < 0.001$）也显著预测了一般创造性。

人格与一般创造性之间的关系在两个路径模型中具有统一的模式：人格三个因素在创造性行为自传式量表上具有显著影响，虽然一个正效应来自开放型人格（高雅和低俗模型：$\beta = 0.25$，$p < 0.001$；5种偏好模型：$\beta = 0.23$，$p < 0.001$）、外向型人格（高雅和低俗模型：$\beta = 0.09$，$p < 0.001$；5种偏好模型：$\beta = 0.08$，$p < 0.001$），一个负效应来自神经质型人格（两个模型均是：$\beta = -0.05$，$p < 0.05$）。

（三）娱乐偏好、人格与领域内创造性

为了更清楚地展示娱乐偏好及人格对于各种领域内的创造性的影响，我们首先在初始路径和最终路径模型中（见图3、图4）测试了五大人格因子对于娱乐偏好的5个维度的预测效应，然后控制人格（隐藏变量）及性别和社会经济地位（隐藏变量），又执行了另外两种初始和最终模型（见图5至图8）以测试娱乐偏好与领域内创造性的关系。

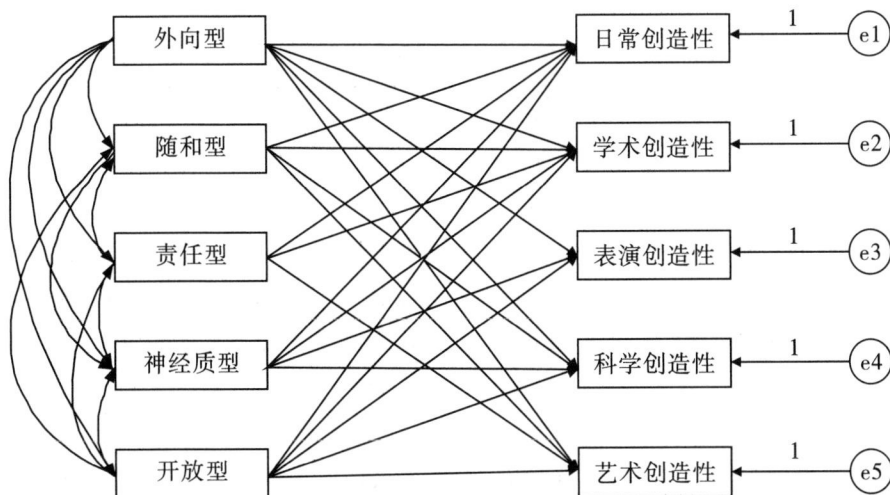

图3　人格与领域内创造性初始路径模型

　　我们也使用了路径分析的方法以测试人格与领域内创造性之间的关系：初始路径模型见图3，最终路径模型如图4和表3所示。

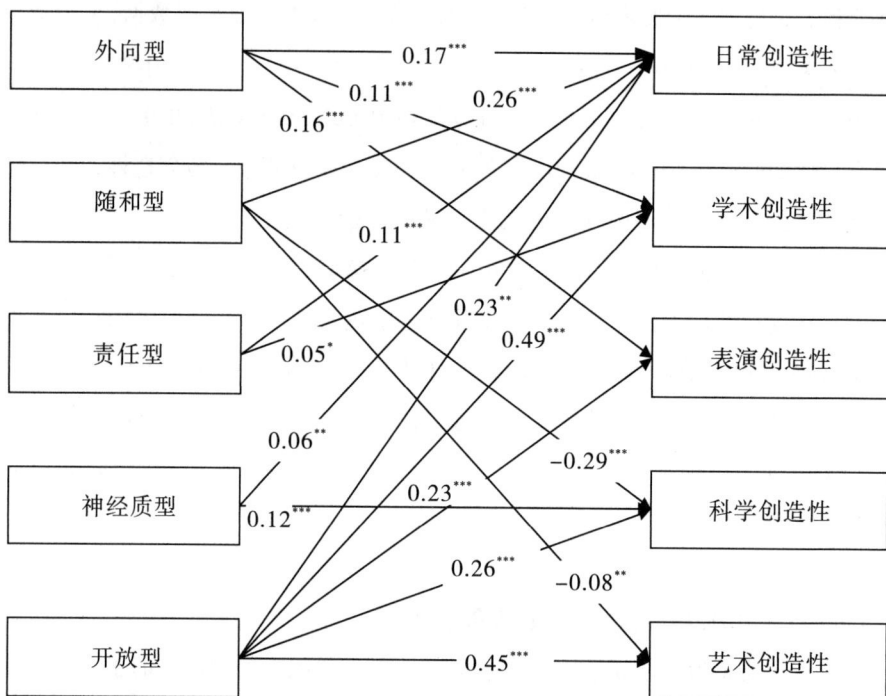

图4　人格与领域内创造性最终路径模型

　　注：为简单起见，本模型只显示了重要路径。* 表示 $p < 0.05$；** 表示 $p < 0.01$；*** 表示 $p < 0.001$。

表3　人格与创造性最终路径模型结果

路径	B	SE	β	$CR(t)$
外向型人格				
日常创造性	0.137	0.017	0.171	8.149
学术创造性	0.108	0.021	0.111	5.149
表演创造性	0.195	0.030	0.159	6.601
科学创造性	0.015	0.029	0.013	0.515
艺术创造性	−0.030	0.025	−0.028	−1.205
随和型人格				
日常创造性	0.271	0.024	0.259	11.404

（续上表）

路径	B	SE	β	$CR(t)$
学术创造性	-0.056	0.029	-0.044	-1.912
科学创造性	-0.453	0.040	-0.292	-11.313
艺术创造性	-0.116	0.035	-0.082	-3.279
责任型人格				
日常创造性	0.111	0.023	0.106	4.927
学术创造性	0.059	0.026	0.047	2.238
艺术创造性	-0.051	0.030	-0.036	-1.704
神经质型人格				
日常创造性	0.049	0.016	0.060	2.975
学术创造性	-0.007	0.020	-0.008	-0.369
表演创造性	-0.014	0.025	-0.012	-0.567
科学创造性	0.141	0.025	0.116	5.584
开放型人格				
日常创造性	0.243	0.025	0.226	9.706
学术创造性	0.637	0.031	0.491	20.573
科学创造性	0.417	0.042	0.262	9.962
表演创造性	0.371	0.040	0.225	9.354
艺术创造性	0.646	0.038	0.445	17.209

　　初始路径模型并不拟合实验数据，于是我们主要基于修改指数及理论缩减法做了修改。模型最终很好地拟合了实验数据，$\chi^2 (df = 2) = 2.43$，$p = 0.296$，$\chi^2/df = 1.22$，$GFI = 1.000$，$AGFI = 0.992$，$TLI = 0.998$，$CFI = 1.000$，$RMR = 0.003$，$RMSEA = 0.011$，90% CI [0.000, 0.050]。

　　开放型人格正向预测所有 5 个领域的创造性：日常创造性（$\beta = 0.23$，$p < 0.01$），学术创造性（$\beta = 0.49$，$p < 0.001$），表演创造性（$\beta = 0.23$，$p < 0.001$），科学创造性（$\beta = 0.26$，$p < 0.001$），艺术创造性（$\beta = 0.45$，$p < 0.001$）。这一结果与 Kaufman（2012）的研究唯一不同之处在于，Kaufman 发现在开放型人格与科学创造性之间不存在关联性。

外向型人格结果与 Kaufman（2012）的研究结果一致，同样正向预测了三个领域的创造性：日常创造性（$\beta = 0.17$，$p < 0.001$）、学术创造性（$\beta = 0.11$，$p < 0.001$）、表演创造性（$\beta = 0.16$，$p < 0.001$）。

随和型人格正向预测了日常创造性（$\beta = 0.26$，$p < 0.001$），反向预测了科学创造性（$\beta = -0.29$，$p < 0.001$）及艺术创造性（$\beta = -0.08$，$p < 0.01$）。在 Kaufman 的研究中，随和型人格与学术创造性和表演创造性呈正相关，与科学创造性呈负相关。

责任型人格和神经质型人格对创造性的影响最小。本研究只发现责任型人格对日常创造性（$\beta = 0.11$，$p < 0.001$）和学术创造性（$\beta = 0.05$，$p < 0.05$）产生影响。神经质型人格只正面预测了日常创造性（$\beta = 0.06$，$p < 0.01$）和科学创造性（$\beta = 0.12$，$p < 0.001$）。在 Kaufman 的研究中，责任型人格与日常创造性呈负相关，与学术创造性和表演创造性呈正相关。

（四）娱乐偏好与领域创造性

本研究使用路径模型检测娱乐偏好与领域创造性之间的关系，加入人格（5维度）、性别（男性 = 1，女性 = 0）、社会地位（3 项）作为协变量。在这个二维模型及五维模型中分别检验这两个概念之间的关系。

1. 二维模型

初始路径模型和最终路径模型如图 5、图 6 和表 4 所示。初始路径模型并不拟合实验数据，主要基于修改指数和理论缩减法做了修改。最终路径模型很好地拟合了实验数据，$\chi^2(df = 53) = 79.06$，$p = 0.012$，$\chi^2/df = 1.49$，$GFI = 0.994$，$AGFI = 0.986$，$TLI = 0.993$，$CFI = 0.997$，$RMR = 0.017$，$RMSEA = 0.017$，90% $CI\ [0.008, 0.024]$。

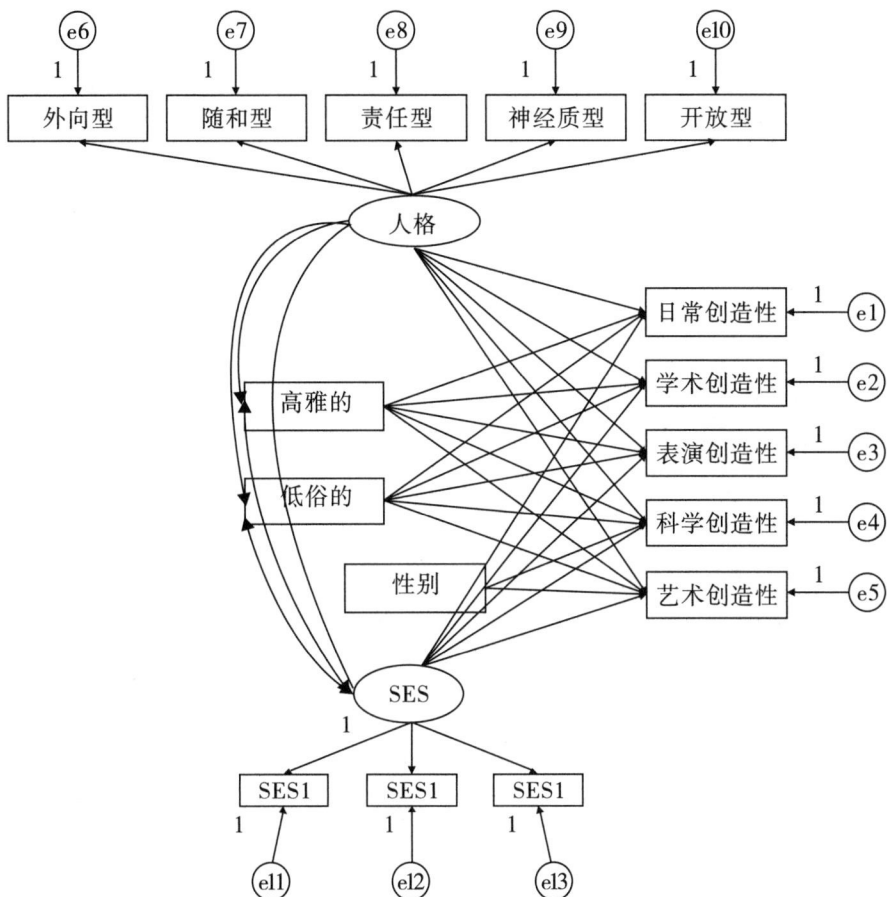

图 5　娱乐偏好与领域内创造性初始路径模型（二维模型）

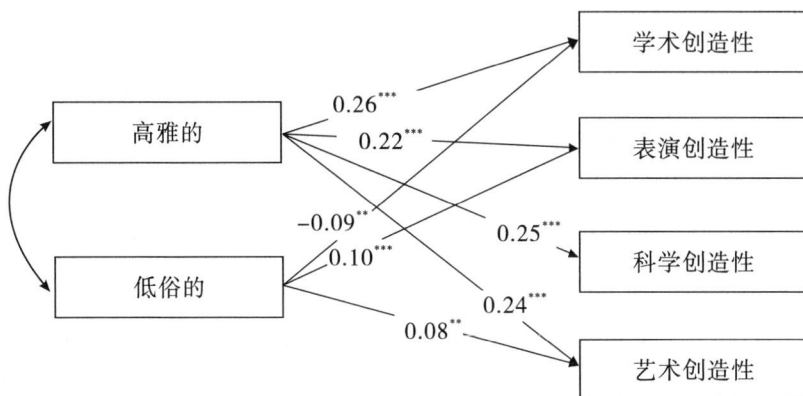

图 6　娱乐偏好与领域内创造性的最终路径模型（二维模型）

注：为简单起见，本模型只呈现了重要路径。** 表示 $p < 0.01$；*** 表示 $p < 0.001$。

表 4　娱乐偏好与领域内创造性最终路径模型结果（二维模型）

路径	B	SE	β	CR (t)
高雅偏好				
日常创造性	-0.024	0.019	-0.042	-1.243
学术创造性	0.181	0.020	0.261	9.156
科学创造性	0.191	0.027	0.219	7.172
表演创造性	0.210	0.027	0.249	7.927
艺术创造性	0.188	0.023	-0.243	8.130
低俗偏好				
日常创造性	0.013	0.023	0.018	0.559
学术创造性	-0.078	0.024	-0.091	-3.270
科学创造性	0.111	0.032	0.103	3.417
表演创造性	0.038	0.032	0.037	1.208
艺术创造性	0.074	0.028	0.078	2.643

除日常创造性之外，高雅偏好正面预测了所有领域的创造性（$\beta = -0.04$，$p > 0.05$），这些预测情况是学术创造性（$\beta = 0.26$，$p < 0.001$），科学创造性（$\beta = 0.22$，$p < 0.001$），表演创造性（$\beta = 0.25$，$p < 0.001$），艺术创造性（$\beta = 0.24$，$p < 0.001$）；低俗偏好在表演创造性（$\beta = 0.10$，$p < 0.001$）和艺术创造性（$\beta = 0.08$，$p < 0.01$）方面正向预测了创造性，但反向预测了学术创造性（$\beta = -0.09$，$p < 0.01$）。

2. 五维模型

初始和最终模型如图 7、图 8 和表 5 所示。初始路径模型不拟合实验数据，于是我们主要基于修改指数及理论缩减法做了修改。最终模型较好地拟合了实验数据，$\chi^2 (df = 63) = 98.90$，$p = 0.003$，$\chi^2/df = 1.57$，$GFI = 0.994$，$AGFI = 0.983$，$TLI = 0.992$，$CFI = 0.997$，$RMR = 0.028$，$RMSEA = 0.018$，90% CI [0.011，0.024]。娱乐偏好在不同领域都显著预测了对创造性的影响。

公共偏好对四个领域具有正向影响：日常创造性（$\beta = 0.08$，$p < 0.05$），学术创造性（$\beta = 0.18$，$p < 0.001$），表演创造性（$\beta = 0.13$，$p < 0.001$），艺术创造性（$\beta = 0.10$，$p < 0.01$），对科学创造性（$\beta = -0.11$，$p < 0.01$）具有反向影响。

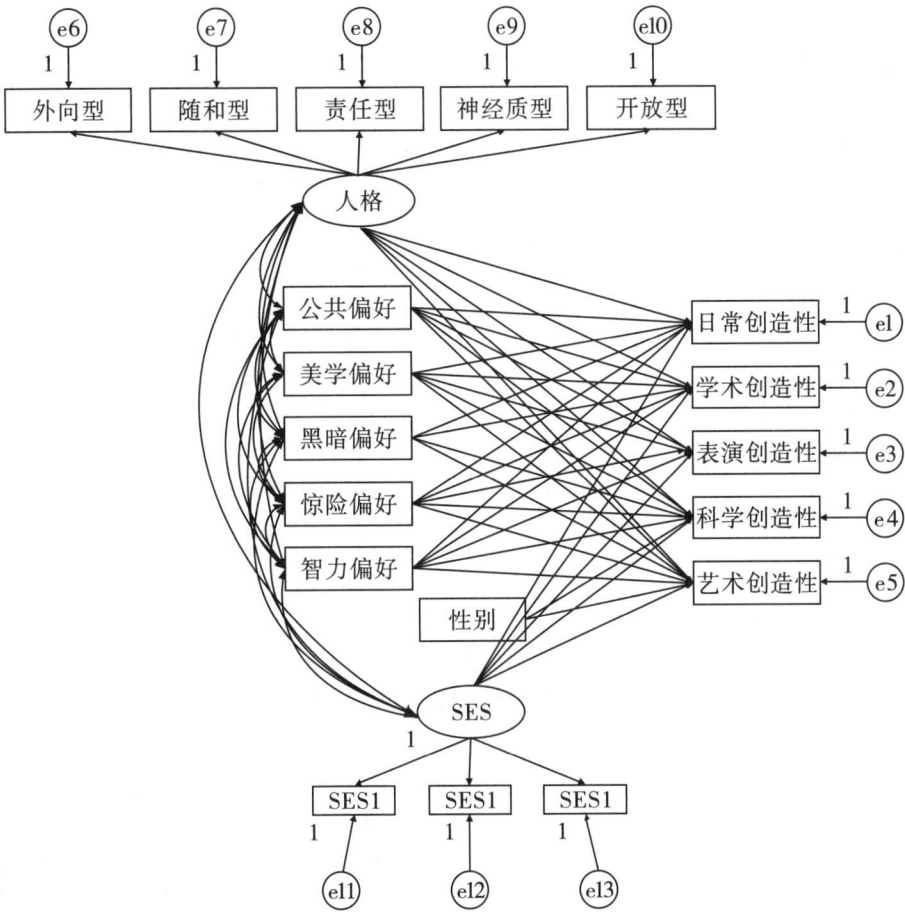

图 7 娱乐偏好与领域内创造性的最终路径模型（五维模型）

美学偏好表现出对除科学创造性之外的所有创造性领域都具有强烈影响，具体如下：日常创造性（$\beta = 0.15$，$p < 0.001$），学术创造性（$\beta = 0.36$，$p < 0.001$），表演创造性（$\beta = 0.37$，$p < 0.001$），艺术创造性（$\beta = 0.44$，$p < 0.001$）。

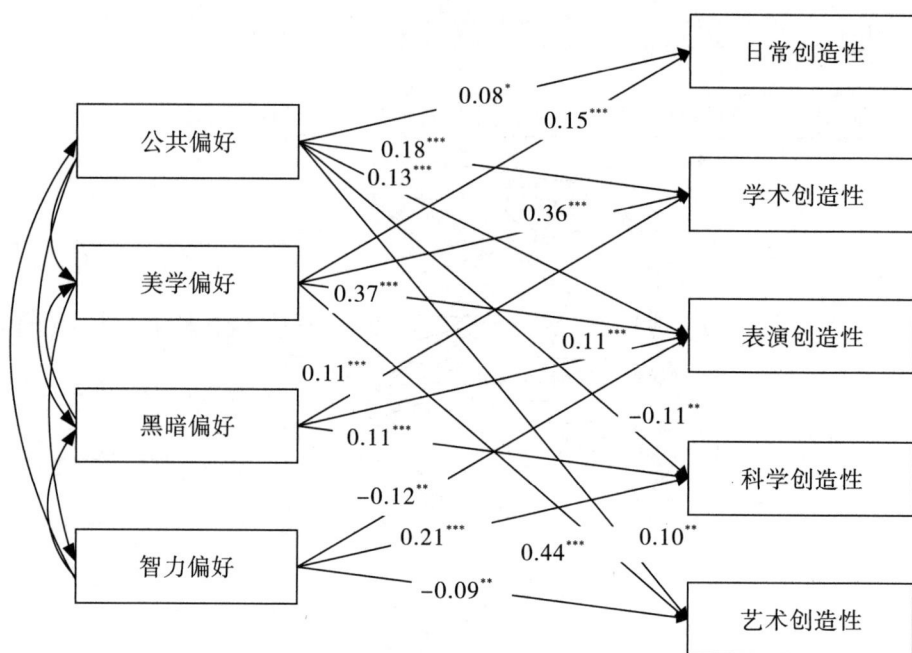

图8 娱乐偏好与领域内创造性的最终路径模型（五维模型）

注：为简单起见，本模型只呈现了重要路径。＊$p<0.05$；＊＊$p<0.01$；＊＊＊$p<0.001$。

表5 娱乐偏好与领域创造性最终路径模型结果（五维模型）

路径	B	SE	β	$CR(t)$
公共偏好				
日常创造性	0.051	0.021	0.078	2.416
学术创造性	−0.143	0.023	−0.182	−6.079
科学创造性	0.123	0.030	0.125	4.135
表演创造性	−0.102	0.032	−0.107	−3.177
艺术创造性	0.089	0.028	0.101	3.194
美学偏好				
日常创造性	0.079	0.020	0.149	3.907
学术创造性	0.231	0.024	0.360	9.693
科学创造性	0.297	0.030	0.367	10.076
表演创造性	0.046	0.030	0.058	1.549
艺术创造性	0.318	0.026	0.443	12.308

（续上表）

路径	B	SE	β	$CR(t)$
黑暗偏好				
日常创造性	0.007	0.018	0.011	0.379
学术创造性	0.077	0.022	0.107	3.440
科学创造性	0.095	0.028	0.105	3.398
表演创造性	0.099	0.028	0.113	3.583
艺术创造性	0.019	0.024	0.024	0.794
惊险偏好				
日常创造性	−0.024	0.020	−0.043	−1.199
学术创造性	−0.030	0.025	−0.045	−1.212
科学创造性	0.039	0.029	0.047	1.341
表演创造性	−0.040	0.029	−0.046	−1.357
艺术创造性	0.007	0.025	0.010	0.285
智力偏好				
日常创造性	0.010	0.020	0.018	0.485
学术创造性	0.046	0.024	0.070	1.904
科学创造性	−0.094	0.029	−0.115	−3.207
表演创造性	0.171	0.029	0.214	5.804
艺术创造性	−0.068	0.026	−0.094	−2.641

黑暗偏好对学术创造性、表演创造性、科学创造性具有相同的影响（$\beta = 0.11$，$p < 0.001$）。

智力偏好对科学创造性（$\beta = 0.21$，$p < 0.001$）具有积极影响，但对表演创造性（$\beta = −0.12$，$p < 0.01$）及艺术创造性（$\beta = −0.09$，$p < 0.01$）具有消极影响。

六、讨论

（一）娱乐偏好的个体差异

本研究的初始目的是简单复制 Rentfrow 等人（2011）有关娱乐偏好中的人格和性别差异。本研究结果跟最初的研究发现一致程度较高。女性倾向于公共主题的娱乐，男性偏爱黑暗、惊险、智力主题的娱乐。虽然本研究使用了不同的人格量表，测量人数也不同，但基本发现与 Rentfrow 等人的研究比较一致。娱乐偏好中的人格差异显示，对于娱乐，人是主动的寻求者，而非被动的接受者。

（二）娱乐偏好与创造性

随着更多的人将休闲时间花费在大众媒体娱乐上而不是花费在美学上，研究这些偏好跟创造性的自我信念及自我评价生产率有什么样的关系就显得很重要。本研究的结果检验了娱乐偏好与一般创造性和具体领域创造性之间的关系。对于一般创造性而言，只有高雅偏好（更具体地说，美学维度）是一个正面预测因素。不过，考虑到具体领域的创造性领域时，偏好具有更高的预测能力。把性别、社会经济地位和人格作为协变量时，高雅偏好除日常创造性之外的所有领域都正面预测了创造性。低俗偏好没有在特定领域显示出预测性能力，但高雅偏好对于一般创造性和具体领域创造性都具有更好的预测能力。

把性别、社会经济地位及人格作为控制变量时，特定创造性领域除惊险维度之外与所有 5 个维度的娱乐偏好相关。这一发现可能表明人们收听、阅读、观看的媒体或将影响他们如何看待自己的创造能力。具体结果讨论如下。

1. 美学偏好

结果显示美学偏好对于除科学领域之外的所有创造性领域都具有较强的影响。以往研究已经阐明了一般美学偏好对于创造性的可能带来的正面影响（Rawlings et al.，1998；Furnham & Chamorro-Premuzic，2004；Myszkowski et al.，2014）。本研究确认了两者之间的紧密关系以及这种偏好对于媒介美学的广泛的影响。科学创造者需要获得本领域内的大量知识才能取得较大的创造性成就。另外，科学创造性可能跟美学品位之间的关系没有那么大。正如一项研究所显示的那样，艺术家和音乐家样本在美学品位上比科技人才样本的被试得分高（Hass，2014）。这种偏好具有最强大的预测能力，似乎对日常、学术、表演和艺术领域具有很重要的意义，这可能反映了艺术偏见，即外行如何看待最有创造性的概念（Glaveanu，2014）。

2. 智力偏好

智力维度对于科学创造性具有正向影响，对于表演创造性和艺术创造性具有反向影响。有趣的是，虽然智力维度属于高雅因素，它却可能对表演创造性及艺术创造性起到阻碍作用。值得深入研究的一个现象是，并非所有的高雅娱乐都对创造性具有正向影响。智力维度包括如时事、新闻、商务及其他事实和信息类输入的娱乐。Runco 和 Bahleda（1986）发现外行对于艺术创造性和科学创造性所需的不同类型的信息比较敏感。参与者认为，想象力对于艺术创作者更加重要，而事实及解决问题的技巧对于科学创造者更加重要。Kaufman 等人（2015）最近的研究强化了这种外行人的观点，表明认知能力在科学领域比在艺术领域具有更强的预测作用（开放型人格对于艺术成就具有更强的预测作用）。一种可能是，智力偏好跟科学创造性相匹配，因为两者都强调事实和信息，而与更为基于艺术的表演创造性和艺术创造性不同。

3. 公共偏好

公共偏好与美学偏好相似，具有广泛的影响并且只能反向预测科学创造性。不过，公共偏好维度并没有像美学偏好那样强烈地预测创造性领域。公共维度的广泛的预测力可以由该维度的轻松和流行来解释，比如很多基于喜剧的娱乐都被包含在公共维度之内，这种联系可能是幽默与创造性之间的联系的一种反映（Earleywine，2010）。虽然美学和公共偏好都正向预测相同的创造性领域，两者的实现机制可能并不相同。

4. 黑暗偏好

结果显示黑暗偏好对于学术、表演、科学领域创造性具有正向影响。黑暗内容通常具有剧烈、紧张、享乐主义的特点。Arnett（1992）发现，对于重金属音乐的更大的偏好（重金属音乐包含在黑暗维度之内）与更高分值的抑制解除、寻求体验以及无聊感受相对应。Zuckerman（1994）把寻求刺激定义为"描述寻求各种新颖、复杂且强烈的感觉和体验的趋势以及为这种体验而冒肉体、社会、法律以及经济风险的意愿的一种特征"。寻求刺激已被发现与创造性所需的某些特征相互重合。另一种可能是，黑暗偏好可能会利用恶意创造性（Cropley，Kaufman & Cropley，2008），有些奇闻逸事的证据也可以证明恶意的创造更可能存在于科学中（如，Cropley et al.，2010）。黑暗偏好与创造性之间的联系机制可能很复杂，还需进一步研究。

（三）本研究的不足以及未来研究的建议

本研究的不足在于创造性的测量使用的是自我报告数据。但是使用自我报告的创造性（self-reported creativity）也还是有正当理由的。Silvia、Wigert、Reiter-Palmon 和 Kaufman（2012）检验了几种自我报告创造性的量表，得到的结论是自我报告创造性评价可能比大多数研究者所认为的要好得多。然而，也有几项研究表明自我报告创造性跟创造性表现并不是特别相关（Kaufman，Evans & Baer，2010；Pretz & McCollum，2014；Reiter-Palmon et al.，2012），领域可能在这种关系的强度方面起到一定的作用（Kaufman，Pumaccahua & Holt，2013）。另外，一个人的创造性元认知可能会中和他/她的创造性自我评价（Kaufman & Beghetto，2013）。理想状态下，未来研究应当检验真实的创造性表现。

本研究的结果可能受限制于参与者的同质性。研究者只使用了大学生样本，他们具有相似的教育背景、年龄和经历，而个人对娱乐的偏好可能因所处的人生阶段而不同。本研究所采用的人群样本肯定影响了研究的普遍性。

未来研究有很多可能性。首先，应当采用更加多样化的样本来复制本研究。考虑到本研究的探索性特征，娱乐偏好对各领域创造性的影响特别需要复制（特别是其他更多基于表现的创造性测试），以便在该领域打下一个更加坚实的基础。其次，应当通过实验性研究探索娱乐偏好与创造性之间的机制。其他变量也可以考虑进去，从个体因素（如心情、动机、自我效能）到情境因素（如文化或年龄）再到能力因素（如智商或发散思维）。

七、结论

本研究在娱乐偏好和分领域创造性之间的关系方面提供了初步的、探索性的认识。从个人立场看，一个人从娱乐中所获得的情感和智力收获可以解释一些本研究的发现。选择性接触理论（Zillmann，2000）认为，人们寻求特定的娱乐是为了寻求心理满足，主要是情感享受。Hutton 和 Sundar（2008）发现媒体制造的情感通过唤醒与效价的相互作用可以对创造性产生很大的影响。高唤醒和积极情绪导致更高的创造性，低唤醒和负面情绪则相反。

从更加交互的角度来看，接受某种娱乐可以代表一种基本的发现支持性、创造性的环境。环境已经被证明对于创造能力具有重要作用（Amabile，1996；Csikszentmihalyi，1988）。另外，根据 Csikszentmihalyi（1988）的系统理论，创造性由领域（特定知识和技能）、范围（掌控该领域的守门人）及人（具有创造潜能）的相互作用构成。人们选择他们娱乐的方式为他们提供机会来获得领域知识以及与范围守门人虚拟联系的可能。

另外，如果将 Tinio（2013）的镜像模型用于娱乐观赏体验，可以得到这样的结论：更深一步地接触媒体可以让人对媒体更深层次的运作方式有更多的了解，甚至让人了解这种工作背后的过程。一个人在某一领域的娱乐消费越多，他/她就越有可能成为该领域的专家。

虽然本研究只是探索性的，但它是检验娱乐偏好与创造性之间关系的关键性一步。随着大众娱乐产业的日益发展以及我们所生活的社会对持续创新的号召，这种关系更加值得我们深入研究。通过将 Rentfrow 等人（2011）所勾勒的娱乐偏好与 Kaufman（2012）的创造性领域的概念相关联，我们就能够为后续研究者搭建深入研究这种关联的原因和方式的舞台。

参考文献

［1］AMBILE T M. Creativity in context：update to the Social Psychology of Creativity. Boulder, CO：Westview Press, 1996.

［2］ARNETT J. The soundtrack of recklessness：musical preference and reckless behavior among adolescents. Journal of adolescent research, 1992, 7（3）：313－331.

［3］BAER J, KAUFMAN J C. Bridging generality and specificity：the amusement park theoretical（APT）model of creativity. Roeper review：a journal on gifted education, 2005, 27（3）：158－163.

［4］BATEY M. A psychometric investigation of everyday creativity. Unpublished doctoral dissertation. London, University College London, 2007.

［5］BRYANT J, MIRON D. Entertainment as media effect//BRYANT J, ZILLMANN D. Media effects：advances in theory and research. 2nd ed. Mahwah, NJ：Erlbaum, 2002：549－582.

［6］BRYANT J, ZILLMANN D. A retrospective and prospective look at media effects// NABI R, OLIVER M B. Handbook of media effects. Los Angeles, CA：Sage, 2009：9－17.

［7］CHAMORRO-PREMUZIC T, FAGAN P, FURNHAM A. Personality and uses of music as predictors of preferences for music consensually classified as happy, sad, complex, and social. Psychology of aesthetics, creativity, and the arts, 2010, 4（4）：205－213.

［8］CHAMORRO-PREMUZIC T, FURNHAM A. Personality and music：can traits explain how people use music in everyday life?. British journal of psychology, 2007, 98（2）：175－185.

［9］CHAMORRO-PREMUZIC T, GOMÀ-I-FREIXANET M, FURNHAM A, et al. Personality, self estimated intelligence and uses of music：a Spanish replication and extension using structural equation modeling. Psychology of aesthetics, creativity, and the arts, 2009a, 3（3）：149－155.

［10］ CHAMORRO-PREMUZIC T, SWAMI V, FURNHAM A, et al. The big five personality traits and uses of music: a replication in Malaysia using structural eguation modeling. Journal of individual differences, 2009b, 30 (1): 20 – 27.

［11］ CROPLEY D H, CROPLEY A J, KAUFMAN J C, et al. The dark side of creativity. New York, NY: Cambridge University Press, 2010.

［12］ CROPLEY D H, KAUFMAN J C, CROPLEYA J. Malevolent creativity: a functional model of creativity in terrorism and crime. Creativity research journal, 2008, 20 (2): 105 – 115.

［13］ CSIKSZENTMIHALYI M. Society, culture, person: a systems view of creativity// STERNBERG R J. The nature of creativity. New York, NY: Cambridge University Press, 1998: 325 – 339.

［14］ CSIKSZENTMIHALYI M. Creativity: flow and the psychology of discovery and invention. New York, NY: Harper Collins, 1996.

［15］ EARLEYWINE M. Humor 101. New York, NY: Springer, 2010.

［16］ FURNHAM A, CHAMORRO-PREMUZIC T. Personality, intelligence, and art. Personality and individual differences, 2004, 36 (3): 705 – 715.

［17］ GENTILE D A, BUSHMAN B J. Reassessing media violence effects using a risk and resilience approach to understanding aggression. Psychology of popular media culture, 2012, 1 (3): 138 – 151.

［18］ GLAVEANU V P. Revisiting the "art bias" in lay conceptions of creativity. Creativity research journal, 2014, 26 (1): 11 – 20.

［19］ GOLDBERG L R. A broad-bandwidth, public-domain, personality inventory measuring the lower-level facets of several five-factor models//MERVIELDE I, DEARY I, DE FRUYT F, et al. Personality psychology in Europe. Tilburg, Netherlands: Tilburg University Press, 1999 (7): 7 – 8.

［20］ GOLDBERG L R, JOHNSON J A, EBER H W, et al. The international personality item pool and the future of public-domain personality measures. Journal of research in personality, 2006, 40 (1): 84 – 96.

［21］ GREEN G P, KAUFMAN J C. Creativity and video games. San Diego, CA: Academic Press, 2015.

［22］ GREENWOOD D. Of sad men and dark comedies: mood and gender effects on entertainment media preferences. Mass communication & society, 2010, 13: 232 – 249.

［23］ HASS R W. Domain-specific exemplars affect implicit theories of creativity. Psychology of aesthetics, creativity, and the arts, 2014, 8: 44 – 52.

［24］HUTTON E, SUNDAR S. Can video games enhance creativity? An experimental investigation of emotion generated by Dance Dance Revolution. Paper presented at the annual meeting of the International Communication Association, Montreal, QC, 2008.

［25］IVCEVIC Z, AMBADY N. Personality impressions from identity claims on Facebook. Psychology of popular media culture, 2012, 1: 38 – 45.

［26］JOHNSON C C, BUCHANAN E M, JORDAN K N. Blog topic and word frequency: what differentiates between high and low powered blogs?. Psychology of popular media culture, 2014, 3: 154 – 163.

［27］KATZ-GERRO T. Highbrow cultural consumption and class distinction in Italy, Israel, West Germany, Sweden, and the United States. Social forces, 2002, 81: 207 – 229.

［28］KAUFMAN J C. Counting the muses: development of the Kaufman Domains of Creativity Scale (KDOCS). Psychology of aesthetics, creativity, and the arts, 2012, 6: 298 – 308.

［29］KAUFMAN J C, BAER J. The amusement park theoretical (APT) model of creativity. Korean journal of thinking and problem solving, 2004, 14: 15 – 25.

［30］KAUFMAN J C, BAER J. Intelligent testing with Torrance. Creativity research journal, 2006, 18: 99 – 102.

［31］KAUFMAN J C, BEGHETTO R A. In praise of Clark Kent: creative metacognition and the importance of teaching kids when (not) to be creative. Roeper review: a journal on gifted education, 2013, 35: 155 – 165.

［32］KAUFMAN J C, EVANS M L, BAER J. The American idol effect: are students good judges of their creativity across domains?. Empirical studies of the arts, 2010, 28: 3 – 17.

［33］KAUFMAN J C, PUMACCAHUA T T, HOLT R E. Personality and creativity in realistic, investigative, artistic, social, and enterprising college majors. Personality and individual differences, 2013, 54: 913 – 917.

［34］KAUFMAN J C, SIMONTON D K. The social science of the cinema. New York, NY: Oxford University Press, 2014.

［35］KAUFMAN S B, QUILTY L C, GRAZIOPLENE R G, et al. Openness to experience and intellect differentially predict creative achievement in the arts and sciences. Journal of personality, 2016, 84 (2): 248 – 258.

［36］LEDER H, BELKE B, OEBERST A, et al. A model of aesthetic appreciation and aesthetic judgments. British journal of psychology, 2004, 95: 489 – 508.

［37］LOCHER P J, OVERBEEKE K, WENSVEEN S. Aesthetic interaction: a framework. Design issues, 2010, 26: 70 – 79.

［38］MCCORMICK N. Is there too much music?. The Telegraph, 2009.

［39］MCINTYRE P. Creativity and cultural production: a study of contemporary western popular music songwriting. Creativity research journal, 2008, 20: 40 – 52.

［40］MYSZKOWSKI N, STORME M, ZENASNI F, et al. Is visual aesthetic sensitivity independent from intelligence, personality and creativity?. Personality and individual differences, 2014, 59: 16 – 20.

［41］NIELSEN. The cross-platform report: a look across screens. Media and entertainment, 2013.

［42］PRETZ J E, MCCOLLUM V A. Selfperceptions of creativity do not always reflect actual creative performance. Psychology of aesthetics, creativity, and the arts, 2014, 8: 227 – 236.

［43］RAWLINGS D, TWOMEY F, BURNS E, et al. Personality, creativity and aesthetic preference: comparing psychoticism, sensation seeking, schizotypy and openness to experience. empirical studies of the arts, 1998, 16: 153 – 178.

［44］REITER-PALMON R, ROBINSON-MORRAL E J, KAUFMAN J C, et al. Evaluation of self-perceptions of creativity: is it a useful criterion?. Creativity research journal, 2012, 24: 107 – 114.

［45］RENTFROW P J, GOLDBERG L R, ZILCA R. Listening, watching, and reading: the structure and correlates of entertainment preferences. Journal of personality, 2011, 79: 223 – 258.

［46］RENTFROW P J, GOSLING S D. The do re mi's of everyday life: the structure and personality correlates of music preferences. Journal of personality and social psychology, 2003, 84: 1236 – 1256.

［47］RODERICK J A. Some relationships between creativity and the reading preferences and choices of a group of sixth graders. Educational leadership research supplement, 1968, 2: 49 – 52.

［48］RUNCO M, BAHLEDA M D. Implicit theories of artistic, scientific, and everyday creativity. The journal of creative behavior, 1986, 20: 93 – 98.

［49］SAYRE S, KING C C. Entertainment and society: influences, impacts, and innovations. New York, NY: Routledge, 2010.

［50］SHERRY J. Flow and media enjoyment. Communication theory, 2004, 14: 328 – 347.

［51］SILVIA P J, WIGERT B, REITER-PALMON R, et al. Assessing creativity with self-report scales: a review and empirical evaluation. Psychology of aesthetics, creativity, and the arts, 2012, 6: 19 – 34.

［52］STERNBERG R J, LUBART T I. Defying the crowd. New York, NY: Free Press, 1996.

［53］STRIZHAKOVA Y, KRCMAR M. Mood management and video rental choices. Media psychology, 2007, 10: 91 –112.

［54］SUBBOTSKY E, HYSTED C, JONES N. Watching films with magical content facilitates creativity in children. Perceptual and motor skills, 2010, 111: 261 –277.

［55］TINIO P P L. From artistic creation to aesthetic reception: the mirror model of art. Psychology of aesthetics, creativity, and the arts, 2013, 7: 265 –275.

［56］VAN EIJCK K. Social differentiation in musical taste patterns. Social forces, 2001, 79: 1163 –1185.

［57］VORDERER P. Its all entertainment— Sure. But what exactly is entertainment? Communication research, media psychology, and the explanation of entertainment experiences. Poetics, 2001, 29: 247 –261.

［58］ZILLMANN D. Mood management in the context of selective exposure theory//ROLOFF M E. Communication yearbook (Vol. 23). Thousand Oaks, CA: Sage, 2000: 103 –123.

［59］ZUCKERMAN M. Behavioral expression and biosocial bases of sensation seeking. New York, NY: Cambridge University Press, 1994.

（原文刊载于 *Psychology of Aesthetics, Creativity, and the Arts*, Vol. 9, 2015）

阴谋论的娱乐价值

扬·威廉·范·普鲁因　乔琳·莱特哈特　萨宾·罗塞玛　Yang Xu[*]

何丽敏　译

互联网和社交媒体上充斥着阴谋论，比如中情局是肯尼迪遇刺案（JFK assassination）的幕后黑手、引起新冠感染的病毒是人类在实验室里研发出来的、美国宇航局伪造了"地球是圆的而不是平的"的证据（Butter & Knight，2020；Grebe & Nattrass，2012；Oliver & Wood，2014；Sunstein & Vermeule，2009；van Prooijen，2018）。阴谋论被定义为一种涉及多方行动者的解释性信念，在秘密协议中勾结以追求恶意目标（Bale，2007）。阴谋论并非无害，许多循规蹈矩、认知一般的老百姓相信阴谋论，它们在很大程度上对人们的幸福感和心理机能有害。例如，阴谋论与焦虑（Grzesiak – Feldman，2013）、自我不确定（van Prooijen，2016）、失范（Goertzel，1994）和无力感（Abalakina-Paap et al.，1999）有关。此外，阴谋论信念会损害人们的健康（如拒绝注射疫苗；新冠疫情期间社交距离减少）和影响社会和谐（如气候变化否认主义；群体间冲突；犯罪；减少亲社会行为；Imhoff & Lamberty，2020；Jolley & Douglas，2014a，2014b；Jolley et al.，2019；van der Linden，2015；van Prooijen & Douglas，2018；van Prooijen & van Vugt，2018）。这些观察提出了一个悖论：如果阴谋论对感知者和他们的社会环境有害，为何这么多人相信它们？本研究将阐明阴谋论信念对感知者具有前所未知的心理益处：阴谋论之所以引人入胜是因为具有娱乐价值。

阴谋论信念的常见解释强调了焦虑、不可控性和不确定性的核心作用。纵观历史，社会危机的爆发增加了阴谋论信念（van Prooijen & Douglas，2017），各种理论框架表明，令人痛苦的社会事件所产生的厌恶感会加快阴谋论思维的

---

[*] 扬·威廉·范·普鲁因（Jan-Willem van Prooijen），荷兰阿姆斯特丹自由大学教授；乔琳·莱特哈特（Joline Ligthart），荷兰阿姆斯特丹自由大学博士生；萨宾·罗塞玛（Sabine Rosema），荷兰阿姆斯特丹自由大学硕士生；Yang Xu，荷兰阿姆斯特丹自由大学讲师。

认知意义形成过程（Douglas et al.，2017；van Prooijen，2020）。此外，进化论观点认为，这种负面情绪会激活一种适应性心理机制来抵御社会威胁，增加了人们误认为他人将形成敌对联盟的可能性（Raihani，Bell，2018；van Prooijen，van Vugt，2018）。与此相应，实证研究已证实，焦虑、不可控性或情感不确定性预示着阴谋论信念的增强（Grzesiak-Feldman，2013；Kofta，Soral & Bilewicz，2020；Newheiser，Farias & Tausch，2011；van Prooijen，2016；van Prooijen，Acker，2015；Whitson & Galinsky，2008）。而且，阴谋论无法减少这种消极情绪；相反，阴谋论信念只会加强这种感觉（Douglas et al.，2017；van Prooijen，2020）。

在这些理论见解和实证发现的推理思路中，阴谋论心理学中有一个常见且默认的假设：焦虑、不可控性和不确定性的感觉必然总是令人厌恶的，需要从心理上加以管理（Park，2010；van den Bos，2009）。然而，这个视角有局限，因为人们经常对引起这些感觉的刺激有所偏好。例如，一个经典的心理学观点认为，压力水平过高或过低都会损害人的能力（Yerkes & Dodson，1908）。此外，人们在某些情况下规避风险，但在其他情况下则寻求风险，意味着其愿意接受一定程度的不可控性和不确定性（Kahneman & Tversky，1979）。最后，人格心理学家已经认识到，人们在感觉找寻方面存在差异，"这种特征的定义是寻求各种各样新颖的、复杂的和强烈的感觉与体验，并愿意为了这些体验而承担身体、社会、法律的和经济风险"（Zuckerman，1994：27）。这种特征意味着有些人发现焦虑和不确定的情况是有益的，这不仅涉及真正的危险行为，例如，极限运动、赌博，还涉及带来兴趣、新奇和强烈情绪的无风险行为，如观看恐怖电影、下棋和谈论科学（Hwang & Southwell，2007；Joireman，Fick & Anderson，2002；Morris & Griffiths，2013；Roberti，2004；Zuckerman，1994）。

在此，我们提出的观点是，阴谋论可以类似的方式吸引感知者。就像恐怖电影或侦探小说一样，阴谋论通常涉及宏大叙事，其中包括神秘、可疑的危险和人们无法完全理解的未知力量（van Prooijen，2018）。这些特征可以使了解阴谋论成为一种引人入胜和激动人心的体验。换句话说，许多阴谋论都有潜在的娱乐价值，我们将其定义为人们评价特定叙事有趣、令人兴奋和引人注目的程度。更重要的是，这种娱乐评估有时可能与传统上被视为负面的情绪有关：恐怖片常常让人产生焦虑，但人们觉得它们很有趣，于是花钱去看。而阴谋论的娱乐性很可能与强烈的情绪体验有关，这些情绪体验有消极的、积极的，或者两者兼而有之。

一、情绪强度和阴谋论信念

早期的研究主要将情绪强度概念化为稳定的个体差异变量，定义为人们倾向于体验消极和积极情绪的强度，而与频率无关（Fujita，Diener & Sandvik，1991；Larsen & Diener，1987）。然而，情境在引发强烈情绪上的潜力也不同，这具有深刻的心理暗示。例如，人们面对引发更强烈情绪的事件时，心理距离较小（van Boven et al.，2010）。以前的研究结果也表明，情绪强度会影响阴谋论信念。例如，消极情绪和积极情绪都会增强阴谋论信念（Whitson，Galinsky，Kay，2015），与情绪化较少的控制条件相比，通过换位思考操纵使事件更情绪化会增强阴谋论信念（van Prooijen & van Dijk，2014）。此外，自尊的稳定性（即随时间波动的程度）比自尊水平更能预测阴谋论信念（van Prooijen，2016）。

这些考虑表明，阴谋论与强烈的情感体验有关，而这些体验并不完全是消极的。例如，感知者可能认为自己是第一个发现具有深远影响的重要秘密的人，因此体验到一种意义感和目的感。照此推理，阴谋论信念与无聊的易感性相关（Brotherton，Eser，2015），即一种感受到独特、特殊（Imhoff & Lamberty，2017；Lantian，Muller & Nurra et al.，2017）和自恋（Cichocka，Marchlewska & Golec de Zavala，2016）的需求。在群体层面上，阴谋论信念与集体自恋之间存在着强有力的联系，这被定义为对内部群体的过度尊重（Golec de Zavala & Federico，2018）。最后，面对态度主体所产生的消极和积极并存的矛盾心理，也会增加阴谋论信念（van Harreveld et al.，2014）。这些见解都验证了阴谋论与强烈的情绪体验相关联的观点。

阴谋论的娱乐价值为众所周知的发现提供了一种新颖的解释，即接触阴谋论会增强人们对阴谋论的信念（Jolley & Douglas，2014b）。我们认为，娱乐评估与阴谋论信念的增强有关。基于流畅启发式的理论规定，人们更容易在心理上处理迷人和吸引注意力的信息，增加了信以为真的可能性（Brashier & Marsh，2020）。例如，让人们反复接触和陈述来增强处理的容易性（Dechêne et al. 2010），或者以高对比度的呈现使陈述更加引人注目（Reber & Schwarz，1999），这些已被发现能够增加对真相的判断。与此相关的是，强烈的情绪体验可能激活自动的、直觉的、情绪化的系统思维并抑制慎重的、分析型的系统思维（Kahneman，2011）。这一点很重要，因为阴谋论信念与分析型思维的减弱有关，同时与个人情感和直觉的依赖的增加相关（Swami et al. 2014）。总的来说，这些论点与娱乐评估预示着阴谋论信念增加的观点一致。

二、研究概述

本研究包括五项关于阴谋论娱乐性的研究。研究 1 让参与者接触支持历史重大事件阴谋论的叙述（即 2019 年巴黎圣母院大教堂的火灾），或（语法表述相当的）支持官方非阴谋论解释的叙述，作出预测：参与者认为阴谋论叙事比非阴谋论叙事更有趣。除了娱乐评估，研究还评估了参与者的情绪体验。参与者表明当他们在阅读叙述时不仅能感受到积极或消极的情绪（即情绪效价），还有与效价无关的情绪强烈程度（即情绪强度）。根据前面的推理，我们预测阴谋论会引发更强烈的情绪体验（独立于情绪效价的）。最后，我们预测娱乐评估和情绪强度将中介阴谋论接触对阴谋论信念的影响。

研究 2 先是复制研究 1 的概念和理论，同时操纵不同阴谋论的接触（即阴谋论认为被定罪的性犯罪者杰弗里·爱泼斯坦在牢房里被谋杀，而官方解说认为他是自杀）。研究 3 操控研究 1 和研究 2 的中介因素：参与者接触了一个描述选举事件的叙事，我们通过使用情感强烈或超然的口吻来操纵叙事的娱乐性或无聊性。研究 4 和研究 5 关注的是人格特质之感觉找寻，发现其通常与刺激和激烈体验的偏好有关（Zuckerman，1994）。我们测试了感觉找寻的个体差异与预测阴谋论信念增加的相关性；研究 4 在特定的组织环境中展开（van Prooijen，de Vries，2016；另见 Douglas & Leite，2017），研究 5 在一系列常见社会阴谋论的背景下进行，例如关于"9·11"恐怖袭击、月球登陆（van Prooijen，Douglas & de Inocencio，2018）。

本研究报告的所有数据和材料，以及研究 2 的预注册，可在"开放科学框架"（https://osf. io/w7ekr/）上公开获得。对于所有研究，我们报告了所有条件和量表（在方法章节或补充材料中）；没有进行数据排除。本研究的报告获得了正式的伦理批准（作为第一作者机构集群申请的一部分），并在赫尔辛基宣言（Declaration of Helsinki）的规定下进行。

三、研究 1

（一）方法

1. 参与者与设计

我们通过 Prolific 招募了 300 名英国参与者（86 名男性，214 名女性；$M_{age} = 35.40$，$SD = 12.73$），这些参与者被随机分配到两种阴谋论环境（阴谋论与控制组）之中。该样本在检测中小型效应量（effect size）时具有 90% 的效力（$d = 0.37$，双侧；近似值中 $\omega^2 = 0.03$）。研究持续约 10 分钟。

2. 过程

参与者阅读了一位佚名作者所写的（实际上是实验者设计的）关于 2019 年 4 月 15 日巴黎圣母院大火（Notre Dame fire）的网络文章。在阴谋论条件下，参与者阅读了一则杜撰的文本，其认为圣母院被故意纵火，并且官方对公众隐瞒了真相。在控制条件下，参与者阅读了支持官方解说的叙述，即巴黎圣母院火灾是一场悲惨的事故，并且所有相关信息都已与公众分享。这两种条件的叙述篇幅完全相等，也遵循相同的句法和叙事结构。参与者被要求简要总结文章，在二分法询问下回答其对于作者是否相信巴黎圣母院火灾为意外的看法，以此作为检验。

然后，参与者在以下 12 个维度上完成了对文章娱乐性的评价（1 = 完全没有，5 = 非常多）：有趣、娱乐、重要、吸引人、无聊（重新编码）、神秘、冒险、沉闷（重新编码）、迷人、令人兴奋、吸引注意力和可怕。参与者的反应表述成一个可靠的娱乐评价量表（$\alpha = 0.91$）。①

随后我们要求参与者指出他们在阅读文章时感受到的积极或消极情绪（0 = 非常消极，100 = 非常积极），以及他们的情绪强烈程度（无论是积极还是消极；0 = 完全不强烈，100 = 非常强烈）。最后，我们用三个项目来衡量参与者对圣母院阴谋论的信念（1 = 完全没有，5 = 非常多），例如，"你相信圣母院火灾背后有阴谋吗?"（$\alpha = 0.93$）。在研究结束时，参与者提供了基本的人口统计数据，听取了汇报，并再被引导到 URL（统一资源定位符）完成调研。

———————————

① 我们在研究 1 至研究 3 中检验了该量表的因子结构，碎石图（a scree plot）建议采用单因子检验，全因子分析（full factor analysis）结果见于次序统计方法（OSM）（见表 1）。

（二）结果

研究 1 中的均值、标准差和相关性见表 1。娱乐评估与情绪强度而非效价有密切相关性。此外，娱乐评估和情绪强度与阴谋论信念的相关性，都比情绪效价更强。

表1　研究1测量变量的均值、标准差和相互相关性

	总体样本		阴谋论条件		控制条件		关联表格			
	M	*SD*	*M*	*SD*	*M*	*SD*	1	2	3	4
1. 娱乐评估	3.08	0.81	3.42	0.71	2.72	0.76				
2. 情绪效价	46.20	19.99	38.74	17.82	54.23	19.11	0.04			
3. 情绪强度	42.12	24.40	46.01	24.38	37.97	23.81	0.52***	0.02		
4. 阴谋论信念	2.30	1.16	2.84	1.13	1.72	0.89	0.44***	0.15**	0.34***	

注：娱乐评估和阴谋信念以 5 分制量表测量，情绪效价和情绪强度以 100 分制量表测量。均值（*M*）越高、表示相关变量的分数越高。** 表示 $p < 0.01$；*** 表示 $p < 0.001$。

1. 操纵检验

结果显示，96.2% 的阴谋论条件参与者和 93.1% 的控制条件参与者，能正确识别文本作者对于圣母院火灾是否为意外的看法。这些结果表明，参与者能正确地感知操纵。以上是完整样本的结果，这与排除未通过操作检验的参与者后的结果相似。

2. 因变量

我们用方差分析（ANOVAs）方法对因变量进行了分析。由于研究过程中的损耗，不同测量方法（以及最终样本）的自由度略有不同。与我们的预测一致，参与者评估阴谋论文本比对照文本更有趣，$F(1, 300) = 68.54$，$p < 0.001$；$\omega^2 = 0.18$，$CI_{95\%}$（95% 置信区间）[0.11；0.27]（表 1 中的均值和标准偏差）。此外，与对照文本相比，参与者在阅读阴谋论文本时感受到更多的负面情绪，$F(1, 299) = 53.02$，$p < 0.001$；$\omega^2 = 0.15$，$CI_{95\%}$ [0.08；0.23]。然后，我们分析了情绪强度，并统计控制情绪效价。结果显示，情绪效价不是显著的协变量，$F(1, 297) = 2.74$，$p = 0.099$；$\omega^2 = 0.01$，$CI_{95\%}$ [0.00；0.04]，与控

制条件相比，参与者在阴谋论文本中有更强烈的情绪，$F(1, 297) = 10.97$，$p = 0.001$；$\omega^2 = 0.03$，$CI_{95\%}$ [0.00；0.08]。最后，与前述研究一致（Jolley, Douglas, 2014b；Jolley et al., 2019），参与者接触阴谋论增强了他们的阴谋论信念，$F(1, 298) = 91.42$，$p < 0.001$；$\omega^2 = 0.23$，$CI_{95\%}$ [0.15；0.32]。

3. 中介分析

然后，我们测试了阴谋论接触对阴谋论信念的影响是否通过娱乐评估、情绪效价和情绪强度来中介。在自助法分析（bootstrapping analysis）中（PROCESS模型4；1 000个样本，偏差校正；Hayes, 2013），我们同时输入这些变量作为三个平行的中介因素。结果如图1所示。通过娱乐评估的间接影响为显著，$B = 0.19$，$SE = 0.07$，$CI_{95\%}$ [0.05；0.34]；通过情绪强度的间接影响显著，$B = 0.07$，$SE = 0.03$，$CI_{95\%}$ [0.02；0.16]；而通过情绪效价的间接影响不显著，$B = 0.02$，$SE = 0.06$，$CI_{95\%}$ [0.09；0.15]。这些发现表明，受娱乐评估和情绪强度而非消极的情绪效价所影响，阴谋论接触会增强阴谋论信念。

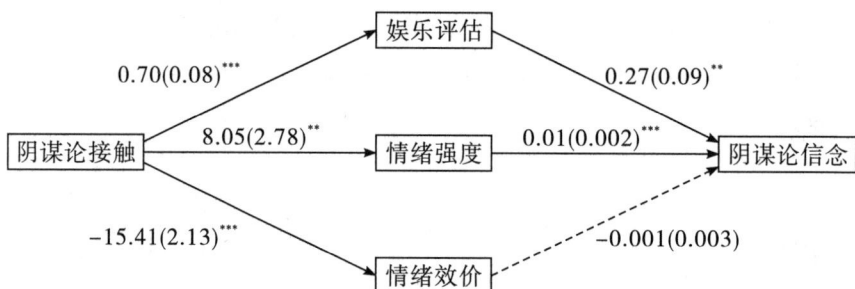

图1　研究1中介模型

注：系数为 B（SE）；** 表示 $p < 0.01$；*** 表示 $p < 0.001$；虚线不显著（$p = 0.69$）。

（三）讨论

研究1为阴谋论的娱乐价值提供了初步支持。参与者认为圣母院火灾的阴谋论叙述比官方的解说叙述更有趣，情绪更强烈。此外，娱乐评估和情绪强度会中介阴谋论接触对阴谋论信念的影响。

四、研究2

研究2旨在复制和扩展研究1的结果。由于巴黎圣母院大火事件具有特殊性，为了排除因此得出研究 1 发现的可能性，我们在研究 2 中聚焦于不同的阴谋论事件，即富有的美国金融家、被定罪的性犯罪者 Jeffrey Epstein 在他的牢房里被有权势的人谋杀。此外，研究 1 在英国参与者中进行时，研究 2 在美国的参与者中进行。最后，在进行研究 2 前，我们在开放科学框架上预先注册了研究 1 的设计、假设和分析计划。我们预先注册的假设是，参与者会认为阴谋论文本比对照文本更有趣（假设 1）；阴谋论文本会比对照文本引发更强烈的情绪，独立于（在控制之后）情绪效价（假设 2）；娱乐评估和情绪强度将中介阴谋论接触对阴谋论信念的影响，与情绪效价无关（假设 3）。

（一）方法

1. 参与者和设计

我们通过 Prolific 招募了 447 名参与者（301 名男性，146 名女性；M_{age} = 37.55，SD = 13.97），他们被随机分配到两种阴谋论呈现的条件之一（阴谋论文本与控制文本）。该样本在检测中小型效应量时可产生 90% 的效力（d = 0.38，双测；近似值 ω^2 = 0.03）。研究持续约 10 分钟。

2. 过程

参与者阅读了一位佚名作者的网络文章（实际上是实验者设计的）；研究 2 中，这篇文章与被定罪的性犯罪者 Jeffrey Epstein 有关，且他已在 2019 年 8 月 10 日死于牢房。在阴谋论条件下，参与者阅读了支持者 Jeffrey Epstein 被有权势的人谋杀的臆测叙述，这些猜测认为谋杀者害怕可能存在的证据。在对照条件下，参与者阅读了支持者 Jeffrey Epstein 自杀的官方解释的叙述。与研究 1 一样，这两个条件的叙述文本篇幅完全相同，并且遵循相同的句法和叙述结构（全文在补充材料中）。参与者被要求简要总结文章内容，并在询问中，表达他们是否相信 Jeffrey Epstein 自杀，以此作为检验。

然后，参与者对构成因变量的项目做出回应。娱乐评估（α = 0.92）、情绪效价和情绪强度的测量与研究 1 相同。我们用三个项目（1 = 完全没有，5 = 非常多）评估参与者的阴谋论信念，例如，"你相信支持者 Jeffrey Epstein 是被有权势的人谋杀的吗？"（α = 0.91）。随后，参与者提供了基本人口统计数据，听取了汇报，并再被引导到 URL 完成调研。

（二）结果

研究 2 的均值、标准差和变量间相互关系在表 2 中显示。与研究 1 一样，娱乐评估与情绪强度密切相关，尽管在本研究中，娱乐评估与情绪效价的相关性也显著。此外，娱乐评估和情绪强度与阴谋论信念显著相关，而情感效价则不显著。最后，均值表明，参与者对这个特定阴谋论的信念认同度相对较高，因为总体均值明显高于 3，$t(300) = 10.64$，$p < 0.001$；$d = 0.61$。

1. 操纵检验

88.3% 的阴谋论条件参与者和 88.5% 的对照条件参与者，能正确识别作者对于 Jeffrey Epstein 是否自杀的看法。这些结果表明操纵成功。按照我们的预注册方案，我们报告完整样本的结果；这与排除未通过操纵检验的参与者后的结果相似，并在补充材料中报告。

表 2　研究 2 测量变量的均值、标准差和测量变量间相关性

	总体样本		阴谋论条件		控制条件		关联表格			
	M	SD	M	SD	M	SD	1	2	3	4
1. 娱乐评估	3.14	0.88	3.50	0.76	2.72	0.81	—			
2. 情绪效价	39.72	22.78	42.56	23.16	36.38	21.94	0.23 ***	—		
3. 情绪强度	47.31	27.62	52.69	24.85	40.95	29.41	0.57 ***	−0.11 *	—	
4. 阴谋论信念	3.73	1.20	3.98	1.01	3.44	1.33	0.28 ***	−0.07	0.17 **	—

注：娱乐评估和阴谋信念以 5 分制量表测量，情绪效价和情绪强度以 100 分制量表测量。均值（M）越高，表示相关变量的分数越高。* 表示 $p < 0.10$；** 表示 $p < 0.01$；*** 表示 $p < 0.001$。

2. 因变量

验证假设 1 时，参与者认为阴谋论文本比对照文本更有趣，$F(1, 299) = 73.17$，$p < 0.001$；$\omega^2 = 0.19$，$CI_{95\%}$ [0.12；0.28]（表 2 中的均值和标准差）。有点令人惊讶的是（尽管与我们的推理和预先注册的假设并不矛盾），与对照文本相比，参与者在阅读阴谋论文本时体验到更积极的情绪，$F(1, 299) = 5.60$，$p = 0.019$；$\omega^2 = 0.02$，$CI_{95\%}$ [0.00；0.05]。显然，相比性犯罪者自杀的文本，参与者更愿意阅读性犯罪者被谋杀的文本。

然后，我们分析了情绪强度，并统计控制情绪效价。与研究 1 一样，情绪效价不是一个显著的协变量，$F(1, 298) = 2.18$，$p = 0.141$；$\omega^2 = 0.00$，$CI_{95\%}$ [0.00；0.03]。验证假设 2 时，对比控制条件，参与者阅读阴谋论文本后报告

更强烈的情绪，$F(1, 298) = 12.43$，$p = 0.001$；$\omega^2 = 0.04$，$CI_{95\%}$ [0.01；0.09]。最后，参与者在接触者 Jeffrey Epstein 阴谋论后，增强了他们对此的阴谋论信念，$F(1, 299) = 15.29$，$p < 0.001$；$\omega^2 = 0.05$，$CI_{95\%}$ [0.01；0.10]。

3. 中介分析

然后，我们测试了假设 3，即阴谋论接触对阴谋论信念的影响是由娱乐评估和情绪强度中介，与情绪效价无关。按照我们预先注册的分析方案，我们在自助法分析中同时输入这些变量作为三个平行中介因素（PROCESS 模型 4；1 000个样本，偏差校正；Hayes，2013）。中介模型如图 2 所示。结果部分支持假设 3：娱乐评估的间接影响显著，$B = 0.26$，$SE = 0.09$；$CI_{95\%}$ [0.10；0.45]，但通过情绪强度的间接影响不显著，$B = 0.01$，$SE = 0.04$；$CI_{95\%}$ [-0.06；0.09]。与研究 1 不同，情绪效价的间接影响是显著的，$B = -0.05$，$SE = 0.03$，$CI_{95\%}$ [-0.12；-0.01]。这些发现进一步支持了我们的推理，即受娱乐评估影响，阴谋论接触会增强阴谋论信念。

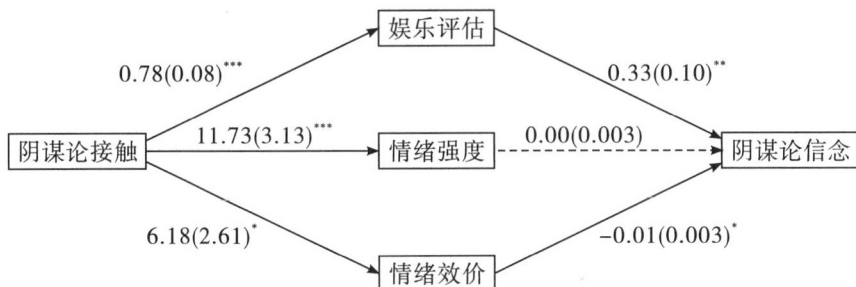

图 2 研究 2 中介模型

注：系数为 B（SE）；* 表示 $p < 0.05$；** 表示 $p < 0.01$；*** $p < 0.001$；虚线不显著（$p = 0.78$）。

（三）讨论

研究 2 在很大程度上复现了研究 1 的发现。娱乐评估而不是情绪强度中介了阴谋论接触对阴谋论信仰的影响。

五、研究 3

研究 1 和研究 2 的缺点之一是娱乐评估和阴谋论信念之间的联系是相关的。

研究 3 旨在通过操纵研究 1 和研究 2 的中介为因果链提供证据（Spencer，
Zanna，Fong，2005）：参与者阅读不包含有关阴谋论信息的事件（即虚构国家
的选举事件），我们通过改变强烈情绪的表达来操纵文本的娱乐价值。我们预
测，有趣的文本会比无聊的文本引发更强烈的阴谋论信念。此外，研究 3 探讨
了人格特质之感觉找寻的潜在作用。这些人格特质直接评估了人们对情绪唤起、
兴奋和新奇体验的偏好（Zuckerman，1994）。我们专门评估了：①感觉找寻是
否与阴谋论信念有关；②阴谋论信念、强烈的情感体验和娱乐评估之间的联系，
是否在高感觉找寻参与者中表现尤为明显。

（一）方法

1. 参与者和设计

我们通过 Prolific 招募了 500 名美国参与者（258 名男性，234 名女性，8 名
其他；$M_{age} = 34.22$，$SD = 11.42$）。参与者被随机分配到两种娱乐价值条件之一
（娱乐与无聊）。该样本在检测中小型效应量时可提供 90% 的效力（$d = 0.29$，
双测；近似值 $\omega^2 = 0.02$）。

2. 过程

参与者阅读有关虚构国家（"Contoria"）选举事件的简短文本。娱乐文本
描述了强烈的情绪体验（例如，"两位候选人在许多关于 Contoria 未来的重要问
题上意见完全不同，他们在民意调查中情况非常接近。在辩论中，两位候选人
都激烈地表达自己的想法，但似乎无法就任何事情达成一致意见，而且他们似
乎真的在生对方的气"）。在无聊的文本中，同一事件则用超然的官僚话语来描
述（例如，"两位候选人对有效治理的立场不同，但似乎在选举支持方面具有
可比性。在辩论中，两位候选人就哪些立法和立法机构需要改进交换了意见，
并明确表示了他们对这些问题的不同看法"）。

作为操纵检验，我们使用了与研究 1 和研究 2 相同的方法测量了娱乐评估
和情绪强度，并再次测量作为对照变量的情绪效价。对阴谋论的信仰作为因变
量。参与者评估了他们对于 7 个类目的倾向（1 = 非常不可能，5 = 非常可能），
例如"结果统计过程中存在作弊"和"阴谋论将决定选举结果"（$\alpha = 0.96$）。
最后，我们测量了一个简短有效的 8 项感觉找寻量表（Hoyle et al.，2002），例
如，"我想探索陌生的地方"和"当我在家里花太多时间时，我会焦躁不安"

（1 = 反对，5 = 强烈同意；$\alpha = 0.83$）。[1]

（二）结果

1. 操纵检验

参与者评价娱乐文本（$M = 3.05$，$SD = 0.78$）比无聊文本（$M = 2.49$，$SD = 0.83$）更有趣，$F(1, 498) = 60.286$，$p < 0.001$；$\omega^2 = 0.11$，$CI_{95\%}$ [0.06；0.16]。此外，我们在控制情绪效价时分析了情绪强度。尽管情绪效价是一个显著的协变量，$F(1, 497) = 20.278$，$p < 0.001$；$\omega^2 = 0.04$，$CI_{95\%}$ [0.01；0.08]，但相比阅读无聊文本，参与者在阅读娱乐文本后（$M = 45.74$，$SD = 25.93$）体验到更强烈的情绪（$M = 30.53$，$SD = 24.87$），$F(1, 497) = 61.037$，$p < 0.001$；$\omega^2 = 0.11$，$CI_{95\%}$ [0.06；0.16]。这些发现表明，娱乐价值操纵成功。

2. 阴谋论信念

娱乐操纵对阴谋论产生了显著影响，$F(1, 498) = 28.443$，$p < 0.001$；$\omega^2 = 0.05$，$CI_{95\%}$ [0.02；0.10]。参与者阅读有趣的文本（$M = 2.48$，$SD = 1.10$）比阅读无聊的文本（$M = 2.01$，$SD = 1.00$）更坚信阴谋论。这一发现支持了我们的预测。

3. 感觉找寻

结果显示，感觉找寻和阴谋论信念之间存在正相关（$r = 0.12$，$p = 0.010$）。然后，我们探讨了阴谋论信念跟娱乐评估和情绪强度的关系在高感觉找寻者中是否会特别明显。为此，我们在分层回归分析的步骤 1 中输入了以均值为中心的感觉找寻和阴谋论信念量表，并在步骤 2 中输入了它们的相互作用，将娱乐评估和情绪强度（控制情绪效价）作为因变量。虽然步骤 1 没有揭示感觉找寻跟娱乐评估（$\beta = 0.013$，$p = 0.774$）或情绪强度（$\beta = -0.055$，$p = 0.220$）的直接关联，但与研究 1 和研究 2 结果一致，阴谋论信念的主要影响是显著的（对于娱乐评估，$\beta = 0.151$，$p < 0.001$；对于情绪强度，$\beta = 0.162$，$p < 0.001$）。更重要的是，结果揭示了显著的相互作用（对于娱乐评估，$\beta = 0.099$，$p = 0.027$；对于情绪强度，$\beta = 0.101$，$p = 0.025$）。在低感觉找寻参与者中，阴谋

---

[1]　对于研究 3 至研究 5，我们在次序统计方法中提供了附有描述和被测量变量间关系的表格（见表 2 至表 4）。

论信念跟娱乐评估（$\beta = 0.062$，$p = 0.305$）或情绪强度（$\beta = 0.070$，$p = 0.244$）无关。然而，在高感觉找寻（ +1SD）参与者中，阴谋论信念跟娱乐评估（$\beta = 0.246$，$p < 0.001$）和情绪强度（$\beta = 0.256$，$p < 0.001$）显著相关。

（三）讨论

研究 3 的结果为阴谋论的娱乐价值提供了进一步的论据：与关于选举事件的无聊文本相比，参与者对娱乐文本产生了更强烈的阴谋论信念。此外，结果提供了初步证据，证明感觉找寻与阴谋论信念呈正相关，并且阴谋论信念跟娱乐评估和情绪强度的关联仅在高感觉找寻参与者中出现。在研究 4 和研究 5 中，我们将更直接地研究感觉找寻在阴谋论信念中的作用。

六、研究 4

各种研究强调，感觉找寻与相似概念有关：具体来说，超自然信念会引发神秘感、惊奇感和兴奋感，这使得它们对高感觉找寻者特别有吸引力（Kumar, Pekala & Cummings，1993；Smith, Johnson & Hathaway，2009；Zuckerman，1994）。这些见解与我们的推理相仿，即阴谋论信念具有相似的娱乐性质。并且，超自然信念与阴谋论信念呈正相关（Darwin, Neave , Holmes，2011；Lobato et al.，2014；van Prooijen et al.，2018）。

一项早期研究发现，阴谋论信念与无聊的易感性（susceptibility）有关（Brotherton, Eser，2015）与上述论点一致。然而，感觉找寻是一种比无聊易感性更宽泛的概念（broader construct），目前暂无研究检验出它与阴谋论信念的关系。具体来说，感觉找寻有四个潜在维度，即无聊易感性（即厌恶重复和例行公事）、体验找寻（即寻求新体验的渴望）、去抑制（对社交或性去抑制的渴望）以及刺激和冒险找寻（对涉及速度或危险的活动的渴望；Zuckerman et al.，1978）。我们预测，人们愈强烈地相信阴谋论，他们的感觉找寻意愿也愈强。

研究 4 调查了工作场所员工的组织阴谋论。组织阴谋论很常见，被定义为员工认为他们的经理密谋追求恶意目标（van Prooijen & de Vries，2016；另见 Douglas & Leite，2017）。此外，我们将参与者的阴谋论心态作为一个额外的因变量进行评估。阴谋论心态是一种类似特质的倾向，将世界上的事件归因于阴谋的因果行为（Bruder et al.，2013；Imhoff & Bruder，2014）。

（一）方法

1. 参与者和设计

该研究以美国参与者为样本，通过 Amazon Mechanical Turk 在线上进行。我们的样本包含 296 名参与者（139 名女性，157 名男性，M_{age} = 34.01，SD = 9.26；47.9% 白种人，26.0% 拉丁美洲人，7.2% 非裔美国人，6.2% 美洲原住民，3.4% 亚裔美国人，9.2% 其他）。该样本在检测中小型效应量时具有 95% 的效力（f^2 = 0.04，相当于 R^2 = 0.038；α = 0.05）。Mturk 上的研究广告和知情同意页面均指出，必须在至少有 15 名员工和 1 名领导者的组织中工作至少 3 个月，才可以参与调查。该研究采用横断面设计，由包括年龄、性别、教育水平 [1 = 没有接受过正规教育，5 = 大学教育（研究生学位）] 和政治意识形态（1 = 非常左翼，11 = 非常右翼）等一系列人口统计数据组成。之后，参与者对感觉找寻量表、组织阴谋信念量表、阴谋心态量表做出了回应。

2. 测量

感觉找寻使用扎克曼（Zuckerman，1994）开发的 SSS – V（感觉找寻量表 V）测量。① 该量表由 40 个项目组成，每个项目包含两个陈述（包括一个高感觉和一个低感觉找寻选项），参与者的任务是选择最能描述他们喜好或感受的陈述。项目涉及感觉找寻的四个维度，分别是无聊易感性（例如，"有些电影我喜欢看二遍甚至三遍"与"我无法忍受看我以前看过的电影"），去抑制（例如，"我喜欢'狂野'的不受约束的聚会"与"我更喜欢安静的聚会和愉快的谈话"），体验找寻（例如，"我喜欢自己探索一个陌生的城市或城镇的部分区域，即使这意味着迷路"与"当我在一个我不熟悉的地方时我更喜欢向导"），以及刺激和冒险找寻（例如，"我经常希望我能成为登山者"与"我无法理解那些冒险爬山的人"）。为了与之前的研究保持一致（例如，Joireman et al.，2002；Kumar et al.，1993；Smith et al.，2009），我们将参与者在 40 个项目获得的所有分数汇总为一个感觉找寻的综合衡量标准（α = 0.75），同时在我们的分析中也对四个基本维度分别进行探索性的检验。

为了测量组织的阴谋论信念，我们使用了 van Prooijen 和 de Vries（2016）

---

① 我们对原始感觉找寻量表（SSS – V；Zuckerman，1994）中的两个测项进行了现代化改造。具体来说，我们认为这两个原始测项对性少数群体而言有贬义倾向，因此更改了它们的措辞（参见次序统计方法；第 22、29 项目）。

的九个测项的量表。项目包括"我们的管理层有一个隐藏的议程"和"我怀疑我们的经理经常在重要问题上对员工撒谎"（1 = 强烈反对，5 = 强烈同意；α = 0.81）。最后，我们使用布鲁德等人（Bruder et al.，2013）的五项问卷测量了阴谋论心态项目，例如"我认为世界上发生了许多非常重要的事情，公众从未被告知"（1 = 当然不是，11 = 当然；α = 0.93）。

（二）结果

我们通过分层回归分析方法进行了分析。鉴于研究 4 是横断面研究（与参与者被随机分配到条件的研究 1 至研究 3 不同），回归模型的步骤 1 包括一系列控制变量（年龄、性别、教育水平和政治意识形态）。步骤 2 向模型添加感觉找寻。由于损耗和缺失值，自由度偏离总样本。结果如表 3 所示。

表3　研究 4 分层回归分析的结果：组织阴谋论信念和作为感觉找寻功能的阴谋论心态

	组织阴谋论信念			阴谋论心态		
	B (SE)	$CI_{95\%}$	β	B (SE)	$CI_{95\%}$	β
步骤1						
性别	−0.16 (0.09)	−0.34; 0.02	−0.10	−0.38 (0.29)	−0.95; 0.18	−0.08
年龄	−0.01 (0.005)	−0.015; 0.004	−0.07	0.02 (0.02)	−0.01; 0.05	0.07
教育	0.13 (0.05)	0.02; 0.23	0.14*	−0.15 (0.17)	−0.48; 0.17	−0.06
政治意识形态	0.06 (0.015)	0.03; 0.09	0.24***	−0.06 (0.05)	−0.15; 0.04	−0.07
步骤2						
感觉找寻	0.04 (0.01)	0.03; 0.06	0.32***	−0.03 (0.03)	−0.08; 0.02	−0.08

注：* 表示 $p < 0.05$；*** 表示 $p < 0.001$。

1. 组织阴谋论信念

步骤 1 的结果是显著的，$F(4, 277) = 8.73$，$p < 0.001$；$R^2 = 0.11$，这归因于政治意识形态和教育水平的显著影响（见表 3）。重要的是，步骤 2 也显著，$F(1, 276) = 31.09$，$p < 0.001$；$\Delta R^2 = 0.09$。如预期猜想，感觉找寻积极地预

测了组织阴谋论信念。

我们以探索的方式分别分析了该概念的四个子量表。结果显示，组织阴谋论信念与无聊易感性（$r = 0.36$，$p < 0.001$）、去抑制（$r = 0.22$；$p < 0.001$）以及刺激和冒险找寻（$r = 0.22$；$p < 0.001$）显著相关，但与体验找寻（$r = 0.09$；$p = 0.12$）不相关。这些发现表明，感觉找寻的多个维度预测了组织阴谋论信念的易感性。

2. 阴谋论心态

模型的两个步骤都不显著，步骤 1：$F(4,277) = 1.21$，$p = 0.31$；$R^2 = 0.02$；步骤 2：$F(1,276) = 1.61$，$p = 0.21$；$\Delta R^2 = 0.01$。感觉找寻并不能显著预测阴谋论心态。在感觉找寻的四个维度中，阴谋论心态与去抑制（$r = -0.07$，$p = 0.26$）、体验找寻（$r = -0.04$，$p = 0.54$）以及刺激和冒险找寻（$r = 0.04$，$p = 0.49$）无关，与无聊易感性呈负相关（$r = -0.24$，$p < 0.001$）。

（三）讨论

研究 4 支持感觉找寻与组织阴谋论信念增强相关的预测。然而，该研究并未提供与阴谋论心态相关的证据。这些发现表明，阴谋论的娱乐性只适用于具体和特定的阴谋论，而不具有将世界上的事件归因于阴谋论的普适性。

七、研究 5

第五项即最后一项研究是研究 4 概念上的复制。不过，该研究没有关注组织阴谋论，而是侧重于感觉找寻与一系列众所周知的社会阴谋论信念之间的关系，例如关于"9·11"恐怖袭击和阿波罗登月（van Prooijen et al., 2018）。

（一）方法

1. 参与者和设计

这项研究在 410 名美国参与者中进行，再次通过 Amazon Mechanical Turk 招募（169 名女性，241 名男性；$M_{age} = 38.00$，$SD = 11.12$；76.8% 白种人，4.6% 拉丁美洲人，10.5% 非裔美国人，1.7% 美洲原住民，5.6% 亚裔美国人，0.7% 其他）。该样本量在检测相对较小的效应量时具有 95% 的效力（$f^2 = 0.03$，相当于 $R^2 = 0.029$；$\alpha = 0.05$）。该研究采用横断面设计。

2. 测量

政治意识形态通过两个项目进行评估："你如何描述自己的政治倾向?"（1 = 非常左翼，11 = 非常右翼）和"你认为自己是民主党人还是共和党人?"（1 = 明显的民主派，11 = 明显的共和党人）。这两个项目具有强相关性（$r = 0.86$，$p < 0.001$），并均分为政治意识形态的可靠测量标准。

感觉找寻使用与研究 4 相同的量表（$\alpha = 0.84$）。为了测量阴谋论信念，参与者 van Prooijen 等人（2018）的九项量表做出了回应。该量表评估了参与者对九种特定阴谋论的信念，包括"美国政府事先知道'9·11'袭击"和"登月是骗局"等项目（1 = 绝对不正确，5 = 绝对正确）。参与者对这些阴谋论的反应共同形成了一个可信的量表，并被均分为一个单一的阴谋论信念指数（$\alpha = 0.86$）。最后，我们使用与研究 3 相同的量表测量阴谋论心态（Bruder et al.，2013；$\alpha = 0.90$）。

（二）结果

数据分析策略与研究 4 相同。由于损耗和缺失值，自由度再次偏离总样本。回归结果如表 4 所示。

1. 阴谋论信念

回归模型的步骤 1 结果显著，$F (4,395) = 14.03$，$p < 0.001$；$R^2 = 0.12$。性别、年龄和政治意识形态都预测了阴谋论，因此年龄和右翼取向预示着阴谋论信念增强，女性报告的阴谋论信念略强于男性（$M_{女性} = 2.74$，$SD = 0.80$；$M_{男性} = 2.65$，$SD = 0.89$）。更重要的是，步骤 2 结果也显著，$F (1,394) = 14.48$，$p < 0.001$；$\Delta R^2 = 0.03$。同样，阴谋论信念与感觉找寻的增加有关。与研究 3 一致，阴谋论信念与无聊易感性（$r = 0.11$，$p = 0.026$），去抑制（$r = 0.11$，$p = 0.026$）以及刺激和冒险找寻（$r = 0.15$，$p = 0.003$）显著相关，但与体验找寻（$r = -0.02$，$p = 0.74$）无关。

表 4　研究 5 分层回归分析结果：作为感觉找寻功能的阴谋论信念和阴谋论心态

	组织阴谋论信念			阴谋论心态		
	B（SE）	$CI_{95\%}$	β	B（SE）	$CI_{95\%}$	β
步骤 1						
性别	0.19 (0.08)	0.02; 0.35	0.11 *	0.43 (0.21)	0.006; 0.85	0.10 *
年龄	− 0.01 (0.004)	− 0.02; − 0.004	− 0.15 *	− 0.02 (0.009)	− 0.04; 0.00	− 0.10 *
教育	− 0.07 (0.05)	− 0.17; 0.04	− 0.06	− 0.18 (0.14)	− 0.45; 0.09	− 0.07
政治意识 形态	0.09 (0.013)	0.06; 0.12	0.32 ***	0.09 (0.04)	0.02; 0.16	0.12 *
步骤 2						
感觉找寻	0.02 (0.006)	0.01; 0.03	0.18 ***	0.04 (0.02)	0.05; 0.07	0.12 *

注：* 表示 $p < 0.05$；*** 表示 $p < 0.001$。

2. 阴谋论心态

虽然在研究 4 中没有出现对阴谋论心态的影响，但在研究 5 中，模型的两个步骤结果都显著：在步骤 1 中，F（4，394）＝ 3.51，$p = 0.008$，$R^2 = 0.03$；步骤 2 中，F（1，393）＝ 5.08，$p = 0.025$，$\Delta R^2 = 0.01$。阴谋论心态跟年轻化和右翼政治取向有关。此外，女性的阴谋论心态略高于男性（$M_{女性} = 7.63$，$SD = 1.96$；$M_{男性} = 7.30$，$SD = 2.19$）。与当前目的更相关的是，感觉找寻预测了阴谋论心态的增强。然而，在子维度上，阴谋论心态仅与去抑制显著相关（$r = 0.11$，$p = 0.026$）。它与无聊易感性（$r = 0.02$，$p = 0.63$）、体验找寻（$r = 0.02$，$p = 0.66$）以及刺激和冒险找寻（$r = 0.07$，$p = 0.18$）无关。

（三）讨论

与之前的研究一致，感觉找寻预测了一系列社会阴谋论信念的增强。此外，这种关系归因于与研究 4 相同的感觉找寻的三个基本维度（即无聊易感性、去抑制以及刺激和冒险找寻）。与研究 4 不同，感觉找寻与阴谋论心态的关系同样显著。然而，仔细检查表明，这一发现只能归因于感觉找寻的去抑制维度。结合研究 4 中缺乏的影响，我们由此认为，在该维度上，感觉找寻与特质广泛的阴谋论心态的联系是不确定的。相反，结果表明感觉找寻可靠地预测了人们对特定和具体阴谋的信念。

八、总体讨论

阴谋论中的信念心理学提出了一个悖论：阴谋论对感知者及其社会环境有害，但许多人仍持有相应的信念（Butter & Knight，2020；Douglas et al.，2017；Jolley & Douglas，2014a，2014b；van Prooijen，2018；van Prooijen & Douglas，2018）。本研究试图阐明阴谋论对感知者有心理反馈：人们经常认为阴谋论很有趣，这强化了人们对它的信念。五项研究的结果与该观点一致。研究 1 和研究 2 通过对操纵阴谋论信息的接触（关于巴黎圣母院大火和 Jeffrey Epstein 之死），结果显示娱乐评估中介了阴谋论接触对阴谋论信仰的影响。研究 3 操纵了选举事件描述的娱乐或无聊属性，以此塑造阴谋论信念。研究 4 和研究 5 调查了有关人格特质的感觉找寻的含义，发现其与组织阴谋论（研究 4）和社会阴谋论（研究 5）的信念有关。总之，这些研究支持阴谋论具有娱乐价值的观点，有助于解释对此类理论的信念。

本研究为新兴的阴谋论研究领域做出了三个更具体的理论贡献。其一，本研究为社会阴谋论普遍存在的问题提供了一个崭新的答案。大多数情况下，虽然我们不否认阴谋论经常产生于令人厌恶的体验（例如，社会危机情况），但本研究扩展了一系列最近的发现，表明阴谋论信念有时也可能有益身心：阴谋论信念跟感觉独特和特殊性（Imhoff & Lamberty，2017；Lantian et al.，2017）、对自我的夸大评价（即自恋；Cichocka et al.，2016）以及对感知者核心群体身份的夸大评估（即集体自恋；Golec de Zavala & Cichocka，2012；Golec de Zavala & Federico，2018）有关。不过，尽管这些研究澄清了阴谋论与人们的自我认知和身份呈正相关，但本研究则通过揭示人们可能将阴谋论视为有趣、刺激和吸引人的叙述，进一步拓展了已有发现。其二，本研究表明，除负面情绪外，相关的强烈情绪体验也可预测阴谋论。然而大多数研究都关注通过负面感觉和情绪来解释阴谋论（Grzesiak-Feldman，2013；Kofta et al.，2020；Newheiser et al.，2011；van Prooijen，2016；van Prooijen & Acker，2015；Whitson & Galinsky，2008），但研究认为，各种积极情绪也会增强阴谋论信念（Whitson et al.，2015)。情绪强度（与效价无关）可以调节已有研究结果，并提供新的视角理解情绪在阴谋论信念中的作用。其三，本研究中的研究3、研究4和研究5都提出了新颖的观点，即在感觉找寻方面得分高的人尤其容易受到阴谋论的影响。这些发现扩展了已有研究，指出阴谋信念与无聊的易感性这一狭隘的概念有关（Brotherton & Eser，2015）。另外，大量研究认为，稳定的个体差异变量可以预测人们对阴谋论的易感性（例如，Cichocka et al.，2016；Swami et al.，2011)，本研究对此亦有贡献。此外，研究3表明，高感觉找寻者将阴谋论与娱乐联系起来，更突显了众所周知的观点，即情境线索和阴谋论之间的联系通常受到其他偶然因素（如个体差异变量）的调节。

　　现有研究结果也拓展了负面影响在人类认知和行为中所扮演的角色的意义。焦虑、不可控性和不确定性的感觉，通常被解释为人们试图避免或调节的特有厌恶体验（Park，2010；van den Bos，2009）。然而，已有研究表明，情绪强度可以抵消负面情绪对整体幸福感的不利影响（例如 Fujita et al.，1991）。设想有这么一个研究，将刚刚看过恐怖电影（例如"驱魔人"）的群体与中立对照组进行比较。我们很乐意预测，即看过恐怖电影的参与者在焦虑、不可控性和不确定性等变量上提供的评分高于对照组。然而，这并不意味着看电影是一种令人厌恶的体验。相反，人们正因为它们的娱乐性，才故意选择接触这种可怕的体验。日常生活中许多体验产生的情绪既有积极的或消极的，也有强烈的，这对人类的认知和行为有独特的影响（另见 van Boven et al.，2010）。

　　重要的是，当前的议题对相信阴谋论的价值没有规范性的意义：观察到人们发现阴谋论的娱乐性并不意味着提倡或支持它们（比如，有些人发现使用毒品或过度赌博很有趣，但我们也不推荐这些活动）。众所周知，阴谋论会诱发有害行为，例如拒绝接种疫苗或降低个人碳足迹（carbon footprint）的努力（Jolley，Douglas，2014a；van der Linden，2015）。确切地说，本研究旨在阐明阴谋论虽然存在不利影响但依然引人入胜的科学问题。

九、优点、局限性和未来研究

　　尽管我们在不同的环境中调查了多种阴谋论，但五项研究的结果都指向相似的结论。结果与此观点一致，即阴谋论虽然在内容上的差异可能较大，但对这些理论的信念都植根于相似且可预测的潜在心理过程（Douglas et al.，2017；

van Prooijen，2020；van Prooijen，van Vugt，2018）。此外，这些研究结合实验与横断面研究，揭示阴谋论接触和娱乐价值影响（研究1、研究2和研究3）；通过调查其影响，探讨感觉找寻在阴谋论中的作用（研究4和研究5）。最后，所有研究报告都有良好的效力，其中一项是预先注册研究，这些表明本研究结果的稳健性和后续研究的可复现性。

本研究的局限性之一，是在研究1至研究3中仅用一项常规测量来评估情绪效价和情绪强度。对具有负面效价的特定、离散情绪（例如，愤怒、焦虑）进行更复杂的测量，可能会形成独立于强度的阴谋论思维。另外，现有调查结果的范围尚不清楚。例如，娱乐评估与阴谋论信念的联系因果论证取决于研究3，但娱乐条件的情感内容可能具有其他无法解释的影响（例如，在尖锐的社会环境中，发生真实腐败的可能性更大）。此外，这些发现可能受到稳定的个体差异变量的调节。并且，娱乐并不是预测阴谋论信念的唯一因素，而真正的痛苦（例如，在大流行或恐怖袭击等社会危机情况下）往往会激发阴谋论思维（van Prooijen，Douglas，2017）。

最后，一些阴谋论可能非常有趣但并不可信（例如，"地平阴谋论"）。人们可能会推测，要产生目前的效果，娱乐评估需要包含一种严肃的魅力，这种魅力来源于"阴谋论或真"的假设。如果一个人体验到一种缺乏严肃性的娱乐形式（例如，在阅读荒谬的阴谋论后过度幽默），那么就不太可能出现本研究中观察到的影响。与此同时，我们应该看到，一些明显虚构的轶事变成了牵强附会的阴谋论，还令少数人深信不疑。例如，"外星蜥蜴"阴谋论（假设强大的政客是伪装成人类的外星蜥蜴）与20世纪80年代名为"V"的科幻小说系列的情节有强烈的相似之处。同样，小说《达·芬奇密码》激发人们相信书中描述的阴谋论（Newheiser et al.，2011）。未来的研究可能会对强烈的情感体验、娱乐评估和阴谋论之间的关系进行更精细的分析。

十、结语

越来越多的研究强调了阴谋论对感知者和整个社会的有害影响。例如，相信阴谋论与不良健康选择、气候变化否认主义、偏见、敌意、群体间冲突和激进主义有关（有关概述，请参阅 Butter，Knight，2020；Douglas et al.，2017；van Prooijen，2018，2020；van Prooijen，van Vugt，2018）。我们不否认这些关联性。但我们认为，阴谋论为何具有负面影响却依然令大批民众深信不疑，是一个更需要回答的重要问题。本研究结果表明，阴谋论对感知者可能有心理上的益处，即阴谋论的娱乐价值会激发人们对它们的信念。

参考文献

［1］ABALAKINA-PAAP M, STEPHAN W, CRAIG T, et al. Beliefs in conspiracies. Political psychology, 1999, 20：637 – 647.

［2］BALE J M. Political paranoia v. political realism：on distinguishing between bogus conspiracy theories and genuine conspiratorial politics. Patterns of prejudice, 2007, 41：45 – 60.

［3］BRASHIER N M, MARSH E J. Judging truth. Annual review of psychology, 2020, 71：499 – 515.

［4］BROTHERTON R, ESER, S. bored to fears：Boredom proneness, paranoia, and conspiracy theories. Personality and individual differences, 2015, 80：1 – 5.

［5］BRUDER M, HAFFKE P, NEAVE N, et al. Measuring individual differences in generic belief in conspiracy theories across cultures：conspiracy mentality questionnaire. Frontiers in psychology, 2013, 4：225.

［6］BUTTER M, KNIGHT P. Routledge handbook of conspiracy theories. Oxon, UK：Routledge, 2020.

［7］CICHOCKA A, MARCHLEWSKA M, GOLEC DE ZAVALA A. Does self-love or self-hate predict conspiracy beliefs? Narcissism, self-esteem, and the endorsement of conspiracy theories. Social psychological and personality science, 2016, 7 (2)：157 – 166.

［8］DARWIN H, NEAVE N, HOLMES J. Belief in conspiracy theories：the role of paranormal belief, paranoid ideation and schizotypy. Personality and individual differences, 2011, 50：1289 – 1293.

［9］DECHÊNE A, STAHL C, HANSEN J, et al. The truth about the truth：a meta-analytic review of the truth effect. Personality and social psychology review, 2010, 14：238 – 257.

［10］DOUGLAS K M, LEITE A C. Suspicion in the workplace：organizational conspiracy theories and work-related outcomes. British journal of psychology, 2017, 108：486 – 506.

［11］DOUGLAS K M, SUTTON R M, CICHOCKA A. The psychology of conspiracy theories. Current directions in psychological science, 2017, 26: 538 – 542.

[12] FUJITA F, DIENER E, SANDVIK E. Gender differences in negative affect and well-being: the case for emotional intensity. Journal of personality and social psychology, 1991, 61: 427 – 434.

[13] GOERTZEL T. Belief in conspiracy theories. Political psychology, 1994, 15: 733 – 744.

[14] GOLEC DE ZAVALA A, CICHOCKA A. Collective narcissism and anti-semitism in Poland. Group processes and intergroup relations, 2012, 15 (2): 213 – 229.

[15] GOLEC DE ZAVALA A, FEDERICO C M. Collective narcissism and the growth of conspiracy thinking over the course of the 2016 United States presidential election: a longitudinal analysis. European journal of social psychology, 2018, 48: 1011 – 1018.

[16] GREBE E, NATTRASS N. AIDS conspiracy beliefs and unsafe sex in Cape Town. AIDS and behavior, 2012, 16: 761 – 773.

[17] GRZESIAK-FELDMAN M. The effect of high-anxiety situations on conspiracy thinking. Current psychology, 2013, 32: 100 – 118.

[18] HAYES A F. Introduction to mediation, moderation, and conditional process analysis: a regression-based approach. New York, NY: Guilford Press, 2013.

[19] HOYLE R H, STEPHENSON M T, PALMGREEN P, et al. Reliability and validity of a brief measure on sensation seeking. Personality and individual differences, 2002, 32: 401 – 414.

[20] HWANG Y, SOUTHWELL B G. Can a personality trait predict talk about science? Sensation seeking as a science communication targeting variable. Science communication, 2007, 29: 198 – 216.

[21] IMHOFF R, BRUDER M. Speaking (un –) truth to power: conspiracy mentality as a generalized political attitude. European journal of personality, 2014, 28: 25 – 43.

[22] IMHOFF R, LAMBERTY P K. Too special to be duped: need for uniqueness motivates conspiracy beliefs. European journal of social psychology, 2017, 47: 724 – 734.

[23] IMHOFF R, LAMBERTY P. Abioweaponor a hoax? The link between distinct conspiracy beliefs about the coronavirus disease (COVID – 19) outbreak and pandemic behavior. Social psychological and personality science, 2020, 11: 1110 – 1118.

[24] JOIREMAN J A, FICK C S, ANDERSON J W. Sensation seeking and involvement in chess. Personality and individual differences, 2002, 32: 509 – 515.

[25] JOLLEY D, DOUGLAS K. The effects of anti-vaccine conspiracy theories on vaccination intentions. PLoS One, 2014a, 9 (2): e89177.

［26］JOLLEY D, DOUGLAS K. The social consequences of conspiracism: exposure to conspiracy theories decreases intentions to engage in politics and to reduce one's carbon footprints. British journal of psychology, 2014 b, 105: 35 – 56.

［27］JOLLEY D, DOUGLAS K M, LEITE A C, et al. Belief in conspiracy theories and intentions to engage in everyday crime. British journal of social psychology, 2019, 58: 534 – 549.

［28］KAHNEMAN D. Thinking, fast and slow, New York, NY: Farrar, Straus and Giroux, 2011.

［29］KAHNEMAN D, TVERSKY A. Prospect theory: an analysis of decision under risk. Econometrica, 1979, 47: 263 – 291.

［30］KOFTA M, SORAL W, BILEWICZ M. What breeds conspiracy antisemitism? The role of political uncontrollability and uncertainty in the belief in Jewish conspiracy. Journal of personality and social psychology, 2020, 118: 900 – 918.

［31］KUMAR V K, PEKALA R J, CUMMINGS J. Sensation seeking, drug use and reported paranormal beliefs and experiences. Personality and individual differences, 1993, 14: 685 – 691.

［32］LANTIAN A, MULLER D, NURRA C, et al. "I know things they don't know!": The role of need for uniqueness in belief in conspiracy theories. Social psychology, 2017, 48: 160 – 173.

［33］LARSEN R J, DIENER E. Affect intensity as an individual difference characteristic: a review. Journal of research in personality, 1987, 21: 1 – 39.

［34］LOBATO E, MENDOZA J, SIMS V, et al. Examining the relationship between conspiracy theories, paranormal beliefs, and pseudoscience acceptance among a university population. Applied cognitive psychology, 2014, 28: 617 – 625.

［35］MORRIS R, GRIFFITHS M D. The relationship between gambling, affinity, impulsivity, sensation seeking, superstition, and irrational beliefs: an empirical study among committed gamblers. Aloma, 2013, 31: 109 – 121.

［36］NEWHEISER A – K, FARIAS M, TAUSCH N. The functional nature of conspiracy beliefs: examining the underpinnings of belief in the Da Vinci Code conspiracy. Personality and individual differences, 2011, 51: 1007 – 1011.

［37］OLIVER J E, WOOD T. Medical conspiracy theories and health behaviors in the United States. JAMA internal medicine, 2014, 174: 817 – 818.

［38］PARK C L. Making sense of the meaning literature: an integrative review of meaning making and its effects on adjustment to stressful life events. Psychological bulletin, 2010, 136: 257 – 301.

［39］RAIHANI N J, BELL V. An evolutionary perspective on paranoia. Nature human behavior, 2018, 3: 114 – 121.

[40] REBER R, SCHWARZ N. Effects of perceptual fluency on judgments of truth. Consciousness and cognition, 1999, 8: 338 – 342.

[41] ROBERTI J W. A review of behavioral and biological correlates of sensation seeking. Journal of research in personality, 2004, 38: 256 – 279.

[42] SMITH C L, JOHNSON J L, HATHAWAY W. Personality contributions to belief in paranormal phenomena. Individual differences research, 2009, 7: 85 – 96.

[43] SPENCER S J, ZANNA M P, FONG G T. Establishing a causal chain: why experiments are often more effective than mediational analyses in examining psychological processes. Journal of personality and social psychology, 2005, 89: 845 – 851.

[44] SUNSTEIN C R, VERMEULE A. Conspiracy theories: causes and cures. The journal of political philosophy, 2009, 17: 202 – 227.

[45] SWAMI V, COLES R, STIEGER S, et al. Conspiracistideation in Britain and Austria: evidence of a monological belief system and associations between individual psychological differences and real – world and fictitious conspiracy theories. British journal of psychology, 2011, 102: 443 – 463.

[46] SWAMI V, VORACEK M, STIEGER S, et al. Analytic thinking reduces belief in conspiracy theories. Cognition, 2014, 133: 572 – 585.

[47] VAN BOVEN L, KANE J, MCGRAW A P, et al. Feeling close: emotional intensity reduces perceived psychological distance. Journal of personality and social psychology, 2010, 98: 872 – 885.

[48] VAN DEN BOS K. Making sense of life: the existential self trying to deal with personal uncertainty. Psychological inquiry, 2009, 20: 197 – 217.

[49] VAN DER LINDEN S. The conspiracy-effect: exposure to conspiracy theories (about global warming) decreases pro-social behavior and science acceptance. Personality and individual differences, 2015, 87: 171 – 173.

[50] VAN HARREVELD F, RUTJENS B, SCHNEIDER I K, et al. In doubt and disorderly: ambivalence promotes compensatory perceptions of order. Journal of experimental psychology: general, 2014, 143: 1666 – 1676.

[51] VAN PROOIJEN J-W. Sometimes inclusion breeds suspicion: self-uncertainty and belongingness predict belief in conspiracy theories. European journal of social psychology, 2016, 46: 267 – 279.

[52] VAN PROOIJEN J-W. The psychology of conspiracy theories. Oxon, UK: Routledge, 2018.

[53] VAN PROOIJEN J-W. An existential threat model of conspiracy theories. European psychologist, 2020, 25: 16 – 25.

[54] VAN PROOIJEN J-W, ACKER M. The influence of control on belief in conspiracy theories: conceptual and applied extensions. Applied cognitive psychology, 2015, 29: 753 – 761.

[55] VAN PROOIJEN J-W, DE VRIES R E. Organizational conspiracy beliefs: Implications for leadership styles and employee outcomes. Journal of business and psychology, 2016, 31: 479 – 491.

[56] VAN PROOIJEN J W, DOUGLAS K M. Conspiracy theories as part of history: the role of societal crisis situations. Memory studies, 2017, 10: 323 – 333.

[57] VAN PROOIJEN J-W, DOUGLAS K M. Belief in conspiracy theories: basic principles of an emerging research domain. European journal of social psychology, 2018, 48: 897 – 908.

[58] VAN PROOIJEN J-W, DOUGLAS K, DE INOCENCIO C. Connecting the dots: illusory pattern perception predicts beliefs in conspiracies and the supernatural. European journal of social psychology, 2018, 48: 320 – 335.

[59] VAN PROOIJEN J-W, VAN DIJK E. When consequence size predicts belief in conspiracy theories: the moderating role of perspective taking. Journal of experimental social psychology, 2014, 55: 63 – 73.

[60] VAN PROOIJEN J-W, VAN VUGT M. Conspiracy theories: evolved functions and psychological mechanisms. Perspectives on psychological science, 2018, 13: 770 – 788.

[61] WHITSON J A, GALINSKY A D. Lacking control increases illusory pattern perception. Science, 2008, 322: 115 – 117.

[62] WHITSON J A, GALINSKY A D, KAY A. The emotional roots of conspiratorial perceptions, system justification, and belief in the paranormal. Journal of experimental social psychology, 2015, 56: 89 – 95.

[63] YERKES R M, DODSON J. D. The relation of strength of stimulus to rapidity of habit formation. Journal of comparative neurology and psychology, 1908, 18: 459 – 482.

[64] ZUCKERMAN M. Behavioral expressions and biosocial bases of sensation seeking. Cambridge, UK: Cambridge University Press, 1994.

[65] ZUCKERMAN M, EYSENCK S, EYSENCK H J. Sensation seeking in England and America: cross-cultural, age, and sex comparisons. Journal of consulting and clinical psychology, 1978, 46: 139 – 149.

（原文刊载于 *British Journal of Psychology*, Vol. 113, 2022）

娱乐战争:"9·11"事件后的电视文化

林恩·斯皮格尔*

陈彦羽 译

"9·11"事件后,传统的娱乐形式在美国人的生活和文化中的地位有所转变。大众媒体(包括新闻和小说)中社交所需要的暴力不再一如既往地大行其道。虽然好莱坞通常以"自由言论"、宪法权利及行内的审慎(评级体系)等说辞来为其所产生的具有毁灭性的反响作出辩解;但在"9·11"事件发生后的数周内,(无论是出自真诚或愤世嫉俗的原因)整个媒体行业更加倾向于"品位高雅"的影视作品,因此,类似华纳兄弟出品的容易诱发心灵创伤的电影《间接伤害》(*Collateral Damage*)被取消发行。在电视上,暴力电影也须经过网络的严格审查。美国取消了在黄金时段播放《紧急动员》(*The Siege*)(该电影涉及阿拉伯恐怖分子密谋轰炸纽约的情节)。美国 TBS 电视台将充满暴力元素的电影,如《致命武器》、《飞越童真》(*Look Who's Talking*)替换为家庭电影,美国 TNT 电视台将 20 世纪 70 年代的《超人》《金刚》和《魔女嘉莉》等怀旧电影替换成《第三类接触》(*Close Encounters of the Third Kind*)、《油脂》(*Grease*)和《大白鲨》(*Jaws*)。尽管《大白鲨》中嗜血的鲨鱼似乎没有嘉莉那么令人不安,但它已经回避了构成好莱坞高管们心中恐怖行为的问题。

但是,这不仅仅是暴力主题影视需要接受自我审查制度这种"艰难"的现实,连各种轻松的电视综艺节目和各种"娱乐活动"的处境也变得艰难。幽默作家 Dave Letterman、Jay Leno、Craig Kilborn、Conan O'Brien 和 Jon Stewart 以绝对的严肃面对午夜场观众。当《周六夜现场》(*Saturday Night Live*)回归幽默的表演方式,一段由 Paul Simon、整个纽约消防局和 Giuliani 市长阴郁的表演开场的笑话受到官方的制裁。当制片人 Lorne Michaels 询问市长,节目是否可以搞笑,Giuliani 市长开玩笑说:"为什么要现在才开始?"(市长的话含蓄地告诉观

---

* 林恩·斯皮格尔(Lynn spigel),美国西北大学传播学院教授。

众，实际上大家可以为节目的幽默开怀大笑。）在人们表现出新式的虔诚态度时，不少批评家概括地表示：美国五角大楼和世界贸易中心所遭遇的袭击"终结了讽刺的表演方式"。

然而，尽管评论家们作出这样夸张的声明，但是实际上许多行业领导者对公众的真正需求感到深深的困惑。即使行业领导人希望对诱发心灵创伤的任何形式的影像进行审查，但视频网站报道说，如果消费者拥有自行决定权，他们迫切希望购买到与恐怖主义相关的电影，如《紧急动员》（*The Siege*）和《摩天大楼失火记》（*The Towering Inferno*）。一家录像零售商对消费者对《摩天大楼失火记》等电影的渴求感到"惴惴不安"，一家店主甚至"将这样的录像移走，所以只露出录像带的侧面以隐藏封面"。同时，互联网公司也在为数百个人建立网站而申请粗俗的域名担忧不已。一个主要的域名转销商停止数个域名的拍卖，因为该转销商认为这几个域名不太得体，其中包括"NewYorkCarnage（纽约大屠杀）.com"。如这些情况所示，媒体行业必须树立有鉴赏力文化保护者的形象，以使得自己的公众形象与变幻无常的公众品味相一致。

考虑到电视在历史长河中一直作为受管制的私营行业，在最理想状态下应以"公共利益"为基础，因此电视作为一种媒介在保持其"公仆"形象与迎合公众观影品位（或至少提供广告客户认为公众喜欢的内容）之间保持平衡最为艰难。恢复公共服务和娱乐/商业功能之间的正常平衡，是摆在广播公司和媒体人员等面前的一道难题。在一片混乱之中，电视艺术与科学学院和 CBS 电视台两度推迟艾美奖的颁奖仪式。

在 9 月 15 日的周末，电视新闻主播开始告诉大家从原来不间断的新闻报道回归"正常"的电视娱乐播放日程是他们的国家义务，这种回归与华盛顿方面有关回归常态（正常水平的消费主义）的呼吁相一致。当然，对于电视业而言，恢复至正常的电视节目播放也意味着恢复广告（电视业的衣食父母）的播放。"9·11"袭击发生之前，电视业的广告收入已经出现下降，在袭击发生后的一周内损失了约 3.2 亿美元的广告收入。因此，即使媒体行业最初将娱乐和广告定位为"品位低俗"，在"9·11"袭击发生一周后，电视网络方面仍将商业娱乐和爱国内容的播放进行无序式调整。简而言之，最为矛盾的是娱乐和商业主义被重新定义为电视的"公共服务"。

截至 9 月 27 日，美国电影协会会长兼首席执行官 Jack Valenti 对这种"商业主义即爱国主义"的思潮给予肯定。在"综艺节目"一栏中，他写道："在好莱坞，我们必须继续制作自己的电影和电视节目。在该悼念期间，我们需要谨慎地把握好讲故事的方式。但是迟早，那个时刻一定会到来，我们生活将继续，且必须继续下去。我们好莱坞必须继续推出创作……这个国家需要我们的作品。"Valenti 所传达的信息是影视圈古老神话的一部分，这个神话贯穿了无数个萧条时代及第二次世界大战时期的音乐剧，该超越性的神话讲述了影视界的人士放下他们之间小的差异，团结在一起演奏了一曲爱国之歌。如果这个超越时代的神话在 20 世纪 40 年代鼓励了美国观众勇敢起来不怕在战争中作出牺牲，那么在 21 世纪的今天，影视圈可以在这个卓越的神话下配合国家的命令，令影视圈回归至满足消费者的欢乐情绪的"常态化"。在这个奇怪的鲍德里亚时代，布什总统向全国发表声明，请求美国人民恢复至生活常态，如搭乘飞机、带家人前往迪士尼乐园游玩等。

事实上，尽管事件刚发生后，人们感到无比震惊，但美国的消费文化以及电视业均在非常短的时间内恢复至正常（或至少外表看起来是如此）。然而，虽然很多人都注意到这一点，但是这种情况的发生过程以及所达到的程度还需要进一步的思考。有关"9·11"事件及美国袭击阿富汗的媒体主要集中在报纸杂志和电视方面的新闻报道上。这一重要的学术研究关注的重点是事件的叙事和神话般的框架；民族主义极端爱国主义（如在新闻节目中使用国旗图案）；至少在袭击发生后的几个星期内，主流立场的替代性观点相对不足；替代性新闻平台的作用，特别是互联网；竞争性的全球新闻电视台，特别是半岛电视台；以及在制度和商业压力下，形成"资讯娱乐"。然而，尽管取得了重大成就，但对新闻的学术性重点关注低估了（实际上几乎没有考虑到）电视媒介对"9·11"事件的"现实"的传播方式，包括其所谓的娱乐流派。对新闻的单一关注不能体现电视界处理恐惧（甚至是媒体捏造的恐惧）的工作方式及如何使公众回归到"普通"的生活（包括看电视的日常方式）。从这个更广泛的角度来看，要恢复至正常，不仅需要通过新闻故事的叙事框架，还需要通过重新定位，让观众重新回到电视的虚构时空——即观众熟悉的系列节目、著名的明星、最喜欢的人物角色和仪式化的年度活动（如艾美奖活动等）。

接下来，我将探讨各种电视体裁，如连续剧、脱口秀、纪录片和特别的"活动"，甚至动画片是怎样把美国引导回正常状态，或至少回到正常的电视和消费文化。我特别感兴趣的是，这些体裁如何依赖于美国过去的民族主义神话和敌人／"东方"的故事。但是，我也质疑民族主义神话能够在多大程度上维持现今多渠道电视系统的"窄播"（narrowcast）逻辑（以及跨越多个媒体平台的受众群体越来越普遍的活动）。换句话说，我想要探索民族主义在后网络、多渠道和越来越国际化的全球媒体系统中受到的限制。

诚然，民族主义在当代媒体系统中的命运是一个巨大的论题，需要从多个领域的角度进行探索和调查（例如，我们需要探讨以下方面：放松管制和媒体聚集的影响、媒体平台上的群众的分布、全球媒体新闻/娱乐电视广播电台之间的竞争、地方和全球媒体流之间的关系、观众和解释的接纳背景以及国家认同和主体性等更大的论题）。本章的目标不是为所有这些问题提供详尽的答案（显然没有哪些文章可以做到这一点），而是讨论"9·11"事件发生后媒体行业策略、娱乐行业杂志的话语，特别是能将整个国家带回到往常那样的商业电视氛围的电视节目的文字和叙述逻辑。

一、"9·11"事件后的历史课

众多评论家对"9·11"袭击事件被认为是一种完全不同于其他任何地方发生的恐怖事件这一认知方式发表了评论。正如 James Der Derian 所说，由于美国的例外论以及众多精明的评论家拒绝将这些事件放入政治或社会背景中进行评论（这些背景有助于理解这些事件），"9·11"事件很快成了一个特殊的"史无前例"的事件。Der Derian 认为，关注毁灭和损失的不间断的新闻报道让人们回想起过去，这些报道就像一种怀旧和类似的情怀，"主要以第二次世界大战的旧色调"出现——让美国上下为即将来临的牺牲和痛苦做准备。但是，至少在 Der Derian 所说的这些新闻报道最初出现之后，历史实际上陷入一个更加矛盾的陈述和影像领域中，这些陈述和影像充斥在无线电波中，带领观众回归"二战"牺牲中的怀旧回忆及当代消费文化使命中。在电视上，这些"相互矛盾"的声明和图像，围绕着媒体作为广告商和公务员的双重角色的悖论展开。

在"9·11"袭击发生后的一周，电视业恢复至正常的消费娱乐状态。这种转变主要通过多个电视体裁实现，包括新闻、纪录片、白天播放的脱口秀以及黄金时段播放的影视剧轮播。引发的历史是人们耳熟能详的"美国经历过的"故事，新闻播报员提起了课堂上讲述的历史，例如美国移民、珍珠港事件和越南战争。他们将这些类似的历史事件与所暗示的大众文化历史有关的事件结合，回顾灾难电影大片、科幻电影和战争电影的场景，甚至引用以往的媒体报道，包括肯尼迪刺杀事件和戴安娜王妃的死亡事件。随着 CNN 电视台在 1991 年海湾战争中发明的 24/7 全天候实时新闻播放策略，主要的新闻网络提供了大量的"娱乐资讯"（infotainment）技术，这些技术在过去 10 年间的战争报道中经常被使用（即快节奏的"音乐电视"编辑、电脑、游戏风格影像、杂志图像、数字化声音效果、"专家"间的打趣和引人入胜的口号）。在 9 月 12 日，CNN 将其标题定为"浩劫后"（该标题也曾用于 20 世纪 80 年代一部关于核灾难的电视电影的命名）。NBC 提出了一个以美国星球大战系列三部曲为基础的口号——"美国反击"。同时，FBI（联邦调查局）借助美国电视节目《美国头号通缉犯》（*America's Most Wanted*）以搜捕恐怖分子。在搜寻熟悉的剧本时，真正的战争与"电视电影"战争之间存在差异这一点并不重要。历史已经遵循了 Michel de Certeau 的观点：历史是科学与虚构的结合。

但是，向熟悉的历史叙述的转变说明了什么呢？为什么历史突然产生了吸引力？包括罗兰·巴特（Roland Barthes）和玛莉塔·史特肯（Marita Sturken）在内的众多学者们分析了历史和记忆共同产生国家故事的方式。这项研究显示了媒体（包括广告、电影、电视和音乐）在唤起民族归属感和社区意识方面所发挥的重要作用。诚然，"9·11"事件后，媒体对历史回忆的意愿与国家文化的复兴相关，旨在一国被文化战争及极端政党之争分裂之前对国家的文化进行复兴。对于文化产业而言，开始重视历史不仅与民族主义的复苏有关，也与急需恢复商业习惯和当代消费媒体文化的营销实践有关。

在最基本的层面上，对于害怕得罪观众的电视业管理人员来说，历史是解决一个两难境地的方法。毕竟历史属于最受欢迎的"高品位"领域。历史也是公共广播公司（PBS）、探索频道和历史频道的主要内容素材，是受过教育的人群、"高质量"电视节目和公共服务的"象征"。在"9·11"事件之后，有关电视业缺乏诚信的抨击声音此起彼伏，多见于行业杂志及大众化报纸，而历史的"高质量"魅力对这种背景下的电视业尤为重要。例如，一家行业杂志——《电视周刊》的记者 Louis Chunovic 写道："在美国遭到恐怖袭击之后，很难相信美国人曾经关心谁会赢得《老大哥 2》（*Big Brother* 2），或者 Anne Heche 是不是疯子。也很难相信，就在两个星期前，正是这种精神食粮以及当红名流/政治色情/谋杀/绑架的丑闻等占据着电视新闻。"因此，Chunovic 认为："我们无法恢复至以前的生活方式了。"讽刺的是，业界在"9·11"事件后升级至高质量体裁（特别是历史纪录片），这种做法实际上可帮助观众恢复至以前的生活状态。历史纪录片在帮助美国人回到"正常状态"（normalcy）（即商业娱乐和消费文化）方面发挥了战略性的作用。

我们以美国广播公司（ABC）在 9 月 15 日，即星期六采取的节目编排策略为例。当天，ABC 成为第一个回归正常电视流的主要电视网络公司。新闻播报员 Peter Jennings 主持了一个儿童论坛，随后午后的节目是有关 20 世纪伟大时刻的历史纪录片。该纪录片讲述了 Charles Lindbergh——阿波罗号飞船的船员和登陆月球的故事，以及美国新闻人士在希特勒统治下的欧洲的纪录片。有意思的是，"9·11"袭击之所以成功是由于监视、航空和通信方面出现了技术崩溃，而电视上所有选定播放的历史故事却都是讲述了伟大的人物使用了先进的技术而取得了巨大的成就。

与此同时，从经济学的角度来看，这些历史纪录片第一次组成了当代广播电视业的行业策略中的最重要的部分，被行内人称为"重新利用"。这些纪录片在曾经由 Jennings 作旁白的、ABC 电视台此前推出的系列纪录片的基础上进行重新包装并予以上映，而现在是为了响应爱国主义而进行"重新利用"（repurposed）。这并不是说 Jennings 或者 ABC 的任何人故意试图从灾难中获益。当然，Jennings 的儿童论坛为社会提供了公共服务。但是，任何研究美国电视史的人都知道，资本主义的逻辑通常认为，公共服务和公共关系就像同一个硬币的两面。在这种情况下，播放历史纪录片所提供的公共服务也可帮助观众从电视新闻话语和现场报道的氛围中恢复至预录的叙事系列。同样地，在 9 月 15 日晚，NBC 发布了一则关于国际日期变更线的特别新闻报道，随后恢复播放电视电影——《出水芙蓉》（Growing Up Brady）。

通常，历史在娱乐系列节目的回归是重要组成部分。2001 年 10 月 3 日，NBC 的《白宫风云》（The West Wing）是一部高质量的电视连续剧，在首集播出之前抢先播放了一集赶制的特别剧集——《埃塞克和以赛玛利》（Isaac and Ishmael）。一方面，该剧集（向观众讲解中东局势）的演员和主创/执行制片人——Aaron Sorkin 作为该剧集的编剧，非常希望将电视作为政治和历史教育的用途。另一方面，这一集与当代商业促销策略完全一致。正如 ABC 采取重新利用（repurposing）这个策略一样，NBC 电视广播网遵循"噱头"（stunting）这一商业策略，或者创建独立的剧集，通过偏离电视连续剧系列架构来吸引观众[实时播放的《急诊室的故事》（ER）是这一技术应用的典型例子]。在这种情况下，与其他任何网络连续剧相比，《白宫风云》已陷于更加艰难的处境，因为该连续剧的"高质量"吸引力来自"及时反映当前现实"（timely relevance）和节目本身富有深度，即戏剧性现实主义（该连续剧将自身定位为与白宫同步的电视剧，即实时反映白宫日常）。

接着，一系列好戏开始了，例如为直接向观众发表演讲的演员们（以及名人角色）拍摄连续的头部特写。Martin Sheen 首先欢迎观众观看节目，并宣布这一集并不是之前安排好的季度首集。在随后的头部特写中，另一个演员甚至将这一剧集称为"与原剧脱节的剧集"，意味着该剧集与当代黄金时段"高质量"体裁的、常规序列化/累积的叙事结构完全脱节。同时，其他演员也以不同方式纷纷感谢纽约消防和警察部门。此外，其他人让观众关注屏幕下方的电话号码，观众可以拨打该号码向救灾和死伤者基金捐款。在这个意义上，这一剧集让观众立即联想起自己作为参与到互动的公共/媒体领域的市民这一重要身份。然而，这种"公共服务"精神被卷入了宣传性的电视逻辑中。该插曲的末尾是演员们向观众透露即将播放的剧集的情节，以推介秋季的新剧集代表着这种公开的好处已经用尽了。最后"预热广告"由一位名叫 Janel Moloney 的女演员呈现，通过其向观众承诺她出演的角色在未来的剧集中将会有爱情戏以宣传秋季剧集。

在作出白宫爱情戏这一承诺之后，该剧集回到了公共服务的话题上。本剧集主要以教学讲座的方式，讲述了演员们跟随一群高中学生参观白宫却被一名恐怖主义者的炸弹威胁，抓到白宫西厢。为了安抚学生的情绪，各位演员向这群虚构的高中学生讲述了美国与中东关系史。在前面部分，白宫"舆论导向专家"——Josh Lyman 向这群恐慌的学生讲述了中东对西方的敌意。一位天真的女学生问道："为什么每个人都试图杀死我们？"Josh 走到了那边的黑板，开始讲他的历史课。虽然他承认，美国应为这种恶化的关系负部分责任（他提到美国实施经济制裁、占领阿拉伯土地和放弃阿富汗的行径），但是他是以飞快的语速说了这一番话，因为他没有对所有这一切的产生进行深入思考。相反，这个片段借助于对殖民主义者措辞的"好奇心"（curiosities），偏离了其"教学"的使命。在该片段结束时，Josh 向学生们表示了他对伊斯兰宗教激进主义者的文化习俗的愤怒。他提到人们耳熟能详的恐怖事物，包括伊斯兰妇女必须穿戴面纱、男人们不能在足球比赛中自由地欢呼等事实，再次使该片段从讲述伦理转向歌颂美国文化优越性的种族优越。Josh 在总结时提醒学生：与伊斯兰宗教激进主义者不同，美国人可以在足球比赛中为自己所喜爱的队伍自由地欢呼以及美国女性甚至可以当上宇航员。

通过所有这些方式，《白宫风云》呈现了当代东方主义（Orientalism）的一些基本原则。正如爱德华·赛义德（Edward Said）所说，特别是在第二次世界大战之后，在美国人看来，东方主义保留了不同于欧洲早期的种族主义历史，而是带有越来越少的语言学气息，并且更关注于希望"了解"和控制中东的联邦机构、智囊团及大学制定的社会科学政策和行政管理措施。在这种形式下，美国人了解中东旨在维护美国的霸权和国家安全，并将阿拉伯人的形象异化，将其塑造成西方人性与进步的对立面。当 Josh 详细阐述了伊斯兰宗教激进主义的文化荒漠时，他制定了一个东方主义的中心修辞原则。因为，正如赛义德所说，当代东方主义的"净效应"（net effect）是消除美国对阿拉伯世界文化和人性的认识（诗人和小说家以及自我表现手段），取而代之的是"态度、趋势和统计"这些非人性化的社会科学指标。

在这方面，该剧使用了历史教育学来团结美国人民一致对抗"敌人"，而不是鼓励人们真正接触伊斯兰教、美国国际政策的伦理学或美国即将来临的炸弹袭击的后果。更多的是，因为这一集的教学讲座包含在一个更加重要的戏剧性救援叙事（恐怖主义炸弹威胁白宫）中，学生（代表观众）所学习的所有的经验教训都包含在有关美国公共安全的叙事中。换句话说，根据这个救援叙事的逻辑，我们了解"他人"仅是为了工具理性——即我们自己的国家安全。

《白宫风云》虚构的教室以自由人文主义的名义呈现这种社会科学的东方主义。该剧集通过让观众代入学生的角色，尤其是对历史事件毫无认知的学生的教学形式来实现这一点。该节目对观众说话的口吻，就像对孩子说话一样，或者说是对超出其控制范围的历史事件的非常无知的对象说话一样。"为什么每个人都想杀死我们？"这是由《白宫风云》虚构学生所提出的。正如劳伦·贝兰特（Lauren Berlant）所说的那样，"婴儿般的公民身份"，让成年观众披上孩童般无知的外衣，舒适地面对恐慌和战争内疚感（当然，这正是布什总统自身幼稚形象的缩影，因为布什总统在"9·11"袭击发生后首次面向国会的电视演讲中提到，"他们为什么要恨我们呢？"）。

在袭击发生后的这几天里，布什政府经常说美国人民是不朽的和"内心向善"，为美国过去创造了一条主线，对绝望的公众进行夸赞，将他们视为一个外界邪恶世界的道德受害者。在一个类似的抗议事件中，评论员谈到了这个攻击所引起的"纯真的终结"（the end of innocence），就好像美国对这一天到来毫不知情而且没有内疚感。毫不奇怪的是，在这方面，媒体在"9·11"事件之后所捣鼓的历史都是从根本上经过精心的挑选而且是过去历史的精简版本，祭起了一种"我们为什么而战"的道德战场。正如一位名叫 Justin Lewis 的报刊记者对四家美国主流报纸所做的调查那样："9·11"袭击事件倾向于唤起人们对第二次世界大战和纳粹德国的回忆，而"其他历史事件，无论是否存在相关性，明显不那么突出"。Lewis 说道："更重要的是那些证明着西方对民主和人权蔑视的历史，例如美国政府对沙特阿拉伯神权政体的支持。"他认为，第二次世界大战和纳粹德国的历史被提起，是因为其引人注目的叙事维度——尤其是这一段历史是善与恶对立的。而所创造出来的英雄和恶棍形象也是电视新闻报道的重要方面，但很多观众似乎并不像故事本身那样追求"客观真理"（objective truth）。人们在面对震惊和不确定性时，时间似乎停滞不前，而这些叙述手法为人们带来了一种共同的、有道德教育意义的、连续的历史。

众多电视的"真实"体裁都体现了使美国观众觉得他们有自己的道德立场的必要性，其中推广这种道德立场的一种方式是讲述妇女受害者的故事。Jayne Rodgers 认为，记者倾向于以"性别的神话"（myths of gender）来编写新闻故事，而且他还说，这些神话的中心轨线之一是扭转英雄和受害者的性别本质。Rodgers 指出，即使"在袭击中的男性死亡人数要比女性死亡人数多，呈三比一的比例"，但在新闻叙事中男性通常被描绘为英雄（消防员、警察、朱利安尼），把妇女描述成受害者（遭受苦难的和怀孕的寡妇）。尽管在"9·11"事件发生当天有 33 名女性消防员和救护人员当值，但媒体所渲染的英雄形象主要为男性，正如 Rodgers 指出的那样，他们致力于"恢复性别以及社会、政治秩序"。

在电视上，这些性别的神话常常与西方对东方由来已久的幻想有关，其中包括"东方"男子袭击（甚至强奸）西方女性（西方女性象征西方本身）。[Cecil B. DeMille 的《欺骗的人》（*The Cheat*，1915）或鲁道夫·瓦伦蒂诺（Rudolph Valentino）主演的《酋长》（*The Sheik*，1921）显示了这个东方化的"强奸"幻想长久存在于西方人的心理。] 在"9·11"袭击发生后，美国企图在这个交织着性别及东方元素的神话中扮演着无辜的受害者的角色。白天播放的脱口秀和晚上播放的新闻都充斥着女性受苦受难的夸张神话，将女性描述成伊斯兰极端主义的道德受害者。而这里的"女性"不仅是指阿富汗妇女，还有在袭击期间失去丈夫的美国幸存者（寡妇）。虽然这些女性所遭受的痛苦与真实生活中女性所遭受的痛苦是在同一级别的，但在电视上这些苦难经历根据情节剧的惯例进行杜撰式渲染，更多地忽略了这些女性的悲惨遭遇的复杂的历史原因。

例如，在袭击后的几周内，"奥普拉！"的几期节目以失去丈夫且怀孕的幸存女性为重点，将个人回忆（通过死者的家庭录像）与心灵受创伤的妇女的心理辅导课程结合在一起。在这几期节目中，这个脱口秀的"谈话疗法"的叙事逻辑奇怪地受事件的轻重程度所牵引；女性嘉宾遭受到如此巨大的心灵创伤，以至于无法开口说话。例如，在其中一集中，当一名年轻的孕妇僵硬地坐在舞台上时，著名的治疗师 Dr. Phil 向她讲述心灵创伤的 12 个步骤（而奥普拉插了一句励志名言以示鼓励）。在这一集里，该女人不仅失去了丈夫，也失去了讲述自己的故事的能力。在这个过程中，节目含蓄地要求观众将该女人视为这个偶然事件的道德和无辜的受害者。换句话说，任何因果关系因素（或她的痛苦实际上是复杂的政治历史的结果）被简化为白天播放的肥皂剧的叙事中所表达的命运无常（twist of fate）。

Linda Williams 在有关美国情景剧历史的文章中写到，这种关于"受苦"的道德受害者（特别是女性和非裔美国人）的主题可以在电影和电视媒体表现手法（包括对美国历史事件的描述）中追溯。Williams 说，受害人角色通过调动情感引发我们的认同感（这种情感不仅与他们有关，而且还与他们所面临的历史不公正有关）。在 Lauren Berlant 和 Ann Douglas 之后，她警告说，对通常出现在媒体文本及政治方面受苦难的人的情感及间接感受到的认同感，更多的时候被视为真实社会的正义替代物；然而，重要的一点是，情感不等同于正义。媒体文学和政治上的痛苦的情感和替代的认同往往是实际的社会正义的替代；但重要的是，情绪与正义不一样。通过向观众提供一种感觉（对受害者、受害者的善良和痛苦表示出的认同感），情节剧弥补了悲剧性的不公正和人类牺牲不幸。或者，正如 Williams 所说的那样："情节剧的高潮部分以好人的死亡为结束——汤姆叔叔、夏洛特公主、《泰坦尼克号》的杰克·道森（Jack Dawson）等人物的死亡带来了悲伤情绪的爆发和对美德的公认补偿了消逝的生命所带来的悲伤。"在政治情节剧（像"9·11"袭击中的女性受害者所讲的故事那样），所引起的怜悯本身往往就是其结局；即使在现实中正义未能得到伸张，以及即使许多人对实际的政治领域感到陌生及毫不了解，但观众也能产生一种正义感。

布什总统在"9·11"袭击发生后通过电视发表的首次国会演讲中，使用了受难女性的形象来形容这种感伤/补偿性的公民形象。"9·11"之前,他在国会第一次电视讲话中也使用了女性苦难的形象。类似于冷战偏执狂电影,如华纳兄弟出品的《红色噩梦》(*Nightmare in Red*)(该片是华纳兄弟和美国国防部共同制作,展示了一个典型的美国城镇被共产党所占领和统治后的境况),布什总统描绘了一幅有关恐怖主义威胁美国人自由的图像。他声称,"在阿富汗,我们窥见了基地组织对世界未来的规划"。随后,他列出美国被基地组织占领后美国人将遭遇到的压迫的清单。排在该清单首位的是"女性不能上学接受教育"。在这时,修辞建构显得很重要,因为通过暗示基地组织对世界的未来规划,布什总统要求电视观众设想女性在基地组织的管辖下的生活情境,由此引发观众的道德愤慨和痛苦,于是他继续为自己的侵略计划作辩解以及给塔利班组织下了最后的通牒。无论人们如何看待布什的演讲,很显然,受苦女性受害者的形象是一种强大的情感刺激策略。通过该策略,布什总统将自己的战争计划与道德正义和美德联系在一起(非常清楚的一点是,在"9·11"袭击发生前,布什总统从未提起过这些阿富汗妇女)。

更复杂的例子是 CNN 播放的纪录片——《面纱之下》(*Beneath the Veil*),该纪录片描绘了阿富汗妇女在塔利班统治下所遭受的虐待。该纪录片原本是CNN 在 2001 年春季为英国第四频道录制的一部纪录片。《面纱之下》由 Saira Shah "卧底"秘密摄制(她在英国长大,但父亲来自阿富汗),该电影制作人冒着巨大的风险拍摄(因为塔利班将摄影视为非法行为,而 Shah 是一名女性,因此整个摄制过程充满着双重危险)。《面纱之下》不仅描述了塔利班的压迫与残忍,还反映了全球人民对阿富汗妇女境况不予重视的事实,并呼吁人们立即采取政治行动。Shah 还认真反思了自己对女性、女权主义和伊斯兰教的西方式看法。她表示,一个以阿富汗妇女为首的团体,即阿富汗妇女革命协会(RAWA),是站出来对抗塔利班组织的第一人。

《面纱之下》的开端是一段由 RAWA(通过隐藏的录像机)摄制的影片片段。根据该影片片段,我们可以看到,妇女们挤在一辆皮卡车上,被带到由一个足球场改造而成的公共处决台。她们因所谓的通奸罪而被判死刑。贯穿整个影片的是妇女遭受压迫、RAWA 为解放妇女而作出的努力以及 Shah 对这些事件的见证的镜头和对话。一个相关的网站(依然在运行当中)提供了许多相关信息、行动和参与区域的链接。该计划及其网站构成电子媒体的重要政治用途。虽然有女性受苦的镜头,但这些片段所引发的痛苦激起了行动的欲望(Williams

提醒我们，行动欲望也是情节剧的一部分），而不仅仅是情绪本身。

不过，在"9·11"后期新闻报道的背景下，CNN 对《面纱之下》进行重播及重新利用，但该纪录片的政治观点已经发生了大幅改变。在"9·11"袭击发生后的两个月内，CNN 电视台对该纪录片多次重播，使得该片成为一种每日纪录片播放惯例。尽管观众必须了解这场人权灾难，但我们更想知道该纪录片在"9·11"（而非 9 月 10 日）袭击之后在西方观众中流行的原因。首先，我们应该留意到，根据"Variety"网站的数据显示，"9·11"袭击发生后，各种类型的纪录片（尤其是关于恐怖主义的纪录片）成了电视业的"香饽饽"。其次，无论该计划的最初成果如何，在这个新背景下，观众在这些影片的引导下，倾向于将阿富汗妇女所遭受的压迫和 9 月 11 日在美国境内逝去的无辜生命相混淆。在 CNN 电视台的节目编排表中，我们看到，《面纱之下》纪录片紧接着一系列影片，这些影片展示了世贸大厦遗址（Ground Zero）、美国受害者和英雄人物故事、炭疽恐怖袭击、公共安全警告、联邦调查局所通缉的恐怖分子的面部照片，以及投放到阿富汗境内的一系列奇怪的炸弹及人道主义援助。在这个节目编排的背景下，《面纱之下》往往被视为一个警世故事（如《红色噩梦》），为美国轰炸阿富汗提供正当理由。换句话说，这可能会提供一种道德立场，使一国人民团结起来发动战争。

在美国发动的轰炸中，Shah 制作了一部名为"邪恶的战争"（The Unholy War）的后续电影，该影片于 2001 年 11 月中旬于 CNN 电视台频道播放。该影片记录了美国在向塔利班宣战并发动战争的过程中，女性（尤其是年轻的阿富汗女孩）的生活状况。这部电影讲述了轰炸所造成的破坏、后塔利班政权建立所带来的问题以及 Shah 本人试图帮助 3 名女孩（帮助她们接受教育）但以失败告终（女孩的父亲拒绝了她的人道主义援助）的故事。这场邪恶的战争打乱了 CNN 频道对《面纱之下》的循环重播的计划。这也揭穿了布什总统的夸张的救援/战争故事，并对（往往是毫无疑问的）使得美国轰炸阿富汗事件合法化的"人道主义"意识形态进行质疑。Shah 在沙龙（Salon）采访期间说道："我不敢相信，我们无法帮助他们，钱也无法解决他们的问题……这是对我真正的启示。我非常傲慢地，以非常西方的方式假设：我可以解决他们的问题，因为我很友善且有钱。透过这部纪录片，我了解到，他们的问题比较复杂；我还了解到阿富汗需要很多东西，在遭遇到这种程度的破坏后，重建面临着重重困难。"

二、事件类电视节目和名人

虽然 Shah 所摄制的纪录片《邪恶的战争》揭示，电视广播和网站（如 Salon.com）上确实存在反历史和反战的信息，但显示"9·11"袭击所带来无法估量的破坏的新图像，使得电视业试图将该图像和修缮的图像匹配在一起，这样的对比就像大瀑布一样形成巨大的落差。在这方面，"事件电视节目"（或旨在承担媒体活动的地位和观众份额的电视节目）在"9·11"之后蓬勃发展，让美国人在遭遇袭击之后更加团结统一。这些播出的活动节目创造出了一个由好莱坞明星扮演爱国公民的"元宇宙"。

首先播出的事件电视节目是名人主持的马拉松式电视节目：《美国：向英雄致敬》（America：A Tribute to Heroes）。从 2001 年 9 月 21 日晚上 9 点开始，该节目对纽约、洛杉矶和伦敦进行现场直播。这个为时两小时的节目在 320 多个国家广播和有线电视网络中同时播出。尼尔森收视率显示，收看该电视节目的美国家庭达全美家庭的 65%，使其成为当年最受关注的节目之一，仅次于超级碗。

在《美国：向英雄致敬》里，一大群明星讲述了在该袭击中死亡或死里逃生者的故事。这些颂词里穿插着婴儿潮到后生育高潮（捐赠者所在的一代）所流行的音乐。像所有电视葬礼一样，这个节目运用了电视的现场美学手段，以避免观众对死亡产生恐惧。换句话说，这种"现场直播"、未经彩排的自发性及私人真相的揭露让观众感觉到，当下生活已然继续下去。仪式的、悲哀的气氛唤起生者对最近逝去的死者的记忆，在精神方面及媒体方面恢复了信仰（换句话说，电视节目——这种古老的媒体为观众带来了强大的愈合感和社区意识）。

虽然这本应是全球的媒体盛会，但通过展现了一个没有视觉闪耀和不强调明星个人的"明星之都"，将这个节目的场景故意设计得低调朴素。该节目以"零"风格（只是点燃了朴素的蜡烛）上演，满足了人们希望看到好莱坞明星、歌手和运动员以"真实"面示人的欲望。该节目简单朴素，没有经过彩排（或至少是简单的彩排），没有提到明星的姓名且无人主持（该节目没有综艺主持人主持，没有对明星进行重点强调且没有演播室观众）。这种缺乏风格的表演意味着该活动具有真实性，使得明星们有权代表死者发言。同样地，明星

（Muhammad Ali，Clint Eastwood，Paul Simon，Julia Roberts，Enrique Iglesias，Bruce Springsteen，Celine Dion，Chris Rock，Sylvester Stallone）的实际组合，在其他时候可能给人一种明星之争的感觉（考虑到他们经常出演前后矛盾的人物形象、不切实际的历史联想），现在这样的组合组成了移动的悼念队伍。该节目的"互动性"进一步加强了马拉松式电视节目的社会氛围，包括 Goldie Hawn 和 Jack Nicholson 在内的明星担任起电话接线员，承诺伸出援手。这些举动感动了观众。在这些方面，《美国：向英雄致敬》是一个很好的例子，该影片显示了电视界在后"9·11"时期所创造的并不是一个公共领域本身，而是一个由明星代表真实公民的自我指涉的好莱坞公共领域，他们让我们感觉到自己与更广泛的社会结构联系在一起。

因为这次袭击而两度推迟的第五十三届艾美奖颁奖典礼是第二个例子。杰克·瓦伦蒂（Jack Valenti）提出了"必须将表演进行到底"的口号，该口号在一年一度的电视盛典宣传中无处不在。不知何故，业界认为，美国人民对艾美奖颁奖典礼非常重视，任何名人抗拒出席的行为（无论是因为害怕遭到袭击还是担心暴露自恋的形象），均被视为"让恐怖分子赢得战争"的迹象。正如电视艺术与科学学院院长 Bryce Zabel 对观众所说的那样，取消艾美奖颁奖典礼无异于承认失败。就像棒球和百老汇一样，艾美奖颁奖典礼是美国的一项传统。

然而，无独有偶，该学院和哥伦比亚广播公司（CBS）也在"9·11"后为自身的商业绩效感到担心。换句话说，取消艾美奖颁奖典礼不仅仅承认了一个国家的失败，也承认电视的消费逻辑（年度典礼和自我祝贺）遭遇失败。在"9·11"之后，艾美奖典礼反映了电视和营销舞台的恢复程度。于 11 月 4 日在洛杉矶舒伯特剧院（离原定播出时间推迟了近两个月）上演的节目都经过了精心的打造。虽然该典礼有比平常更多的"禁演"，但据报道，剧院外的屋顶埋伏了许多神枪手，艾美奖的制片人鼓励明星们以往常的方式扮演他们自己的角色。在播放之前，执行制片人 Gary Smith 对明星们说："不要因害怕而抑制自己的兴奋……这是观众所希望看到的。"

艾美奖节目是另一个自我指涉的名人公共领域，这一次的节目的编排建立在电视和好莱坞历史的基础上。节目由基督教小号演奏家/歌手——Phil Driscoll 用蓝调演唱《美丽的亚美利加》（*America the Beautiful*），由来自全美不同学院的学生组成的合唱团演唱合唱部分拉开序幕。一个播放着视频图像的大屏幕显示了国家统一的主题（包括美国国旗、自由女神像、Charles Lindbergh 起飞的历史影片、公民权利抗议活动、草原和城市的风景图）。接下来出现了女性画外音，宣布："今晚，电视界向世界各地的观众讲话，我们展示了一年一度的庆典之际世界的图像。今晚，我们的出席不仅为了向一个行业致敬，还是向那些让我们得以组成一个国家一个民族的珍贵自由致敬。"

此后，镜头转向了此时正在多伦多，通过卫星电视进行直播的老牌新闻播音员——Walter Cronkite。Cronkite 直接面对镜头，讲述了电视业在美国政治和文化方面扮演了重要角色的历史。他援引了第二次世界大战广播员 Edward R. Murrow 的话："电视的伟大特征是前所未有地开阔了我们的视野，也提醒我们：娱乐可以帮助我们治愈心灵创伤。"

Driscoll 的表演、视频背景、女性配音以及受人敬重的 Cronkite 共同拉开了该信仰拥护主题节目的序幕：明星们所进行的仪式性致意并不是自恋式、商业化的自我放纵，而是向美国提供公共服务及为其树立全球形象。开幕之后，镜头转向了正在讲话的节目主持人 Ellen DeGeneres，随后来回穿梭于正在观众席中就座的好莱坞明星们。值得注意的是，在座那些被挑选出来的明星都是奉行好莱坞自由主义的明星，包括《白宫风云》的演员们和比尔·马赫（Bill Maher）（Maher 因发表了被认为是不爱国的评论而与赞助商陷入纠纷之中）。换句话说，就像马拉松式电视节目一样，艾美奖颁奖典礼在爱国主义上并不是持简单的"右翼"立场；它甚至将著名的好莱坞自由主义者看作国家社区的一分子［包括由芭芭拉·史翠珊（Barbra Streisand）及 DeGeneres 自己进行终场演奏］，这些人将自己的身份政治观放在一旁，共同努力，维护更伟大的美国事业。

虽然开放式表演让电视成为美国的历史参考，让电视明星成为美国人自己的公众，但在该节目结束前的插曲对好莱坞民族主义和名人的公民身份的自我指涉的回忆更为明显。虽然第一幕使用网络时代的"硬"新闻记者 Cronkite（他人在多伦多，离该盛况和盛典很远），后部分则邀请了后网络时代名人记者拉里·金（Larry King）（他穿着燕尾服，显然属于好莱坞的一分子）。King 向观众介绍了一部描绘好莱坞在战争时期所作出的努力的古老影片的剪辑合集［例如，Andrews Sisters、蓓蒂·葛莱宝（Betty Grable）的腿、Bugs Bunny、鲍勃·霍普（Bob Hope）和美国劳军联合组织（USO）；Marilyn Monroe 为男人们摆造型并亲吻了受伤的美国军人，弗兰克·辛纳屈（Frank Sinatra）正在亲笔签名；哈勃·马克斯（Harpo Marx）在舞台上扮演小丑；Bob Hope 和一群性感的小明星在越南劳军；Bob Hope、史蒂夫·马丁（Steve Martin）和杰·雷诺（Jay Leno）在海湾，穿插着菲利斯·狄勒（Phyllis Diller）的镜头，以及纳·京·高尔（Nat King Cole）及米尔顿·伯尔（Milton Berle）正在为军队表演的黑白影像]。这种快速播放且脱离情景的偶像短片及背景音乐，包括安德鲁斯姐妹在第二次世界大战时演奏的"Boogie Woogie Bugle Boy"、标准摇滚乐、李·格林伍德（Lee Greenwood）演唱的《我很荣幸成为美国人》（*I'm Proud to Be an American*）的效果甚佳，正如 Larry King 在介绍该影片剪辑组合时所说的那样，"音乐的节拍随着时间的流逝而发生了变化，但人们的心却永远不会动摇"。明星们这种怀旧的表演及永恒的好莱坞式观念掩盖了"二战"期间韩国、越南和海湾战争的历史背景的差异（显然也包括这些战争受民众支持的水平的异同）。

该剪辑组合的片段是俯视拍摄海湾战争期间大量军人为 Harpo Marx 鼓掌；然后，该片段逐渐化入另一个俯拍镜头：名人观众在舒伯特剧院为表演鼓掌。这种从美国军人转向艾美奖观众的叠化画面以及这些镜头完美结合在一起的事实，形成一种视觉修辞，让观众将士兵和名人想象成邻近的公众，甚至是公务员。在这种叠化画面之后，紧接着该节目将镜头转回到舞台上的 Larry King。King 正对着镜头说："此刻，我们的武装部队正赶往战场捍卫我们的自由，娱乐行业正竭尽所能满足观众的要求。"整个片段通过回顾好莱坞在过去的战争时期的感伤历史，为美国未来的战争进行辩护。

该片段在结束阶段调用了另一种好莱坞自我指涉的公共领域。Larry King 直接对镜头，向美国家庭观众发表讲话，这与以往的做法不同。相反地，他在节目中向身体状况不佳、在家里休养的 Bob Hope 说："我们知道，Bob Hope 今天晚上正在家里观看我们的节目。你应该知道，亲爱的 Robert，我们在想你……我们这里所有人非常感谢你所提供的回忆。"King 直接向 Hope 喊话时，镜头切换至正在摄制场内观众中一起鼓掌的明星们。节目创造了一个完全封闭的公民名人世界，精心编排了一组复杂的组合影片，包括著名的好莱坞过往历史、第二次世界大战以来的军事历史以及民族主义和战争的现代意义。在这次电视节目中，名人的爱国主义、公共服务和宣传找到了理想的交汇点。

三、Osama bin Laden 会见南方公园的孩子们

弗洛伊德在他的散文——《暗恐》（*The Uncanny*）的序言中讨论了他在第

一次世界大战期间所面临的智力不确定性问题，他发现当时无法跟上国际出版物的速度。在这个拥有电子"即时"记录的世界中，这些智力不确定性的问题以弗洛伊德永远无法想象的方式变得更加复杂了。就目前的情况来说，"暗恐"似乎特别适合用来描述当前的情况，因为所有的事物都在发生变化，数分钟之后可能就会变成了曾经状态的对立面。在这种情况下，对历史写作的追求似乎慢慢变得毫无用处。当然，更加重要的是，出版业似乎跟不上战争和电子媒体的速度，让情况变得更加复杂。所以，我更希望对在行业影响下文化不断变化的经济状况提出一些电视和民族主义方面的问题，而不是分享历史的"结论"或者将来的"预言"。

对于许多人来说，自2001年以来重新浮现的政治分歧，"9·11"事件发生后所涌现的、有关民族团结的宏大叙事更多的是表演成分，而非真诚。换句话说，很多观众很可能真的知道所有新发现的爱国主义其实只是一个在相机上演的公开演出。但是，"9·11"后，很多人认为"扮演"公民的角色非常重要，其中包括对民族统一神话的坚信。如果你没有扮演这个角色，那么你就被视为邪恶的美国人。在这方面，无论他们对情况的看法如何，在"9·11"之后，明星们不得不扮演"爱它或离开它"的公民角色，以继续保持其受欢迎的程度〔Bill Maher 在他的节目《政治错误》（*Politically Incorrect*）被取消后，采取报复而学到的教训〕。

但是这种表演真的有效吗？在袭击发生后几天，电视名人马拉松式节目——《美国：向英雄致敬》将这种表演式的民族主义发挥到极致。在节目的尾声，所有人簇拥着威尔·尼尔森（Willie Nelson）并演唱着《美丽的亚美利加》。现在看来，这当然是一次糟糕的表演。大多数的名人要么感到太尴尬而无法开口唱歌，要么就是他们不清楚这首由流行曲调改编成的美国颂歌的歌词。有些明星满脸惊慌失措，明显地眯着眼睛看着提词器，希望能够跟唱下去。然而，由于这个马拉松式的电视节目主要是针对婴儿潮和后生育高潮出生的观众，所以大多数观众都知道这些针对这两代人的流行民谣。显然，流行歌曲，如 John Lennon 的《想象》（由 Neil Young 演唱）、Bob Marley 的《救赎之歌》（由 Wyclef Jean 演唱），或者 Paul Simon 的《忧愁河上的金桥》（*Bridge over Troubled Waters*）要比任何国歌更具有历史意义，更符合这些公众的品位。

总体而言，我认为"9·11"后有关民族主义表演将会失败，因为这种表演不符合21世纪美国媒体社会经济和文化的实践。三网广播系统的消失，意味着无法将公民集中在同一时间段观看民族文化表演。众所周知，我们从电视上观看到的内容不一定是身边其他人所观看到的内容，除非这些内容恰好符合大众文化品位。后网络系统正是有着碎片化和小范围播放的特点。虽然新的500 – 频道有线电视系统可能不会提供政治或文化意义上的真正多元化，但是后网络系统确实承认了一种品位多元化的文化，而非通过国家叙事而统一的文化。在跨国消费文化上，如果没有解决风格、品位等问题，尤其是成为国际资本主义中心的青少年亚文化上的小众政治问题，媒体则难以开展业务。最后，新媒体的环境不适合统一爱国主义故事的叙述，因为这些旧式的民族主义与"回归至常态"和正常的消费水平无关。民族主义的流行文化当然存在（在"9·11"袭击发生之后，变得更受欢迎），但它似乎更像是另一个利基市场（那些在自己的车子上悬挂国旗的人），而不是一个统一的主流文化。

　　这些小范围播放的媒体市场的实际文化风格越来越倾向于以讽刺、模仿、怀疑和"电视识字"的批判性阅读方案为基础。对于以下一些人来说，包括：那些看着《辛普森的一家》长大、喜欢该电视剧中对大众文化和国家政治的欢闹的模仿的人；那些在睡前观看 Dave Letterman 或 Conan O'Brien 的节目的人；以及那些经常观看《星期六夜现场》、《生动的颜色》（*In Living Color*）、《每日秀》（*The Daily Show*）和《疯狂电视》（*Mad TVs*）并喜欢里面的政治/新闻模仿的人，突然恢复至盲目的爱国主义（和盲目的消费主义），这显得不太可能。

　　在"9·11"袭击发生后的第一周内，有线电视运营商和网络都播放着同样的故事，而且在一段时间内，美国回到了像旧时三网络系统下的情景。然而，"9·11"的情况也表明，在当前的媒体的环境下，难以维持乌托邦集体主义幻想，而这种幻想曾经是过去媒体活动的中心。将有关"9·11"事件的媒体报道与肯尼迪暗杀事件的媒体报道进行对比，弗雷德里克·詹姆森（Fredric Jameson）认为，在 1963 年，由新闻记者构建了部分集体式乌托邦幻想。他说："粗陋［和］技术上的质朴造就了这种景象。"但是，他声称，当今媒体充斥着精心策划的景象以及每天都会出现公共暴力，很多人难以将"9·11"事件的媒体报道看作是充满真诚的证据，更不用说任何主体间的乌托邦式交流。正如 Jameson 所说，尽管许多人声称，美国在"9·11"袭击中丧失了天真，但事实是"媒体而非美国在这次事件中丧失了天真"。

　　当然，对于那些在小范围播放的高度竞争的环境中工作的行业高管们来说，国家归属感和乌托邦集体主义很快让位于"盈亏底线"。事实上，即使在 2001

年9月的"善意"气氛中，业界依然广泛意识到后网络时代市场竞争的现实。CNN在与半岛电视台网络签署独家新闻协议时，试图阻止其他新闻媒体播放由CNN卫星传输的bin Laden新闻的视频地址。甚至名人马拉松式电视节目也是行业争端的根源。担心有线电视广播廉价出售观众份额给广播公司，一些网络附属管理人员和拥有及运营自己网络的电台试图阻止多个有线电视频道同时播出《美国：向英雄致敬》。根据综艺节目的数据，在听到潜在的有线竞争时，"来自四大电视台的一些直言不讳的经理……情绪失控，并威胁取消马拉松式电视节目并安排播放自己的本地节目"。原来后网络时代的人道主义不过如此！

鉴于这种媒体市场的竞争激烈，业内人士很快修改了关于美国流行文化命运的初步预测。这并不奇怪。到10月4日，《纽约时报》的头版宣告《流行文化即时恢复正常》，表示业界正在放弃关于"9·11"事件将彻底改变文化的初步预测。David Kissinger——美国电视制作集团总裁告诉《泰晤士报》，业界对这次袭击事件的初步反应可能被夸大了，而且由于大多数行业人士在9月11日遭受"恐怖袭击"，因此我们不应该因那时所发表的言论被谴责。

事实上，在"9·11"事件发生后的一个月内，具有讽刺意味的表演方式也重新盛行了起来，特别是在深夜电视节目以及一般的娱乐节目上。到了11月初，喜剧部门的《南方公园》——一部以戏谑特色而闻名的动画片，播放了一集关于南方公园孩子们访问阿富汗的故事。到了阿富汗，Cartman（《南方公园》里领头的坏男孩）遇到了bin Laden，两人向华纳兄弟的漫画致敬。bin Laden扮演了古怪的达菲鸭子、沉闷的埃尔默·福德（Elmer Fudd），甚至患上了相思病的佩佩·拉皮尤（Pepe La Pew）的角色（他在表演中浪漫追求一只骆驼，而Pepe则追求一只bin Laden认为是臭鼬的猫）。与此同时，Cartman扮演着令人非常讨厌的兔八哥［像臭虫，他甚至做了扮装表演，扮作一个闺阁女孩，追求患相思病的bin Laden。bin Laden的眼睛有着经典的特克斯·艾弗里（Tex Avery）的卡通风格，从头上凸出来］。

虽然这一剧集还遵循以往的"自由主义式"的政治信息（部分看似是对美国空袭行为的谴责，其他则完全属于东方主义）大杂烩，但其单调的讽刺意识至少提供了一些意想不到的情节。在这一个场景中，当《南方公园》的孩子在饱受战争踩躏的村庄遇到阿富汗的孩子时，美国式的幼稚无知（例如在《白宫风云》的虚构教室所展现的那种无知）令他们发出了喜剧般的疑问。在避开美国轰炸阿富汗的问题后，阿富汗的孩子们对《南方公园》的孩子们说："世界上超过 1/3 的人都憎恨美国呢。"《南方公园》的孩子们问："为什么呢？为什么世界上 1/3 的人都憎恨美国呢？"阿富汗的孩子们回答说："因为你们没有意识到世界上 1/3 的人都憎恨你们。"该剧集结束部分展示了杀死 bin Laden 以及美国国旗在《美丽的亚美利加》的旋律中飘扬这样夸张的动画。该节目构建了这样一个高度混合、单调讽刺和重组意象的动画，很难说它鼓励任何对战争特别的"主流"解读。笑声似乎更多地指向符号的分解，模仿战争新闻报道的方式似乎使人们越来越无法认识到这一点：即《南方公园》的其中一个角色在节目结束时所强调的内容，他说："我很困惑。"

可以肯定的是，像《南方公园》这样的节目不会在利基电视频道上被修改成实现那种给国民制定道德规则的"公共服务"类电视节目的老式启蒙梦想。当然，在电视研究方面，在有关这种新式的小范围播放及多频道媒体播放是否会破坏部分批评家所说的共同文化的问题上存在争议。为了应对欧洲电子媒体日益商业化和分散化的趋势，诸如格瑞普思若（Jostein Gripsrud）、格雷厄姆·默多克（Graham Murdock）和詹姆斯·柯伦（James Curran）等学者支持欧洲公共服务的广播模式，即使他们不主张简单回归家长式的"培育"和品位，他们也寻求一种改革电子民主文化理想的方法。美国方面的情况有所不同。国家广播制度所依赖的"公共利益"政策言论已经表现不佳；广播公司没有形成一种顾及不同利益的民主文化，而是大部分都迎合其目标客户群体的文化品位（多年来，其目标客户群体一直都是白人中产阶级观众）。此外，网络经常在公共关系背景下解读公共服务需求，其目的是加强自身的寡头垄断力量。同时，资金不足的公共广播系统越来越依赖企业资金。而正如劳里·欧埃莱特（Laurie Ouellette）所说，依靠家长式的"培育"观念以及迎合狭隘的品位阶层人士，网络已经远离了观众。

不过，我不是说利基文化体系的新式多渠道和多平台系统一定更好；相反，我们需要思考一下新式的分散型利基网络及互联网站点的扩散为我们带来了什么？除了产品和风格的扩散，新形式的跨国媒体为我们带来了什么？鉴于有线和广播网络、互联网站点、搜索引擎、电视制作商/分销商、电影制片厂、广播电台、新闻报纸和出版公司逐渐成为全球综合媒体结构（迪士尼、Rupert Murdock 的新闻集团、维亚康姆集团、时代华纳等）的一部分时，这个问题变得更加复杂。如其他后期工业化的资本主义模式一样，媒体行业也同时存在分散化和集权化的问题。我们必须在所有权水平的整体模式中对频道倍增所带来的政治影响（以及观众的分散化）进行思考。

也许我有点过于乐观，但我依然想在本章结尾处，在高度统一但也存在分散化特点的全球媒体领域背景下，提出一些替代的可能性。正如丹尼尔·达扬（Daniel Dayan）和伊莱休·卡茨（Elihu Katz）所说的那样，尽管媒体活动可能是通过霸权方式发起的，经常被用来恢复共同的价值观，但也"需要对这些事件的现状进行重新审视"。Victor Turner、Dayan 和 Katz 认为，媒体活动将观众置于"局限性"的背景，超出了日常的规范；即使媒体活动没有制定新的规范，它们也会"激起……对这种替代的可能性进行精神评估"。从这个意义上讲，尽管我主要关注有关重新统一和民族主义的媒体神话，但"9·11"实际上挑起了反叙事和政治对话。特别是，"9·11"使得人们在迅速变化的媒体环境中意识到新的沟通前景。

当然，互联网引起了公众对主流媒体质疑，并在边缘化群体之间引发了讨论。Bruce A. Williams 认为，"当主流媒体不断重申民族团结的主题时，网络聊天室则允许不同的美国人群对这些袭击的具体影响进行讨论"。像 Salon. com 这样的网站，以及可通过网络接触到的一大批国际新闻媒体，让人们可以了解到不同的观点以及参与全球讨论。整合性平台为人们开辟了发表观点的场地。例如，在"9·11"之后，黑人娱乐电视网络所主持的聊天室包含了这样的讨论："9·11"袭击发生之后，是否有可能将黑人对种族主义警察和消防部门的看法与警察和消防员的英雄形象协调一致；来自全球各地的抗议团体使用互联网来收发反战电子邮件、虚拟游行和团体组织的论坛；社会科学研究理事会的网站允许学者们通过网络参加事件的辩论；无线电（特别是美国国家公共广播电台）这种"低科技"媒介也提供了别样的观点。

也就是说，我在此处所提出的观点并不是："新"媒体或"替代媒体"明显比电视"更好"。当然，很多互联网站和热线广播电台充满着右翼气味的战火。正如 Williams 所说，因为互联网允许人们发表有偏见的交谈内容，所以部分留言板（如"Crosstar"）在商讨寻找方法以划清意识形态的界限，禁止"持有不同意见者"（即自由主义者）在留言板上发声。在这个方面，我们不应该在本质意义上将互联网看作容纳多元化的纯粹空间，互联网已经比"老"媒体更民主；相反，这样说似乎更准确，多个媒体平台的存在为人们发表更多言论提供了可能，但在民主与公民意识方面，这种趋势将会导致什么样的结果？这仍是一个复杂的历史问题。

除了互联网之外，半岛电视台新闻网络对信息本身的状况产生了不稳定的影响。半岛电视台的管理层对"新闻自由"的民主遗产表现出蔑视态度，而"自由新闻"却对美国冷战政治至关重要。然而，美国曾经将其所谓的新闻自由称为"自由世界"民主的重要例证，但半岛电视台现在已经采取了同样的公众姿态，声称将从中东的视角，将这个故事的方方面面呈现给观众。在一本关于半岛电视台的书中，Mohammed ElNawawy 和 Adel Iskandar 讨论了网络在"9·11"事件发生后的相关新闻报道，特别是网络对美国轰炸阿富汗和流出的 bin Laden 录像视频事件，这些迅速为布什政府带去公共关系危机。受到公共关系问题的困扰，布什政府成立了好莱坞首脑会议，以讨论影视业在反恐战争中可能发挥的作用。军方还在南加州大学的创意技术研究所（军方/好莱坞联盟——Jonathan Burston 恰当地称之为"军方—娱乐联盟"）与好莱坞方面的人士见面。到 2001 年 11 月底，布什总统已经签署了启动中东无线电网络的计划（该计划旨在抵制阿拉伯世界的反美主义，特别针对青年观众）。正如美国联邦所支持的工作表明，新闻媒体、娱乐网络和互联网网站的发展以及好莱坞和军方之间日益增长的协同效应，改变了符号学战争的本质，美国热衷于根据新游戏规则进行竞争。

四、回到正常

一方面，正如我所说的那样，电视形势看起来像是对"9·11"事件之前所播放的同类节目的延续，因此，可以说，电视已经战胜了"9·11"事件的震撼感，而顺利"恢复正常"，一切与之前无异。另一方面，"9·11"袭击事件对美国的商业电视模式的影响依然挥之不去。在 2004 年的今天，公众对"9·11"事件的记忆仍以破坏历史叙事和民族主义逻辑的方式进行传播，而这种逻辑对于电视节目编排在恢复至正常的初期至关重要。

自 2001 年以来，"9·11"事件的历史和记忆，事实上已经为美国带来了"战火"，人们在世贸大厦遗址的重建问题及电视业的电子空间问题上争论不休。至 2002 年 3 月，主要网络已经开始制作讲述"9·11"袭击事件的纪念纪录片。至 2004 年 3 月，布什总统通过电视广告的方式发出参与下一届总统竞选的信号，该电视广告展示了消防员的历史录像，布什总统含蓄地将消防员的英雄主义精神与他的总统职位连在一起。但是，民族主义的历史教育学最初旨在为布什政府巩固民意，但如今，"9·11"的历史和记忆不能再被这样简单利用。在2004年3月5日，CNN在布什总统的竞选广告开始播放的前一天，采访了一位在"9·11"袭击中失去丈夫的女性。与"奥普拉!"节目中那位无法开口言语的怀孕寡妇不同，这位妇女早在2001年就已经能够正常发表自己的观点，并且非常清楚地表达了自己对布什总统为了政治目的而利用"9·11"录像的厌恶。

最后，在 Jean Baudrillard、Paul Virilio 和许多其他人不断对技术战争发出批评的背景下，我认为，目前的条件已经成熟，我们可以利用卫星、导弹、监视摄像机及各种传播媒体等新技术来开拓技术型未来。但在我看来，这样强大而有洞察力的技术，是我们取得进一步发展的简单途径。与其随波逐流认为这些技术将会带来前景暗淡的技术灾难，还不如认真思考一下，如何推进文化研究和媒体研究工作，但我所想到的并不是借助新媒体技术以实现乌托邦式的种族超越和统一（无论是地方、国家还是全球）。更确切地说，这种政治希望正在与我们周围实际存在的历史性分裂抗衡。这种唯物主义的政治希望应把握好这个新的全球媒体环境的机会，以倾听来自"憎恨我们的第三世界"的声音，而不是（依据布什政府的规划）向世界散布"我们有多好"的信息。世界已经听腻了美国政府的观点了，现在是美国开始好好听取别人意见的时候了。

注释

[1] "Disaster Programming," Variety. com, September 21, 2001, 1. For more on TV network cancellations of violent movies, see John Dempsey, "Cable Nets Nix Violent Pix in Wake of Tragedy," Variety. com, September 16, 2001, 1－2; Joe Flint and John Lippman, "Hollywood Revisits Terrorism-Related Projects," Wall Street Journal, September 13, 2001, B2; Joe Flint, "TV Programmers Avoid All Allusions to Attacks," Wall street journal, September 28, 2001, B6.

[2] For speculations on the "end of irony" see Jeff Gordinier, "How We Saw It," Entertainment Weekly, September 28, 2001, 12; Peter Bart, "Where's the Snap and Crackle of Pop Culture?" Variety. com, September 30, 2001: 1－2. Note, however, that a counter discourse popped up immediately in venues like the Onion and Salon, which used irony early on. In an online essay, James Der Derian noted some of the inconsistencies in what he called the "protected zones of language" after 9/11, pointing out, for example, that irony was in some venues under attack: "President Bush was given room to joke in a morale-boosting visit to

the CIA, saying he's 'spending a lot of quality time lately' with George Tenet, the director of the CIA." Der Derian also took on New York Times reporter Edward Rothstein for taking an "opportunist shot at postmodernists and postcolonialists" by "claiming that their irony and relativism is 'ethnically perverse' and produces 'guilty passivity'." See Der Derian's "9. 11: Before, After, and In Between," Social Science Research Council, After September 11 Archive, SSRC. org, 5 (the original posting date is no longer on the site).

[3] Jennifer Netherby, "Renters Flock to Video Stores," Videobusiness. com, September 21, 2001, 1 – 2. Video On Line reported that "Wal-mart stores asked the studios for a list of their titles that contain scenes of the World Trade Center, presumably to take some merchandising action on those movies" (Videobusiness. com/news, September 13, 2001, 1).

[4] "Domain Names Grow after Attacks," Variety. com, September 25, 2001, 1.

[5] Even while cable outlets are not regulated by the Federal Communications Commission to the extent that the broadcast networks are, they still are widely perceived as "service" industries and protectors of public safety in times of crisis (obviously, this is the platform of cable news outlets like CNN, which dramatically increased its viewership after 9/11).

[6] I am borrowing Raymond Williams's phrase "a whole way of life," which he used to define culture. See his Culture and Society, 1780 – 1950 (1958; New York: Columbia University Press, 1983), 325.

[7] More generally, 9/11 disrupted the familiar/consumer uses of a host of communication technologies, from cell phones to television to satellites to video games, all of which now resonated in an uncanny sense with the militaristic/wartime uses for which their basic technology was developed.

[8] Mary Anne Doane, "Information, Crisis, Catastrophe," in Logics of Television: Essays in Cultural Criticism, ed. Patricia Mellencamp (Bloomington: Indiana University Press, 1990), 222 – 239.

[9] Venessa O'Connell, "TV Networks Cut $320 Million of Ads in Crisis," Wall Street Journal, September 19, 2001.

[10] Variety reported that "commercial breaks were back across the board Monday [September 17]" (Rick Kissell, "TV Getting Back to Biz and Blurbs," Variety. com, September 17, 2001, 1).

[11] Jack Valenti, "Hollywood, and Our Nation, Will Meet the Test," Variety. com, September 27, 2001, 1 – 2.

[12] The President said this in a televised address he delivered at Chicago O'Hare Airport

with the aim of convincing people to return to plane travel. Note, too, that in subsequent months various advertisers linked their promotional discourses to 9/11 and the idea of patriotic consumption. (For example, ads for United and American Airlines as well as financial corporations did this.)

[13] For examples of literature on TV news, 9/11, and Afghanistan, see Television and New Media 3 (May 2002); Daya Kishan Thussu and Des Freedman, eds. , War and the Media (Thousand Oaks, Calif. : Sage, 2003); Stephen Hess and Marvin Kalb, eds. , The Media and the War on Terrorism (Washington, D. C. : Brookings Institute, 2003); Barbie Zelizer and Stuart Allan, eds. , Journalism after September 11 (New York: Routledge, 2002).

[14] As other scholars have argued, we should not accept at face value the information/ entertainment binary that underpins the ideological logic of mainstream media systems. This binary—and the related binaries of important/trivial, private/public, masculine/feminine, and high/low—not only elide the fact that news is also narrative (and increasingly entertaining) but also fail to acknowledge that entertainment also serves to provide audiences with particular ways of knowing about and seeing the world. See, for example, Richard Dyer, Only Entertainment (New York: Routledge, 1992); John Fiske, "Popular News," in Reading Popular Culture (Boston: Unwyn and Hyman, 1989); James Freedman, ed. , Reality Squared: Televisual Discourse on the Real (New Brunswick, N. J. : Rutgers University Press, 2002).

[15] For an interesting discussion of media references to Pearl Harbor and the rerelease of the film after 9/11, see Cynthia Weber, "The Media, the ' War on Terrorism ' and the Circulation of Nonknowledge," in Thussu and Freedman, eds. , War and the Media, 190 – 199.

[16] This kind of coverage is, of course, symptomatic of the general rise of "infotainment" in the climate of media conglomeration and a ratings-driven commercial ethos. For speculation on the social/political effects of the news coverage of 9/11 in terms of "infotainment," see Daya Kishan Thussu, "Live TV and Bloodless Deaths: War, Infotainment, and 24/7 News," in Thussu and Freedman, eds. , War and the Media, 117 – 132. There is much additional literature on issues of infotainment. See, for example, Leonard Downie Jr. and Robert G. Kaiser, The News about the News: American Journalism in Peril (New York: Knopf, 2002); and Pierre Bourdieu, On Television, trans. Priscilla Parkhurst Ferguson (New York: New Press, 1998). For analysis of the effect that round-the-clock coverage of "real time" wars has on foreign policy, see Piers Robinson, The CNN Effect: The Myth of

News, Foreign Policy, and Intervention (New York: Routledge, 2002).

[17] Claude Brodesser, "Feds Seek H'wood Help," Variety. com, October 7, 2001; Michael Schneider, "Fox Salutes Request by Bush for 'Wanted' Spec," Variety. com, October 10, 2001.

[18] Michel de Certeau, "History: Science and Fiction," in Heterologies: Discourse on the Other, trans. Brian Massumi (Minneapolis: University of Minnesota Press, 1986), 199 – 221.

[19] Roland Barthes, Mythologies, trans. A. Lavers (London: Cape, 1972); Marita Sturken, Tangled Memories: The Vietnam War, the AIDS Epidemic, and the Politics of Remembering (Berkeley: University of California Press, 1997). For more on the role of memory/nostalgia in film, television, and other popular media, see, for example, the Cahiers du Cinéma interview with Michel Foucault, reprinted in Edinburgh Magazine 2 (1977): 19 – 25; Patrick Bommes and Richard Wright, "Charms of Residence," in Making Histories: Studies in History Writing and Politics, ed. Richard Johnson et al. (London: Hutchinson, 1982); George Lipsitz, Time Passages: Collective Memory and American Popular Culture (Minneapolis: University of Minnesota Press, 1989); Robert Rosenstone, Visions of the Past: The Challenge of Film to Our Idea of History (New York: Belknap Press, 1996); Robert Rosenstone, Revisioning History: Film and the Construction of a New Past (Princeton: Princeton University Press, 1994); Marcia Landy, ed., The Historical Film: History and Memory in Media (New Brunswick, N. J.: Rutgers University Press, 2000); "Special Debate," Screen 42 (Summer 2001): 188 – 216 (this is a series of short essays on trauma and cinema); David Morley and Kevin Robins, "No Place Like Heimet: Images of Homeland," in Spaces of Identity: Global Media, Electronic Landscapes, and Cultural Boundaries (New York: Routledge, 1995), 85 – 104; Purnima Mankekar, Screening Culture, Viewing Politics: An Ethnography of Television, Womanhood, and Nation in Postcolonial India (Durham, N. C.: Duke University Press, 1999).

[20] Louis Chunovic, "Will TV News—or Its Audience—Finally Grow Up?" TelevisionWeek, September 24, 2001, 15. Note that news executives responded to such criticism. For example, CBSs Mel Karmizan and Fox News Channel's Roger Ailes promised to upgrade news programs and to cover more international issues.

[21] So, too, this ABC lineup followed the logic of what Daniel Dayan and Elihu Katz see as integral to media events more generally, namely, a "neo romantic desire for heroic action by great men followed by the spontaneity of mass action" (Media Events: The Live

Broadcasting of History〔Cambridge: Harvard University Press, 1992〕, 21).

〔22〕Some people have told me that they found it a useful source of "modeling" for their own conversations with their children.

〔23〕Several other series also created special episodes about the attacks or else planted references to 9/11 in preexisting episodes. NBCs Third Watch began its season on October 29 with a documentary in which real life emergency workers recalled their experiences on 9/11. ABC's N. Y. P. D. Blue added two scenes acknowledging the attack into its season opener on November 6. As New York Times critic Caryn James pointed out, "The creators of 'Third Watch' and 'N. Y. P. D. Blue' have said they felt a responsibility to deal with the events, but the decision was practical, too. Their supposedly realistic characters would have seemed utterly unbelievable if they had ignored such an all-consuming tragedy" ("Dramatic Events That Rewrite the Script," New York Times, October 29, 2001 pg. E7).

〔24〕Josh lists many of the same Taliban injustices that President Bush listed in his first televised speech to Congress after the attacks.

〔25〕Edward W. Said, Orientalism (New York: Vintage Books, 1979), esp. 284 – 328.

〔26〕Lauren Berlant, The Queen of America Goes to Washington City: Essays on Sex and Citizenship (Durham, N. C.: Duke University Press, 1997).

〔27〕As Slavoj Žižek wrote just days after the attacks, this sense of a pure "evil Outside" was the response of a public living in a fake "Matrix" like existence, a public that had for so long considered itself immune to the suffering endured on a daily basis by other world populations and, in any case, in no way responsible for its own perpetuation of violence around the world. Slavoj Žižek, "Welcome to the Desert of the Real!" posted on Re: Constructions. mit. edu, September 24, 2001. The title is taken from a line in the film The Matrix. Žižek's short essay was later developed in a book. See his Welcome to the Desert of the Real (London: Verso, 2002). Der Derian's "9. 11," 4 – 5, similarly evokes The Matrix.

〔28〕Jack Lule, "Myth and Terror on the Editorial Page: The New York Times Responds to September 11, 2001," Journalism and mass communication quarterly, 79, no. 2 (2002): 275 – 293.

〔29〕Yet, as Marita Sturken argues, this "end of innocence" theme is common to the stories spun around national disasters (for example, the same language was used after JFKs assassination). See Sturken, Tangled Memories, chap. 1.

〔30〕Justin Lewis, "Speaking of Wars …" Television and New Media, 3 (2) (May 2002): 169 – 172.

[31] In this sense, it is interesting to note how television created a continuous past, particularly with regard to World War II and Vietnam. In place of the grave generational divides these wars had previously come to signify, television presented unifying narratives that bridged the gap between the self-sacrificing "Greatest Generation" and baby-boomer draft dodgers. This was most vividly displayed when Vietnam POW/Senator John McCain met 1960s youth rebel Stephen Stills on the Tonight Show, reconciling their differences.

[32] Jayne Rodgers, "Icons and Invisibility: Gender, Myth, and 9/11," in Thussu and Freedman, eds., War and the Media, 206, 207.

[33] Linda Williams, Playing the Race Card: Melodramas of Black and White: From Uncle Tom to O. J. Simpson (Princeton: Princeton University Press, 2001), 24.

[34] One month after the attacks, Variety reported, "A rash of documentaries—some put together in a hurry—that aim to explain terrorism is a hot property" (Andrea R. Vaucher, "Arab, Terror Docus Heat Up the Market," Variety. com, October 10, 2001, 1).

[35] U. S. and British air strikes on Afghanistan began on October 7, 2001, and American warplanes attacked the Taliban in the field on October 10, 2001.

[36] Saira Shah, cited in Janelle Brown, " 'Beneath the Veil' Redux," Salon. com, November 16, 2001, 1 - 2.

[37] Rick Kissell, "Bush Speech, Telethon Both Draw Record Auds," Variety. com, September 23, 2001, 1 - 2.

[38] As one of the readers for this article suggested, the telethon's aura of liveness might have also helped to stave off the fear that TV and commercial culture were themselves "dead." To be sure, live "call-in" donations to stars ensured that money was still circulating through the media wires (here, not through the crass commercialism of TV as usual, but through the exchange economies of charity).

[39] He said this on the broadcast.

[40] Gary Smith, cited in Joseph Adalian, "Show Finally Goes On and TV Biz Takes Heart," Variety. com, November 4, 2001, 1.

[41] Underscoring the show's global impact, later in the ceremony there is a video montage of leaders from around the globe offering their condolences to the American public.

[42] Sigmund Freud, "The Uncanny," in Studies in Parapsychology (1919; New York: Collier Books, 1963), 19 - 60. Freud discusses his lack of bibliographical references vis-à-vis the war in Europe on page 20.

[43] When I delivered this paper at a conference at the University of California,

Berkeley, Ratiba Hadj-Moussa pointed out that this dynamic of national performance doesn't necessarily suggest that people don't in some way believe in the performance. I want to thank her for this observation. Clearly, through the act of national performance, it is possible to actually to believe in the role you are playing—and even to believe in it more than ever!

[44] Note, too, that "America the Beautiful" replaced the actual national anthem after 9/11 because no one seemed to be able to remember the words to the "Star-Spangled Banner."

[45] Even news is now a matter of taste and "branded" by networks in ways that appeal to consumer profiles. For example, the news on Fox (especially its markedly conservative talk shows) attracts one of cable TV's most loyal publics, but many on the left mock its pretense of "Fair and Balanced" reporting. Al Frankens best-seller Lies and the Lying Liars Who Tell Them: A Fair and Balanced Look at the Right (New York: E. P. Dutton, 2003) and his lawsuit with Fox obviously drew on the more left-associated taste publics that define themselves in distinction—in Bourdieu's sense—not only to Fox News but also to the viewers who (they imagine) watch it. For his discussion of taste as social distinction, see Pierre Bourdieu, Distinction: A Social Critique of the Judgement of Taste, trans. Richard Nice (Cambridge: Harvard University Press, 1984).

[46] Even before the attacks, patriotic symbols were re-emerging as a fashion fad. Corporations such as Tommy Hilfiger, Polo Ralph Lauren, and the Gap Inc. 's Old Navy sported the flag trend, while European haute couture designer Catherine Malandrino unveiled her flag-motif fall collection in the summer of 2001 (which included a skirt that Madonna wore on her concert tour). See Teri Agins, "Flag Fashion's Surging Popularity Fits with Some Fall Collections," Wall Street Journal, September 19, 2001, B5. According to Agins, the post-9/11 flag fashions were an extension of this trend, not an invention of it.

[47] In 1992 Dayan and Katz speculated on the fate of television, nationalism, and media events in what they saw to be an increasingly multichannel and segmented television system. They argued that while the old three-network or public broadcast systems "will disappear", televisions previous functions of "national integration may devolve upon" media events. Their speculation now seems particularly apt. They also predicted that with new technologies and possible erosion of the nation state, "media events may then create and integrate communities larger than nations." See Dayan and Katz, Media Events, 23.

[48] Fredric Jameson, "The Dialectics of Disaster," South Atlantic Quarterly 101 (Spring 2002): 300.

[49] According to Variety, news organizations were "furious that CNN wouldn't forego

competition" and "rallied against exclusives, saying that they don't serve the public's interest during a time of national crisis." ABC news spokesperson Jeffrey Schneider disputed any exclusivity deal by arguing fair use. He said, "There was no question in anybody's mind that these images from Al Jazeera were of compelling national interest," and "We felt we had a duty to broadcast them to the American people which far outweighed whatever commercial agenda CNN was attempting to pursue in this time of war." Meanwhile, Walter Isaacson, CEO of CNN News Group, told Variety that CNN had a "reciprocal affiliate deal" with Al Jazeera and that "its Al Jazeeras material and we don't have a right to give it away." Isaacson did admit, however, that "in a time of war, we won't make a big deal about this sort of thing." See Paul Bernstein and Pamela McClintock, "Newsies Fight over Bin Laden Interview," Variety. com, October 7, 2001, 1 – 2.

[50] John Dempsey, "Invite to Cablers to Join Telethon Irks Affils," Variety. com, September 20, 2001, 1. The underlying reasons for the broadcasters concern had to do with issues of East Coast-West Coast transmission times. The big four networks—ABC, CBS, NBC, and Fox—aired the telethon at 9 p. m. eastern time, and because they wanted to make it seem like a simultaneous nationwide event, they also showed it taped via a dual feed at 9 p. m. on the West Coast. Some single-feed cable networks such as TBS and the National Geographic Channel, however, planned to show the telethon live at 6 p. m. on the West Coast, and thereby preempt the 9 p. m. taped West Coast network broadcast. Some network affiliates and owned and operated stations were simply unhappy that any cable networks were airing the telethon, even if cablers showed it simultaneously (at 9 p. m.) with the Big Four.

[51] David Kessinger, cited in Rick Lyman with Bill Carter, "In Little Time Pop Culture Is Almost Back to Normal," New York Times, October 4, 2001.

[52] See, for example, Jostein Gripsrud, ed. , Television and Common Knowledge (New York: Routledge, 1999), esp. Graham Murdock, "Rights and Representations," 7 – 17; James Curran, "Mass Media and Democracy Revisited," in Mass Media and Society, ed. James Curran and Michael Gurevitch, 2nd ed. (London: Arnold, 1996), 81 – 119.

[53] See, for example, Vance Kepley Jr. , "The Weaver Years at NBC," Wide Angle 12 (April 1990): 46 – 63, and "From 'Frontal Lobes' to the 'Bob and Bob Show': NBC Management and Programming Strategies, 1949 – 1965," in Hollywood in the Age of Television, ed. Tino Balio (Boston: Unwin-Hyman, 1990), 41 – 62; Lynn Spigel, "The Making of a Television Literate Elite," in The Television Studies Book, ed. Christine Geraghty and David Lusted (London: Arnold, 1998), 63 – 85.

[54] Laurie Ouellette, Viewers Like You? How Public TV Failed the People (New Brunswick, N. J.: Rutgers University Press, 2002).

[55] ABC is now owned by Disney (which owns, for example, the Disney theme parks, radio stations, cable networks like ESPN and Lifetime, retail outlets, feature film companies, newspapers, and magazines); the multiple-system operator Comcast has recently bid for the now-struggling Walt Disney Company; CBS is owned by Viacom (which also owns, for example, Paramount Studios as well as cable networks like MTV and Nickelodeon, theme parks, and radio stations); NBC is owned by General Electric (which entered into a joint venture with Microsoft and owns MSNBC); and Fox is owned by Rupert Murdock's News Corp. (which owns, for example, Fox Broadcasting; Fox News Channel; Fox Sports Net; motion picture companies; magazines like TV Guide, Elle, and Seventeen; book publishers; and numerous newspapers and delivers entertainment and information to at least 75 percent of the globe). Meanwhile, media conglomerate Time-Warner owns a large number of cable channels, production companies, home video, magazines, music companies, and book publishers (for example, HBO, Cinemax, TNT, Comedy Central, E! Entertainment, Black Entertainment Television, Time-Life Video, Warner Bros. Television, Book of the Month Club, and its notorious deal with America Online). With telephone and cable operators acquiring and partnering with media corporations and moving into content, the synergy among these sectors is even more pronounced. These ownership structures make these media organizations more like vertically integrated movie studios of the classical period, as they have controlling stakes in all sectors of their industry—production, distribution, and exhibition—in addition to obvious benefits of owning multiple and related companies that reduce risk and increase opportunities for synergy between different companies in the umbrella corporation. Note, however, that the great instability of the technologies market (including, of course, the fate of AOL and the AOL-Time Warner merger) begs us to ask new questions regarding the future of media conglomeration and convergence.

[56] Media conglomerates often say that consolidation of ownership leads to more choice (for example, some media conglomerates claim that consolidation of business holdings allows them to use income from their mainstream media outlets to launch minority channels). A variety of media activists, industry executives, media scholars, and government officials have, however, sharply attacked conglomeration and questioned the degree to which freedom of speech and diversity of representation can exist in a deregulated media system in which just a few major corporations own most of the media sources. See, for example, Patricia Aufderheide,

Communications Policy and the Public Interest: The Telecommunications Act of 1996 (New York: Guilford Press, 1999); Patricia Aufderheide, ed. , Conglomerates and the Media (New York: New Press, 1997); Robert McChesney, Corporate Media and the Threat to Democracy (New York: Seven Stories Press, 1997); Ben H. Bagdikian, The Media Monopoly, 6th ed. (Beacon Press, 2000); Dean Alger, Megamedia: How Giant Corporations Dominate Mass Media, Distort Competition, and Endanger Democracy (New York: Rowman and Littlefield, 1998).

[57] Dayan and Katz, Media Events, 20.

[58] Bruce A. Williams, "The New Media Environment, Internet Chatrooms, and Public Discourse after 9/11," in Thussu and Freedman, eds. , War and the Media, 183. It should be noted that the Pew Research Center found that nine out of ten Americans were getting their news primarily from television after the 9/11 attacks. See "Troubled Times for Network Evening News," Washington Post, March 10. Citing an ABC News poll, however, Williams claims that "almost half of all Americans now get news over the Internet, and over a third of them increased their reliance on online sources after September 11 " ("New Media Environment," 176).

[59] Williams, "New Media Environment," 182. Although Williams cites various online attempts to draw ideological boundaries, he doesn't necessary view this as a bad thing. While he admits that some such attempts were disturbing, he also argues that "insular conversations that are not easily accessible to the wider public play a positive role by allowing marginalized groups to clarify their distinct values in opposition to those of the society-at-large within the safety of a sympathetic and homogeneous group" (184). Despite his pointing to the insular nature of the Web and the desire of some groups to draw ideological boundaries, Williams also argues that there was a general air of civility on the Internet (188 – 189).

[60] The administration viewed the presence of Al Jazeera's graphic war footage and bin Laden's videotapes (which were aired around the world) as a grave problem. On October 3, 2001 (a few days before the bombings began), Secretary of State Colin Powell asked the Qatari emir, Sheikh Hamad bin Khalifa, to "tone down" Al Jazeera's inflammatory rhetoric, and the Bush administration specifically requested that the tapes be taken off the network. The International Press Institute sent a letter to Colin Powell, stating that Powell's tactics had "serious consequences for press freedom" (176 – 177).

[61] Al Jazeera journalists defended their coverage of graphic images by stating that they were trying to cover the war objectively, from both sides (Mohammed El-Nawawy and Adel

Iskandar, Al Jazeera: The Story of the Network That Is Rattling Governments and Redefining Modern Journalism, updated ed. [Cambridge, Mass.: Westview Press, 2002], 176 – 181). See also El-Nawawy and Iskandar's discussion of Europe's and Al Jazeera's coverage of Afghanistan (ibid. , 186 – 189).

[62] Jonathan Burston, "War and the Entertainment Industries: New Research Priorities in an Era of Cyber-Patriotism," in Thussu and Freedman, eds. , War and the Media, 163 – 175. For more, see James Der Derian, Virtuous War: Mapping the Military-Industrial Media Entertainment Network (Boulder, Colo.: Westview, 2001). At ICT, technologies such as immersive simulation games are being developed simultaneously for entertainment and military uses.

[63] A member of the Bush administration met with Hollywood studio chiefs and network executives in Beverly Hills on October 18 to discuss efforts to "enhance the perception of America around the world." See Peter Bart, "H'wood Enlists in War," Variety. com, October 17, 2001, 1 – 3. A few weeks later, they gathered in what was referred to as a "summit" to discuss more detailed plans for Hollywood's participation in the war effort. See Rick Lyman, "White House Sets Meeting with Film Executives to Discuss War on Terrorism," Variety. com, November 8, 2001, 1 – 3. See also Pamela McClintock, "Nets Rally Stars around Flag," Variety. com, December 3, 2001, 1 – 2.

[64] Meanwhile, in a connected fashion, Al Jazeera's presence also threatens the hegemony of Western global news sources. Driven by fierce competition for Arab audiences, in January 2002 CNN officially launched its Arabic Web site, CNNArabic. com. See Noureddine Miladi, "Mapping the Al Jazeera Phenomenon," in Thussu and Freedman, eds. , War and the Media, 159. Note that CNN launched the Web site at the same time (January 2002) that Al Jazeera withdrew its exclusivity agreement with CNN because of the dispute over a tape CNN aired without its approval.

[65] In a provocative thesis, Bret Maxwell Dawson argues that while TV returned to much of its previous content, television's temporal and narrational forms were "traumatized" by 9/11. He argues that the effects of this trauma can be seen in the way that elements of catastrophe television (e. g. , live broadcasts, an aura of authenticity, and an obsession with time) have appeared with increasing popularity in reality TV and programs like Foxs 24. See his "TV since 9/11" (masters thesis, University of New South Wales, Sydney, Australia, 2003). While I would not posit such deterministic notions of trauma, it does seem useful to think about how 9/11 relates to a particular historical conjuncture in aesthetic ideals of TV realism, and in

particular TV's obsession with the reality genre and real time (which, as Dawson admits, began before 9/11).

[66] This cycle of memorializing documentaries began with CBS's 9/11 (aired March 10, 2002), which was followed by Telling Nicholas (HBO, May 12, 2002), In Memoriam: New York City, 9.11 (HBO, May 26, 2002), and others. For a seminar I taught at UCLA, Sharon Sharp wrote a very interesting paper "Remembering 9/11: Memory, History, and the American Family," which considers how these documentaries used sentimental images of the family in crisis to tell histories of 9/11.

[67] Baudrillard and Virilio both have published monographs on 9/11. See Jean Baudrillard, The Spirit of Terrorism and Requiem for the Twin Towers, trans. Chris Turner (London: Verso, 2002); Paul Virilio, Ground Zero, trans. Chris Turner (London: Verso, 2002).

(原文刊载于 American Quarterly, Vol. 56, 2004)

走向娱乐劝服理论：解说娱乐教育信息的劝说效果

艾米丽·费舍顾瑟[*]

詹建英 李玉龙 译

娱乐—教育将健康和其他教育信息整合成流行娱乐传媒形式，这是一种流行的策略，旨在积极影响意识、知识、态度和（或）行为（Kaiser Family Foundation，2004）。迄今为止，娱乐教育信息已经在很多主题中得以系统地评估。例如，有一档大型节目《灵魂之城》（Soul City），运用引人注目的制作手法影响了人们在艾滋病病毒预防、安全套使用、家庭暴力意识、强奸以及其他社会问题上的认知和态度（Singhal & Rogers，2001；Soul City Institute，2008）。

事实上，很多国家已经就娱乐教育相关的一些议题展开研究（关于综述，详见 Singhal et al.，2004）。美国在这方面或多或少有一些研究。例如，研究发现在热播喜剧《老友记》（Friends）中夹杂着安全套功效的信息（Collins et al.，2003）；在日播剧《放肆与美丽》（The Bold & The beautiful）中以艾滋病为线索（Kennedy et al.，2004），在黄金时间播放的《急诊室的故事》（ER）中涉及青少年紧急避孕的知识（Brodie et al.，2001）。总体来说，上述及其他研究将利于社会信息植入娱乐电视节目中，能够影响观众所涉及议题方面的认识和态度。

有研究认为娱乐教育可能会比传统的劝服性信息能更有效地影响人们的态度和行为，因为通过叙述娱乐教育会减少人们对劝服性信息的抵触情绪。例如，研究者推断"将社会责任的信息植入娱乐媒体中对有影响性的行为来说，可能是一种强有力的方式，因为与某种'销售'的行为相比，可能存在于广告中而言不是很明显，因此，受众可能不太会抵制"（Bandura，2004；Slater & Rouner，2002）。这种推断证明了娱乐教育节目的独特之处。由于娱乐教育叙述性结构本身并不牵扯情感体验，而是将这种体验赋予所"关联"（involvement）的人物加以传递。这种"关联"可能会化解受众因被劝说而产生的各种形式的

---

* 艾米丽·费舍顾瑟（Emily Moyer-Gusé），俄亥俄州立大学传播学院副教授。

抵触情绪。但是，对此现有文献却存在大量概念上的混淆。由此，为了增进我们对娱乐教育效果产生机制的理论理解，我们需要首先考虑并解释"关联"在娱乐教育叙述中所扮演的角色。

一、定义娱乐教育

笔者将使用"娱乐教育"来指代植入在流行娱乐媒体中对社会有利的信息。这个术语并不一定是指信息制造者暗含的劝说意图。在一些情况下这些植入的故事情节是为了协同倡导群体或者受父母压力的影响，是为了影响行为而发展的。在其他一些情况下，故事情节的设置可能是为了增加戏剧性效果，却顺带提升了健康行为。在本章中，叙述性劝说是指这些所有的信息，因为它们要么具备促进健康和（或）利于社会行为和（或）反面描绘了"危险行为"的特征。

二、回顾娱乐教育中的"关联"

（一）叙述性关联

由于具备叙述性结构，娱乐教育信息增强了故事情节中的关联性。从这种意义上说，关联是指观众对故事中所展现事件表现出的兴趣。然而这种叙事关联的概念在文献中却被贴上了几种不同的标签，包括吸收、传播、参与、沉浸和吸引（Bandura, 2004；Gerrig, 1993；Green & Brock, 2000；Slater & Rouner, 2002）。尽管这些术语不同，但是主要的观点还是专注于故事情节，而不是在一个当下的环境中体验对故事的认知和情感反应。最常使用的术语或许是"传输"（transportation）（Green & Brock, 2000）。传输被定义为一个聚合过程，所有的心理系统和能力都集中在叙述中所发生的事件上（Green & Brock, 2000, p. 701）。这个被卷入故事情节的概念将娱乐教育的信息处理与明显有劝说性的信息区分开来。

（二）角色关联

除了在叙事本身中的"传输"，娱乐教育还促进了各种角色的关联。在这里，角色关联将被用来指代与观众和角色交互相关的最主要类别的概念。这一大类是由身份识别、愿望识别、相似性、拟社会化互动（PSI）和喜好组成的。

事实上，角色关联是娱乐教育理论的一个重要组成部分，在其他领域也有研究（如，Bandura，2004；Brown & Fraser，2004；Dal Cin，Zanna & Fong，2002；Slater，2002a；Slater & Rouner，2002；Sood，2002）。例如，最近的一项研究指出，电视可以通过描述青少年所认同的性活跃个体的经历来教授性行为的风险和责任，这些是图书、宣传册以及课堂指导都无法企及的（Collins et al.，2003，p. 1119）。然而，文献发现概念上的混淆主要体现在以下两方面。首先，几个截然不同的概念——识别、相似性和拟社会化互动（PSI）——经常被用来交替使用和（或）使用的差异非常大。其次，需要更全面地解释为什么每一种形式的角色关联都应该增强娱乐教育节目的效果。这里首先要分离这些相关的构念，然后再研究它们如何帮助克服阻力，从而影响人们的态度和行为。

（三）角色识别

识别是指一种情感和认知过程，即观众在叙述中扮演角色。观众会忘记他或她自己的现实，从角色的角度出发，暂时把自己转化为角色（Cohen，2001）。在身份识别过程中，观众会认为"自己就是那个角色，用角色的身份取代了他/她自己的身份和角色"（Cohen，2001：251）。这个过程包括四个维度：共情（与角色的共同感受）；认知（分享角色的视角）；动机（内化角色的目标）；吸收（在曝光过程中失去自我意识；Cohen，2001）。

这里需要解决一个问题，即识别和传播同构的程度。需要注意的是，在识别的第四个维度，吸收与传输的定义重叠。尽管存在这种重叠，但是识别却超越了传输，因为识别包括了另外三个维度，这些维度针对的是故事中的一个特定角色，而不是故事的整体情节。这些差异对娱乐教育的处理和劝说效果产生多大程度的影响仍然是未来研究的一个重要实证问题。

（四）愿望识别

身份识别常常与一个相关的构念混淆——愿望识别。当一个观众想要成为一个角色，积极体验到"想要模仿这个人物"（Giles，2002：12），尊重这个角色的时候（Lonial & van Auken，1986），就产生了愿望识别。这个观点已经被社会认知理论（SCT）探索。在这个理论中，观众被期望模仿有吸引力的模型（Bandura，1986）。身份认同与愿望识别截然不同，因为它代表了一种情感和认知过程，即观众扮演的角色是他或她正在观看的角色，而不是想让他自己或她自己更像这个角色。

（五）相似性

感知到的相似性（有时被称为同型）指的是一个人认为他或她与另一个人物相似的程度。这种相似性可以指物理属性、人口变量、信仰、人格或价值观（详见 Eyal & Rubin，2003；Hoffner & Cantor，1991）。尽管感知到的相似性通常被认为是识别的先决条件（Cohen，2001），但它仍然是一个独特的概念（Eyal & Rubin，2003）。相似指的是对一个人与另一个人物的共同之处的认知评估，而识别的特征是共情，共同的情感，以及自我意识的丧失。通过这种方式，相似性需要在判断一个角色时保持自己的视角，而身份识别则需要扮演某个人物并经历一些事件（Cohen，2001）。

（六）拟社会化互动

拟社会化互动被定义为"观众和表演者之间，在表面上的面对面关系"（Horton & Wohl，1956：215）。这指的是一个观众和一个媒体人物之间的互动，但是这种互动是假的。这些社交关系与传统的人际关系有着相似的特征，只是前者没有被媒体人物接受（Giles，2002）。之前有研究表明，儿童和成年人与新闻播音员、电台主持人以及虚构的电视角色形成了一种拟社会关系，寻求他们的指导，并把这些人物视为他们的社交世界的一部分，就像朋友一样（Hoffner，1996；Rubin，Perse & Powell，1985）。拟社会化互动可以区别于相关概念，因为相似性和角色扮演都不是这个过程的必要组成部分。尽管有证据表明，感知到的相似性和社会吸引力与拟社会关系的强度呈正相关，但是从概念上讲，这些并不是过程的必要组成部分（Rubin & McHugh，1987；Turner，1993）。

（七）喜好

简言之，喜好是指对一个角色的积极评价（Cohen，2001；Giles，2002；Hoffner & Cantor，1991）。喜好也称为社会吸引力和亲和力，通常通过简单的调查问卷来衡量，如"我想与这个人做朋友"。喜好和拟社会化互动相似，因为它涉及对一个角色的评价以及一些（甚至是假设的）对友谊的渴望。这个构念很有用，因为它可以解释观众是如何在拟社会关系形成之前体验并喜欢上他们第一次遇到的角色的。

总的来看，这些构念在观众的视角，即对他或她本人或角色的看法上有所不同。在身份识别过程中，观众会像角色一样暂时失去自己的视角去体验事件。就相似性、拟社会化互动和喜好而言，观众完全是他或她自己，就角色和/或他们之间的关系作出判断。愿望识别则处于体验的中间位置，观众意识到他或她自己的观点（意识到他或她自己想要成为一个角色），同时也把自己想象成心仪的角色。既然已经界定了以上不同类型的关联，以下将对现有的理论进行研究，这些理论探讨了以上特征是如何使娱乐教育产生影响的。在此基础上，作者将提出一个新的理论框架。

三、目前的理论应用

虽然一系列的理论已经被应用到娱乐教育领域（回顾参见 Sood，Menard & Witte，2004），但是与此最相关的两个理论是那些讨论了娱乐教育信息的独特特征是如何通过克服阻力来发挥劝说作用的。这两个理论是：社会认知理论（SCT）和拓展精细加工模型（E-ELM）。

（一）社会认知理论

在娱乐教育领域，应用最普遍的理论是社会认知理论（Bandura，1986，2004；Sood et al.，2004）。大多数情况下，社会认知理论认为除了直接的体验式学习之外，人们多通过观察模型来间接地学习（Bandura，2002）。例如，电视里的模型，将"知识、价值观、认知技能以及新的行为方式"传播给观众（Bandura，2004：78）。社会认知理论的一个重要组成部分是：并不是所有观察到的行为都被模仿。社会认知理论特别说明了控制观察学习的四个认知子过程，即注意力、保留、输出和动机。最后一个过程"动机"是这个理论的关键，它说明人们并不会参与他们所学习的每一种行为（Bandura，1986）。相反，一个人必须要有动机去制定行为。虽然该理论的动机成分并没有被认为是"抵抗"，但是确实暗示了对不同的行为，人的动机也是不同的。动机受预期结果和自我效能的影响。预期结果是观察者对可能由给定行为产生结果（积极的和/或消极的）的感知。观察一个因其行为而得到奖励的模型会激励和强化观察者的行为，反之则会削弱观察者的行为（Bandura，2004）。此外，有吸引力的和/或相似的模型更有可能被观察和模仿。通过这种方式，Bandura强调了娱乐教育信息的潜力，即通过使用观众的愿望识别来激发人们的行为。

自我效能，即观察者对他/她行为能力的信心也决定了模仿行为的动机。在娱乐节目中接触类似的模型应该会影响观众的自我效能感。一个明显的论点是，看到相似的人完成了一项具有挑战性的健康行为转变，将会提高这个人对这种行为的自我效能感。社会认知理论认为，当观众识别或认为效果预期和自我效能感显现的成功特征同他或她相似，或认为有吸引力，媒体信息特别有可能对两者产生影响。此外，很难将模型的识别角色与感知到的相似度分离开来，因为这些关于社会认知理论的标签都在文献中被使用过了（e.g.，Bandura，1986，2002，2004）。然而，通过强调角色关联和动机关联作为关键过程的控制性行为，社会认知理论认为对某些"健康"行为的抵制可以在观察者中存在。换句话说，观众不会像一张白纸一样出现在媒体上；相反，个体带来的是既存的价值观、规范和态度，它们会影响个体参与各种健康行为的动机。

（二）拓展精细加工模型

尽管社会认知理论最常被使用，但是在娱乐教育方面关于叙述劝说的理论却包含在拓展精细加工模型中（Slater，2002b；Slater & Rouner，2002）。拓展精细加工模型着眼于娱乐教育的独特能力，即通过减少信息抗辩来影响信念、态度和行为，这种抗辩是一种反抗的形式，其特征是"产生争议或与劝说性论断不相一致的思想"（Slater & Rouner，2002：180）。该模型的核心是：当观众参与到娱乐节目的戏剧性元素时，他们变得不是那么具有批判性，因为他们处于沉浸式的互动状态（Shrum，2004）。因此，观看者不太可能反驳植入的劝说性信息，从而使其更容易影响信念、态度和行为。参与状态的增强取决于故事情节的吸引力、高质量的制作，以及"有说服力的潜台词"（Slater & Rouner，2002：178）。该理论讨论了参与的两个主要组成部分，包括对人物的传输和对人物的识别。

1. 传输

根据拓展精细加工模型，传输应该可以减少争论，因为观众被卷入了叙述中，所以没有动机去反驳故事点（Green & Brock，2000；Knowles & Linn，2004；Slater & Rouner，2002）。实证研究表明：控制了几周之前持有的最初态度后，叙述中的传输可以减少争论，从而增加对叙事中包含信息的接受程度（Deighton，Romer & McQueen，1989；Green & Brock，2000）。因此，拓展精细加工模型指出娱乐教育信息的叙事形式可以增加故事中的沟通，减少争论，增强说服力。

2. 识别

就像传输一样，识别被期望可以增加沟通，减少争论，从而增加观众对节目中所描述的价值观和信念的接受程度（Slater & Rouner，2002）。在这个模型中，身份识别被认为是一个过程，"在这个过程中，一个人认为自己与另一个人有相似性，或者至少认为他们之间存在某种社会关系"（Slater & Rouner，2002：178）。然而，这个概念同几个相关的概念混淆，包括同型、身份识别以及拟社会化互动。实际上，Slater 和 Rouner（2002）认识到这一结构的复杂性，并强调对此加以进一步研究的必要性。

因此，进一步解释身份识别可以减少争论是有依据的。在身份识别过程中的自我丢失，也会减少观众对信息的批判（Cohen，2001），这可能会减少反驳。这个论点基于同样的前提，即叙述中的传输可以减少争论，而把注意力放在一个角色的视角上。因为从定义上讲，身份认同需要暂时失去自己的视角，并沉浸在一个角色的世界里，这种反驳的过程与身份认同并不一致。身份认同和传播在多大程度上可以减少反驳仍需要进一步的实证研究。

社会认知理论和拓展精细加工模型通过与角色和故事情节的关联在帮助理解娱乐教育节目可以在抵制劝说上起积极作用。社会认知理论强调动机在建模行为中的重要性，而拓展精细加工模型则阐述了这些节目如何减少反驳。

四、进展：运用娱乐节目克服阻力

为了实现这一目标，充分考虑叙述关联和角色关联在娱乐教育中的影响就显得至关重要。以下将基于上述的理论模型和 7 个新指导命题，提出一个理论模型。该模型对上述概念分别进行了处理，以期了解它们对娱乐教育效果的独特贡献，其目的是研究每种类型的参与是如何有助于克服阻力从而产生说服力的。综合起来，基于上述内容笔者提供了一个理论框架，借此理解娱乐教育节目的说服效果（见图 1）。

抵制有很多不同的定义，但从本质上来说，它可以被认为是"说服的对立

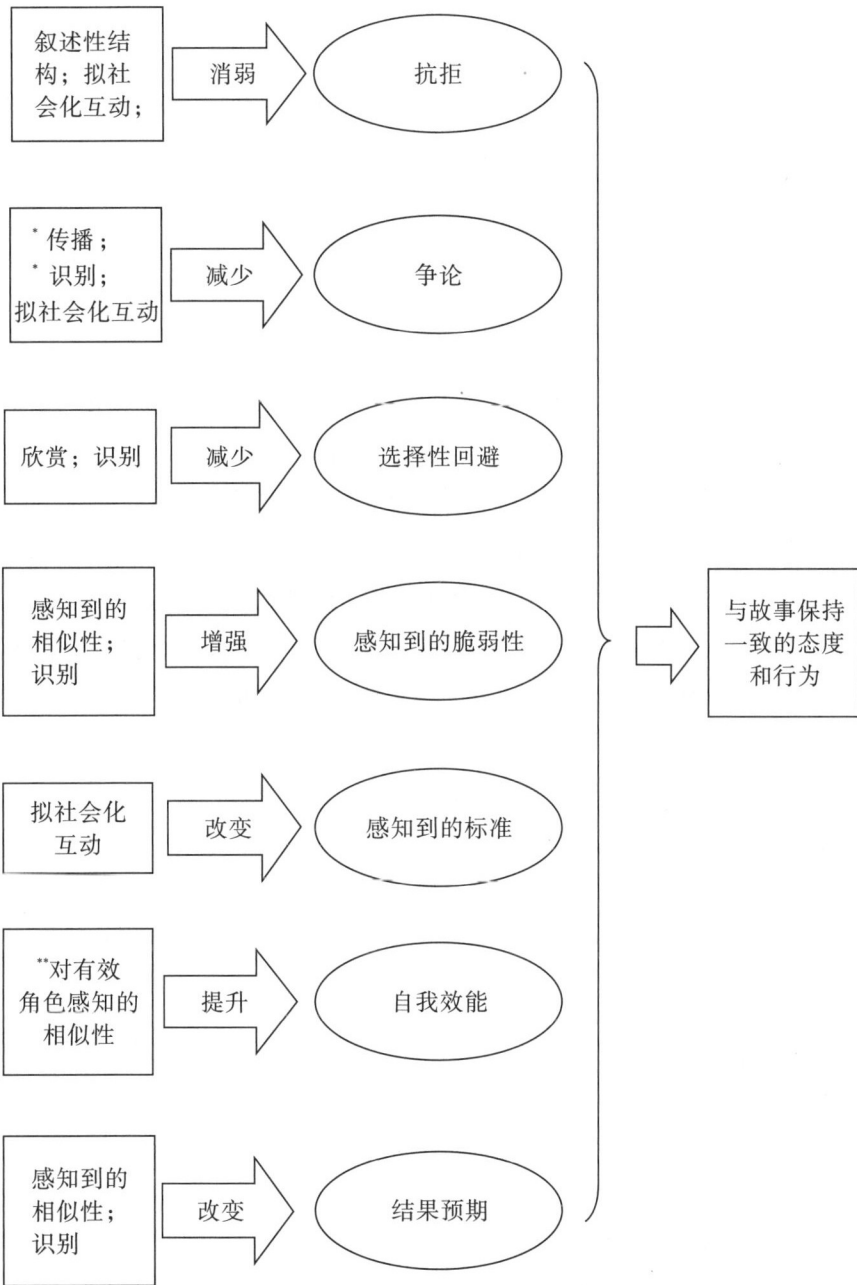

图1　娱乐克服阻力模型

注：* 表示拓展精细加工模型推测，** 表示社会认知理论推测。

面"（Knowles & Linn，2004：3）。关于抵制，从定义上讲有一个一致的主题：抵制是对改变的反应，以应对因改变而产生并感知到的压力（Knowles & Linn，

2004）。最显著的抵制形式之一是心理抗拒（Brehm，1966）。虽然心理抗拒理论还没有在娱乐教育的语境中得到正式的检验或应用，但它们确实是相关的。心理抗拒理论认为，人类需要自由选择自己的态度和行为（Brehm，1966；Brehm & Brehm，1981）。因此，抗拒是一种觉醒的形式，它产生于一种感觉，即自由受到了威胁。根据这个理论，劝说性传播通常被认为是对一个人自由的威胁，即使这个信息包含的建议符合接收者的最佳利益，但是仍会导致建议被拒绝，以重申独立性。心理抗拒理论还预测了"回旋效应"，即个体因抗拒而被激励去从事更多不受鼓励的行为。这就解释了为什么一些劝说性信息不仅不能产生预期的改变，甚至会导致期望避免的不健康行为的增加（Bensley & Wu，1991；Burgoon et al.，2002；Bushman，1998；Bushman & Stack，1996）。

有理论依据表明，娱乐信息使用一种更微妙的劝说方式，可能消解这种类型的抗拒。事实上，娱乐教育节目的一个独特之处在于它们的叙事模式，让观众"沉浸"在戏剧所发生的世界里，在弱化观众感知信息上是有说服力的。拓展精细加工模型强调了暗含劝说性信息有利于减少争论的观点，但是娱乐教育节目的叙事形式也可以减少抗拒。一个娱乐教育节目在何种程度上没有被认为具有劝说性，取决于它不会引起产生被公开有说服力信息所引起的抗拒。事实上，研究表明，人们认为信息越不具有说服力，信息接收者就越容易受到影响（McGrane，Toth & Alley，1990；Weinstein，Grubb & Vautier，1986）。因此，通过掩盖其劝说性意图，娱乐节目就可以避免对抗。

议题1：娱乐教育信息的叙事结构可以通过弱化观众对信息用来劝说的感知以克服抵制。

娱乐教育节目中关于角色的拟社会化互动可以提供另一种弱化抵制的方法。通过同伴来传递具有劝说性的风险信息可能是一种有效的劝说策略，因为同龄人被认为不那么具有权威性和控制性（Burgoon et al.，2002），由此引起的抵制要少些。这种观点也适用于拟社会关系，因为这些角色扮演了"超级同伴"，观众可以向它们寻求指导（Hoffner，1996；Rubin et al.，1985）。因此，当观众在娱乐教育信息中与角色具有拟社会关系时，他们也会同样地减少抵制。

议题2（a）：带有中心角色的拟社会化互动可以增强娱乐教育内容的劝说效果，弱化抵制。

这个论点可能会以一种较弱的形式出现，也许只适用于那些观众喜欢的角色，但是观众和角色之间却没有建立拟社会关系。同样地，一个喜欢的角色可能会弱化对一个人自由的威胁和随后对其抗拒的感觉。

议题2（b）：喜欢一个中心角色可以增强娱乐教育内容的说服力，减少抵制。

五、争论

拓展精细加工模型阐述了人物识别和传输可能会减少反驳的问题；拟社会化互动也可以减少这种类型的抵制，但是方式不一样。观众会鉴于他们同有的拟社会化互动关系的角色的一段"历史"而更加信任这个角色。实际上，一项研究表明，拟社会化互动有助于人们增强这种感觉：一个受人喜爱的电视主持人会是可靠的社会信息来源。举个例子来说，假如一位女士谈及她和 Joan Lunden 的拟社会化互动："我会在工作中停下来观看 Joan Lunden 主持的节目，因为这像是和朋友喝咖啡。我信任她，所以享受欣赏她和她宝宝互动。"（Alperstein，1991，p. 48）这些例子表明，出于对角色的信任和熟悉，这些角色可能会对观众接受信息的意愿产生重要影响，甚至会使角色在不需要与来源主张进行反驳的情况下产生劝说性。或许，这可以解释"过渡角色"的使用——它们在一些娱乐教育节目中或剧中为了达到劝说效果对自身的行为加以调整。尽管这些过渡模型可能模拟社会认知理论所预测的行为，但是它们也可能通过拟社会化互动有效减少反驳。通过这种方式，拟社会化互动为克服反驳提供了一种重要的技巧。

议题3：和角色的拟社会化互动可以通过减少反驳从而提升植入在娱乐内容里面信息的劝说效果。

（一）选择性回避

除了通过反驳来否定劝说性信息，个体也可以选择性地回避某些内容加以抵制这些信息。尽管两者相似，但是选择性回避和反驳还是有所不同的，前者在接触信息之前就作出论断，而后者基于个体对论断的思考并基于反驳论点对论断加以否定。这里将探讨由于惯性和恐惧产生的选择性回避。

1. 惯性

惯性是指人们不愿意改变他们的态度、行为以及信念，不去改变它们是因为他们认为所有事物都是平等的（Knowles & Linn，2004）。这个观念基于：个体努力保持他们的态度系统平衡，并且会为了避免不协调而拒绝被说服。这种惯性导致了对与自身现有信仰和态度相矛盾论点的选择性回避。

在娱乐教育节目中进行角色识别可能会克服惯性。在识别角色时，观众可能会更愿意考虑不和谐的观点，想象自己在做、在思考或在感觉与通常不同的事，因为他们是在间接感受角色。这些活动（如与角色分享的感觉、观点、目标）从定义上来说是识别过程的一部分（Cohen，2001）。通过这种方式，角色识别可能是一种重要的机制，因为娱乐媒体可能会克服观众的这种选择性回避。举个例子，当一个吸烟者看到电视上播放的公共禁烟广告时可能就会随时改变频道；但是如果这个人在一个娱乐教育叙述节目中识别到一个角色叙说自己因吸烟身体受到伤害，这个观众可能会继续观看这档节目，因此会克服选择性回避。

议题4：在娱乐教育节目中进行角色识别会克服惯性导致的选择性回避。

2. 恐惧

个体选择避开健康或其他社会信息还有另一个原因——对主题的恐惧。这种观点在关于恐惧的文献中得到验证。文献显示在一些情况下当一个主题会引起巨大的恐惧，个体会尝试通过忽视信息或防御式地处理信息加以应对。具体而言，如果内容不能包含关于自我效能（如对于有能力使用避孕药的信心）和回应效能（如对于避孕措施能有效实施的自信；Rogers，1975；Witte，1992）的足够信息，就会引起恐惧从而导致防御性回避。这种防御性处理是指"把注意力从威胁或不愉快的刺激中以及对那些刺激的情绪反应中转移出来"（Brown，2001：194）。换句话说，某些话题可能会引起深度的恐惧，以至于观众不愿意考虑它们，从而导致了对主题的选择性回避。

媒体娱乐文献表明，娱乐教育节目有可能改变与恐惧有关的选择性回避。由于叙事的结构很吸引人，观众可能会特别愿意去关注那些让他们感到害怕的信息，但是如果转换方式，其结果就不同。更具体地说，在叙事中与传播相关的乐趣可以让个人处理他们认为会导致恐惧的信息。这一命题基于以下论断：与传播相关的乐趣和观众进入的幻想世界的价值无关。事实上，人们常常表示在恐惧和悲伤的剧中获得乐趣（Green，Brock & Kaufman，2004）。同样，Zillmann（1996）指出悬疑剧的作品的观众往往愿意在叙事中经历强烈的唤醒、焦虑和恐惧，因为他们期待会有回报。由于这个悬念因素，观众通常不知道会出现什么话题，从而使个体尽可能去关注本来想要回避的、描绘中的他或她

（Dal Cin et al.，2002）。让观众关注娱乐教育信息虽然不能保证他们随后不会忽略这条信息，但是他们至少不会因恐惧导致对主题进行选择性回避从而克服抵制。

议题5：观看与娱乐教育相关的叙事产生的乐趣会克服因恐惧产生的选择性回避。

（二）感知到的坚强

个人也可能会因为感知到的坚强而抵制劝说性信息。这种倾向有时会被贴上"个人虚无"或"乐观偏见"的标签，即认为一个人是独一无二的、无懈可击的，危险行为的负面后果不会影响他或她（Goossens et al.，2002）。这种感知到的坚强代表了一种心理上的偏见，即一个人同他人相比，低估了他或她自己的风险（Frankenberger，2004）。在某些情况下，感知到的坚强可能是一个人对行为潜在的负面后果预期和实际参与行为能力之间关系认识不足造成的。例如，在性行为中，研究表明感知到的坚强会使得当事人不用避孕套以及其他避孕措施（Burger & Burns，1988；Siegel & Gibson，1988）。

如果观众感知到与一个容易受到危险行为的不良后果伤害的角色相似，那么就会增强他或她的感知脆弱性。如果这种感知的相似性与身份识别相结合，那么考虑到识别过程的性质，对感知到脆弱性的观众影响可能会特别强烈。在识别角色时，观众会想象自己在做、思考或感觉一些平常不会做的事情，因为他们会从角色的角度来体验它。例如，以一个与观众相似并且担心感染性病的角色为例。因为观众沉浸在角色的世界里，就像角色一样，他或她会间接体验到与健康风险相关的情感。在给观众传达感知到的脆弱性方面，这种体验可能是唯一有效的方式。尽管传统的劝说性信息可以告诉观众他或她感染疾病的客观风险，但在身份识别过程中缺乏情感参与，因此可能无法消除免受伤害的感觉。

议题6：通过增加观众感知到的脆弱性，对一个脆弱角色的感知相似性和身份认同会提升娱乐教育内容的劝说效果。

（三）感知到的规范

个体对特定行为的规范认知也会导致对劝说性信息的抵制。如果一种危险行为被认为是符合规范的，那么关于这种行为的潜在负面后果就会因此而被忽略。个人可能会参与"错误的共识"——通过声称"每个人"都是这么做的来规范自己的危险行为（Gerrard et al.，2003）。例如，一个人可能会说"没有人会一直使用避孕套"或者"我的朋友都没有怀孕"这样的话来忽略一个安全的性信息，以此方式来处理信息从而减少感知到的风险。相反，一个人可能会意识到风险信息，但会改变他或她对这些风险的想法从而促成这种行为（Gerrard et al.，2003）。这种对同伴危险行为的过度评估可能会抑制从事健康行为的动机。事实上，相信自己的同龄人参与到更高程度的性活动中与自身拥有更多和更危险的性体验有关（Page，Hammermeister & Scanlan，2000；Whitaker & Miller，2000；Winslow，Franzini & Hwang，1992）。相反，人们对朋友使用避孕套的看法预示着自己使用避孕套的意愿（Brown，DiClemente & Park，1992）。

尽管媒体曾因把不切实际的健康风险行为描绘成规范而受到批评，因为这可能对年轻观众的感知规范有潜在的影响（Ward，2002），但是描绘了不从事危险行为角色的节目可能会产生相反的效果。关键是选择一个与观众一起体验拟社会化互动的角色。当观众与角色进行拟社会化互动时，这个角色就被看作是他或她社交网络的一部分（Brown，Childers & Waszak，1990；Rubin et al.，1985）。通过这种方式，展示那些在观众中引起共鸣的角色以及与现有关于健康风险行为普遍存在抵触的规范，娱乐教育节目也许能够改变人们的认知标准。当然，感知的规范在某些情况下比在其他情况下更具可塑性。当观众认为"每个人都在做"一些危险的行为时，也许规范会变得更加多变。在这种情况下，即使一个违背这个标准的人，也可以改变"每个人"的行为方式。或者，在多元无知的情况下，这可能是一种特别有效的方法。在这种情况下个体对他人的行为了解很少，因为这种行为就有私人的性质。

需要注意的是，在本章中拟社会化互动与角色相关联，然而在一些情况下，拟社会化互动可能会与演员或者名人自身关联起来。这超出了本章的范围，然而我们只是说，演员在现实世界的行为是应该加强还是违背节目中描述的行为标准？这肯定会影响娱乐教育节目的效果。

议题7：展现反规范行为的、与角色的拟社会化互动，通过改变观众的感知规范来提高娱乐教育内容的说服力。

综合来看，这些观点表明娱乐媒体的各种特征都可能会解释娱乐教育内容的劝说性效果。特别是可以促进角色和/或叙事参与的娱乐媒体特征，可以通过克服各种形式的抵制产生与故事一致的态度和行为。

六、讨论

本文对娱乐教育信息的独特要素进行分析，并基于现有理论建立新的理论框架来解释娱乐教育内容的说服力，此外，一些主流媒体信息结构，如叙事关联、身份识别、拟社会化互动和相似性等已经被区别开来，并且它们在这一过程中的作用也被讨论。

该领域未来的研究应该结合这一理论框架以便更好地理解娱乐教育信息处理的独特方式及其产生的效果。展望未来，我们需要从几个不同的方向进行研究。首先，需要对这些命题进行实证检验，因为娱乐节目的特性可能会克服各种类型的阻力。为了达到这一目的，娱乐教育节目应该在头脑中进行系统的评估，包括叙述参与和角色参与。在测试这些想法时会出现很多设计和测量问题。例如，一个相关的设计考虑的是娱乐质量。就像娱乐节目，娱乐教育节目在质量方面也会有所不同。尤其具有挑战性的可能是在一档节目中达到娱乐和教育平衡，这样教育和/或健康信息就不至于那么微妙，要么没有被观众所察觉，要么也不是过分地"说教"。事实上，上面的几个命题都是建立于这样的基础之上的，即植入的信息在本质上不会被认为具有明显的说服力。如果观众觉得"娱乐"节目有既定的议程，这种推理就不再成立了。因此，衡量一个节目在多大程度上试图说服观众是很重要的。

上述许多构想都难以预估，因为它们发生在个体意识之外。正因如此，难以评估这些报告形成过程中所受到的阻力。另一个评估问题来源于概念身份界定的模糊。不仅是因为要界定的概念本身就有不同的文字表达方式，也因为没有一个被大家所公认的界定（评估）标准。许多现有的身份界定方法，都是将相似性、喜好及想象或意愿来进行识别鉴定。而根据以上特征进行界定之前，需要有足够多且可靠的衡量数据。

此外，这些假设最好通过有效性判定来进行测试。各种形式的人物参与及其提出的与抵抗的关系，应使用以上标准来进行评估。例如，拟社会化互动和无法识别的属性、想象识别或相似性应该成为议题 7 的影响因素。这种方法可以允许对这些相关概念之间的概念差异进行实证检验。

本章认为角色关联和故事叙述是影响娱乐教育节目说服力的重要决定因素。因此，未来研究的第二个领域是探索如何将这些过程最大化。虽然在这方面有一些现有的理论，但是还需要更多的实证性工作。尤其值得注意的是，更好地理解程序或符号的特征是否便于每个参与类型。这可能也会出现一个潜在的问题——妨碍观众参与到一个已经符合他或她观点的角色中。如果是这种的话，那么上述详细提及的角色关联就可能不能有效克服阻力。尽管如此，有一种扩展版本的处置理论表明，观众的决定经常有顺其自然的特点，他们喜欢或不喜欢角色，不是首先通过道德判断得出结论（Raney，2004）。有研究理论指出，人们经常使用模式和快速判断来对人物角色进行现场评估。之后，一旦人物在观众心目中被确定为"好人"，将使他们以后更有利地进行评估（Raney，2004）。基于这种理论进一步延伸，观众有可能会参与到那些可能不完全符合他们现有态度、道德或行为的角色中。这表明选择能引起观众共鸣的角色可减少上述方式带来的阻力。

最后，这一系列研究的下一步重点是更为仔细地审视所在情境中的角色。事实上，很多娱乐节目是在别的地方被看过，在曝光期间或之后才被谈论。随着我们继续深入了解娱乐教育的影响，我们必须还要思考这些因素是如何促进和/或阻碍参与、抵制和说服力的结果。事实上，对这些更为复杂消息的理解与处理将促进这一领域的研究。

为了帮助我们对娱乐教育效果的理解，仔细检查观众处理信息的独特方式是有必要的。这涉及考虑叙事关联和角色关联。此外，抵制劝说可以而且应该与之结合，对娱乐教育的说服力影响的研究给出了猜测，那就是其作为娱乐教育效果的关键组成部分。基于这样的理解，个人如何处理娱乐教育信息及其影响有说服力的结果至关重要。鉴于此，广泛使用这些信息的潜力将影响观众的健康风险行为。

参考文献

［1］ALPERSTEIN N M. Imaginary social relationships with celebrities appearing in television commercials. Journal of broadcasting and electronic media, 1991, 35（1）: 43–58.

［2］BANDURA A. Social foundations of thought and action: a social cognitive theory. Englewood Cliffs, NJ: Prentice-Hall, 1985.

［3］BANDURA A. Social cognitive theory of mass communication//BRYANT J, ZILLMANN D. Media effects: advances in theory and research. Mahwah, NJ: Lawrence

Erlbaum, 2002: 121 – 154.

[4] BANDURA A. Social cognitive theory for personal and social change by enabling media//SINGHAL A, CODY M J, ROGERS E M, et al. Entertainment education and social change: history, research, and practice. Mahwah, NJ: Lawrence Erlbaum, 2004: 75 – 96.

[5] BENSLEY L S, WU R. The role of psychological reactance in drinking following alcohol prevention messages. Journal of applied social psychology, 1991, 21 (13): 1111 – 1124.

[6] BREHM J W. A theory of psychological reactance. New York: Academic Press, 1966.

[7] BREHM S S, BREHM J W. Psychological reactance: a theory of freedom and control. San Diego, CA: Academic Press, 1981.

[8] BRODIE M, FOEHR U, RIDEOUT V, et al. Communicating health information through the entertainment media: a study of the television drama ER lends support to the notion that Americans pick up information while being entertained. Health Affairs, 2011, 20 (1): 192 – 199.

[9] BROWN J, CHILDERS K, WASZAK C. Television and adolescent sexuality. Journal of adolescent health care, 1990, 11: 62 – 70.

[10] BROWN J D, DICLEMENTE R J, PARK T. Predictors of condom use in sexually active adolescents. Journal of adolescent health, 1992, 13 (8): 651 – 657.

[11] BROWN J D, WALSH-CHILDERS K. Effects of media on personal and public health//BRYANT J, ZILLMANN D. Media effects: advances in theory and research. Mahwah, NJ: Lawrence Erlbaum, 2002: 453 – 488.

[12] BROWN S L. Emotive health advertising and message resistance. Australian psychologist, 2001, 36 (3): 193 – 199.

[13] BROWN W J, FRASER B P. Celebrity identification in entertainment-education//SINGHAL A, CODY M J, ROGERS E M, et al. Entertainment-education and social change: history, research and practice. Mahwah, NJ: Lawrence Erlbaum, 2004: 97 – 115.

[14] BURGER J M, BURNS L. The illusion of unique invulnerability and the use of effective contraception. Personality and social psychology bulletin, 1988, 14 (2): 264 – 270.

[15] BURGOON M, ALVARO E, GRANDPRE J, et al. Revisiting the theory of psychological reactance: communicating threats to attitudinal freedom//DILLARD J, PFAU M. The persuasion handbook: developments in theory and practice. Thousand Oaks, CA: Sage, 2002: 213 – 232.

［16］ BUSHMAN B J. Effects of warning and information labels on consumption of full-fat, reduced-fat, and no-fat products. Journal of applied psychology, 1988, 83 (1): 97 – 101.

［17］ BUSHMAN B J, STACK A D. Forbidden fruit versus tainted fruit: effects of warning labels on attraction to television violence. Journal of experimental psychology: applied, 1996, 2 (3): 207 – 226.

［18］ COHEN J. Defining identification: a theoretical look at the identification of audiences with media characters. Mass communication and society, 2001, 4 (3): 245 – 264.

［19］ COLLINS R L, ELLIOTT M N, BERRY S H, et al. Entertainment television as a healthy sex educator: the impact of condom efficacy information in an episode of Friends. Pediatrics, 2003, 112: 1115 – 1121.

［20］ DAL CIN S, ZANNA M P, FONG G T. Narrative persuasion and overcoming resistance//KNOWLES E S, LINN J A. Resistance and persuasion. Mahwah, NJ: Lawrence Erlbaum, 2004: 175 – 192.

［21］ DEIGHTON J, ROMER D, MCQUEEN J. Using drama to persuade. Journal of consumer research, 1989, 16 (3): 335 – 343.

［22］ EYAL K, RUBIN A M. Viewer aggression and homophily, identification, and parasocial relationships with television characters. Journal of broadcasting and electronic media, 2003, 47: 77 – 98.

［23］ FRANKENBERGER K D. Adolescent egocentrism, risk perceptions, and sensation seeking among smoking and nonsmoking youth. Journal of adolescent research, 2004, 19: 576 – 590.

［24］ GERRARD M, GIBBONS F X, BENTHIN A C, et al. A longitudinal study of the reciprocal nature of risk behaviors and cognitions in adolescents: what you do shapes what you think and vice versa//SALOVEY P, ROTHMAN A J. Social psychology of health: key readings in social psychology. New York: Psychology Press, 2003: 21 – 46.

［25］ GERRIG R J. Experiencing narrative worlds. New Haven, CT: Yale University Press, 1993.

［26］ GILES D C. Parasocial interaction: a review of the literature and a model for future research. Media psychology, 2002, 4: 279 – 305.

［27］ GOOSSENS L, BEYERS W, EMMEN M, et al. The imaginary audience and personal fable: factor analyses and concurrent validity of the "New Look" measures. Journal of research on adolescence, 2002, 12: 193 – 215.

［28］ GREEN M C, BROCK T C. The role of transportation in the persuasiveness of public narratives. Journal of personality and social psychology, 2000, 79: 701 –721.

［29］GREEN M C, BROCK T C, KAUFMAN G F. Understanding media enjoyment: the role of transportation into narrative worlds. Communication theory, 2004, 14: 311 –327.

［30］HOFFNER C. Children's wishful identification and parasocial interaction with favorite television characters. Journal of broadcasting and electronic media, 1996, 40: 389 –402.

［31］HOFFNER C, CANTOR J. Perceiving and responding to mass media characters// BRYANT J, ZILLMANN D. Responding to the screen: reception and reaction processes. Hillsdale, NJ: Lawrence Erlbaum, 1991: 63 – 101.

［32］HORTON D, WOHL R R. Mass communication and parasocial interaction: observations on intimacy at a distance. Psychiatry, 1956, 19: 215 –229.

［33］Kaiser Family Foundation. Entertainment education and health in the United States. A report to the Kaiser Family Foundation. Menlo Park, CA: Henry J. Kaiser Family Foundation, 2004.

［34］KENNEDY M G, O'LEARY A, BECK V, et al. Increases in calls to the CDC national STD and AIDS hotline following AIDS-related episodes in a soap opera. Journal of communication, 2004, 54: 287 –301.

［35］KNOWLES E S, LINN J A. The importance of resistance to persuasion// KNOWLES E S, LINN J A. Resistance and persuasion. Mahwah, NJ: Lawrence Erlbaum, 2004: 3 – 11.

［36］LONIAL S C, VAN AUKEN S. Wishful identification with fictional characters: an assessment of the implications of gender in message dissemination to children. Journal of advertising, 1986, 15 (4): 4 – 11.

［37］MCGRANE W L, TOTH F J, ALLEY E B. The use of interactive media for HIV/ AIDS prevention in the military community. Military medicine, 1990, 155: 235 –240.

［38］PAGE R, HAMMERMEISTER J J, SCANLAN A. Everybody's not doing it: misperceptions of college students sexual activity. American journal of health behavior, 2000, 24: 387 –394.

［39］RANEY A A. Expanding disposition theory: reconsidering character liking, moral evaluations, and enjoyment. Communication theory, 2004, 14: 348 –369.

［40］ROGERS R W. A protection motivation theory of fear appeals and attitude change. Journal of psychology, 1975, 91: 93 –114.

［41］RUBIN A M, PERSE E M, POWELL R A. Loneliness, parasocial interaction, and local television news viewing. Human communication research, 1985, 12: 155 –180.

［42］ RUBIN A M, STEP M M. Impact of motivation, attraction, and parasocial interaction. Critical studies in mass communication, 2000, 3: 184－199.

［43］ RUBIN R B, MCHUGH M P. Development of parasocial interaction relationships. Journal of broadcasting and electronic media, 1987, 31: 279－292.

［44］ SHRUM L J. The psychology of entertainment media: blurring the lines between entertainment and persuasion. Mahwah, NJ: Lawrence Erlbaum, 2004.

［45］ SIEGEL K, GIBSON W C. Barriers to the modification of sexual behavior among heterosexuals at risk for acquired immunodeficiency syndrome. New York State journal of medicine, 1988, 88 (2): 6－70.

［46］ SINGHAL A, CODY M J, ROGERS E M, et al. Entertainment-education and social change: history, research, and practice. Mahwah, NJ: Lawrence Erlbaum, 2004.

［47］ SINGHAL A, ROGERS E M. The entertainment-education strategy in communication campaigns//RICE R E, ATKIN C K. Public communication campaigns. 3rd ed. Thousand Oaks, CA: Sage, 2001: 343－356.

［48］ SLATER M D. Entertainment education and the persuasive impact of narratives// GREEN M C, STRANGE J J, BROCK T C. Narrative impact: social and cognitive foundations. Mahwah, NJ: Lawrence Erlbaum, 2002a: 157－182.

［49］ SLATER M D. Involvement as goal-directed strategic processing: extending the elaboration likelihood model//DILLARD J P, PFAU M. The persuasion handbook: developments in theory and practice. Thousand Oaks, CA: Sage, 2002b: 175－194.

［50］ SLATER M D, ROUNER D. Entertainment education and elaboration likelihood: understanding the processing of narrative persuasion. Communication theory, 2002, 12: 173－191.

［51］ SOOD S. Audience involvement and entertainment education. Communication theory. Special issue: a theoretical agenda for entertainment education, 2002, 12, 153－172.

［52］ SOOD S, MENARD T, WITTE K. The theory behind entertainment education// SINGHAL A, CODY M J, ROGERS E M, et al. Entertainment education and social change: history, research, and practice. Mahwah, NJ: Lawrence Erlbaum, 2004: 117－145.

［53］ Soul City Institute. Soul city series. http://www. soulcity. org. za/programmes/thesoulcityseries/.

［54］ TURNER J R. Interpersonal and psychological predictors of parasocial interaction with different television performers. Communication quarterly, 1993, 41: 443－453.

［55］ WARD M. Does television exposure affect emerging adults attitudes and assumptions about sexual relationships? Correlational and experimental confirmation. Journal of youth and adolescence, 2002, 31: 1 – 15.

[56] WEINSTEIN N D, GRUBB P D, VAUTIER J S. Increasing automobile seat belt use: an intervention emphasizing risk susceptibility. Journal of applied psychology, 1986, 71: 285 – 290.

[57] WHITAKER D, MILLER K. Parent adolescent discussions about sex and condoms: impact on peer influences of sexual risk behavior. Journal of adolescent research, 2000, 15: 251 – 273.

[58] WINSLOW R W, FRANZINI L R, HWANG J. Perceived peer norms, casual sex, and AIDS risk prevention. Journal of applied social psychology, 1992, 22: 1809 – 1827.

[59] WITTE K. Putting the fear back into fear appeals: the extended parallel process model. Communication monographs, 1992, 59: 329 – 349.

[60] WITTE K. Fear control and danger control: an empirical test of the extended parallel process model. Communication monographs, 1994, 61: 113 – 134.

[61] ZILLMANN D. The psychology of suspense in dramatic exposition//VORDERER P, WULFF H J, FRIEDRICHSEN M. Suspense: conceptualizations, theoretical analyses, and empirical explorations. Mahwah, NJ: Erlbaum, 1996: 199 – 232.

(原文刊载于 *Communication Theory*, Vol. 18, 2008)